KB272185

문화, 미디어로 소통하기

Culture, Communicating Media

문화, 미디어로 소통하기

지은이 김영순 외 지음

초판1쇄 인쇄 2004년 9월 10일

초판1쇄 발행 2004년 9월 20일

펴낸곳 논형

펴낸이 소재두

편집 디자인공 이명림

표지디자인 디자인공 이명림

등록번호 제2003-000019호

등록일자 2003년 3월 5일

ISBN 89-90618-38-X 04300

주소 서울시 관악구 봉천2동 7-78, 한림토이프라자 6층

전화 02-887-3561 **팩스** 02-886-4600

가격 20,000원

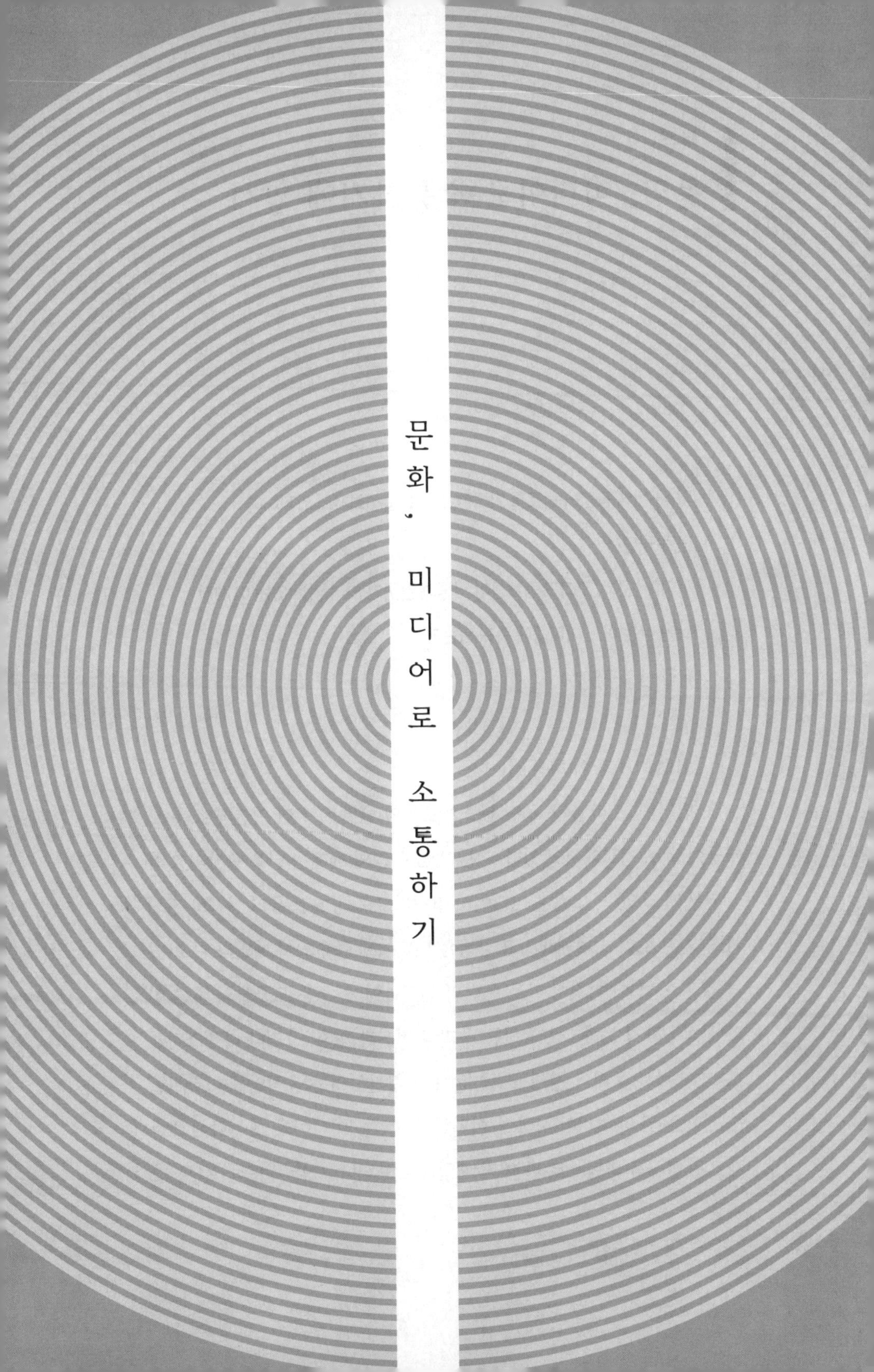

문화, 미디어로 소통하기

문화, 미디어로 소통하기에 앞서

"아버지, 난 누구예요?"

몇 년 전에 공전의 히트를 기록한 모 이동통신회사의 카피이다.

난 누구일까?

미디어, 문화, 그리고 정체성이 씨줄과 날줄이 되어 얽혀 있는 이 세상.

과연 나는 어느 마디쯤에 속해 있는가.

진정 난 누구일까?

이런 화두로 이 책을 깁는다.

인터넷, 모바일 등 첨단 테크놀로지의 발달로 우리 인간의 소통 도구들이 날로 정교해지고 있다. 그런 만큼 우리의 세계는 더욱 빨라지고 확장되어 가고 있다. 그러나 미디어의 창시자로 자청했던 우리 인간의 정신과 영혼은 도리어 피폐해지고 감정은 미디어에 종속되어 메말라 가고 있는 것은 아닐까? 이것이 바로 우리의 딜레마이다. 소통 도구들의 빠른 변화에 적응하지 못하고 표류하는 우리의 정신과 영혼. 그러나 다행스럽게도 그 속에서 우리의 정체성을 지켜내고 확장하려는 움직임들을 감지할 수 있다. 지금의 미디어 시대에, 이러한 움직임은 미디어와 그 문화에 대한 새로운 인식을 바탕으로 한 미적 체험으로 드러나고 있다. 또한 '한류' 라는 거대한 이데올로기적 현상을 만들어 내기도 한다.

'미디어문화교육연구회' 는 2004년 한국학술진흥재단 소규모 콜로퀴움 지원 사업에 선정된 바 있는 학제적 연구 단체로서, 미디어와 미디어 문화 읽기에 대한 연구를 통해 '소통적 인간상' 을 구현하고자 한다. 더불어 이를 교육적으로 실천하고자 하는 욕심을 갖고 있다. 이러한 바탕에서, 본 연구회는 미디어와 미디어 문화에 대한 비판의 차원을 넘어 이들의 원리를 이해하고 읽어 가는 즐거움을 지금의 미디어 시대 대중들과 함께 찾아가게 될 것이다.

이 책은 바로 '미디어문화교육연구회' 에서 그 동안 해온 연구의 첫 성과물이며, 미디어, 문화, 정체성 그리고 한류를 키워드로 하는 다양한 관점의 글 15편을 세 부분으로 나누어 싣고 있다. 이 중 7편의 글들은 계명대 개교 50주년 기념 사업으로 진행된 국제한국문화학술대회의 '미디어와 한국의 정체성' 세션에서 발표된바 있다. 이 외의 글들은 연구회 회원들의 글과 시각문화, 문화교류, 미국교과서, 북한학 분야의 전문가들에게 의뢰한 것이다. 1부는 '미디어와 문화, 어떻게 어울리는가', 2부는 '정체성과 문화, 어떻게 읽을 것인가', 3부는 '한류, 미디어 문화로 만나다' 라는 이름을 갖고 구성된다.

먼저 1부 '미디어와 문화, 어떻게 어울리는가' 는 다섯 개의 글들로 이루어진다. 대중 드라마 〈다모〉와 〈대장금〉, 깐느 영화제와 베를린영화제가 소재로 등장하며, 뉴미디어 시대의 문자문화를 다룬다.

제1장 '대중사극에서 미적 체험으로' 에서는 대중 드라마 〈다모〉를 통해 한국인의 미적 체험을 경험한다. 인터넷 폐인, 부정적인 시각으로 보아 왔던 이 현상을 텍스트 소통적 공간으로 승화시킨다. 퓨전드라마로서

대중사극의 구조를 살펴보고, 〈다모〉의 텍스트와 콘텍스트를 따져 본다. 나아가 '다모폐인' 들의 생활상을 '미적 체험' 으로 연결한다. 2002년 월드컵, 붉은 악마, 노사모, 한류 열풍 등 우리에게 일고 있는 문화변동이 갑자기 일어난 것이 아니라 우리 한국인들에게 내재된 미적 체험의 결실임을 강조한다.

제2장 '〈대장금〉, 콘텐츠와 서사구조로 만나다' 에서는 21세기 지식 기반 사회에서 중요한 것은 저장되고 축적된 지식이 아니라 기존의 지식을 새롭게 가공하고 재배열할 수 있는 능력임을 말하고 있다. 지금은 새로운 콘텐츠를 개발하고 가공하여 유통시키는 능력이 필요한 시대이다. 최근에 돈 버는 장금이로 대중화와 상업화에 성공한 드라마 〈대장금〉을 통해 콘텐츠 능력을 어떻게 확보할 수 있을까를 고민한다. 아울러 문화기호학의 관점에서 드라마 〈대장금〉에 나타난 공감각적 장치와 맛의 이미지에 대해 분석하고, 이를 통해 콘텐츠의 스토리텔링과 새로운 콘텐츠 개발의 효율성을 보여준다.

제3장 '깐느, 한국영화와 통하다' 에서는 깐느 영화제의 담론 코드가 한국영화의 그것과 어떻게 부합하는지 각각의 가치와 매력 속에서 그 정체성을 찾아보고 있다. 2002년 깐느 영화제에서 임권택 감독이 감독상을 수상한 이후, 2004년 박찬욱 감독은 〈올드 보이〉로 '심사위원 대상' 을 받으면서 우리 한국영화가 유럽에 당당히 입성했다. 이제 한국영화는 깐느와 통하기 시작한 것이다. 여기서는 프랑스 현지 언론들이 전하는 한국영화에 관한 다양한 미시 담론들을 분석한다. 나아가 한국 대중문화의 세계 확산은 한국이라는 고유성에 세계적인 정서로 이해될 수 있는 보편성과

다양성이 덧붙여져서 현지화가 될 때 이루어질 수 있다는 것을 제안한다.

제4장 '한국영화, 오리엔탈리즘을 넘어서' 에서는 세계 무역량 10위 권을 넘나드는 한국의 경제적 위치와 비교해 세계 속 우리 문화의 인지도가 형편없음을 인정한다. 그러므로 해외 영화제에서 영화를 통해 한국을 알리는 일은 이런 의미에서 대단히 중요하다. 이 장에서는 역사적으로 한국영화가 해외 영화제에서 어떤 평가를 받았는지 분석하고 있다. 특히 해외 영화제 중에서도 오랜 동안 한국영화에 각별한 관심을 가져왔다고 볼 수 있는 베를린 영화제 읽기를 시도한다.

제5장 '미디어 시대, 문자문화의 반란' 은 통신언어의 문자성과 이에 바탕 하여 변화되어 가는 일상적 문자문화의 몇 가지 모습을 언어·문화적 관점에서 말하고 있다. 특히, 지금의 미디어 시대에 다양한 (통신)문자 언어 생활문화는 미디어 향유자의 상상력에서 형성된다는 인간 중심의 미디어 문화적 시각을 중시하고 있다. 일상적인 문자언어 생활과 통신언어의 문자성이 어떻게 관계를 맺고 있을까. 달나라 토끼와 엽기 토끼 '마시마로' 와의 관계와 멀지는 않은 듯하다. 우리의 상상력에서 기인하는 문자문화 반란의 종착역이 그 옛날 달나라 토끼를 다시 불러와 주는 경이로움이었으면 좋겠다는 바람이 그려진다.

제2부 '정체성과 문화, 어떻게 읽을 것인가' 는 여섯 개의 글들로 구성된다. 주로 정체성과 문화에 관한 글들로서 영화, 사이버 소통, 애니메이션을 다루며, 미국교과서에 그려진 한국 역사를 통해 푸른 눈으로 본 우리의 정체성을 확인한다. 이와 더불어 북한문화 읽기를 통해 같음과 다름이 무언지 생각해 본다.

제6장 '〈스캔들〉, 한국적 사랑의 기표'에서는 닫힌 시대 열린 사람들의 사랑 이야기를 통해 사랑 방식에 나타난 한국적 정체성을 엿본다. 사랑이라는 감정에는 두근거림과 보고파함, 그리움과 애달픔, 기다림과 외로움과 같이 사랑이 피어날 때의 상대를 향한 해바라기가 있는가 하면, 유혹과 무관심, 미움과 질투, 분노와 배신과 같이 사랑이 타오를 때의 상대와의 밀고 당김도 있다. 하지만 무엇보다도 이 영화는 그 제목을 통해 적나라하게 밝혀주듯 사랑을 이룰 때의 열정과 쾌락이 스며있다. 조선 시대 남녀들의 상열지사라? 과연 이것이 가능했을 것인가? 이 질문에 대한 대답을 통해 현재를 살아가는 우리들의 사랑 방식을 견주어 본다.

제7장 '사이버, 또 다른 문화의 세상'에서는 한국사회를 규정하는 새로운 문화가 인터넷을 통해 형상되며, 사이버문화의 핵심에는 언제나 생산자로서 개인이 존재한다고 본다. 사이버문화 속의 수용자들은 기존의 엘리트나 소수 전문가에 의해서 만들어진 문화를 수용하는 것에서 진보하여 이미 새로운 문화를 정의하고, 실천하는 생산자였다. 이와 관련하여 인터넷에 의해 한국사회에 제공되는 새로운 문화가 무엇인지를 살펴보고 있다. 촛불시위, 노사모, 패러디 등으로 이어지는 정치참여 및 실현의 공간으로서 사이버문화, 그리고 공론장으로서 인터넷의 모습을 만날 수 있다.

제8장 '애니메이션, 서사와 문화정체성 사이'에서는 세계 애니메이션 콘텐츠를 양분하여 공급하고 있는 미국과 일본의 애니메이션 텍스트에 드러난 문화적 정체성과 그 구사 전략 등을 집중 조명한다. 또한 기존의 한국 애니메이션이 구현한 문화적 정체성의 적절성과 효과 등을 점검하고, 새로운 지향점을 모색한다. 여기서, 정체성이란 기존의 것을 찾는 것이 아

니라 구성적 개념으로 파악하고 있으며, 그것이 현재성, 대중성, 주체성을 구현해야 하며 무엇보다 구성원들의 삶의 준거와 기반으로 기능해야 한다고 전제한다.

제9장 '한국영화, 그 속에 숨겨진 여성정체성'은 한국영화에 나타나는 여성에 대한 시선에 관심을 가지면서 출발한다. 영화에서 그려지는 여성의 모습은 여성의 성정체성 형성에 직접적인 영향을 미친다. 그리고 우리가 여성을 바라보고 이해하는 데에는 영화를 통해서 형성되는 여성 정체성이 영향을 미칠 것이다. 영화 〈산부인과〉, 〈처녀들의 저녁식사〉, 〈생과부 위자료 청구소송〉, 〈해피엔드〉는 1990년대 말, 성을 주제로 한 영화 가운데 긍정적이든 부정적이든 새로운 성담론을 구성하는 데 기여한 영화들이다. 이 네 편의 영화에 나타나는 여성 정체성이 현대 한국사회의 여성 정체성을 얼마나 현실적으로 반영하고 있는지, 혹은 왜곡하고 있는지를 따져 본다.

제10장 '미국교과서, 그 곳에 그려진 한국 역사'에서는 혈맹이니 동맹이니 하는 허울 좋은 외교적, 정치적 관계와는 상관없이, 그들의 교과서에 등장하는 우리 역사의 단면들을 살펴본다. 미국의 교육 매체 교과서를 통해서 한국의 이미지가 어떻게 다루어지고 있는가를 이해하는 것, 이것은 세계화가 활발히 진행되어 가는 현시점에서 대외적으로 우리나라의 이미지 재고를 위해서 매우 중요하다. '무엇을 알게 되었는가'의 문제는 '무엇에 의해 어떻게 전달되었는가'와 관계가 깊다. 미국의 중등 세계사 교과서들에 실린 한국사의 서술 관점과 내용, 구성방식 등을 비판적으로 분석한다. 그럼으로써 미국인들에게 한국 역사의 정체성이 어떻게 이해되는지를 살펴본다.

제11장 '북한문화, 수령을 위한 인민'은 북한문화의 근간이 되는 수령론에 대한 분석이다. 수령론은 북한 사회 모든 분야에서 예외 없이 적용되는 핵심 담론이다. 1970년대 형성된 수령에 대한 논의의 내용과 의미를 분석하고, 김일성 사망이후 지배담론이 된 조선민족제일주의의 다양한 전개양상에 대해 분석한다. 조선민족제일주의는 주체의 입장에서 민족문화 유산을 수용하고 발전시킨 것으로 주체사상의 후기적 담론이라고 말하고 있다. 민족문화 유산을 사회주의적 형식으로 수용, 발전시킴으로써 민족문화의 정통성과 역사적 정통성을 접목시키고 있는 북한의 문화, 그것은 수령을 위한 인민의 잔치로 해석되고 있다.

3부는 소위 '한류'에 관한 네 개의 글들이 자리한다. 이 글들은 미디어, 문화, 정체성이 접점을 이루면서 '한류'라는 문화 현상을 만들어 낸 에피소드들에 대해 논의한다. 스펙터클화 된 사회, 문화교류의 도구로서 미디어, 우리 문화 콘텐츠의 힘으로서 한류, 일본 속 한류의 핵 〈겨울연가〉 읽기를 통해 미디어 문화와 만날 수 있다.

제12장 '시각문화, 스펙터클의 사회'에서는 한류에 대한 10가지 생각을 전개한다. 시각문화로서 한류에 대한 일반적인 분석을 하면서, 동아시아에 스펙터클 사회가 도래함을 피력한다. 스펙터클 이미지에 매개된 사회를 분석하기 위해 한국 대중문화를 전초전으로 등장시킨다. 이로써 유물적인 입장에서 글쓰기가 아닌 미디어의 정체성을 논하는 원론적인 입장을 기술한다. 한류를 생산적인 성과물이 아닌, 미디어로 읽어내는 현실에 대한 '총체적인 시각' 즉 '눈'의 문제를 거론한다.

제13장 '미디어, 아시아 문화교류의 다리'는 한류를 통해 다양한 문화적 취향을 현지인들에게 제공함으로써 문화적 다양성과 심층성을 확보할 수 있다는 점을 들고 있다. 한류는 현지인들의 적극적인 수용을 통해 형성된 사회문화적 현상으로 능동적 수용자상을 보여주는 측면도 있다. 이러한 한류는 방송과 통신의 융합 등 디지털 기술의 발달, 경제적 번영 추구에 수용자들의 팬덤화를 통해 가능하다. 이것을 위해 가장 중요한 수단은 매스 미디어이다. 따라서 아시아 각국이 미디어를 통한 다양한 문화교류를 형성, 아시아의 정체성을 확보하려고 노력하는 것이 필요하다고 요구한다.

제14장 '한류, 우리 문화콘텐츠의 힘'은 한류가 주로 댄스음악·트렌디드라마·블록버스터영화 등 대중적 장르에 집중된 점에 주목해, 한류의 실체를 해부한다. 대중장르에 대한 편견을 벗고 보면, 아시아의 다른 대중들이 이들 장르에서 한국 대중문화의 변별성을 느끼고 있음이 분명하다. 그 변별성을 우리 문화의 정체성과 연결시키고 있는데, 우리가 동아시아에서 독특하게 발달시킨 수렵 문화적·무교적 열정에서 비롯되었다는 것이다. 수렵 문화적·무교적 특성은 우리 전통문화를 구성하고, 문화적 자의식에 내재되어 있다. 90년대 이후 이데올로기가 약화되고 대중이 부상하며 문화산업이 발전하는 새로운 문화상황에서, 우리의 수렵 문화적·무교적 특성은 이들 대중장르를 통해 분출되어 한류의 정체성으로 형성되고 있다. 바로 그것이 한류의 기본적인 강점이다.

제15장 '〈겨울연가〉, 한류인가, 일류인가'는 일본에서 일어나고 있는 한국 대중문화의 열풍을 가감 없이 보여준다. 일본 가정주부들에게 일

상의 행복을 주는 〈겨울연가〉, 그들은 무엇 때문에 배용준에게 몰두하고 매료되는가. 오랜 앨범 속 색 바랜 그 옛날 첫사랑의 추억 때문일까. 아니면 한국인 배우 배용준의 살인 미소 때문일까. 그 숱한 설명은 추측으로만 남을 뿐 현상을 통찰하는 속시원한 원인은 알 수 없다. 단지 문화는 설명되는 것이 아니라 함께 느끼는 것이며 즐기는 것일 뿐. 일본에서의 한류는 개인과 가정 그리고 사회에 이르기까지 한국 대중문화, 한국인, 한국적인 것들을 다시 볼 수 있게 하는 절호의 기회이다.

42.195킬로미터, 이것은 마라톤의 거리이다. 두 시간여 넘게 쉼 없이 달리는 마라토너들. 그 마음 속에 교차하는 갖가지의 생각들. 그러나 몸은 하나고 고단하기에 표현은 단순하게 나올 수 있다. 지식기반사회에서 문화인은 마라토너의 속내를 읽듯이 문화 현상의 속성, 즉 정체성를 읽어내는 다각적인 시각을 필요로 한다. 어떤 것의 정체성을 고정된 것으로, 단일한 것으로 간주하기보다는 때로는 복잡하고 미묘하게, 다양하고 진지하게 깊고 폭 넓게 읽어야 한다. 그리고 읽어 낸 의미들을 삶의 현장에서 실천하고 타자들과 공유하는 소통적 인간으로 거듭나야 한다. 여기에 미디어는 필수적인 메신저이다. 문화, 이제 미디어로 소통할 때이다.

이 책은 '학문의 대중화를 위한 눈높이 글쓰기'라는 처음 기획 의도에서 조금은 벗어나 있다. 아직 연습이 덜된 새내기 연구회라서, 논문투의 글들과 학문적인 표현들이 글 읽기를 어렵게 만들고 있음은 사실이다. 이 책은 문화에 대해 이해하고자 하는 일반 대중들을 위한 교양 도서로서, 또한 대학 교양과목의 교재로서의 틀을 벗어나고 있지 못하다.

이 책을 함께 집필한 연구회 동료들인 강윤주, 권연수, 김기국, 김양은, 이현지, 최민성, 최웅환 선생님, 이 책의 편집위원인 백승국, 박기수 선생님, 늘 짓궂은 일을 도맡아 연구회 살림을 꾸려가는 박지선 선생님, 김정은 조교, 또한 비록 본 연구회 회원은 아니지만 집필 초대에 기꺼이 응하시어 좋은 내용의 글을 더해 주신 김규원, 김상숙, 김선미, 전영선 선생님. 이들의 헌신적인 사랑이 없었다면 아마 이 책은 세상을 보지 못했을 것이다. 가장 폭염적인 올 여름 세 차례의 워크숍에서 함께 즐거움을 공유한 그 밖의 연구회 회원분들 그리고 논형출판사 대표 소재두 선생님께 무어라 감사함을 드려야할지 모르겠다.

미디어문화교육연구회, 이제 설익은 열매로서 한 권의 책을 창피함을 무릅쓰고 세상에 내놓는다. 밖으로부터의 비판에 대한 수용과 자기 성찰이 앞으로 이어질 본 연구회의 작업들을 철저한 것으로 만들게 할 것이다. 학문의 대중화, 이론의 실천화, 분석의 치밀함을 기치로 오늘은 어제보다, 내일은 오늘보다 더 발전되고 진보된 모습으로 연구하고 토론할 것을 약속드리는 바이다.

2004년 9월
미디어문화교육연구회
대표 김영순 삼가 씀

목차

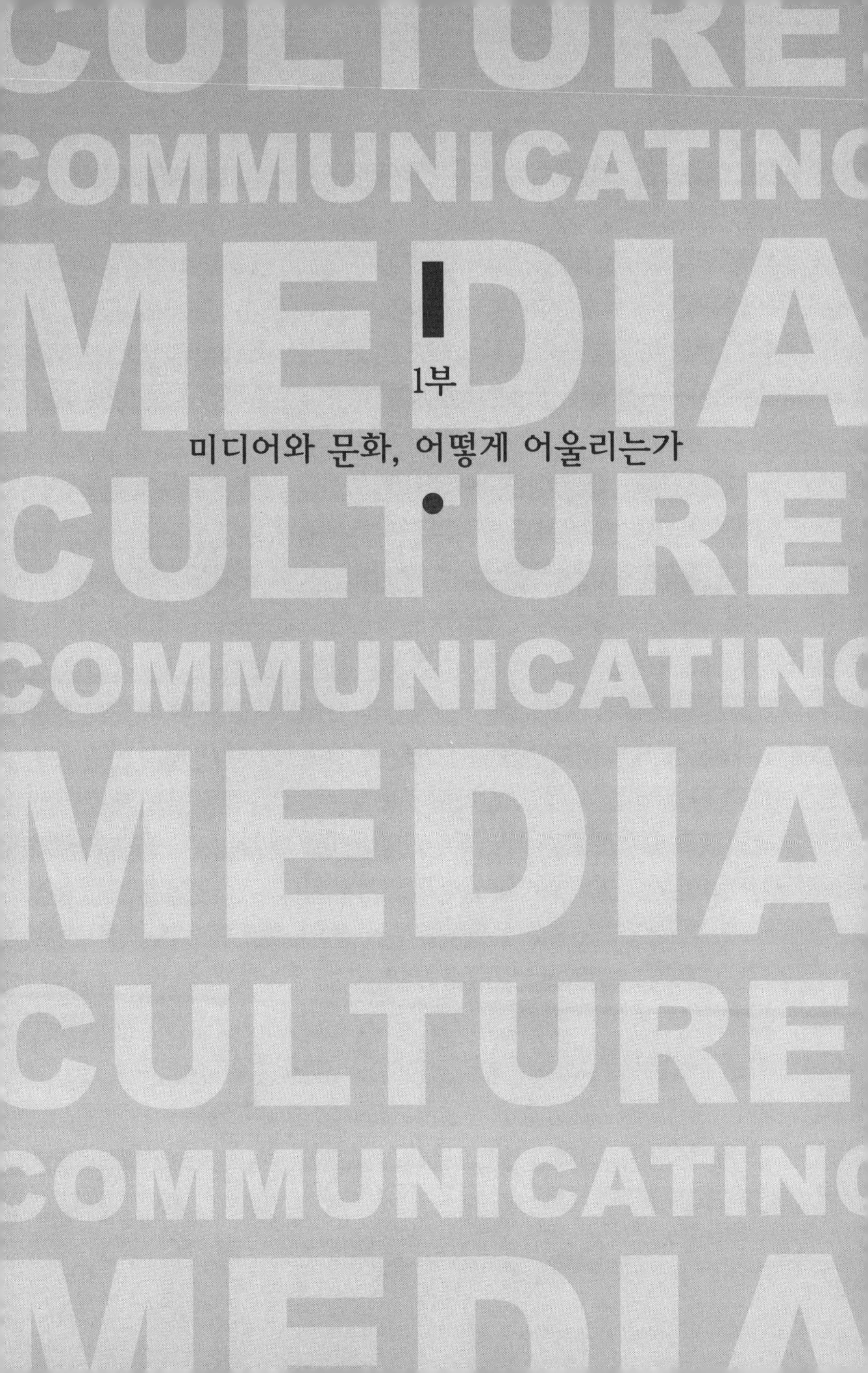

1부

미디어와 문화, 어떻게 어울리는가

1

〈다모〉, 대중사극에서 미적 체험으로

김영순

리서치 회사 유니온 커뮤니케이션의 2003년 마케팅 프로모션 동향조사에 따르면, '대중 사극' 이 2003년 메가 파워 10선에 당당히 진입해 있다(http://www.unione.co.kr). 전에는 궁궐과 왕가를 중심으로 음모와 권력투쟁을 주로 그리던 정통 사극이 압도적이었다. 그러나 요즘 들어 대부분의 사극들이 현대적인 소재와 스타일로 각색한 대중 사극으로 대체되고 있다. 대중 사극은 역사적 소재를 현대적으로 극화한 영상 장르를 말한다. 이를 흔히 '퓨전 사극' 이라 하는데 그 이유는 전통과 현대를 아우르는 소재와 내러티브, 캐릭터, 소품들을 사용하기 때문이다. 최근 영화로는 〈스캔들〉, 〈황산벌〉, 〈천년호〉, 〈낭만자객〉 등을 들 수 있고, 드라마로는 〈천년지애〉, 〈다모〉, 〈대장금〉 등을 들 수 있다. 물론 내용을 중심으로 세분화될 수 있는 가능성을 열어 놓고 있지만, 이들 사극의 공통점은 수신자, 즉 텍스트 소비자들의 눈높이에 맞추고 그들의 소비 경향을 반영하는 인터렉티브적 성향을 들 수 있다. 기존의 사극 드라마가 작가적 텍스트 중심이었다면, 요즘의 드라마는 '소비자적 텍스트' 중심으로 변화하였다. 소비자적 텍스트 중심이란 시청자들의 요구 및 성향을 반영하여 드라마 내러티브, 캐릭

그림 1 〈다모〉 포스터

터, 방영 기간 등을 조정하는 '참여적인' 성격의 텍스트를 말한다. 여기서 드라마의 경우, TV라는 1차적 미디어 보다는, 2차적 미디어로서 인터넷과 이를 매개로 한 텍스트 생산자와 텍스트 소비자 간 쌍방향적 소통 방식의 등장이 한국 대중문화 형성에 새로운 트랜드로 나타난다.

특히 이 글에서 다루고자 하는 드라마 〈다모〉(MBC의 월화드라마, 이재규 감독 작)는 '다모폐인' 이라는 신조어를 만들어내고, 인터넷 동호회 최상 순위, 인터넷 검색어 최상 순위를 만들어내는 등 십대들을 열광시켰다. 조선 시대 '다모(茶母)' 라는 현대판 여형사쯤 되는 직업여성을 둘러싼 사랑과 반란의 이야기가 그 자체로는 십대들을 유인하기에는 무리다. 그런데 어떤 요인으로 의해 그들은 학교를 접고 가정을 멀리하며, 스스로 '폐인' 임을 자처한 것일까? 그 답은 바로 한국인 특유의 '미적 체험' 에 있다고 본다. 이 글에서는 인터넷 중독으로 표현되는 부정적인 폐인 문화가 이제는 긍정적인 '미적 체험' 으로 재해석되어야 하며, 한국인의 특정 시기, 즉 한국 청소년기에 나타나는 미적 체험을 한국인의 정체성 중 하나로 설정할 것이다. 이런 미적 체험은 '붉은 악마' , '촛불 시위' , 참여 정부 탄생으로까지 이어지는 패러다임의 대변혁을 의미하는 것이며, 앞으로 도래하게 될 문화 권력의 중심에 위치할 것이다.

이 글은 사극 〈다모〉를 통해 한국인의 미적 체험 방식을 기호학적으로 설명할 의도를 가지고 있다.[1] 이를 위해 먼저 1장에서는 대중사극의 퓨전적 특성을 살펴보며, 2장에서는 드라마 텍스트 〈다모〉의 구조를 밝히게 된다. 3장에서는 〈다모〉로 인한 미적 체험의 문화 과정과 사회 문화적 콘텍스트를 기술하며, 4장에서는 〈다모〉에 대한 '기호학적 공간' 의 개념과 '따져 읽기' 방식을 도입하여 한국 십대의 '미적 체험' 을 도출할 것이다.

[1] 이 글은 2002년 월드컵, 붉은 악마, 노사모, 참여 정부 탄생. 일련의 사건들이 인터넷이란 새로운 미디어로 형성된 문화, 그 문화를 어떻게 읽을 수 있는가에 대한 고민을 담고 있다. 필자는 최첨단 정보 통신기기로 중무장한 한국 청소년들의 미적 체험을 〈다모〉라는 대중 사극을 통해 설명하고자 한다. 이 글의 2장 및 3장에서는 〈다모폐인〉 사이트에서 퍼온 자료들이 다수 있다. 일일이 인용처를 표시하지 않았으며 다만 대표적으로 www.damopia.com을 참고했음을 밝힌다. 이 글을 있게 해준 30만명의 '다모폐인' 네티즌들께 감사드린다.

1. 사극의 퓨전, 퓨전의 사극

인터넷 포털사이트인 다음(www.daum.net)에서 제공하는 2003년 드라마 부분 검색어 1위는 〈다모〉이며 그 뒤가 〈대장금〉이다. 이어 3위에는 〈인어아가씨〉, 4위 〈옥탑방 고양이〉, 4위 〈여름 향기〉, 6위 〈상두야 학교가자〉, 7위 〈올인〉, 8위 〈야인 시대〉, 9위 〈요조숙녀〉, 10위 〈때려〉가 랭킹 되어 있다. 무엇보다 주목할 것은 'n세대', 'i세대' 등으로 대표되는 한국의 청소년들, 이들에게 가장 중심적인 미디어인 인터넷의 검색어가 '사극'의 제목이란 점을 주목해야 한다. 사극의 소재나 플롯, 내러티브 등은 청장년층에서 소구되기도 힘든데, 〈다모〉와 〈대장금〉은 어떤 구조를 갖기에 인터넷과 PDF 등의 최첨단 소통 기기로 무장한 한국의 청소년들을 열광시키는가. 이번 장에서는 사극의 새로운 경향을 살펴보고, 이런 경향을 반영한 몇몇 사극을 둘러 볼 것이다.

그림 2 〈대장금〉의 이영애

정통 사극들은 대개 국가 간의 전쟁, 궁중에서의 권력 암투, 왕족 및 상류층의 이해와 갈등 등을 다룬다. 이에 비해 이른바 요즘 '대중 사극' 이라 표현되는 퓨전 사극들은 민중의 역사, 풍속의 역사 등 보통 사람들의 삶과 가까운 소재를 사용한다. 기존 정통 사극에 비해 대중 사극의 가장 큰 특성은 소재의 다양성에 있다. 특히 이영애, 지진희 등이 주연으로 등장한 드라마 〈대장금〉은 기존의 사극에서 잘 나오지도 않던 임금님의 음식을 만드는 수라간이 주배경이 된다. 왕족이나 높은 지위의 양반의 이야기가 아닌 한낱 수라간 나인으로서 '장금' 이란 인물이 중심으로 설정되어 있다. 궁녀들의 암투 역시 왕의 총애를 받는 일과 무관하다. 그들이 상상할 수 있는 최고 권력은 '겨우'

수라간 최고상궁일 뿐이다. 이미숙, 전도연, 배용준이 주연으로 캐스팅된 〈스캔들〉은 "남녀가 유별하다"는 것 외에 알지 못했던 조선조 사대부 집 안 깊숙한 곳의 은밀한 풍경을 들춰냈다. 기존의 전통 사극의 틀이었다면 영화의 중심은 주인공의 입신양명에 있을 것이다. 그런데 〈스캔들〉에서는 과연 조원이 숙부인의 마음을 뺏을 수 있을 것인가였다.

　　이들 대중 사극의 특성 중 하나는 퓨전적 요소의 등장이다. '퓨전 (fusion)'이란 원래 '융합', '융해'라는 뜻을 가진 영어 단어로, 문화 영역 에서는 사물이나 생각 등 서로 상충되는 두 가지 또는 그 이상의 요소가 섞 여 전혀 다른 무언가를 만들어 낸다는 의미이다. 드라마 〈다모〉와 〈대장 금〉은 소재·주인공·스토리 면에서 기존 사극과 달랐다. 현대와 전통이 어우러지는, 코믹과 멜로가 적당히 혼재된, 그러면서도 청소년들의 감성 을 자극시키는 언어 기호 전략을 사용하고 있다. '다모'에서 다모페인들 이 유행시킨 "아프냐, 나도 아프다"의 감정을 자극하는 이서진의 대사와 대장금의 어린 장금이가 유행시킨 "저는 제 입에서 고기를 씹을 때 홍시 맛이 났는데 어찌 홍시라 생각했느냐 하시면 그냥 홍시 맛이 나서 홍시라 생각한 것이 온데…" 같이 감칠맛 나는 현대적인 대사들도 이들이 인기를 끄는 비결이었다.

　　이러한 사극의 퓨전적 요소는 스크린에서도 나타난다. 〈스캔들-조 선남녀상열지사〉, 〈황산벌〉, 〈천년호〉와 〈낭만자객〉 등의 퓨전 사극의 인기는 식을 줄 모르고 있다. 세련된 감각이나 참신한 소재의 퓨전사극이 대성공을 거둬 사극과 현대물 간 경계를 허물고 과거를 현대로 불러 들였 다. '퓨전 사극'이 인기몰이를 하면서 현대적 연애감정을 담은 간명하고 감성적인 언어 기호(사극 속 대사)들이 급속히 퍼져 텍스트 소비자들을 사 로잡았다.

영화 〈스캔들〉은 표현이 사실적이라서 감정표현이 그대로 드러나는 언어 기호를 사용하고 있다. 그 당시에 감히 통용되지 않았던 언어 기호가 현대적 감각을 담아 표출된다. 다음과 같은 대사를 살펴보자. "당신이 날 사랑한 순간, 내 사랑이 변하더이다."(조원), "아니, 이것이 왜 이리도 커졌답니까."(조씨 부인), "없던 길 낸 것도

그림 3 〈스캔들〉의 포스터

아닌데, 뭐 그리 아팠겠소."(조원), "정녕 통(通)했느냐, 통하고 버렸더냐?' 특히 대사 "통하였느냐"는 텍스트 소비자들 사이에 인기어를 만들어 냈으며 일상적으로도 즐겨 사용한다.

뿐만 아니라 영화 〈황산벌〉은 구수한 사투리의 맛이 우러난다. 마치 개근 콘서트의 박준형이 진행하는 〈생활사투리〉 코너에서나 나옴직한 사투리들이 영화 내내 등장한다. 계백 장군 박중훈이 진지한 얼굴로 "명색이 결사대가 쪽팔리게 1당10(一當十)도 못혀? 병사들에게 명령해. 죽기 전에 신라 놈 열 놈 죽였는가 나한테 확인받고 죽으라고. 알았제?'를 외치는 장면에선 폭소가 터진다. 영화가 진행되는 동안 줄곧 "니가 거시기 해야 것다" "아싸라게 거시기 해 불자" "몬되면 내 탓이가" 등의 전라도 사투리가 쏟아진다.

그렇다면 대체 어떤 이유로 젊은 층들이 사극에 매료되는 것인가? 사극의 소재가 옛것인데도 첨단 기술과 빠르게 변하는 최신 유행을 마다하고 사람들의 마음을 홀리고 있는 것일까? 〈다모〉의 포도청도 그동안 정통사극에선 뒷배경에 머물렀던 장소를 주무대로 삼았다. 여기에 등장하는 와이어 액션이나 음악은 현대적인 것이었으며, 사랑의 방식 또한 미묘한 삼각관계를 설정하여 요즘 사랑의 방식이 표현되어 있다. 〈다모〉에서 중

요한 것은 혁명의 성패가 아니라 다모 채옥과 종사관 황보윤, 채옥과 수령 장성백의 사랑이었다. 이렇게 퓨전 사극은 역사적으로 거창한 것보다는 현실적인 것이 많아 사극의 틀을 빌어 현실을 반영한 드라마의 한 형태라고 평가할 수 있다.

그림4 〈황산벌〉의 한 장면

"성은이 망극하옵니다"나 "통촉하여 주시옵소서"라는 대사를 반복하던 정통 사극에서 상상하지 못했던 일들이 퓨전 사극에서는 유감없이 등장한다. 〈황산벌〉은 기존의 사극이 표준어를 사용했던 것과 달리 지금처럼 삼국시대에도 각 지역이 사투리를 썼을 것이라는 전제에서 시작한다. 당시 삼국은 각 나라의 사투리의 뜻을 알아내는 것은 그 어떤 암호를 푸는 것보다 어려웠다는 상상력이 〈황산벌〉을 탄생시킨 것이다. 백제의 결사대를 소집한 장군 계백의 입에선 "느그들 나랑 거시기 해야겠다"는 사투리가 튀어나온다. 660년 계백과 김유신의 대결을 그린 〈황산벌〉은 아예 현재의 정치 국면을 그대로 인용한다. 현재 영·호남에서 사용되는 사투리를 1300여년 전 상황에 그대로 대입하는 것은 물론 부시 미 대통령의 '악의 축' 발언이 당태종의 입을 빌어 재현되고, 암호 해독관의 해독장면에는 교육방송의 수능 해설 프로그램의 배경 음악이 사용된다. 기존 사극 영화에서는 꿈도 꾸지 못했던 접근 방식이다. 과거와 현대의 만남을 통해 묵어있던 역사가 현대인의 입맛에 맞게 잘 요리 된 것이다. 이런 점이 젊은 텍스트 소비자들을 매료시킨다.

〈스캔들〉은 엄숙하기만 했던 남녀상열지사의 곳곳에 적절한 유머를 배치해 웃음을 자아낸다. 그리고 조선시대지만 배경으로 깔리는 중세 유럽풍의 음악은 인상적이다. 〈스캔들〉은 실제로 1782년에 발표된 쇼데를로 드 라클로의 서간체 소설 『위험한 관계 Les Liaisons Dangereuses』를 원작으로 삼고 있다.2 역시 연애 심리 묘사에 치중했지만 과감하게 동시대의 연애 감정과 대사를 녹여 넣는 방식을 통해 '한복 입은 현대극'의 분위기를 물씬 풍기고 있다. 〈스캔들〉은 유교 이데올로기의 통제를 강하게 받는 사대부 집안의 모습 대신 근친상간, 혼전 관계 등 억압된 욕망을 거침없이 쏟아내는 공간을 만들어냈다. 또 현대적 감각의 대사와 '쿨'한 정서 등 현대적 드라마의 설정을 통해 사극이 가진 고색창연한 느낌을 털어내며, 텍스트 소비자에게 접근했던 것이다.

그림 5 〈낭만자객〉의 포스터

2 라클로는 이 작품에서 프랑스 대혁명 이전 진정한 사랑을 인정하지 못하는 고집스런 귀족 남녀의 파멸을 우아한 말투와 유혹에 가득 찬 성적 비유를 담아냄으로써 '사랑'을 둘러싼 인간 감정의 흥망성쇠를 적나라하게 보여주었다. 라 클로의 소설은 로제 바댕의 「위험한 관계」(1958), 스티븐 프리어즈 감독의 「위험한 관계」(1988), 밀로스 포먼의 「발몽」(1989), 로저 컴블의 「사랑보다 아름다운 유혹」(1998) 등 지금까지 서구에서 모두 4편의 영화로 제작되었다. 경희대 김기국 교수는 원초족인 사랑의 코드는 보편적이고, 이들이 어떻게 〈스캔들〉에서 한국의 사랑 문화를 기표화 하였느냐에 대해 논의하고 있다.

〈낭만자객〉에서는 조선시대에도 지금의 나이트클럽과 비슷한 것이 있었을 것이라는 상상 아래 '주리아나'라는 나이트클럽이 등장한다. 아예 파격적인 사극 코미디로 만들고자 했다는 〈낭만자객〉은 처녀 귀신의 한풀이에 나선 멍청한 자객의 활약을 그린 무협영화이다. 배경을 조선시대로 설정했으나 시대 고증보다는 새로운 공간과 웃음 만들기에 주력한다. 한때 서울 강남의 대표적 나이트클럽이던 '줄리아나'를 패러디한 '주리아나(酒里亞羅)' 주점에 테크노 댄스 음악이 흐르는 장면은 이 영화가 퓨전 사극 코미디임을 단적으로 보여준다. 이렇게 퓨전 사극의 가장 커다란 특징은 작품 바깥의 역사가 작품의 내용을 규정하기보다는 작품 내부에 배치된 문화적 소재에 의해서 과거가 현재로 재구성된다는 점이다. 종전의 사극이 그 당시 역사적 소재와 주제에 의해서 장르의 성격으로 규정되었다면, 퓨전 사극에서는 오늘날의 문화소재가 과거의 역사를 불러낸다. 퓨전 사극은 역사를 사실적으로 그대로 재현하기보다는, 오늘날의 상상력에 입각해서 역사적 사실을 해석하고 재구성한다. 현실을 과거 속에서 구현함으로써 역사를 상상해 내는 것이다. 이런 점에서 역사 재현의 부적절함이라는 평가를 받기도 한다.

〈다모〉, 〈스캔들〉, 〈대장금〉 등 대중적 퓨전 사극이 성공할 수 있었던 것은 전통 사극의 틀에서 벗어나 우리 역사를 문화적 상상력의 원천으로 가져오면서 우리 식의 미학을 추구했다는 데 있다. 즉 우리의 음식, 복식, 공간, 액션 심지어 우리 식의 인간형에 이르기까지 우리 식의 미학을 '창조' 해낸 것이다. 이처럼 퓨전 사극은 기존의 관습을 뒤엎는 새로운 시도와 현대적 감성으로 접근하고 있다. 퓨전 사극은 '사극' 하면 떠올리는한복과 고어투, 왕이나 왕비, 후궁 혹은 사대부들만이 주인공이라는 공식에서 벗어나 있다. 역사를 끌어가는 주체적 힘을 민중에게서 발견하면서 동시에 역사적 공간만 과거에서 빌려와 현대적 감성으로 접근하고 있는 것이다. 따라서 사람들은 수백 년의 시간차를 뛰어넘었음에도 당시의 감성을 고스란히 읽어낼 수 있었던 것이다. 이와 같이 읽어 내는 과정이 곧 '미적 체험'인 것이다. 그동안의 전통 사극을 다르게 본다는 것을 의미하며, 이것은 곧 역사를 다르게 본다는 것을 뜻한다. 다르게 본다는 것은 '읽기' 를 의미한다. 이러한 읽기를 통해 현실의 우리들은 과거를 재현하며 해석한다. 이 과정은 미적 체험의 과정이며 이를 통해 우리의 삶을 풍요롭게 만든다. 이것은 곧 내 삶의 의미가 되며 타자들과의 소통 공간을 확대시키는 것이다.

2. 텍스트와 콘텍스트 사이

2003년 9월 일주일간의 방송 편성표를 보면, 월·화 〈조선여형사 다모〉(MBC), 〈야인시대〉(SBS), 수·목 〈장희빈〉(KBS), 토·일 〈무인시대〉(KBS) 그리고 금요일 〈전왕〉(MBC)이 편성되어 있다. 매일 공중파 방송에서 사극을 볼 수 있는 이러한 편성이 이제는 낯설지 않다. 방송 및 영화계에서 '사극 홍수' 혹은 '사극 특수'란 말이 절로 나온 것을 보면, 최근에들어 사극이 붐을 일으키고 있다는 말이 과언은 아니다. 이런 맥락에서〈다모〉의 성공은 단지 새로운 사극이 출현했다는 것뿐만 아니라 사극이진일보하여 새로운 시대로 접어들었다는 평가를 갖게 한다. 어쩌면 사극의 시대가 〈다모〉 이전과 이후로 나누어 평가할 수 있을 정도로 〈다모〉의힘은 컸다. 특히 텍스트 소비자적 측면에서 사극의 시청자를 40~50대에서10~20대로 전환시켰으며, 뿐만 아니라 희대의 '다모 폐인'이란 신조어를만들어 내기도 했다. 더욱이 화려한 영상미, 와이어 액션, 신세대적 음악이 선보였고 일상 생활어에서의 '-하오' 체의 사용, 호칭어인 '-도령', '-낭자' 사용 등 청소년 문화에 새로운 기류를 만들어 냈다. 먼저 다모의 공식홈페이지(http://imbc.com/broad/tv/drama/damo/)에서 소개된 드라마 〈다모〉의 제작 동기를 살펴보도록 하자.

> 조선에는 '다모'(茶母)라는 여자 형사쯤 되는 직업 여성이 있었다. '식
> 모'(食母), '침모'(針母)와 더불어 관가나 사대부 집의 허드렛일을 도맡
> 아 하던 천민 신분의 사람에게, 그것도 여성에게 '수사권'이라는 직업
> 적인 책임을 부여했고… 그 '다모'라는 여성들은 규방 사건의 수사,
> 염탐과 탐문을 통한 정보 수집, 여성 피의자 수색 등 잡다한 수사 권한

을 가졌음은 물론 톡톡히 제 몫을 해냈다고 하며, 나아가 궁궐에서 일했던 한 '다모'는 역모 사건의 해결에 일조를 하기도 했다고 한다. '다모'는 천민이다. 관노 혹은 외거 노비와 다름없는 신분적 한계를 가진 사람이다. 게다가 또, '다모'는 여자다… 신분적 한계라는 옴짝 달싹할 수 없는 울타리 속에 갇혀 성적 차별이라는 올가미까지 씌워진 채 세상을 살아간 사람이다. 이런 여성의 삶과 사고 방식이 과연 세상을 살아가는 우리에게 어떤 감동이나 의미를 전해 줄 수는 없을까? 300여년 전 조선의 한성부 좌포도청에서 '다모'로 일했던 여자, 채옥의 그 누구보다 자유로워 진보적일 수 밖에 없는 여자, 그 누구보다 가슴에 충실해 따뜻할 수밖에 없는 삶을 쫓아가 보자!

드라마 〈다모〉는 천민의, 젊은 여성의 정열이 한국적 정서에 의해 차단되는 사랑의 미학과 '혁명'이라는 그 당시 사회가 요구했던, 어쩌면 오늘날 우리 사회가 요구하는 두 가지 코드가 적절하게 결부되어 있다. 14부작 드라마 〈다모〉의 줄거리는 무협 사극과 멜로를 넘나든다. 역모와 사랑, 칼날을 부딪히는 액션이 얽힌다. 거대한 궁중의 암투 대신 역사의 한 장을 살아간 사람들을 그린다. 채옥은 자신이 관비라는 사실을 뼈아프게 깨우치고 있는 포도청 다모이다. 황보윤은 서얼로 태어난 한을 칼에 품은 좌포청 종사관이다. 역모의 주역 장성백은 특유의 솔직함으로 채옥의 마음을 끈다. 이렇게 〈다모〉는 한 여자와 두 남자의 이야기다.

전체적인 줄거리는 양반 가문에서 태어났지만 가문이 역모로 몰려 멸문당하고 오라버니와도 헤어진 재희가 채옥이라는 이름으로 황보대감의 집 노비로 들어가면서 시작된다. 황보대감에게는 서출인 윤이 있었고 둘은 같은 처지로 인해 친남매처럼 가깝게 지내며 자란다. 종사관 윤을 따라 좌포청의 다모가 된 채옥은 윤을 도와 사건을 해결해간다. 장성백 일당의 사건을 해결하던 중 이들이 역모를 꾸미고 있음을 알게 된 채옥은 그 주둔지에 위장하여 잠입한다. 그러면서 채옥은 장성백에게 끌리게 되고 자신의 임무와 사랑 사이에서 고민하게 된다. 삼각관계의 엇갈리는 사랑을 하는 세 사람. 장성백이 채옥의 친오빠임을 알게 된 윤은 그들을 도우려다 죽게 되고, 채옥은 이 사실을 모른 채 장성백을 죽인다. 장성백이 죽는 순간 채옥은 그가 친오빠임을 알게 되었고 채옥도 성백과 함께 죽음을 맞이한다. 따라서 〈다모〉는 비극으로 끝난다. 주인공 모두 살아남지 못한다. 사랑도 혁명도 성공하지 못한다. 그래서 더욱 소비자들의 감성적 갈등을 자극했는지도 모른다. 이런 갈증들은 자연스럽게 인터넷이라는 미디어로 이어져 소통적 공간이 확대되었다.

〈다모〉의 몇 가지 특성을 살펴보자. 먼저 등장인물들의 분위기와 사연에 맞는 테마가 있다. 〈다모〉의 경우 여느 사극에서 볼 수 없었던 등장인물들의 새롭고 다양한 의상 스타일로 패션에 민감한 신세대의 눈을 자극했다. 또한 작은 땀방울까지 잡아내는 특수카메라 등이 만들어낸 섬세한 영상, 헬기 및 플라이캠과 모빌캠 등을 동원한 스펙터클한 영상도 사극에서는 참신한 시도였다. 액션 장면이 많은 〈다모〉는 검을 휘두르는 소리나 공중으로 날아오를 때의 음향이 세련되고, 박진감을 준다. 뿐만 아니라 〈다모〉의 언어기호인 대사가 청소년층의 텍스트 소비자들을 더욱 강인하게 유혹한다. 특히 다모폐인 사이트 중 하나인 다모피아에서는 '다모어록', '다모신문', '다모일지' 등에서 〈다모〉의 대사들을 모아 놓고 있다. 빈도수가 높게 나타난 대사들과 '폐인'들의 좌우명 같은 명언들을 열거하면 다음과 같다. "아프냐, 나도 아프다. 날 아프게 하지 마라"(1회 · 황보윤이 부상당한 채옥에게 한 말)로 시작한 '조선여형사 다모' 대사의 인기는

"나는 너에게 무엇이더냐"(2회 · 황보윤이 임무를 마치고 온 채옥에게 한 말) "산채에서 정을 나누며 오래도록 같이 살았으면 좋겠어"(5회 · 장성백이 산채에 온 채옥에게 한 말) 등에 이어 9회 황보윤이 중상을 입은 채옥을 향해 "나도 네가 있어서 한순간이나마 숨쉬고 있다는 것을 느낄 수 있었다"고 울먹이면서 절정을 이뤘다.

〈다모〉의 정형수 작가는 주인공들의 대사에 사랑의 의미는 물론 삶의 무게가 실리도록 하는 데 신경을 많이 쓰고 있다고 밝혔다. "드라마는 무엇보다 재미있어야 하지만 그 속에서 얻을 것도 있으면 좋겠다"면서 "삶의 진정성을 표현해주는 말을 대사에 녹여 넣고 싶었다"고 덧붙였다. 그스스로 기억에 남는다고 꼽은 대사는 다음과 같다. "발묵"(發墨), 장성백과 채옥의 아버지가 즐겨 쓰는 낱말이다. 먹을 간다는 이 말을 정작가는 인격 수양에 정진해야 한다는 경책의 의미로 사용했다. "길이 아닌 것이 어찌 처음부터 있단 말이오. 한 사람이 다니고 두 사람이 다니고 많은 사람들이 다니면 그 곳이 곧 길이 되는 법. 이 썩은 세상에 나 또한 새로운 길을 내고자 달려 왔을 뿐이오[3]"(장성백이 죽음을 앞두고 조정 관리에게 한 말). "강하다는 게 무엇인 줄 아느냐? 그건 산이 버티고 바다가 버텨도 일생을 걸고 자신의 꿈을 정진시켜 나가는 걸 말한다"(황보윤의 부친인 황보철이 '강해지고 싶다' 는 아들에게 한 말이다.)

드라마 텍스트 〈다모〉의 특성에 대해 정리하여 말하자면 다음과 같이 기술할 수 있다. 드라마의 형식은 퓨전 사극적 형식을 띠며 소재는 여성 및 천민을 중심인물로 하여 사랑과 혁명을 다루었다. 음악과 액션은 현대적 모드를 선택했으며, 사랑의 방식도 청소년층에게 소구되기에 충분하였다. 가장 두드러진 것은 몇몇 인기어를 만들어낸 언어 사용에 있다. 이는

---

3 〈다모〉의 정작가는 이 대사는 중국의 작가 루쉰의 말에서 빌려왔다고 한다.

한국 청소년의 감성을 자극하고 이들로 하여금 '다모폐인' 이란 집단 정체
성을 드러내게 하였다. 〈다모〉의 엄청난 파장은 한국의 청소년들에게 어
떤 미적 체험을 불러 일으켰으며, 〈다모〉는 이들에 의해 어떻게 해석되고
평가되었는가 하는 문제를 다음 3장에서 살펴보도록 하자.

3. 나는 '다모폐인' 이오

실제로 〈다모〉는 7월 28일 시작되어 14회 동안 방영되었는데 기존
드라마 인기의 기준이 되었던 시청률로서는 20%를 약간 상위하는 정도였
으므로 성공적인 드라마라고 볼 수 없다. 그러나 종영된 지 78일 만에 등록
된 인터넷 〈다모〉 게시판 글 수 200만 건 돌파라는 드라마 역사상 초유의
대기록을 세웠다. 인터넷을 통한 '다모 열풍' 은 그 어떤 드라마보다 뜨거
웠으며 특히 20~30대의 젊은 네티즌들의 폭발적인 사랑을 받았다. 더욱이
'다모폐인' , '다모체' . '다모우리' 등의 신조어까지 탄생시키며 한국사회
를 놀라게 했다. 드라마의 초기에 〈다모〉는 그리 주목받지 못했다. 무협활
극이라는 장르도 그러했고, 주인공 캐스팅에 있어서도 하지원, 이서진, 김
민준 모두 드라마에서 인정받지 못한 연기자들로 구성되어 있었다. 또한
20~30대를 타깃으로 했던 드라마이니 만큼 많은 사람들의 사랑을 받으며
높은 시청률을 올려야했던 것으로 보면 출발 당시 많은 위험요소를 안고
있었던 것이다. 하지만 이러한 예상들과는 달리 〈다모〉는 방영이 시작되
면서 네티즌들에게 엄청난 극찬을 받으며 주목받기 시작했다.

사람됨을 포기한다는 폐(廢)인이 아닌 사랑함을 강조한 사랑할 폐
(嬖)를 사용한 다모폐인은 '다모를 사랑하는 사람' 이란 뜻이다. 빠르게 인

터넷상으로 퍼진 〈다모〉의 인기는 '다모폐인'이라는 확실한 팬들을 끌어들였고, 이들의 활발한 활동과 열정적인 사랑을 받으며 지금까지도 〈다모〉는 인터넷 조사에 의해 최고의 드라마에 뽑힐 정도로 성공한 드라마가 되었다. 〈다모〉는 제작진과 충실한 텍스트 소비자인 '다모폐인'이 함께 만들었다고 할 정도이다. 따라서 이번 장에서는 다모폐인들이 활동하는 모습들에서 나타나는 한국 청소년들의 미적 체험 경로와 사회문화적 콘텍스트를 살펴볼 것이다. 이를 위해, 먼저 다모폐인 사이트 중 대표격인 다모피아(www.damopia.net)에 수록된 다모후기를 살펴보도록 하자. (제목은 '내가 생각하는 마지막 회—그 아쉬움'이며, '폐인이오'라는 아이디로 기록되어 있다.)

1) 시간에 쫓겨 달리기만 한 14회.

한회밖에 남지 않았는데, 보여줘야 할 사건은 너무 많았소. 그래서 시작하기 전부터 그것들이 좀 걱정스러웠던 건 사실이오. (중략) 하지만, 13회까지의 내 다모에 대한 사랑과 감동을, 이 14회가 망쳐버렸단 말이오...심히 안타깝소...

2) 황보윤은 금가루에 죽는다?

황보윤의 멋진 죽음을 원했소... (중략) 금가루에 눈이 뒤집힌 성백의 칼 휘두름 한번에 그리 허망하게 가시리라곤 생각지도 못했소.. 작가에게 양껏 대들어보고 싶은 대목이오... 정녕 그리 밖에 할 수 없었소???

3) 감정이입의 실패

솔직히 말해서, 나 마지막 회 보면서 눈물 한 방울 안나오더이다..
오히려 마지막 회 방송 전에 이를 기다리면서 가슴 졸이고 있을 땐 내내 글썽이던 눈물이, 마지막 회의 그 과도한 편집에 완전 실망모드로 돌입, 내 감정은 바싹 말라버리고 말았소.. (이하 생략)

4) 조연들은 다 어디에??

작가가 그러지 않았소? 비단 주인공뿐만 아니라, 그저 이름 없는 한 조연에게도, 삶의 이유, 진정성을 주고 싶었노라고. 근데 그게 뭐요? 병택이는 어디 갔소? 마지막에 백부장은? 마축지는? 그냥 이렇게 싹둑 끝내버리면 그만이오? 그들의 앞으로의 살아가는 모습들도 애잔한 삶의 무게와 어우러져 함께 그려졌으면 했소.

5) 16부였어야 했다.

정녕 14부에서 급히 서둘러 종영해버리기엔 너무 아쉬움이 컸소.. 내가 생각한 14부에서 16부 가상스토리요. 앞서서 난 심각한 윤폐인임을 밝히오. (이하 생략)

a.

14부에서는 윤과 좌포청 사람들이 가까스로 역모일당을 때려잡는 그 사건 하나로 장중하게 마감이 되었어야 했소. 이것만으로도 큰 사건이오. (이하 생략)

b.

15부에서는 윤이 착잡한 마음을 다 정리하고 자기 목숨을 버리더라도 채옥을 구하러 떠나기로 마음을 먹고, 난희와도 안타까운 이별을 하고 다시는 되돌아오지 못할 수도 있는 먼 길을 떠나면서, 주위 사람들과의 마지막 장면들도 들어갔어야 하오. (이하 생략)

c.

16부. 윤의 주검이 좌포청으로 들려오오. 많은 사람들이 망연자실. 넋을 잃고 비통함에 빠지오. (중략) 참, 마지막으로 유명을 달리한 윤, 채옥, 성백 세사람의 명복을 비오..

편히 잠드시오.........ㅠㅠㅠㅠㅠㅠㅠ

(저승에서는 윤과 채옥이가 잘 되겠죠? 또 바람피웠다간 봐라...!!!)

윗 인용 텍스트의 다모폐인은 '윤폐인(황보윤을 따르는 팬)' 임을 밝히고 황보윤의 입장을 대변하는 글쓰기의 상상력을 보여 준다. 황보윤을 중심으로 스토리를 다시 전개하고 있는 위 텍스트에서 우리는 자연스럽게 미적 체험의 과정과 사회문화적 콘텍스트 의미를 도출할 수 있다. 먼저 전체적인 내용에서 참여적 경향을 들 수 있다. 마치 전문 비평가 수준의, 자신이 작가라도 된 듯이 드라마 내용에 대한 가상적인 시나리오를 전개하고 있다. 예를 들어 4절 "조연들은 어디에", 5절 "16부여야 했다" 등에서 마치 자신이 작가인양 또 다른 스토리를 전개하고 있다. 특히 5절에서는 비극으로 끝난 14부를 연장하여 16까지 이어가도록 설정하였으며, 가능한 씬 하나하나까지 자세하게 기록하고 있다. 위 인용 텍스트에서 나타나는 또 하나의 경향은 〈다모〉의 내용을 자신의 일상과 결부하여 생각하는 '광적' 측면을 엿볼 수 있다. 이를테면 3절 "내 감정은 바짝 말라 버렸소", 4절 "작가가 그러지 않았소", 5절 "난 심각한 윤폐인 임을 밝히오", "또 바람폈다간 봐라" 등이 그 대목이다.

다모폐인은 〈다모〉를 너무나 좋아하는 나머지 주변인들에게 다모를 보라고 무의식적으로 추천하는 등 식음전폐 및 다모에 대한 환상을 가지고 있다. 이들의 특징으로는 다모 게시판에서 떠날 줄을 모르며 '~하오' '~했소' 등의 하오체를 변형하여 연기자들의 대사 말투처럼 '다모체' 어투를 사용한다. 이들이 주로 활동하는 무대는 인터넷 공간이다. 다모폐인들의 홈페이지 다모우저, 다모룸을 비롯해 iMBC 시청자클럽, 커뮤니티 포탈사이트인 다음의 카페, 프리챌의 커뮤니티 등 많은 인터넷 공간에서 활동 중이다. 2003년 9월 5일 기준으로 조사한 폐인 회원수는 대략 30만명 정도이다. (이는 공교롭게도 30만의 청년 실업자와 맞먹는 수치이다). 하지만 이 수치는 회원수를 파악할 수 있는 몇몇 사이트의 회원수를 합한 것이다. 그 때문에 '다모우저(www.damopia.com)' 와 '다모룸(damo.niz.to)' 등의 홈페이지에 가입된 폐인들을 감안하면 중복된 회원수를 제한다고 해도 더 많은 폐인이 활동하고 있음을 짐작할 수 있다. 다음은 다모폐인들의 주요 온라인 활동 무대이다.

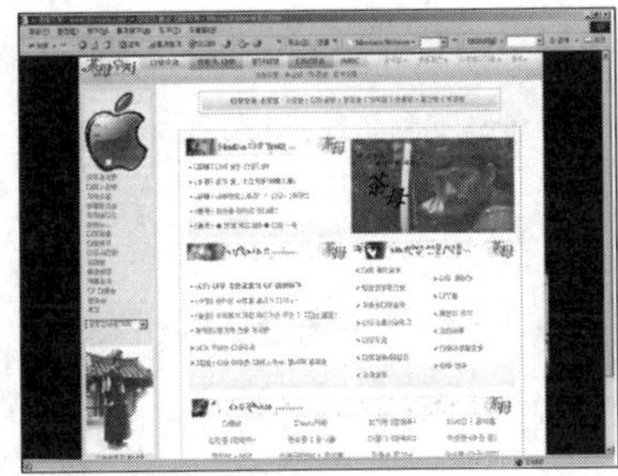

그림 6 다모폐인들의 주요활동무대

　　이러한 엄청난 수의 다모폐인들은 몇 가지 독특한 문화 현상을 나타내고 있다. 이것은 바로 한국 십대들의 미적 체험과 관련을 맺고 있다. 특히 주목할 것은 청소년층에게 강력히 전파되었던 '다모체' 를 들 수 있다. 다모체를 사용하며 가상신문과 소설을 창작하고 포스터 패러디, 끝말잇기, 소품 제작 등의 여러 모습을 보였다. 다모체 사용으로 다모어 생활 운동, 끝말잇기 놀이 등을 즐기며, 패러디 광고와 소설, 그리고 다모 신문, 소품 공동 구매 운동 등을 벌이고 있다. 먼저 다모체 사용에 대해 살펴보자.

　　"아프냐... 나도 아프다.", "이리 마주보니 얼마나 좋으냐", "나는 너에게 무엇이냐." 등의 극중의 대사들이 폐인들에게 주목받으면서 인터넷 공간에서 사용되는 어투가 바뀌게 되었다. '하오', '했소' 등의 현재는 사용되지도 않고 촌스럽게 느껴지기까지 하는 이런 말투가 폐인들에게 '다모체' 라 불리게 되었다. 폐인들의 가장 두드러지는 특징이라고 볼 수 있는 이 다모체는 다모와 관련된 여러 홈페이지와 클럽, 카페 등의 게시판에서 사용됨은 물론이고 그 증상이 심각한 폐인들의 경우에는 일상생활에서도 다모체로 이야기하며 심지어 학교 과제물에 다모체를 사용한다. 그 때문에 과제를 다시 작성하여 제출할 정도이다. 젊은 세대에서 많이 사용하는 메신저 등에서도 다모체를 사용하는 모습을 찾아볼 수 있다고 한다. 다모체를 사용하는 이들의 놀이 모습을 몇 가지 살펴보겠다.

'다모어 생활운동' 은 말 그대로 일상생활에서도 다모어를 사용해보자는 취지에서 비롯되었으며, 이를 위해 다모어 생활운동본부를 결성하였다. 20개의 대제목 아래 각기 생활에서 접할 수 있는 상황을 3가지씩 설정하여 그때 사용되는 다모어를 제시해주고 있다. 이 문장들은 모두 드라마에서 사용되었던 대사로 이루어져 있으며 총 60가지의 상황이 주어져있다.

다모폐인들의 홈페이지인 다모우저를 보면 '끝말잇기' 라는 게시판이 있다. 이 게시판은 다모체를 사용하여 끝말잇기를 하는 곳이다. 끝말잇기는 원래 한 폐인이 게시판에 끝말잇기라는 제목으로 글을 올린 적이 있는데 이 글에 대한 답 글이 끝말잇기 형식으로 150건이 넘는 많은 인기를 보이면서 하나의 게시판으로 자리 잡게 되었다. 끝말을 이어가는 속도로 폐인들의 열정이 얼마나 대단한지 실감할 수 있었다.

다모 폐인들은 다모의 세계 안에서 다모를 가지고 논다. 이것은 또 다른 미적 체험의 본보기이다. 학교 공부는 뒷전인 청소년들에게 누가 시키지 않아도 영자 신문과 일어 및 중국어 판 신문을 제작하기도 한다. 이러한 가상신문에는 소설제작과 포스터 패러디, 명장면 명대사, 다모 같이 보세, 소품제작 등의 코너를 만들어 놓았다.

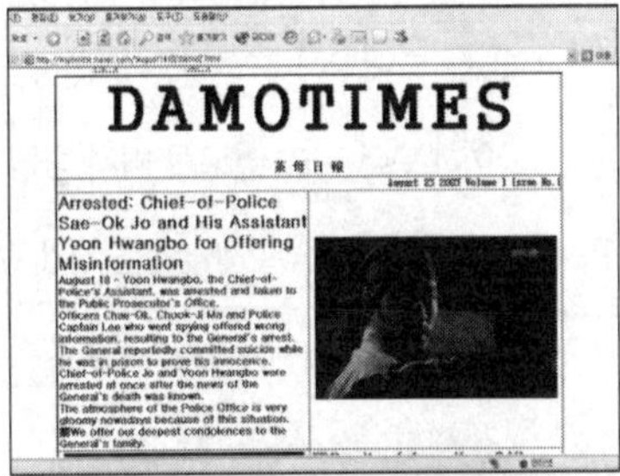

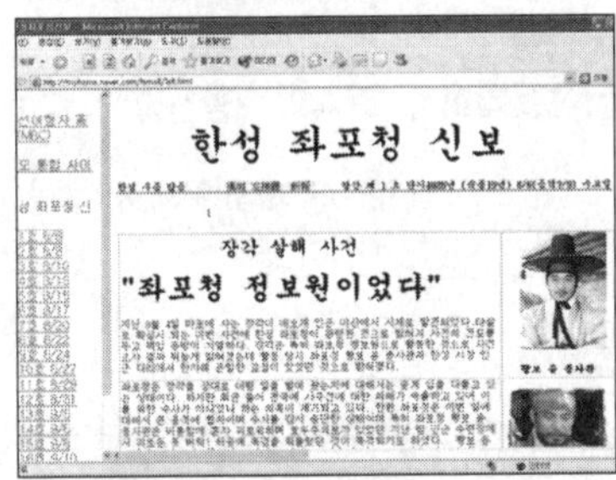

그림 7 폐인일보 다국어판

위의 〈그림7〉은 폐인들이 가상으로 제작한 신문들이다. 왼쪽부터 한성 좌포청 신보, 다모폐인일보, 다모일보, 다모타임즈이다. 다모일보와 다모타임즈는 같은 같은 내용의 신문을 한글판과 영문판으로 제작한 것이다. 뿐만 아니라 〈다모〉의 주인공들을 소설화한 〈회색도시, 그 빛 속에 잠들다〉가 인터넷에 올려졌다.

성백은 전 대원에게 무전을 보낸다. "뭔가 이상하다. 모두들 긴장을 늦추지 마라. 함정에 빠지는 것 같다. 다들 긴장을 늦추지 마라."
성백의 무전이 끝나기가 무섭게 정필준의 음성이 들려온다.

"지도자다. 적들은 이미 우리에게 겁을 먹었다. 제군들의 승리가 눈앞

에 가까워 오고 있다. 이상."

이 와중에 격려라… 더욱 강한 의구심을 느낀다. 그 때 재희가 개인 무

전을 보내왔다.

"이제부터 나는 옆으로 빠져 중앙 컨트롤 시스템으로 간다."

"재희야, 내가 말했다. 신중하게 움직여야 한다."

그러나 재희는 대꾸 않고 무리에서 이탈하여 다른 길로 달리기 시작한다.

"장재희! 돌아와라! 돌아와!"

[회색도시, 그 빛 속에 잠들다: 자미작] 최후의 해방전쟁 :

Part2 - 전쟁(3) 중에서

폐인들은 자신들만의 커뮤니티 '다모' 안에서 다모로 논다. 위에서 살펴 본 바와 같이 그들은 가상으로 다모의 새로운 스토리를 구성하며 신문도 만들고 소설도 쓰는 것이다. 그들은 일상의 모든 것을 '다모적인 것'으로 패러디하며 '다모적인 것'으로 소통한다. 특히 뽐내기 한마당에서는 광고 패러디물들이 자리 잡고 있다.

다모 패러디는 거의 모든 사이트에서 엄청나게 많은 패러디 작품들이 올라와 있다. 그 뛰어난 재치와 아이디어로 폐인들 사이에서 많은 사랑을 받고 그것에 대한 리플도 상당하다. 광고를 패러디하기도 하고, 드라마 속의 인물을 캐릭화하여 그리기도 하고, 캡쳐한 사진을

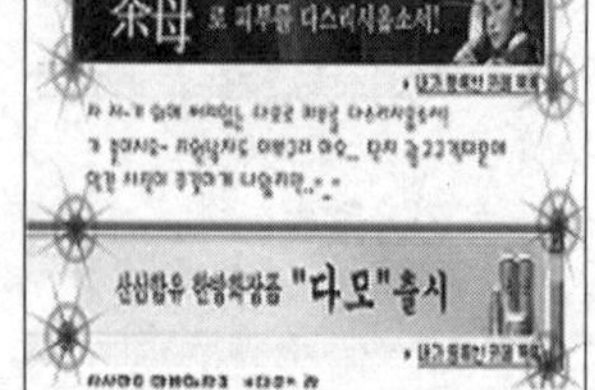

그림8 광고 패러디

다른 연예인들 사진과 편집하고 이야기를 꾸미는 등의 모습이 나타난다. 다모 광고 패러디뿐만 아니라, 전문성이 느껴질 정도의 작품들도 있는데 바로 뮤직비디오다. 다모의 O.S.T와 자신이 좋아하는 음악을 이용해서 드라마의 장면들을 편집하여 소개하기도 한다. 특히 다모폐인의 '완수도령'이라 불리는 이완수 폐인의 작품이 많은 인기를 얻고 있다. 폐인들의 뽐내기 한마당에서 전 국가대표 감독이었던 히딩크 감독의 주민등록증과 같은 다모 주민등록증과 더불어 다모폐인 카드, 다모폐인 특허증 등의 폐인임을 증명하는 여러 가지 이미지들이 올라와 있는 모습이 있다.

다모폐인들은 거의 모두가 〈다모〉 14회분 전체는 물론이고 대본도 모두 가지고 있을 정도이다. '명장면 명대사'라는 게시판이 처음 운영될 때에는 폐인들은 대부분 비슷한 대사와 장면들을 좋아했다. 그러나 드라마가 종영 후 지속적인 활동을 하는 폐인들은 〈다모〉를 다시보기도 하고 대본을 외우다 시피하였다. 그러면서 지나쳤던 명장면이나 감동을 준 대사들을 빠짐없이 찾아서 올리고 그 감동을 함께하기를 원한다.

'다모같이보세'는 제목그대로 모여서 다모를 함께 시청하자는 운동이다. 특히 인터넷 온라인상에서 만난 사람들이 오프라인으로 만나는 것을 '정모'라고 하는 데, 이러한 정모를 통해 '다모같이보세' 운동이 전개된다. 다모폐인들은 2003년 10월 4일 전국적인 정모를 시작으로 전국 각지에서 지역별 소규모 모임과 소모임, 시도별 모임 등 소·중규모의 정모들을 행하고 있다. 그림 12는 지역별 소모임 및 이들의 배너 광고들이다.

또한 일반 온라인 동호회에서와 마찬가지로 다모폐인들은 온라인으로 공동구매 활동을 하는데, 특히 드라마 〈다모〉에 등장한 소품을 공동구매한다. 드라마에서 연기자들이 직접 사용했던 소품들을 폐인들의 의견을 모아서 특정 기획사에 의뢰 제작케 하고 공동으로 구매한다. 다음과 같은 공동구매 제안들이 다모폐인 카페에 올려져 있다.

> 지금 제작계획에 들어간 소품이 있는데요. 그때는 그럴 법하겠다 싶어
> 서 생각했던 것이었는데 실제로 이루어지는 것을 보고 놀랐습니다. 장
> 채옥 역을 맡은 하지원이 가져다니던 통부는 벌써 제작되어 각각 배송
> 까지 마친 상태였구요. 몇몇 가지 제품들이 거론되어서 의견을 모으고
> 있는 상황입니다…

〈다모〉 관련 사이트를 중심으로 폐인들의 활동은 거의 조직적이다. 이런 다모폐인들은 실제로 인성이 망가진 폐인이 아니라 평범한 직장인, 학생들이 대부분이다. 이 점에 대해 기성세대들은 알다가도 모르겠다는 표정을 한다. 다모폐인들과 같은 사이버 폐인들은 자기들만이 진정한 네티즌이라고 주장한다. 이들은 사이버 공간을 누비면서 사소한 것에서부터 각종 사회문제에 이르기까지 강력하게 의사를 표시하고 여론을 형성한다. 이것이 바로 한국 청소년의 미적 체험의 한 과정이다. 이러한 미적 체험은 긍정적인 측면과 부정적인 측면을 둘 다 내포한다. 긍정적인 측면에 대해 이야기하자면 기획된 문화, 상부 하향식의 문화가 아닌 문화의 주도적 흐름이 아래에서 위로의 문화, 함께 공유하는 문화를 표방한다는 것이다. 이제 문화의 신주류는 인터넷을 중심으로, 인터넷 폐인을 중심으로 형성되고 있다 해도 과언이 아니다. 특히 몇몇 폐인 사이트는 사회 및 정치의 주요 방향에 크고 작은 영향력을 행사한다. 2002 월드컵에서, 또한 대선 및 총선에서 보인 인터넷 및 인터넷 폐인의 위력은 곧 미적 체험의 결과이다. 그렇다면 이러한 미적 체험을 어떻게 해석하고 소통할 수 있을까?

4. 〈다모〉의 미적체험 과정

이 장에서는 텍스트로서 〈다모〉의 미적체험 과정을 기호학적 공간영역으로 설명할 것이다. 〈다모〉는 분명히 일종의 텍스트로 간주할 수 있다. 그렇게 본다면 텍스트 생산자와 텍스트 수용자를 전제해야 한다. 텍스트 생산자는 〈다모〉의 작가, 연출가, 기획진과 제작진들이다. 그렇다면 텍스트 수용자는 누구인가? 텍스트 수용자는 〈다모〉를 읽고 그 의미를 삶의 의미로 전환시키고 타자들과 소통하려는 잠재적인 소비자들인 대중들이다.

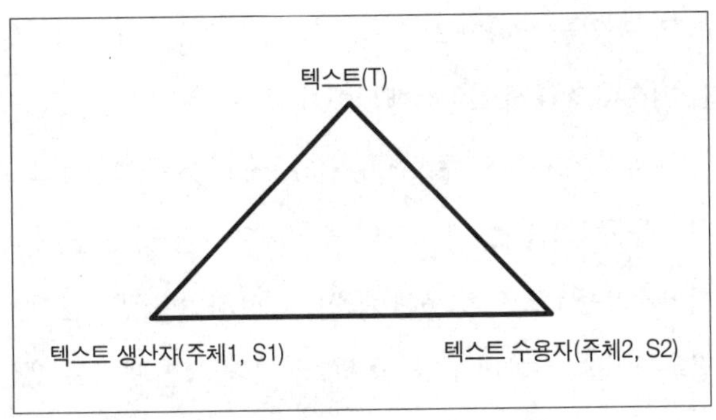

그림 9 텍스트로서의 〈다모〉

여기서 텍스트로서 〈다모〉는 드라마 〈다모〉 자체이며, 〈다모〉 홍보 자료 등의 광고 텍스트와 미디어들, 다모를 통해 등장하는 시공간적 배경, 공간과 공간 속의 구성원 및 이들의 시각, 행동, 정신적 이미지 등을 총체적으로 아우르는 개념이다. 텍스트는 공간 속에서 일종의 기능을 부여받는다. 먼저 텍스트로서 드라마 〈다모〉의 기능을 살펴보도록 하자.

먼저 텍스트로서 〈다모〉의 첫 번째 기능은 잠재적 소비자인 텍스트 수용자에게 '볼거리'를 제공하는 소비적 공간이다. 텍스트 수용자들의 상업적 활동인 상품 구매(드라마 보기)는 드라마의 예고 및 인터넷 홈페이지 와의 공감각적 접촉을 통해 실현된다. 〈다모〉의 정체성 또한 수용자들과 의 공감각적 접촉을 통해 가시적으로 형상화된다. 텍스트 수용자와의 접 촉이 없었다면 〈다모〉는 의미작용이 일어나지 않는 의미가 비어 있는 대 상에 불과하다. 즉 드라마 〈다모〉를 담고 있는 다모 홈페이지라는 텍스트 와 텍스트수용자와의 역동적인 의미작용이 〈다모〉의 정체성을 구체화시 킨다. 텍스트가 존재하는 공간은 1차적으로 TV이며, 2차적으로는 인터넷 이다. 따라서 수용자들은 1차적 미디어와 1차적 텍스트만을 인지하는 것 이 아니라 공감각적 활동을 통해 2차적 미디어를 연계하여 읽는다. 상품의 구매라고 할 수 있는 드라마 보기에는 텍스트 수용자의 적극적인 공감각 적 행동과 접촉이 절대적으로 선행되어야 한다.

텍스트로서 〈다모〉의 두 번째 기능은 또 다른 주체인 텍스트 생산자 들과의 접촉을 주선하는 매개가 된다는 점이다. 〈다모〉를 통해, 〈다모〉의 공식 홈페이지라는 텍스트를 통해 텍스트 수용자인 관객들은 텍스트 생산 자와의 접촉과 대화를 하게 된다. 즉 텍스트 〈다모〉가 텍스트 생산자와 수 용자를 연결해주는 역할을 한다. 텍스트생산자(드라마 제작자 및 드라마 유통업자 등)는 각종 매체와 홍보수단을 이용한다. 물론 여기서는 시각 차 원의 가시성 및 가독성의 제시가 우선될 것이다. 시각의 차원에서는 얼마 만큼 재미있게 보여주고 유혹할 것인가가 관건이 된다.

텍스트로서 〈다모〉의 세 번째 기능은 수용자에게 텍스트를 적극적으 로 해석하도록 설득·조정하는 것이다. 다모의 각종 홍보자료는 텍스트 수 용자들을 텍스트 공간, 즉 다모 참여자로 전환시키는데 탁월한 효과를 보여 주고 있다. 다모의 홍보물들(포스터, 잡지광고, TV 및 인터넷 광고 등)은 텍 스트 수용자들을 시각적, 청각적 싸인물들을 통해 끊임없이 유혹하게 된다.

텍스트 수용자들은 〈다모〉의 홍보물이 보내는 유혹의 손길에 저항하지 못하고 〈다모〉의 공간 안에 능동적으로 들어오도록 설득·조정 당하고 있다. 다모의 공간 안에 들어온 텍스트 수용자들은 〈다모〉를 보기 위해 TV를 켜고, 인터넷에 들어가 다모 사이트에 접속한다. 혹은 공식 홈페이지를 통해 〈다모〉를 다시 보거나 혹은 DVD를 구매하는 현실적인 소비자로 전환된다.

텍스트로서 〈다모〉의 네 번째 기능은 텍스트수용자들의 몸짓기호를 분류하고 평가하는 것이다. 〈다모〉 광고텍스트를 대하는 텍스트 수용자들의 태도는 대략 세 가지로 유형화할 수 있다. '〈다모〉에 관심이 없는' '〈다모〉에 관심이 있는' 그리고 '다모 마니아'가 그러하다. 〈다모〉에 관심이 없는 텍스트 수용자들은 〈다모〉의 홍보 텍스트에 대해 별 관심을 갖지 않고 시선을 돌리거나 표정을 찌푸린다. '〈다모〉에 관심이 있는' 텍스트 수용자들은 홍보 텍스트들을 꼼꼼히 살피고 경우에 따라 메모를 하거나 티켓을 예매하기도 한다. 또한 '다모 마니아'의 경우는 홍보 텍스트 찾기에 혈안이 되어 있을 뿐만 아니라, 〈다모〉의 출연진, 제작진, 촬영장소, 소품에 대한 지식이 풍부하다. 이들은 대개 밥은 못 먹어도 다모를 봐야 산다는 부류이다. 예를 들어 다모폐인과 같은 부류이다.

텍스트로서의 〈다모〉의 다섯 번째 기능은 텍스트 수용자들의 삶을 변화시키는 동인이 된다는 것이다. 여기서 텍스트 수용자들은 능동적 독자로 전환되어 또 다른 텍스트(T2)를 생산하는 텍스트 생산자가 된다. 텍스트로서 드라마 〈다모〉는 텍스트 생산자와 TV 혹은 인터넷이라는 미디어 공간의 의미와 정신을 담고 있다. 이 텍스트를 읽어내는 텍스트 수용자들은 자신의 심성에 내재적 텍스트(감동, 정서 등)를 만들고 이를 통해 타자(주체 3)들과의 소통을 원한다. 즉 〈다모〉 의미를 자기 삶의 의미로 전환하여 이를 내재적 텍스트로 만들고 말로나 글을 통해 타자들과 교환한다. 다모폐인 활동을 통해 미적 체험을 하며 자신의 삶뿐만 아니라 사회를 변화시키는 것이다.

텍스트로서 〈다모〉는 일상 속에서 부단한 의미작용을 가능케 하는 기호학적 대상이며 기호학적 사건이다. 위에서 거론된 다섯 가지 기능을 도식화하면 〈그림10〉과 같다.

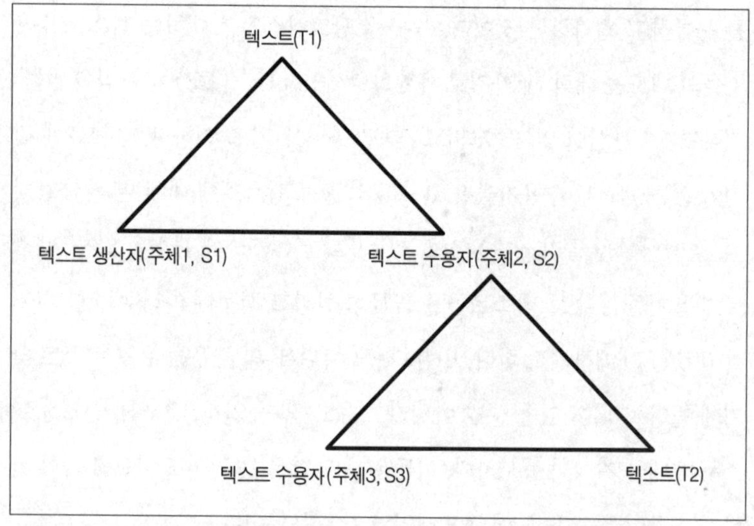

그림 10 텍스트로서 〈다모〉의 상호작용

텍스트 생산자와 텍스트 수용자들인 주체 1, 2, 3의 상호작용 속에 설정되는 역할부여 및 역할 전환 속에서 텍스트가 창출된다. 세 가지 주체(S1, S2, S3)의 역할은 네 가지 차원의 공간 영역으로 규정할 수 있다.

첫 번째 차원(D1)은 텍스트 전략적 차원으로서 텍스트 생산자와 텍스트 간에 형성되는 영역이다. 텍스트 생산자들은 특정한 철학과 이념을 가지고 〈다모〉라는 텍스트를 생산해낸다. 다시 말해 〈다모〉는 텍스트 생산자의 특정의도를 내포한 대상과 사건이다. 이 영역에서는 다모의 정체성을 시각적으로 표출하기 위해 기호를 배치하고 이 기호들에게 공간을 할당하게 된다. 여기에는 〈다모〉 뿐만 아니라 〈다모〉를 지시하고 표현해 내는 〈다모〉 홍보 텍스트들이 포함된다. 이 공간에서는 텍스트 수용자들의 참여 여부가 결정된다. 즉 잠재적인 관객들에게 참여를 목표로 설득·조종하는 전략이 전개되는 공간이다.

두 번째 차원(D2)은 텍스트 수용적 차원이다. 이 영역에서는 텍스트(T1)와 텍스트 수용자(주체2)간의 관계가 설정되며 텍스트 수용자의 감각-인지적 활동이 수행된다. 즉 텍스트 수용자가 대상인 텍스트(다모 홍보 텍스트 등)를 감상하고 〈다모〉의 이미지를 떠올리는 미학적 차원의 공간 영역이다. 주로 잠재적인 관객인 텍스트 수신자들은 TV광고나 인터넷 광고를 통해 다모 광고 텍스트를 접하게 된다. 대부분 시각과 청각 채널을 통해 〈다모〉의 홍보 텍스트를 수신하게 된다.

세 번째 차원(D3)은 텍스트 해석적 차원이다. 이 공간에서는 텍스트 생산자와 텍스트 수용자의 역할이 설정된다. 이 영역에서 텍스트 수신자는 텍스트 생산자가 만드는 가치를 텍스트로서 〈다모〉를 매개로 하여 이해하고자 한다. 만약 텍스트 수신자가 이해의 영역에 들어온다면 〈다모〉에 대한 소비를 기록하게 된다. 다시 말해 이 영역은 두 주체의 공감각적 접촉이 실현되는 상업적 공간이다. 텍스트 생산자는 전략적으로 배치한 텍스트로서 〈다모〉와 이들의 대리적인 텍스트(홍보 텍스트들)들에 굴복 당해 〈다모〉의 공간 속으로 들어 온 텍스트 수신자 '주체2' 가 〈다모〉의 선택을 실현하는 공간이다. 두 주체의 소통과 주체2의 해석 활동이 상품인 〈다모〉를 매개로 전개되는 영역으로 이해할 수 있다.

네 번째 차원(D4)은 텍스트 소통적 차원이다. 이 차원에서는 텍스트 수용자(S2)가 텍스트(T2)를 생산하고 즉 텍스트를 재생산하고 이를 드라마 공간 밖에 존재하는 주체 3에게 소통하는 공간이다. 위에서 제안된 공간 영역을 도식화하면 다음과 같다.

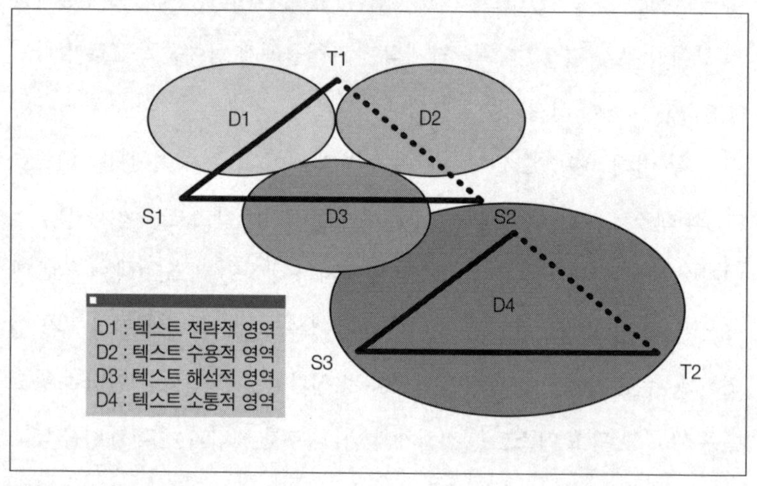

그림 11 네 개의 공간 영역

〈그림11〉에서 제시된 네 가지 공간 영역 중 비록 텍스트 수용자(S2)가 텍스트(T1)와 관계를 지닌다손 치더라도 텍스트 소통적 영역(D4)은 텍스트로서의 〈다모〉 외부의 영역이 된다. 이 공간 영역은 텍스트로서 〈다모〉가 지닌 의미와 가치를 타자와 소통할 수 있는 가장 중요한 기호학적 공간이 된다. 이 공간은 바로 한국 청소년들—다모폐인으로 대표되는—의 '미적 체험'의 공간이다.

앞에서 제시한 네 가지 영역(D1-D4)들은 텍스트를 중심으로 볼 때, 텍스트가 작용하는 '공간'과 〈다모〉 공간 속의 '관객 소비자' 그리고 공간 밖의 타자로 압축될 수 있다. 결국 텍스트가 유통되는 직접적인 공간은 '인터넷'이라는 물리적 공간이다. 그러나 홍보 텍스트가 미치는 영역은 인터넷을 비롯한 모든 오프라인에서 그 텍스트를 대하는 잠재적

영역은 인터넷을 비롯한 모든 오프라인에서 그 텍스트를 대하는 잠재적 관객이 된다.

　　이번 장에서는 드라마 〈다모〉 텍스트를 중심으로 형성된 폐인의 사회문화적 콘텍스트를 미적 체험을 위한 '환경' 으로 간주하였다. 이러한 환경은 기호학적 공간으로 설명되는 데, 텍스트 전략적, 텍스트 수용적, 텍스트 해석적, 텍스트 소통적 공간 영역이 그러하다. 이 영역들은 텍스트로서 드라마 〈다모〉가 미적 체험을 어떻게 일으키는가를 설명해 준다. 나아가 이 미적 체험으로 인해 우리의 삶이 새롭게 되며, 세상이 던지는 의미를 따져 읽게 한다. 대학 수능을 위한 질주, 직업을 잡기 위한 숭고한 노력으로 억압된 그들의 콘텍스트를 폐인적 성향으로 극복하는 것, 이것이 바로 한국 청소년들의 미적 체험인 것이다. 창의적인 글쓰기와 패러디, 다국어판 신문 제작을 위한 협업 활동, 정모를 통한 새로운 조직 문화와 민주적 의사 결정의 목소리들… 이중 어느 하나 제도권 학교에서 배울 수 있는 것들은 없다. 이렇게 미적 체험의 영토에는 철저히 탈학교적 요소들로 가득 채워져 있다. 우리를 우리되게 하는 미적 체험, 〈다모〉는 끝났어도 그 미적 체험은 계속되어야 한다.

▌ 더 읽을거리 ▌

누군가 한국 청소년들의 광적인 폐인 현상에 대해 '냄비' 근성을 들어 부정적인 견해를 보인다. 과연 그럴까? 이러한 의문점으로 시작하여 이 글은 대중 사극 〈다모〉에서 일어난 폐인 현상을 '미적 체험' 의 차원으로 해석해 내고 있다. 먼저 대중 사극의 경향성과 그것이 어떻게 십대들에게 호감을 끌 수 있었는가에 대한 텍스트 내적 따져 읽기 작업과 사회문화적 콘텍스트를 두루 살펴보았다. 특히 미적 체험의 차원으로 가져가기 위해 기호학적 공간 개념을 도입하였다.

이 글이 어렵게 읽혀 지는 이유는 몇 가지 기호학적 개념들 때문이다. 이런 개념들을 이해하기 위해서는 기호학연대에서 내놓은 두 권의 책 『기호학으로 세상 읽기』와 〈대중문화 낯설게 읽기〉를 권한다. 기호학이 얼마나 대중적이며 현실적인가를 보이는 기호학 대중화에 귀감이 되는 책이다. 특히 기호학적 공간 개념에 대해 김영순(2003)의 "따져 읽기를 위한 기호학적 공간 "에서는 이론적 논의와 아울러 부산영화제를 기호학적 공간 개념을 들어 해석하고 있다. 4장에서 주로 거론되는 텍스트에 대해 깊이 있는 공부를 원하는 독자는 텍스트언어학회의 학술지인 『텍스트언어학』를 참조하면 텍스트 종류에 관한 유형 분류로부터 다양한 텍스트의 분석방법론을 접할 수 있다. 영상 및 광고 텍스트를 텍스트학 및 기호학을 통해 읽기를 원하는 독자들은 김영순 · 오장근의 『광고텍스트 읽기의 즐거움』을 참조할 만하다.

이 글의 동기가 된 드라마 〈다모〉에 대한 내용, 인물, 연출진 등 드라마 전반에 걸친 정보들에 대해서는 〈다모〉 공식 홈페이지(http://imbc.com/broad/tv/drama/damo/)를 검색하라. 물론 유료지만 여기에서 지난 방영분을 시청할 수 있으며 대본을 내려받을 수 있다. 인터넷에서 다모 폐인 사이트는 여럿 있지만 이 글의 자료를 제공하고 도움이 된 다모 폐인들의 사이트는 '다모우저(http://www.damopia.com)' 와 '다모룸(http://damo.niz.to)' 을 들 수 있다. 그 이외에도 다모의 시청자 클럽인 '다모아(www.club.imbc.com/club/damoa)' , '다모폐인(http://damo.x-y.net)' , 다모의 팬들이 제작하는' 다모폐인방송(http://damocast.inlive.co.kr)' 인 포탈사이트 다음의 팬 카페 'MBC다모(http://cafe.daum.net/mbcdamo)' 등에 접속하면 다모 폐인들의 미적 체험 활동들을 살펴 볼 수 있다.

드라마 〈다모〉가 뜬 것은 다름 아닌 인터넷이라는 새로운 미디어의 공이다. 우리에게 인터넷 미디어는 마치 손에 쥐어진 '양날의 칼' 과 같다. 그것은 생명을 앗아가는 흉기가 될 수 도 있고 맛있는 요리를 허거나 자기를 보호할 수 있는 '이기' 가 될 수도 있다. 그렇다면 어떻게 사용할 것인가? 다모 폐인의 독특한 문화 현상에서 찾아낸 미적 체험은 긍정적인 것이다. 그들은 패러디를 통해 창의력을 배우고 공동구매 및 신문제작, 정모를 통해 협업과 공조 그리고 상생하는 법을

배운다. 그리고 미적 체험을 통해 문화 변동의 주도적 흐름을 결정한다. 더 이상 폐인은 부정적인

이미지가 아닌 미적 체험을 위해 순례하는 숭고한 자로 보아야 할 것이다.

▌참고문헌 ▐

기호학연대, 2002, 『기호학으로 세상 읽기』, 기호학연대 총서 1호, 소명출판사.

기호학연대, 2003a, 『대중문화 낯설게 읽기』, 기호학연대 총서 2호, 문학과경계사.

기호학연대, 2003b, 『영화와 기호학: 부산영화제를 읽는다』, 기호학연대 부산영화제 현장비평 세미
　　　　나 자료집.

김기국, 2003, 대중과 매체: 부산영화제의 미학, 『영화와 기호학: 부산영화제를 읽는다』, 기호학 연
　　　　대 부산영화제 현장비평세미나 자료집.

김기수, 2001, 지역이벤트가 지역사회에 미치는 영향에 관한 연구, 『관광학연구』, 제25권, 제2호,
　　　　177~195.

김영순, 2002a, 기호학으로 영상텍스트 코드 읽기, 『기호학과 철학 그리고 예술』, 철학아카데미 총
　　　　서 1호, 226~234.

김영순, 2002b, 몸 기호 갈등을 통한 영화텍스트 읽기, 『기호학연구』 14, 한국기호학회.

김영순외, 2003, 『몸과 몸짓문화의 리얼리티』, 소명출판사.

김영순, 2003, 따져 읽기를 위한 기호학적 공간, 『한국학연구』 19, 고려대 한국학언구소.

김영순 · 오장근, 2004, 『광고 텍스트 읽기의 즐거움』, 도서출판 연극과인간.

김영순외, 2004, 『미디어 교육과 사귐』, 도서출판 연극과인간.

박치형, 2003, 『텔레비전 영상과 커뮤니케이션』, 커뮤니케이션북스.

백승국, 2003, 음식 보여주기의 미학, 기호학연대 저, 『대중문화 낯설게 읽기』, 문학과경계사.

오석근, 1999, 아시아영화와 부산을 위한 부산국제영화제, 『시민시대』, 10호.

오영수 · 김영순 외, 2004, 『지식의 사회, 문화의 시대』, 경북대출판부.

정준영, 2002, 『텔레비젼보기-시청에서 비평으로』, 책세상.

Chandler, D. 2002, *Semiotics*: the Basis, London: Routledge.

Fiske, J. 1990, *Introduction to Communication Studies*, London: Routledge.

2

〈대장금〉, 콘텐츠와 서사구조로 만나다

백승국

21세기 지식 기반 사회에서 중요한 것은 저장되고 축적된 지식이 아니라 기존의 지식을 새롭게 가공하고 재배열할 수 있는 능력, 새로운 콘텐츠를 개발하고 가공하여 유통시키는 능력이 필요한 시대이다. 이와 같은 능력은 결국 지식정보를 정리하고 분석할 수 있는 능력을 갖추고 있느가에 달려있다. 새로운 문화 콘텐츠를 개발하고 유통시키기 위해서는 방대한 정보를 수집·정리하고 분석할 수 있는 능력이 전제되어야 한다는 것이다. 이러한 능력을 갖추기 위해서는 학제간의 다양한 분석 방법론을 적용해야 할 것이다. 문화를 바라보는 관점과 지식 정보를 분석하는 다양한 방법론을 습득하는 것이 새로운 콘텐츠 개발의 원동력이 되기 때문이다. 이러한 차원에서 문화 콘텐츠의 대중화와 상업화에 원동력이 되는 서사구조의 논리적인 분석은 중요하다. 최근에 돈 버는 장금이로 대중화와 상업화에 성공한 드라마 〈대장금〉은 문화 콘텐츠와 스토리텔링의 중요성을 보여준 사례이다. 따라서 문화기호학의 관점에서 드라마 〈대장금〉의 문화 콘텐츠와 서사구조를 분석하여 분석도구의 효율성을 보여주는 것은 의미 있는 연구라 생각한다.

1. 맛있는 기호학

　　글로벌 시대인 21세기 지구촌의 최대화두는 음식이다. 지구촌의 다양한 인종과 국가의 정체성을 규정하는 새로운 잣대가 음식이고, 현대인의 삶의 질을 평가하는 새로운 코드 또한 음식이다. 대중문화 속에 음식기호는 문화를 규정하는 중요한 코드로 기능하고 있다. 이러한 흐름 속에서 음식기호학의 연구는 1990년대부터 프랑스의 기호학자와 사회학자와의 학제간 연구에서 시작되었다. 음식문화의 중요성을 공감한 두 분야의 학자들은 사회·문화적 차원에서 사람들이 감지하는 미각의 기쁨과 식품의 선호도에 대한 심층적인 설문조사를 실시하였다. 그 결과물로 음식을 섭취하는 식사자의 정체성을 연구한『식사자의 정체성』(1996)과 『미각의 기쁨과 식품의 선호도』(1992)가 발표되었고, 음식기호학의 연구 분야에 학자들의 관심을 유도하였다. 그리고 1996년에는 프랑스 기호학자인 랑도스키를 중심으로 '파리의 테이블 에꼴' 이라는 음식 기호학 학파를 결성하게 된다.

　　이들의 연구 방향은 기호학의 분석 방법론을 활용하여 다양한 민족의 삶의 형태를 엿볼 수 있는 음식기호를 통해 비교 문화의 영역을 확장하는 것이다. 또한 음식문화의 원형 연구를 통해 음식문화의 다양한 콘텐츠를 개발하는데 집중하고 있다. 그리고 미디어 속의 음식기호의 역할에 대한 관심을 집중하고 있다. 즉 음식기호학은 사회·문화적 차원과 미학적 차원에서 음식을 섭취하는 식사자가 지각하게 되는 맛의 이미지와 미디어 속의 음식기호가 창출하는 맛을 이미지에 대한 연구에 그 목적을 두고 있다. 결국 음식기호를 전달하는 멀티 미디어 속에서 음식기호의 역할과 맛의 이미지를 창출하는 감각이론에 관심을 보이고 있다.

　　대중 매체 속의 음식기호는 다양한 채널을 통해 사진과 영상 이미지로 전달되고 있다. 예를 들어 음식문화를 전문적으로 소개하는 신문사의 음식 칼럼, 음식 전문 잡지, 음식 소설, 음식 만화 등의 인쇄 매체에서 적극적으로 활용되고 있다. 영상 이미지는 음식을 소재로 다룬 음식 영화, 음식 드라마, 다양한 식품 광고에서 활용되고 있다. 대중 매체 속에 등장하는 음식기호는 다양한 의미를 발산하고 있으며 텍스트의 이야기 구조에서 다양한 역할을 수행하고 있다. 따라서 음식 전문 잡지 속의 음식기호가 창출하는 맛의 이미지를 분석하고 영화와 드라마의 이야기를 전개하는 새로운 이야기 장치로서 음식기호의 기호학적 분석은 대중문화의 경향을 파악하는데 도움을 주고 있다.

이글의 목적은 드라마 〈대장금〉 속에 등장하는 음식기호의 상징적 역할을 통해 드라마의 서사구조를 파악하고, 두드림의 소리기호가 창출하는 맛의 이미지에 대한 기호학적 분석을 시도하는 것이다. 드라마 〈대장금〉에 등장하는 음식기호는 드라마의 이야기를 이끌어가는 강력한 내러티브 장치이다. 음식기호를 중심으로 드라마의 서사구조가 구축되어 있다. 따라서 서사구조 차원에서 음식기호를 중심으로 전개되는 드라마의 서사구조를 파악하는 것이다. 또한 정서적 차원에서 시청자의 현실 공간과 드라마의 가상 공간을 연결시켜주는 TV 매체의 기능을 파악할 것이다. TV 매체에 대한 시청자들의 공감각적 체험을 통해 시청자는 드라마의 세상에 참여하게 된다. 따라서 드라마 〈대장금〉의 서사구조는 음식기호를 중심으로 시청자들의 공감각을 자극하기 위한 맛의 이미지를 전달하고 있다. 맛의 이미지는 수라간의 다양한 장면들을 통해 그려지고 있다. 즉 맛의 이미지는 궁중에서 사용하는 그릇의 색깔과 모양, 음식의 색깔과 담는 모양, 궁중 상차림과 분위기, 식사를 하는 회식자의 몸짓기호와 맛의 어휘 그리고 수라간에서 발생되는 음향 효과인 총체적인 소리기호 등에 의해 창조되는 복합적인 이미지이다. 드라마 〈대장금〉의 연출가는 다양한 스타일의 비주얼한 맛의 이미지를 전략적으로 배치하여 감상자의 오감을 최대한 자극하는 전략을 활용하고 있다. 따라서 〈대장금〉속에 포착되는 맛의 이미지를 분석하기 위해서는 시청자의 공감각을 적극적으로 자극하는 음식기호의 비주얼 이미지와 조리 시에 발생되는 총체적인 소리기호들에 대한 기호학적 분석을 시도해야 한다.

2. 의미를 먹다

음식문화 연구에 관심을 보인 선각자는 구조주의 인류학자 레비 스트로스이다. 레비 스토로스는 그의 저서『신화론 1: 날 것과 익힌 것』에서 음식을 통해 다양한 민족의 신화구조를 분석했고, 자연과 문화로 구성된 민족사를 조명했다. 그는 다양한 민족의 음식문화를 날 것, 익힌 것, 삭힌 것의 요리 삼각형으로 세분화하여 민족의 정체성을 규정했다. 또한 기호학의 대중화를 실천한 바르트는 신화적 차원에서 음식기호가 발산하는 의미와 가치들을 도출하여 분석하였다. 그 한 예로 파스타 제조로 유명한 판자니 광고 포스트의 3가지 색깔(노랑, 초록, 빨강)을 보고 이태리를 함축적으로 표현하는 상징기호라 했고, 프랑스인들이 즐겨먹는 비프 스테이크나 프렌치 프라이, 포도주는 프랑스를 상징하는 음식기호라고 규정했다. 즉 특정한 민족의 신화 구조 속에 숨겨진 요리 코드를 해석하고, 음식이 창출하는 의미들을 도출하려고 했다.

반면에 유럽 기호학을 선도하는 파리 기호학파를 이끈 그레마스는 프랑스 요리 '피스투 수프'가 식사자에게 전달하는 상징적 가치에 대한 분석으로 음식 기호학의 이론을 제시하였다. 그레마스는 마늘, 바질, 콩, 호박, 당근, 토마토, 감자 등으로 만든 야채 스프인 '피스투 수프'가 어떻게 음식의 상징적 가치를 생성하는지 설명하면서, "음식의 상징적 가치는 사회문화적 맥락 속에 내재된 미각 코드 즉, 맛의 코드가 창출 시킨다"(Greimas; 1976)라고 규정했다.

미각코드 즉, 맛의 코드는 두 가지 기능을 수행한다. 미각코드는 식사자에게 전달하는 미각의 기쁨을 창출시키는 생성코드이며, 먹는 행위를 하는 회식자에게 식공간의 계약을 수락하게 하는 기능을 수행한다. 여기서 식공간의 계약이란 초대받은 회식자들이 미각코드를 통해서 미각의 기쁨을 함께 공유하겠다는 약속이다. 따라서 식사자가 체감하는 미각의 기쁨은 음식문화 속에 내재된 가치이며 사회 구성원들의 협약에 의해 약속된 코드로서 식사자들은 미각 코드의 해독을 통해서 음식의 상징적 가치를 획득하고, 감각의 총체적 만족감을 체험하게 된다. 더 나아가 식사자는 음식 '피스트 수프'의 시각적 장치(도상, 조형성)가 창출하는 맛의 이미지를 통해 미각의 기쁨을 획득하게 된다고 주장하였다. 결국 그레마스는 사회·문화의 가치론 속에서 음식의 미각 코드와 시각적 장치인 맛의 이미지가 생성되는 과정을 추적하고 분석하는 것이 음식기호학의 한 분야라고 주장하였다.

따라서 기호학적 차원에서 미디어 속 음식기호의 이해와 해석은 세 가지 영역에서 전개해야 한다고 생각한다. 첫 번째 영역은 미디어의 서사구조 차원에서 이루어져야한다. 서사구조 차원에서 음식기호는 미디어의 서사구조를 엮어가는 이야기 장치이다. 문학 텍스트와 음식관련 기사(신문, 잡지) 그리고 영상(식품광고, 드라마, 영화) 속에서 음식기호가 미각의 세계와 다양한 음식문화만을 보여주는 것만은 아니다. 음식기호는 미디어의 서사구조를 구성하는 중요한 이야기 장치이다. 미디어 속에 배치된 식공간과 음식기호는 등장인물들의 캐릭터와 서사구조를 파악하게 하는 중요한 모티브이기 때문이다.

두 번째 영역에서는 시지각과 인지적 차원에서 전개되는 음식기호의 '도상화(Iconisation)' 과정을 적극적으로 활용해야한다. 음식기호의 도상화란 감상자의 마음속에 떠오르는 심상으로 음식의 형상이 실제 음식의 이미지로 구체적으로 상기되는 과정을 의미한다. 감상자의 도상화는 감상자의 감각적 체험으로 저장된 음식을 모티브로 전개되는 기억, 회상, 추억 등의 연상 작용에 영향을 받는다.

감상자의 도상화 과정이란 미디어 속에 등장하는 음식기호의 정체성을 지각하고 맛의 이미지를 다양한 방법으로 상기할 수 있는 연상 작용을 의미하는 것이다. 감상자의 오감으로 획득한 감각적 경험과 상상을 통한 시각적 사고력을 요구하는 연상 작용을 토대로 구축되는 것이다. 결국 음식기호의 도상화 과정은 음식기호가 창조하는 맛의 이미지를 상기하는 '심상(心象) 훈련' 으로 획득할 수 있는 능동적인 감상활동을 의미한다.

마지막 세 번째 영역은 사회문화적 맥락 속에서 전개시키는 음식문화 교육이다. 사회문화적 맥락 속에서 식사자가 음식에 접근하는 방법과 음식을 다루는 방법 그리고 음식의 가치를 획득하는 방법에 관심을 집중한다. 다양한 민족의 음식문화에 대한 비교 학습을 통하여 상대주의적 관점에서 문화를 바라보는 심미안을 심어 준다. 음식문화의 비교 교육을 통해 자기중심적이고 배타적인 맥락에서 얻어지는 정보지식에서 탈피해 사회문화적 문맥에서 창출되는 정보지식을 수용하는 글로벌한 사고력을 갖게 한다. 다양한 조리 기법, 조리 기구, 식사 방법 등에 대한 비교 학습을 통해 심층구조에 숨겨진 민족의 정체성과 민족이 추구하는 가치들을 도출하여 여러 민족의 삶의 스타일을 비교할 수 있는 능력을 심어주는 것이다.

결국 미디어 속 음식기호의 서사구조와 공감각적 장치를 통한 도상
화 과정 그리고 사회문화적 맥락을 고려한 음식문화의 식견을 넓히는 교
육에 집중하는데 있다. 세 가지 영역에서 이루어지는 음식기호학의 미디
어 리터러시는 단순하게 미디어를 이해하고 감상한다는 틀에 박힌 개념에
서 벗어나 미디어를 해독하고 분석하는 논리적인 사고력과 재인식
(recognition)하는 능력을 갖추는 데 도움을 주는 것이다.

3. 도마 위에 오른 〈대장금〉

드라마 〈대장금〉의 음식기호학적 분석은 두 가지 영역에서 전개할
것이다. 첫 번째 영역은 드라마의 서사구조 차원에서 전개할 것이다. 서사
구조 차원에서 음식기호는 드라마의 서사구조를 엮어가는 강력한 이야기
장치이다. 문학 텍스트와 음식관련 기사(신문, 잡지) 그리고 영상(식품광
고, 드라마, 영화) 속에서 음식기호가 미각의 세계와 다양한 음식문화만을
보여주는 것만은 아니다. 음식기호는 미디어의 서사구조를 구성하는 중요
한 이야기 장치이다. 미디어 속에 배치된 식공간과 음식기호는 등장인물들
의 캐릭터와 서사구조를 파악하게 하는 중요한 모티브이기 때문이다. MBC
대하드라마 〈대장금〉의 연출가는 식공간에서의 음식기호를 사건이나 갈
등의 시작과 전개, 그리고 해결과 같은 서사구조를 설정하기 위한 중요한
코드로 활용하고 있다. 여주인공 장금에게 갈등을 야기시키고, 위기에 빠
지게 만드는 원인은 음식기호이다. 또한 갈등을 해소하고 위기에서 구해내
는 문제해결의 열쇠도 음식기호이다. 따라서 대장금의 총체적인 서사구조
를 이해한다는 것은 식공간에서의 음식기호가 창출하는 상징적 가치와 역

할을 파악하는 것이다. 〈대장금〉 속에서 음식기호의 역할을 파악하기 위해 기호학적 분석도구인 '행동자 모델'과 '서사도식'을 활용할 것이다.

두 번째 영역은 드라마에 사용된 '두드림의 공감각적 장치'가 창출하는 맛의 이미지에 대한 기호학적 분석이다. 우선 두드림은 궁녀들이 음식을 준비하는 공간인 수라간에서 발생되는 총체적인 소리를 지칭한다. 드라마의 매인 음악인 '오나라'를 배경으로 식재료를 준비하는 도마 위에 칼 소리와 그릇들이 내는 소리 그리고 요리가 만들어지는 과정에 발생하는 총체적 음향 효과가 두드림이다. 두드림의 공감각적 장치란 청각을 자극하는 총체적인 소리를 통해 음식의 질감을 느끼고, 음식의 맛을 느끼는 미각에 영향을 주는 과정을 말한다. 즉 시청자는 수라간 궁녀들이 음식을 준비할 때 발생시키는 총체적 소리와 음식을 연출하는 담음새을 통해 궁중 음식에 대한 맛의 이미지를 연상한다.

따라서 감각차원에서 두드림의 공감각적 장치를 통해 시청자의 마음속에 연상되는 궁중음식의 '도상화' 과정을 분석하는 것이다. 음식기호의 도상화란 드라마 〈대장금〉에 등장하는 궁중음식을 감상하는 시청자의 마음속에 떠오르는 심상으로 음식의 형상이 실제 음식의 이미지로 구체적으로 상기되는 과정을 의미한다. 시청자의 도상화는 시청자의 공감각적 체험으로 저장된 음식을 모티브로 전개되는 기억, 회상, 추억 등의 연상작용에 영향을 받는다. 예를 들어 프랑스인들에게 기호학적인 글쓰기를 실행했다고 평가받고 있는 프르스트의 〈잃어버린 시간을 찾아서〉에서 주인공 마르셀이 마시는 차와 마들렌느 빵은 어린 시절의 시간과 공간으로 여행을 떠나게 하는 중요한 모티브이다. 주인공 마르셀은 몸체적 감각 기관으로 포착한 음식기호의 도상화 과정을 통해 자신의 이야기를 전개하고 있다. 즉 소설의 서사구조를 구축하는데 중요한 역할을 하고 있는 마르셀이 지각한 음식기호 역시 독자들의 도상화로 구체적으로 포착된다. 또한 이문열의 소설 〈시인〉의 서사구조에서도 주인공인 삿갓 방랑시인 김병연이 좌절감을 체감할 때 마다 주막에서 마시는 막걸리와 죽 한 사발은 자신의 과거 이야기를 회상시키는 중요한 모티브이다.

드라마 〈대장금〉에서 시청자의 '도상화 과정'이란 영상 속에 등장하는 궁중음식에 대한 정체성을 지각하고 맛의 이미지를 다양한 방법으로 상기할 수 있는 연상 작용에 의해 가능하다. 즉 시청자의 도상화 과정은 시청자의 오감으로 획득한 공감각적 경험과 상상을 통한 시각적 사고력을 요구하는 연상 작용을 토대로 구축되기 때문이다. 결국 음식기호의 도상화 과정은 음식기호가 창조하는 맛의 이미지를 상기하는 '심상(心象) 훈련'으로 획득할 수 있는 공감각적인 감상 활동을 의미한다. 드라마 〈대장금〉을 감상하는 시청자의 공감각적 활동은 시각을 통해 음식의 향(후각)을 느끼고, 시각을 통해 음식의 질감(촉각)을 느끼고, 시각을 통해 음식의 소리(두드림)를 지각하는 활동이다. 드라마 〈대장금〉의 수라간에서 창출되는 음향 효과는 한국인의 소리인 두드림을 전달하기 위한 장치인 것이다.

드라마 〈대장금〉의 연출가는 시청자들의 공감각을 자극하기 위한 전략적인 서사구조와 함께 맛의 이미지를 전달하기 위한 수라간의 다양한 장면들을 보여주고 있다. 맛의 이미지는 궁중에서 사용하는 그릇의 색깔과 모양, 음식의 색깔과 담는 모양, 궁중 상차림과 분위기 그리고 식사를 하는 회식자의 몸짓기호와 맛의 어휘(맛의 감탄사)에 의해 발생되는 복합적인 이미지이다. 드라마 〈대장금〉의 연출가는 다양한 스타일의 비주얼한 맛의 이미지를 전략적으로 배치하여 감상자의 오감을 최대한 자극하는 전략을 활용하고 있다. 따라서 〈대장금〉 속에 포착되는 맛의 이미지를 분석하기 위해 전략적으로 사용된 두드림의 공감각적 장치에 대한 기호학적 분석을 시도하고자 한다.

4. 장금이 이야기

다양한 텍스트의 서사구조와 등장인물들의 서사적 역할 분석에 이론적 토대를 제공한 학문이 서사기호학이다. 서사기호학은 러시아의 민담을 연구한 프롭의 민담 분석에서 시작하였다. 1960년대 프롭의 이론을 토대로 서사기호학은 토드로프, 브레몽, 쥬네트, 메츠, 에코, 바르트, 그레마스 등이 발전시켰다. 특히 그레마스는 서사기호학의 분석 영역을 어휘 통사론적 분석에서 의미론적 분석으로 확장하였다. 서사기호학에서는 이야기의 구조적인 분석을 논리적으로 전개하는 서사성(narrativité)에 관심을 집중하였다.

서사성이란 등장인물을 중심으로 전개되는 사건의 시작과 전개 그리고 해결의 이야기 과정을 논리적이고 구조적으로 분석하는 것이다. 하지만 서사기호학에서 음식문화와 음식기호의 서사적 역할에 대한 관심을 보여주지 않았다. 음식기호의 관심은 텍스트의 다양한 감상과 해석의 필요성으로 감각과 정념이론이 등장하는 1990년대부터이다. 서사기호학에서 음식기호가 이야기를 전개시키는 강력한 이야기 장치로 인정받기 시작했다. 음식기호가 등장인물들의 캐릭터와 서사적 역할을 상징적으로 재현하고 있고, 독자는 등장인물이 선호하는 음식과 식공간에서 몸짓기호 등을 통해 그들의 성격을 규정하기 때문이다.

따라서 음식기호는 등장인물들의 성격을 함축적으로 내포하고 있는 상징기호이다. 텍스트 속에 등장하는 음식기호의 역할은 실행과 인지 그리고 정념의 세 가지 차원에서 파악한다. 실행차원에서 음식기호는 등장인물의 행동을 수반하게 된다. 사건의 단초가 되는 등장인물의 행동에 음식이 등장하고, 식공간은 행동이 전개되는 장소가 된다. 즉 음식기호는 사건 전개의 중요한 모티브로 작용한다.

인지차원에서 음식기호는 정보전달의 중요한 매개체가 된다. 이야기 전개를 위해 필요한 등장인물의 기억과 추억 그리고 향수 등의 모티브가 음식기호이다. 정념차원에서 음식기호속에는 감정의 흔적이 녹아있으며 등장인물의 감정을 전달하는 매개체 역할을 수행한다. 이렇게 음식기호는 서사구조 속의 이야기 장치로서 역할을 수행하고 있다. 그러므로 음식기호를 중심으로 시도되는 서사구조 분석은 텍스트의 새로운 감상과 해석의 다양성을 요구하고 있다.

드라마 〈대장금〉의 사사구조는 거시적 차원에서 두 가지의 서사행로가 중첩된 갈등과 대립의 구조로 나타난다. 첫 번째 서사행로는 주인공인 서장금의 서사행로이다. 또 다른 서사행로는 주인공에게 경쟁심과 질투심의 감정을 끊임없이 유발시키는 최금영의 서사행로로 나타난다. 서사구조 차원에서 주인공 서장금이 획득하길 원하는 가치대상은 '수라간 최고의 요리사' 이다. 주인공 서장금은 가치대상을 획득하기 위해 수라간에서의 모든 고통을 인내하고 끊임없이 수련을 한다. 반대로 최금영의 서사행로에서 설정한 가치대상 역시 '수라간 최고의 요리사' 의 자리를 획득하는 것이다. 결국 두 사람의 서사행로에서 획득하고자 하는 가치대상이 동일하다. 두 사람이 추구하는 대상이 동일하기 때문에 드라마의 서사구조는 격렬한 경쟁심과 질투심을 발생하는 이야기로 구성되어 있다. 〈대장금〉의 서사구조 속에서 주인공과 가치대상의 상관 관계를 다음과 같이 도식화할 수 있다.

두 주체가 추구하는 가치대상이 동일함으로 두 주체 사이에는 경쟁심과 질투심을 야기하는 서사구조의 삼각구도 즉, 욕망의 삼각구도가 설정된다. 이러한 삼각구도는 드라마 시청자에게 끊임없이 흥미와 긴장감을 유발시키는 서사 장치이다. 주인공 서장금에게 '수라간 최고의 요리사' 라

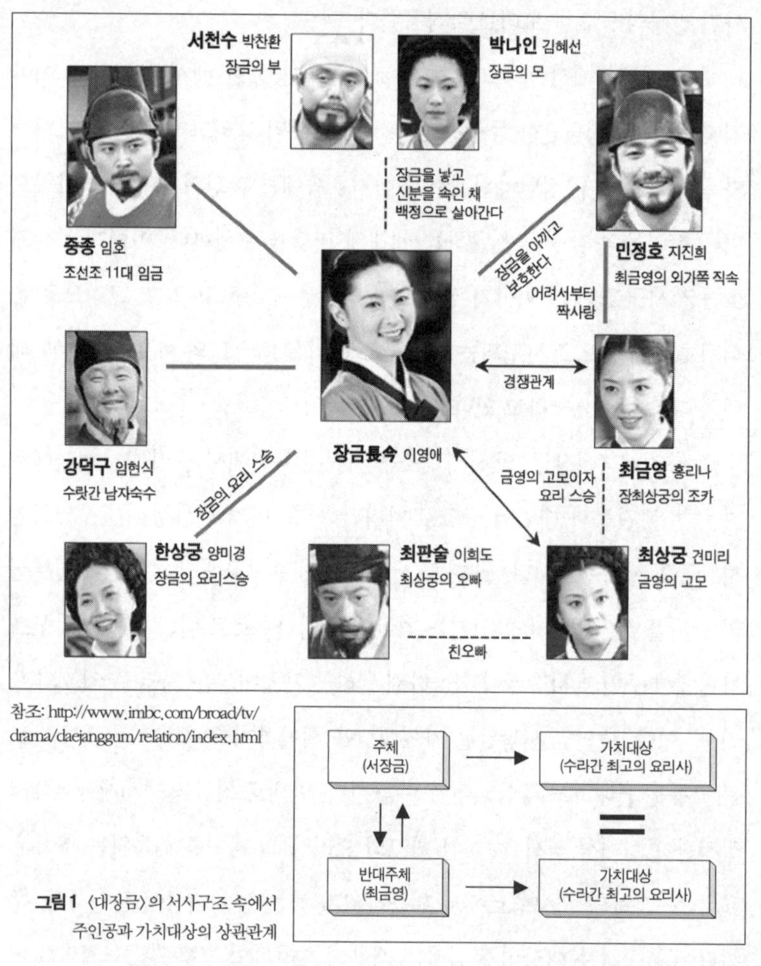

참조: http://www.imbc.com/broad/tv/
drama/daejanggum/relation/index.html

그림 1 〈대장금〉의 서사구조 속에서
주인공과 가치대상의 상관관계

는 가치대상을 설정하도록 유도하거나 제안하는 역할은 발신자가 맡고 있다. 서사도식의 첫 번째 단계인 계약·조종에서 서장금에게 가치대상을 획득하기 위한 다양한 서사 프로그램을 실행하도록 유도하고, 주체로서 가치를 추구하도록 제안하는 발신자의 역할은 중종이 맡고 있다. 발신자 역할을 맡고 있는 중종은 서장금을 포함한 궁중 나인들에게 수란간 최고의 요리사라는 가치대상을 제안하고 있다. 발신자는 서사도식의 계약·조종의 단계에서 모든 가치를 제안하거나 조종하며 마지막 평가 단계에서 주체가 실행한 서사 프로그램에 대해 긍정적으로 또는 부정적으로 평가를 하게 된다. 하지만 서장금의 서사구조는 독특하게 구성되어 있다. 서사도식의 실행 단계에서 서장금의 경합 프로그램에서 승리를 하지만, 마지막 평가 단계에서 발신자인 중종의 부정적인 평가를 받는다. 서장금의 서사 행로를 행동자 모델에 적용하면 〈그림 2〉와 같이 도식화할 수 있다.

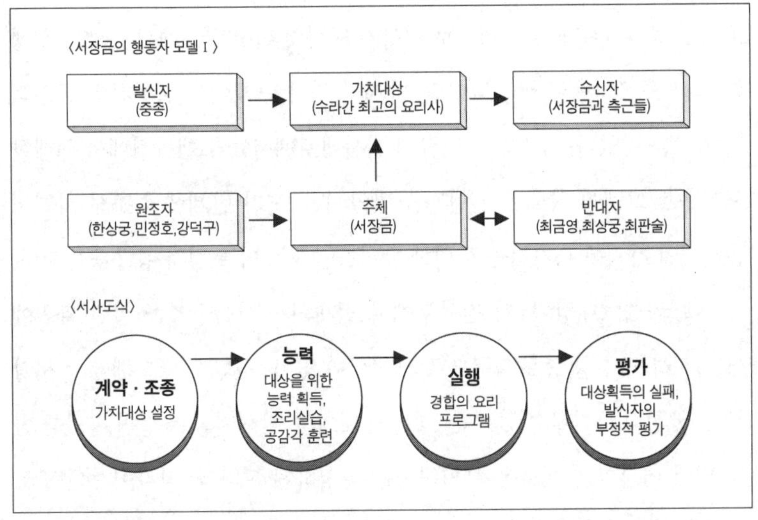

그림 2 서장금의 행동자 모델 I 과 서사도식

서장금은 발신자인 중종이 수라간 나인들에게 제안한 가치대상을 획득하는 주체로서 역할을 수락한다. 그리고 돌아가신 어머니의 한을 풀어주기 위해 '수라간 최고의 요리사' 가 되기 위한 요리 프로그램을 실행한다. 즉 요리 경합을 벌이는 실행 단계에서 가치대상을 획득하기 위한 최선의 노력을 실행한다. 경합을 벌이는 서사 프로그램에서 서장금은 탁월한 요리 솜씨로 원조자(한상궁)의 도움으로 음식을 평가하는 왕실의 긍정적 평가를 받는다. 하지만 요리 프로그램이 전개되는 경합에서 긍정적인 평가를 받았음에도 불구하고 서사도식의 마지막 평가 단계에서 서장금은 '수라간 최고의 요리사' 라는 가치대상을 획득하는데 실패하게 된다. 그 이유는 역적 행위에 가담 했다는 정치적인 사건에 연루되어 조선 사회의 총체적인 가치를 제안하고 평가하는 강력한 발신자인 중종에게서 부정적 평가를 받기 때문이다. 즉 '수라간 최고의 요리사' 가 되는 꿈이 좌절된다.

결국 서장금의 서사행로는 정형화된 서사도식과는 차별화된 서사구조로 구성되어졌다. 일반적으로 이야기 도식의 실행 단계에서 주체가 실행한 서사 프로그램이 긍정적이면, 마지막 평가 단계에서 발신자의 긍정적인 평가를 받았다. 하지만 서장금의 서사행로에서는 실행차원에서 실행한 요리 프로그램이 왕실에서 인정을 받았지만, 평가 단계에서 조선 사회의 총체적인 가치를 평가하는 강력한 발신자인 중종의 부정적 평가를 받았다.

드라마 〈대장금〉의 전반부에서 전개되는 서사구조는 실행 차원에서 실시하는 경합 프로그램으로 구성되어 있다. 경합 프로그램에서 서장금은 긍정적 평가를 받았지만, 평가 단계에서 발신자의 부정적 평가를 받게 되어 서장금은 새로운 가치대상을 설정하게 된다. 서장금이 제주도로 유배를 떠나면서 전개되는 드라마의 후반부에서 서장금이 설정한 가치대상은 '최고의 의녀' 가 되는 것이다. 서장금이 의녀가 되는 것만이 궁정으로 돌아가는 유일한 희망이고, 자신의 신분과 한상궁의 명예를 회복하는 유일한 길이기 때문이다. 그리고 장금이 설정한 서사 프로그램은 평가 단계에서 발신자인 중종의 긍정적 평가를 받아 장금은 대장금이라는 조선시대 유일의 여성 어의가 된다. 후반부에 전개되는 서장금의 서사행로를 행위자 모델과 서사도식으로 도식화하면 다음과 같다.

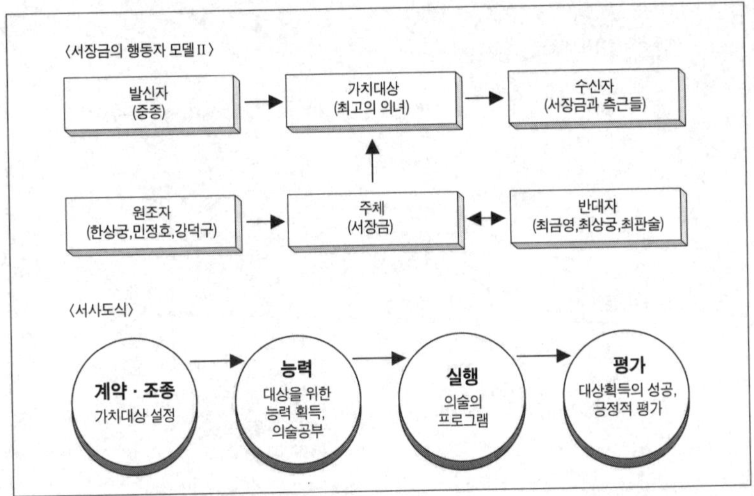

그림 3 서장금의 행동자 모델Ⅱ와 서사도식

반면 최금영의 서사행로는 가문의 영달과 명예를 유지하기 위해서 중종이 수라간 나인들에게 제안한 '수라간 최고의 요리사'를 가치대상으로 설정하고 서장금의 요리 프로그램과 치열한 경쟁을 벌인다. 가치대상을 획득하기 위한 완벽한 능력을 갖춘 최금영은 경합을 위하 요리 프로그램을 실행단계에서 실시한다. 서사도식의 실행 단계에서 실행한 최금영의 요리 프로그램은 실패로 나타난다. 즉 서장금과의 요리 경합에서 패하게 된다. 하지만 계약 단계에서 가치대상을 제안한 발신자인 중종은 실행 단계에서 실패한 최금영의 요리 프로그램을 마지막 평가 단계에서 부정적으로 평가하지 않는다. 평가 단계에서는 조선사회의 총체적인 가치를 평가하는 강력한 발신자인 중종은 실행 단계에서 패한 최금영의 요리 프로그램에 대한 평가와는 상관없이 긍정적으로 평가한다. 결국 최금영은 수라간 최고의 요리사로 평가받는다. 최금영의 서사행로를 행동자 모델과 서사도식에 적용하면 다음과 같이 도식화할 수 있다.

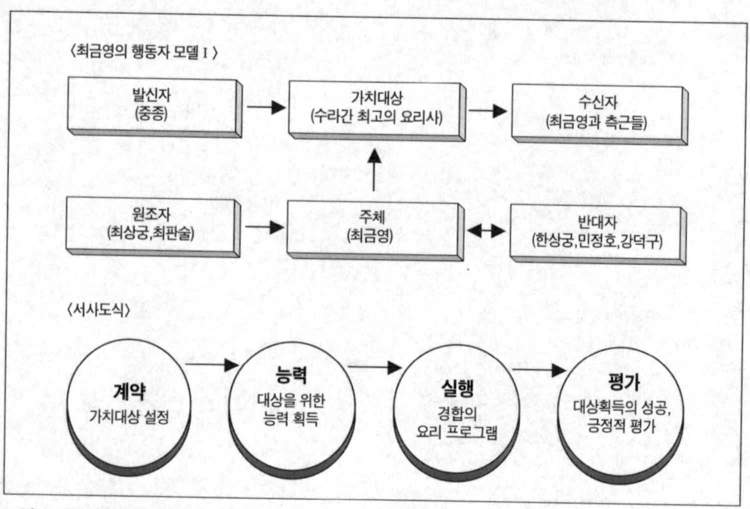

그림 4 최금영의 행동자 모델 I 과 서사도식

〈대장금〉 후반부에서 나타나는 최금영의 서사행로는 서장금의 서사행로와 대립되어 나타난다. 최금영이 설정한 가치대상은 수라간 최고상궁인 최상궁의 가치대상과도 일치하는 것이다. 즉 가문의 명예를 지키기 위한 '신분유지'가 그들의 가치대상이다. 최씨 문중이 오랫동안 향유한 조선사회의 신분을 유지하기 위한 서사 프로그램은 장금이 최고의 의녀가 되기위해 실행하는 서사 프로그램과 갈등을 야기한다. 최금영의 서사 프로그램은 장금과 측근들의 치밀한 책략에 의해 실패로 돌아가고, 평가 단계에서 발신자인 중종의 부정적 평가를 받아 신분을 유지하는데 실패하고 만다. 최금영의 서사행로를 행위자 모델과 서사도식에 적용하면 다음과 같이 도식화할 수 있다.

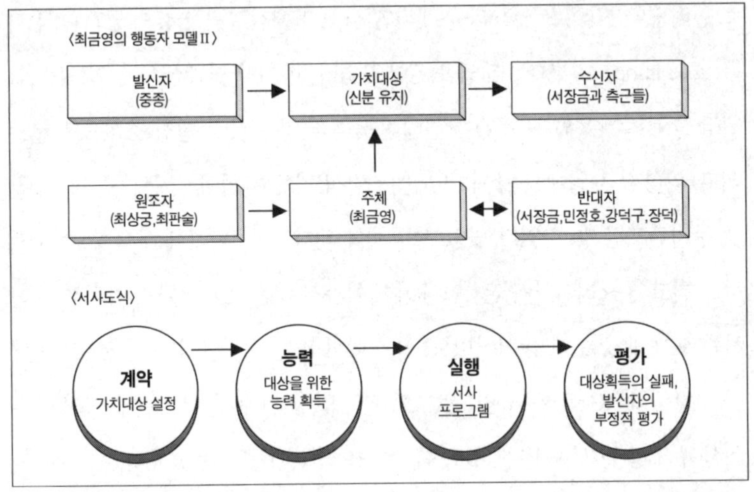

그림 5 최금영의 행동자 모델Ⅱ와 서사도식

5. 눈으로 맛보기

음식의 맛은 어떻게 지각되는가? 어떻게 접시 위에 올라온 요리를 통하여 식사자가 미각의 기쁨을 느낄 수 있는가? 생리학적 관점에서 맛은 인간의 감각기관인 오감에 의해서 맛이 지각된다. 먹는 행위를 하는 식사자가 맛을 느끼는 과정을 보여주는 미각의 메커니즘을 다음과 같이 정리할 수 있다. 첫 번째 인간은 후각을 통해 요리 대상체가 발산하는 냄새를 감지하고, 음식의 모양과 색깔을 통해 시각적인 맛을 처음으로 발견하게 된다. 두 번째 단계는 입안으로 들어간 음식물이 조력자(이, 혀, 잇몸, 침)의 도움으로 맛있는/무미(無味)의 분자로 용해되어 즙이나 죽의 형태로 변형된다. 세 번째는 즙이나 죽으로 변형된 음식의 향은 비강으로 발산되고, 일부는 미각을 수용하는 혀의 중심에 모이게 되어 미각을 체감한다. 『맛의 생리학』(1825)의 저자인 브리야 사바랭은 "실제로 후각과 미각이 같은 감각기관"임을 강조하였고, 메를로 퐁티도 "미각이란 인간의 총체적인 신체가 체감하는 일종의 공감각적 기쁨"(Gianfranco M; 1998, 15)임을 강조하였다. 마지막 단계에서는 입(잇몸,입천장, 혀)과 후각(후각 점막)에 전해진 음식의 맛은 감각 신경 조직으로 전달되고, 미학적 차원에서 맛에 대한 이분법적 평가(자연의 맛/문화의 맛, 감칠맛/무미건조한 맛, 맛있다/맛없다)를 받게 된다. 맛의 평가에 대해, 20세기 프랑스 최고의 요리사 카렘은 "인간이 태어나서 처음으로 미학적 가치를 발견하는 오브제(objet)가 음식이며, 음식의 미학적 가치는 맛의 감탄사로 표현된다고 하였다."(Careme M.A; 1981, 28) 결국 밥상 위에 잘 차려진 음식의 맛은 식사주체의 연쇄적인 지각활동 즉, 음식의 색(色)→향(香)→미(味)→맛의 감탄사로 연결되는 지각 활동에 의해 인지된다. 드라마 〈대장금〉의 시청자가 드라마 속의 식사 장면만을 보고 미각의 기쁨을 느끼고, 맛의 이미지를 연상하는 메커니즘도 마찬가지이다. 〈대장금〉에는 다양한 수라상이 등장한다. 수라상에 올라오는 음식의 맛은 영상 이미지로 재현된다. 즉 〈대장금〉 속 음식의 맛은 영상 이미지를 매개로 전달되는 것이다. 시청자는 다양한 영상 이미지 중에서 맛의 이미지를 통해 미각적 효과를 감지하게 된다. 왜냐하면 드라마 속 음식의 미각은 맛의 이미지를 지각하는 시청자의 시각 활동에 의해 발생되기 때문이다. 드라마 〈대장금〉 속의 맛을 느끼는 메커니즘은 먹는 행위를 하는 식사자의 생리적 활동에 의해 전개되는 것이 아니라, 보는 행위를 하는 감상자의 공감각적 활동에 의해 현실화되는 것이다. 수라간에서 창출되는 맛의 이미지는 조선시대의 그릇의 색깔과 모양, 궁중 음식의 색깔과 담는 모양, 상차림과 분위기 그리고 식사를 하는 왕과 대비마마 그리고 중전마마의 몸짓 기호와 맛의 어휘에 의해 발생되는 복합적인 이미지이다. 즉 연출가는 다양한 스타일의 비주얼한 맛의 이미지를 전략적으로 배치하여 감상자의 오감을 최대한 자극하고 있다. 드라마 〈대장금〉에 등장하는 궁중음식들이 창조하는 맛의 이미지를 다음과 같이 요약할 수 있다.

#1 음식기호 : 전복내장 죽과 오자 죽

① **비주얼 이미지**

등장인물 중종, 대비마마, 중전마마

공간 배경 궁중

행위 음식을 시식하는 장면

그릇의 색깔과 형태 조선 백자, 오목한 주발 형

음식의 색깔과 형태 흰색과 갈색(전복죽) / 흰색, 갈색, 흑색(오자 죽)

음식의 질감 죽으로 반질거림

음향효과 한국적인 음악/ 죽을 먹는 소리 / 그릇 소리

② **컨셉 이미지(conceptual image)**

감각차원 오감을 자극하는 푸드 스타일링

가치차원 음식의 영양학적 가치에 집중하고 있음

#2 메밀 전병과 명태껍질 쌈

① **비주얼 이미지**

등장인물 중종, 대비마마, 중전마마

공간 배경 궁중

행위 음식을 시식하는 장면

그릇의 색깔과 형태 조선 백자, 섭시 형태

음식의 색깔과 형태 흑색과 둥근 형태(메밀전병), 간장종지 /

생선 껍질(명태 껍질 쌈)

음식의 질감 반질거림 / 꺼칠한 느낌

음향효과 한국적인 배경 음악과 그릇 소리

맛의 어휘 똑 쏘는 매운 맛

② **컨셉 이미지(conceptual image)**

감각차원 오감을 자극하는 푸드 스타일링

가치차원 음식의 영양학적 가치에 집중하고 있음

#3 계 생채와 어두 채

① 비주얼 이미지

등장인물 중종, 대비마마, 중전마마

공간 배경 궁중

행위 음식을 시식하는 장면

그릇의 색깔과 형태 조선 백자, 오목한 주발 형태

음식의 색깔과 형태 흰색과 세로 형태(계 생채) / 생선(어두 채)

음식의 질감 반질거림 / 꺼칠한 느낌

음향효과 그릇 소리

맛의 어휘 시원함과 새콤함

② 컨셉 이미지(conceptual image)

감각차원 오감을 자극하는 푸드 스타일링

가치차원 음식의 영양학적 가치에 집중하고 있음

#4 송이 가리병과 대하구이

① 비주얼 이미지

등장인물 중종, 대비마마, 중전마마

공간 배경 궁중

행위 음식을 시식하는 장면

그릇의 색깔과 형태 조선 백자, 둥근 형태

음식의 색깔과 형태 갈색과 흰색 갈비 형태(송이 가리병) /

갈색과 흰색(대하 구이)

음식의 질감 꺼칠 / 반질한 느낌

음향 효과 그릇 소리

맛의 어휘 송이 향이 좋다.

② 컨셉 이미지(conceptual image)

감각차원 오감을 자극하는 푸드 스타일링

가치차원 음식의 영양학적 가치에 집중하고 있음

#5 연저(새끼 멧돼지)와 황토 닭 구이

① **비주얼 이미지**

등장인물 중종, 대비마마, 중전마마

공간 배경 궁중

행위 음식을 시식하는 장면

그릇의 색깔과 형태 조선 백자, 넓은 접시형태

음식의 색깔과 형태 갈색과 흰색(연저) / 갈색과 흰색(닭 구이)

음식의 질감 투박한 느낌

음향 효과 그릇 소리

맛의 어휘 매운 맛이 난다.

② **컨셉 이미지(conceptual image)**

감각차원 오감을 자극하는 푸드 스타일링

가치차원 음식의 영양학적 가치에 집중하고 있음

#6 대하 찜

① **비주얼 이미지**

등장인물 한상궁과 장금

공간 배경 수라간

행위 장금이 공감각을 훈련하는 장면

그릇의 색깔과 형태 조선 백자, 넓은 접시형태

음식의 색깔과 형태 대하 살을 가운데 놓고 이루어진 담음새

음식의 질감 부드러운 느낌

음향 효과 도마소리, 오이 무치는 소리, 야채, 해삼 볶는 소리,
양념 만드는 소리

맛의 어휘 매운 맛이 난다.

② **컨셉 이미지(conceptual image)**

감각차원 오감을 자극하는 푸드 스타일링

가치차원 공감각 훈련을 통한 맛을 그리는 요리방법

#7 두부 전골

① **비주얼 이미지**

　　등장인물 한상궁과 장금

　　공간 배경 수라간

　　행위 장금이 공감각을 훈련하는 장면

　　그릇의 색깔과 형태 전골 솥

　　그릇의 색깔과 형태 전골 솥 가장자리에 재료를 스타일링 함

　　음식의 질감 부드러운 느낌

　　음향 효과 오나라 배경으로 고기 다지는 소리, 양념 만드는 소리

② **컨셉 이미지(conceptual image)**

　　감각차원 오감을 자극하는 푸드 스타일링

　　가치차원 공감각 훈련을 통한 맛을 그리는 요리방법

#8 떡복이 만들기

① **비주얼 이미지**

　　등장인물 한상궁과 장금

　　공간 배경 수라간

　　행위 장금이 공감각을 훈련하는 장면

　　그릇의 색깔과 형태 간장을 끓이는 무쇠 솥, 야채와 고기를 볶는

　　무쇠 후라이 팬

　　음식의 색깔과 형태 오방색이 들어간 떡복이

　　음식의 질감 부드러운 느낌

　　음향 효과 오나라 배경, 마른 야채 소리, 야채와 고기 볶는 소리

　　맛의 어휘 간장에 배를 사용한 독특한 과일 맛의 소스

② **컨셉 이미지(conceptual image)**

　　감각차원 오감을 자극하는 푸드 스타일링

　　가치차원 공감각 훈련을 통한 맛을 그리는 요리방법

드라마 〈대장금〉 속의 등장하는 음식기호가 창출하는 맛의 이미지를 즉각적으로 포착하기 위해서는 시청자의 공감각적 활동에 의한 심상 훈련이 요구된다. 공감각적 심상 훈련은 시청자가 비주얼 이미지에서 포착하는 음식기호의 '시각적 미각소(味覺素)'를 기호화하고 인지하는 도상화 과정을 말한다. 시각적 미각소란 〈대장금〉에 등장하는 음식기호의 조형성(형태, 색깔, 질감)과 소리기호가 창출하는 맛의 작은 단위를 지칭한다. 음식기호의 다양한 시각적 미각소가 작용하여 맛의 이미지를 떠오르게 하는 것이다. 예를 들어 최상궁이 장금에게 맛을 보지 않고 음식의 맛을 그리는 훈련을 시키는 장면에서도 맛의 이미지가 창출된다. 이때 시청자는 떡볶이 요리를 할 때 포착되는 버섯, 고기, 말린 호박, 배, 깨, 계란 지단 등의 음식기호가 생성하는 시각적 미각소를 포착하고, 이것이 시청자에게 맛의 이미지를 각인시키는 것이다. 두부전골의 맛의 이미지가 창출되는 과정도 마찬가지이다. 두부전골에 사용되는 식재료인 두부, 고기, 버섯 등이 생성하는 시각적 미각소가 시청자에게 맛의 이미지를 전달한다. 맛의 이미지를 각인시키는 공감감적 장치를 구성하는 중요한 요소가 청각적인 음향 효과이다. 음향 효과는 궁중음식을 만들 때 사용된 음악을 배경으로 조리 시에 창출하는 소리 기호들이다. 음향 효과인 소리기호는 조리 시에 배경으로 깔리는 음악과 함께 가마 솥 단지에 물 끓는 소리, 도마 소리, 야채 볶는 소리, 그릇 소리 등이 총체적으로 발생된다.

결국 드라마 〈대장금〉의 비주얼 이미지가 생성하는 '시각적 미각소'와 맛의 이미지를 연상시키는 중요한 요소가 소리기호들이다. 즉 수라간에서 조리 시에 발생되는 소리기호와 음식기호의 '시각적 미각소'가 시청자들에게 궁중 음식의 맛의 이미지를 연상하게 하는 강력한 장치이다. 시청자의 공감각적 작용에 의해 연상되는 맛의 이미지 삼각형을 다음과 같이 도식화할 수 있다.

맛의 이미지 삼각형은 두 가지 프로그램으로 작동되고 있다. 첫 번째 프로그램은 시청자와 음식기호와의 상관관계에서 작용하는 공감각적 지각 프로그램이다. 감각차원에서 시청자의 오감은 음식기호의 시각적 미각소와 수라간의 총체적인 소리기호에 자극을 받는다. 그리고 역동적인 공감각적 활동으로 음식기호의 정체성을 식별하는 '시각적 미각소' 를 추출하고, 기호화하는 단계이다. 기호화란 음식기호의 기표와 기의가 의미를 창출하는 세미오시스 작용이 일어나는 것이다. 두 번째 프로그램은 궁중 음식의 맛의 이미지를 연상하는 인지 프로그램이다. 즉 기호화된 음식기호가 창출하는 시각적 미각소에 의해 맛의 이미지를 상기시킨다.

지금까지 우리는 드라마 〈대장금〉 속에 등장하는 음식기호의 상징적 역할을 통해 드라마의 서사구조를 파악하고, 두드림의 소리기호가 창출하는 맛의 이미지에 대한 기호학적 분석을 시도하였다. 드라마 〈대장금〉에 등장하는 음식기호는 드라마의 이야기를 이끌어가는 강력한 내러티브 장치로서, 음식기호를 중심으로 드라마의 서사구조가 구축되어 있음을 확인하였다. 또한 정서적 차원에서 시청자의 현실 공간과 드라마의 가상공간을 연결시켜주는 TV 매체의 기능으로 시청자들은 자신의 공감각적 체험을 통해 드라마의 세상에 참여하게 되었다. 결국 드라마 〈대장금〉의 서사구조는 음식기호를 중심으로 시청자들의 공감각을 자극하기 위한 맛의 이미지를 전달하는 것으로 구성되어 있다. 따라서 맛의 이미지는 수라간의 다양한 장면들을 통해 그려지고 있다. 즉 맛의 이미지는 궁중에서 사용하는 그릇의 색깔과 모양, 음식의 색깔과 담는 모양, 궁중 상차림과 분위기, 식사를 하는 회식자의 몸짓기호와 맛의 어휘 그리고 수라간에서 발생되는 음향 효과인 소리기호 등에 의해 창조되는 복합적인 이미지이다. 드라마 〈대장금〉의 연출가는 다양한 스타일의 비주얼한 맛의 이미지를 전략적으로 배치하여 감상자의 오감을 최대한 자극하는 전략을 활용하고 있다.

결론적으로 드라마 〈대장금〉은 시청자의 공감각을 적극적으로 자극하는 음식기호의 비주얼 이미지와 조리 시에 발생되는 총체적인 두드림의 소리기호들을 통해 맛의 이미지를 연상시키는 장치를 적극적으로 사용하였다. 즉 음식기호를 중심으로 전개되는 이야기 구조와 수라간에서 창출하는 맛의 이미지가 시청자의 마음을 움직이는 중요한 장치임을 보여주고 있다.

▌더 읽을 거리 ▌

드라마 〈대장금〉의 문화 콘텐츠와 서사구조의 기호학적 분석 방법론을 이해하기 위해서는 기호학 연대가 출간한 『기호학으로 세상읽기』(소명출판사, 2003)를 꼽을 수 있다. 이 책에 소개된 여러 논문들 중에서 백승국의 「영화 속 음식기호를 찾아서」가 도움을 줄 것이다. 이 논문은 영화 속에 배치된 음식기호의 서사적 역할을 추적하여, 서사구조의 기호학적 분석을 시도하였다. 또한 영상 속에 등장하는 맛의 이미지를 포착하는 메커니즘에 대한 기호학적 관점을 설명하고 있다. 텍스트의 서사구조 분석에 대해서는 석경징의 『서술이론과 문학비평』(서울대학교 출판부, 1999)과 최인자의 『서사문학과 문화 교육론』(한국문화사, 2001)이 도움을 줄 것이다. 그리고 광고의 서사구조를 텍스트 언어학 측면에서 분석한 김영순.오장근이 출간한 『광고 텍스트 읽기의 즐거움』(연극과 인간, 2004)이 있다. 또한 애니메이션의 서사구조를 분석한 박기수의 『애니메이션 서사구조와 전략』(논형, 2004)도 도움을 줄 것이다.

▌참고문헌 ▌

Aumont Jacques,1990, *L'image*, Paris: Nathan.

Careme M. A,1981, *L'art de la cuisine francaise au 19 siècle*, Paris: Kerangue et Polles.

Fontanille Jacques and Claude Zilberberg,1998, *Tension et signification*, Paris: Mardaga.

Gianfranco Marrone,1998, Réception et constitution de l'objet du goût chez Brillat-Savarin, *Nouveaux actes sémiotiques*, Limoges: Pulim.

Greimas A.J and Fontanille. J,1991, *Sémiotiques des passions. Des états de choses aux états d'âme*, Paris: Seuil.

Metz Christian,1990, *Christian Metz et la théorie du cinéma*, Paris: Merdiens Klincksieck.

Réne Girard,1961, *Mensonge et romantique et vérité romanesque*, Paris: Bernard Grasset.

기 고티에,1996,『영상기호학』,유지나 · 김혜련 공역, 서울: 민음사.

김성도, 박여성, 2000,『아르스 클리나에』,한국텍스트언어학회.

박인철,2003,『파리학파의 기호학』, 민음사.

백승국, 2001,『극장에서 퐁듀먹기』, 디자인 하우스.

2002,『영화 속 음식기호를 찾아서』,소명 출판사.

2003,『식료품 진열장의 커뮤니케이션 전략』, 한국기호학회.

2003,『이문열의 소설 시인의 정념 기호학적 분석』, 고려대학교 한국학 연구소.

2003,『미디어 속의 술 문화 콘텐츠와 미디어 교육』, 한국 언어문화교육 학회.

2004,『문화 콘텐츠 개발을 위한 기호학적 분석방법론』, 한국기호학회.

장마리 플로슈, 박인철 역,1994,『조형기호학』, 한길사.

3

깐느, 한국영화와 통하다

박지선

이제 한국영화는 세계와 소통하고 있다. 한류열풍이 일본을 비롯한 동남아국가로 번져나갔고, 아직 인지도는 낮지만 유럽영화의 탄생국인 프랑스를 비롯한 서구인들도 한국영화를 주목하기 시작했다. 이는 바로 깐느 국제영화제를 비롯한 국제 유수 영화제에서 소개되고 입상한 한국영화의 선전 덕분이다. 해외영화제 수상의 의의는 무엇보다도 세계적으로 작품성을 인정받는다는 점이다. 하지만 2004년 깐느 영화제에서 박찬욱 감독의 〈올드 보이〉가 수상한 '심사위원 대상' 의 경우, 단순히 영화가 작품성으로 상을 받은 사건에 그치는 것이 아니라, 그 문화적 · 산업적 가치를 국제적으로 획득했다는 의미를 지닌다. 게다가, 시대물이나 예술영화가 아닌 현대 대중영화가 인정받았다는 점은 다양성을 지닌 한국영화의 수준과 가능성을 재확인하는 계기가 되었고, 더 이상 한국영화를 오리엔탈리즘의 편견 속에 가두지 않게 되었음을 의미한다. 깐느 영화제는 그 진행에 있어서 일부 비판적인 시선이 있는 것은 사실이지만, 작품성과 상업성을 이어주는 영화제로서 독보적인 존재라 할 수 있고, 영화제 개막과 함께 시작되는 깐느 필름마켓은 한 해의 영화를 둘러볼 수 있는 영화시장으로서 영화의 거래 뿐 아니라 영화제작에 필요한 투자사들을 만나는 영화산업의 소통장소이기도 하다.

아직 한국영화계는 풀어가야 할 숙제가 많다. 이제 막 뿌리를 내리려는 한국영화의 불모지인 유럽 영화시장의 특성을 고려하여 유럽시장을 어떻게 이해하고 공략할 것인가를 숙고해 보아야 한다. 영화제나 평론에 민감한 유럽영화계를 고려해 볼 때, 유럽은 물론 세계에서 가장 영향력 있는 깐느 영화제가 추구하는 가치를 살펴보는 일도 한국영화 발전에 매우 뜻 깊은 일이 될 것이다. 우리는 〈올드 보이〉에 심사위원 대상을 수여한 깐느 영화제는 어떤 영화제인지 그들의 정책과 가치코드를 알아보고, 그 가치들이 추구하는 정체성에 관한 질문을 해 볼 것이며, 깐느 영화제에 비춰지고 있는 한국영화의 모습은 어떤 것인지 해외 언론 담론을 통해 드러나는 한국영화의 정체성을 살펴봄과 동시에, 한국문화 발전을 위해 추구해야 할 가치를 생각해 본다.

한국은 누구인가? 서구에서 한국은 '자동차를 만드는 나라', '월드컵이 열린 나라', '남과 북이 분단된 나라' 등으로 알려져 있지만 지금까지 '좋은 감독, 좋은 영화가 있는 나라'로 알려지지는 않았다. 그러나 이제 영화의 탄생국인 프랑스를 비롯한 서구인들은 한국영화를 주목하기 시작했다. 그리고 그 발단은 바로 깐느 국제영화제를 비롯한 국제 유수 영화제에서 소개되고 입상한 한국영화의 선전 덕분이다.

깐느 영화제에서 한국영화는 80년대만 하더라도 성과가 미흡한 단계였다. 84년 '주목할만한 시선'에 이두용 감독의 〈물레야 물레야〉를 소개한 이래 영화의 꾸준한 질적

그림 1 깐느 영화제 로고

발전과 해외영화제로의 나들이를 통해 한국영화는 전 세계에 인식되기 시작했다. 서구인들의 오리엔탈리즘을 최대한 자극한 영화 〈춘향뎐〉을

2000년 깐느 영화제 경쟁부문에서 최초로 선보인 임권택 감독은 마침내 2002년 〈취화선〉으로 깐느 영화제 사상 한국 최초로 감독상을 수상하여 한국영화의 세계화에 큰 획을 그었다. 그리고 2004년에 들어서 베를린 영화제에서 김기덕 감독이 〈사마리아〉로 감독상을 수상하면서 터트린 축포는 깐느 영화제에서 박찬욱 감독이 현대물 〈올드 보이〉로 심사위원대상(Grand Prix)을 수상하면서 더욱 화려하게 이어갔다. 이런 한국영화계의 약진에 애니메이션계도 한 몫 하였다. 미국이나 일본 애니메이션 하청제작국에서 이제는 당당히 애니메이션 창작국가로 발돋움한 한국은 2002년 〈마리이야기〉에 이어 2004년 〈오세암〉이 프랑스 안시 국제만화제에서 대상을 거머쥐며 2004년 상반기를 화려하게 마무리 한 것이다.

해외영화제 수상의 가장 큰 의의는 무엇보다도 세계적으로 작품성을 인정받는다는 점이다. 깐느 영화제에서 〈올드 보이〉의 수상의 경우, 시대물이나 예술영화가 아닌 현대 대중영화가 인정받았다는 점에서 다양성을 지닌 한국영화의 수준과 가능성을 재확인하는 계기가 되었고, 더 이상 한국영화를 오리엔탈리즘의 편견 속에 가두지 않게 되었음을 의미한다. 그리고 또 하나의 외외는 상업적 가치를 획득했다는 점이다. 해외영화제에서의 수상은 영화예술에 수익창출이라는 또 다른 날개를 달아주는 것이다. 실례로 〈올드 보이〉는 어떤 상이라도 받을 경우 추가수입을 받기로 한 해외 판권에 대한 옵션 계약으로 깐느 영화제 수상 이후 약 10만 달러의 추가 수입을 거뒀으며, 2003년 말 일본영화사 도시바에 220만 달러를 포함하여 미국, 유럽, 남미지역까지 약 400만 달러의 수익을 창출하였다.

영화제 진행에 있어서 여러 가지 비판적인 시각이 있는 것은 사실이지만, 이런 작품성과 상업성을 이어주는 영화제로서 깐느 영화제는 세계에서도 독보적인 존재라 할 수 있다. 영화제 개막과 함께 시작되는 깐느 필름마켓은 한 해의 영화를 둘러볼 수 있는 영화 시장으로서 2004년도에는 영화제의 공식 부문을 제외하고도 70여개 국가에서 500여개가 넘는 회사들이 참가하여 약 2천 700여 작품이 출품되었고 1천 400여 편의 영화를 마켓에서 상영하였다. 또한 이곳은 영화의 거래 뿐 아니라 영화제작에 필요한 투자사들을 만나기도 하는 곳이다. 즉, 깐느 영화제에 가면 필름마켓을 통해 세계 영화계의 최근 동향과 작품 그리고 자금까지 모두 소통할 수 있는 매혹적인 장소라는 것이다. 이러한 명성으로 인하여 깐느 국제영화제는 베를린, 베니스와 함께 세계 3대 영화제로, 깐느 필름마켓은 밀라노, LA의 아메리칸 필름마켓과 함께 세계 3대 필름마켓으로 손꼽히고 있다.

깐느 영화제에서의 수상은 바로 마켓에 영향을 주기 때문에 국위선양 및 한국 문화의 확산이라는 또 하나의 의미로 이어진다. 특히, 미디어가 지배하는 현대 사회에서 유수 영화제에서 잇달은 한국영화의 수상 소식은 한국영화계에 대한 해외의 인식을 긍정적으로 고양시키고, 보다 적극적인 수용이 이루어 질 수 있게 하는 발판이 된다는 점에서 그 영향력이 막대하다. 최근 2-3년 동안 한국영화는 눈부시게 성장하였고 해외언론 및 배급사들의 관심은 한국영화 부스를 찾는 마켓에서 증명되고 있다. 한국영화와 감독들의 지명도는 높아졌고 국제적인 공동투자도 진행되고 있다.

2004년 7월 한국 문화관광부 장관은 한국영화의 위상을 드높인 공로로 깐느 영화제에서 심사위원 대상을 수상한 〈올드 보이〉의 박찬욱 감독에게 보관문화훈장을, 주연배우 최민식과 제작자인 '쇼이스트'의 김동주 대표에게 옥관문화훈장을 각각 수여하였다. 이는 세계 3대 영화제에서의 수상이 갖는 의미가 특별하다는 것을 증명하는 것으로써, 단순히 깐느 국제 영화제에서 한 영화가 상을 받은 것을 치하하는 것이 아니라, 그 국제적인 문화적, 산업적 소통을 높이 평가했기 때문이다.

하지만 아직 한국영화계는 풀어가야 할 숙제가 많다. 이제 막 뿌리를 내리려는 한국영화의 불모지인 유럽영화 시장의 특성상 외국어영화인 한국영화에게 예술영화로만 남기를 기대하는 유럽시장을 어떻게 이해하고 공략할 것인가 우리는 숙고해 보아야 한다. 영화제나 자국 평론에 막대한 영향을 받는 프랑스 및 유럽영화계를 고려해 볼 때, 세계적으로 영향력을 인정받고 있는 깐느 영화제가 추구하는 가치를 살펴보는 일은 매우 뜻 깊은 일이다. 우리는 〈올드 보이〉에 심사위원대상을 수여한 깐느 영화제는 어떤 영화제인지 그 정책과 함께 가치 코드를 알아보고, 그 가치들이 추구하는 정체성에 관한 질문을 던져 볼 것이며, 깐느 영화제에 비춰지고 있는 한국영화의 모습은 어떠한지 해외 언론담론을 통해 한국영화의 정체성을 알아보고, 이를 통해 한국문화 발전을 위해 추구해야 할 가치를 생각해 보려고 한다.

1. 유럽, 한국영화와의 만남

한국영화의 2004년 상반기 해외 수출은 3천 700만 달러를 기록하며 전 해 1년간의 실적을 이미 뛰어 넘었다. 하지만, 한국영화의 현주소는 한국영화 극장 점유율 64%를 기록하며 국내 1000만 관객시대를 맞이한 〈태극기 휘날리며〉와 〈실미도〉의 선전이나 해외 유수 영화제 수상이라는 낭보에도 불구하고, 영화제작에 막대한 자금을 투자한 후유증으로 제작사들이 대부분 적자를 면치 못하고 있어서 국내 뿐 아니라 국외로의 수출을 필히 모색해야 하는 실정이다. 이미 한류열풍을 타고 동남아시장을 공략하고 있지만, 일시적일 수 있는 대중문화 산업의 성공을 넘어 지속적인 한국문화의 세계화에 도전해야 할 시기가 온 것이다. 하지만 한국문화가 세계화된 산업이 되기 위해서는 일방적인 세력확장을 꿈꾸기 보다는 세계와 소통하는 방법도 익혀야 한다. 특히, 문화확장의 의미에서 현지의 지역적 정서를 파악하고 접근하기 위한 현지 토착화 연구가 우선적으로 필요하며, 이런 꾸준한 작업들을 통해서만이 문화의 지속성이 이루어질 수 있다.

2001년 11월 해외홍보원은 미국, 일본, 프랑스, 독일, 영국 5개국을 대상으로 "선진 5개국 국민들의 한국에 대한 인식조사"[1]를 시행하였다. 이 조사에 따르면 이웃나라인 일본을 제외한 이 선진 4개국의 국민들은 한국관련 사건에 대해 반 이상

이 거의 모른다고 대답한 사실을 상기해보면 OECD회원국이자 국제적행사인 올림픽과 월드컵까지 치룬 나라로서 보다 적극적으로 한국을 세계에 홍보할 필요성을 느낀다. 한국에서 일어나는 일들에 대해 일본인의 경우 79%가 매우 자세히, 혹은 비교적 자세히 알고 있고, 미국인과 독일인은 41%로 중간정도로 나타난 반면 영국인과 프랑스인은 각각 25%, 31%로 많은 차이를 나타냈다.

또한, 한국에 관한 정보를 접하는 통로로는 5개국 모두 TV나 라디오 뉴스를 통해 한국에 관련된 정보를 얻는다가 1위를 차지했으며, 2위는 신문, 3위는 책의 순으로 나타났다. 하지만, 특이하게도 3위의 경우 프랑스와 독일은 경우 각각 11%, 13% 순으로 영화를 통해 한국에 대한 정보를 얻는 것으로 나타났다는 것은 매우 흥미로운 사실이다. 사실, 유럽에서 한국영화가 주로 소개되는 지역은 프랑스, 독일, 영국 순으로 2003년도에 프랑스는 16억 8천만원, 독일은 16억 3천 3백만원, 영국은 5억 8천만원의 한국영화 판권 계약이 이루어졌는데 영화제에서 인정받은 작품들이 우선적으로

1 해외홍보원(2001년 11월), 『선진 5개국 국민들의 한국에 대한 인식조사』.

소개, 배급되는 유럽의 특성으로 보았을 때, 프랑스와 독일이 영화를 통해 한국에 대한 정보를 얻는다는 결과는 세계 3대 영화제가 열리는 프랑스와 독일에서의 남다른 영화에 대한 자부심과 관심으로도 이해할 수 있다.

한편, 유럽에서 한국영화에 대한 인식을 알아보기 위해서는 유럽영화계의 특성을 먼저 이해해야 한다. 프랑스를 비롯한 유럽영화 시장의 특성 및 한국영화의 성과는 영상진흥위원회에서 작성한 2003년 9월 보고서 『유럽·미주 지역 한국영화 진출현황연구』에 잘 나타나 있는데, 유럽영화 시장의 경우, 수용자 패턴이 한국과 많이 다르게 나타남을 다음과 같이 알 수 있다.[2]

2 영상 진흥위원회(2003년 9월), 『유럽·미주 지역 한국 영화 진출현황연구』.

첫째, 관객들은 스타배우나 장르보다는 감독으로 영화를 평가하는 경우가 많다. 둘째, 영화제의 영향력이 크며, 특히 예술영화는 더욱 그렇다. 셋째, 관객 연령대가 다양한데, 중산층 이상의 교육을 많이 받은 50-60대 층도 많다. 이들은 예술영화를 선호하며, 젊은 세대들은 오락영화, 호러나 스릴러 혹은 액션 등의 DVD 시장에 일조하고 있다. 넷째, 신문이나 영화잡지에 실린 논평이 영화흥행에 많은 영향을 미치며, 이러한 경향은 예술영화에서 더욱 강하다. 다섯째, 프랑스와 독일 모두 자국어더빙을 선호하고 자막 영화는 대중성이 없다. 여섯째, 언어권에 따라 범주가 나누어지는데, 영화판권 구매시 나라별 보다는 독일은 오스트리아나 스위스의 독일어권 지역 판권까지 포함하고, 프랑스의 경우도 스위스의 프랑스어권 지역 혹은 아프리카까지 포함시킨다.

사실, 유럽은 2002년부터 유로라는 단일통화를 사용하는 연합국가가 되었다. 다양한 민족들이 서로 다른 문화를 가까이 접하며 살다 보니, 이들은 타 지역 문화수용의 폭이 매우 넓다. 특히 프랑스인들은 예술의 흐름을 놓치기 싫어하는 정서를 가지고 있기 때문에 문화의 편식이 적은 특징을 가진다. 결국, 아직 인지도가 낮은 한국의 경우라도 영화제나 언론을 통해 한국 문화예술의 수준을 다양하게 소개하고 인정받는다면 유럽은 한국영화에게도 가능성이 열려 있는 시장이다.

유럽에서 상영되는 외국어영화는 주로 수준 있는 영화제 입상작들이 대부분이기 때문에 예술영화로 간주되는 경향이 있다. 국가의 정책적 배려가 있기는 하지만 예술영화와 상업영화가 다양하게 소개되고 사랑받고 있다는 점과 관객의 연령층이 다양하다는 점에서 유럽영화계는 다양한 장르의 영화가 대중성을 가진다는 것을 알 수 있다. 주로 예술영화로 인식되고 있는 한국영화도 임권택 감독이나 홍상수 감독처럼 관객들의 이목을 끌 수 있으며, 나아가 다양한 장르를 지속적으로 공급한다면 제 2 의 〈올드보이〉를 통한 한국문화의 확산도 기대해 봄직 하다.

또한, 문화 수용에 있어서 객관적 판단을 도와줄 수 있는 영화제, 신문 혹은 전문 영화잡지들의 평을 중요시 한다는 점은 유럽인들의 무조건적 혹은 흥행이나 흥미 위주로 영화를 선택하지 않고 높은 비판의식을 가지고 있는 그들의 정서와 연관이 있다. 이처럼 유럽인들은 '좋은 영화', '잘 만들어진 영화'를 선호하므로 장르나 배우로 영화를 선택하지 않고 수준 높은 감독 브랜드를 선호한다. 이런 의미에서 감독이 영화배우보다 주목받는 영화제는 관객들에게 높은 관심 대상이 되고 있으므로, 한국영화의 해외 홍보 시, 현지인들의 정서를 이해하여 인기 있는 감독들을 내세운 현지언론과의 인터뷰나 감독의 이름을 내세운 맞춤형 포스터 제작 등의 계획을 세우는 것도 필요하다.

다음의 도표는 2000년도 이후 프랑스에서 극장 개봉한 한국영화 현황이다. 사실 한국영화의 관객 수는 아직도 만족할 만한 수준은 아니다. 유럽에서 인지도가 낮은 한국영화의 활로 개척을 위해서 극장 개봉을 통해

개봉일		영화제목	관객 수(집계기간)
2003년	2월	오수정	13,830명(9주)
		강원도의 힘	6,122명(9주)
		돼지가 우물에 빠진 날	8,133명(9주)
	8월	무사	약 200,000명
	9월	복수는 나의 것	11,422명
2002년	2월	박하사탕	12,006명(6주)
	5월	여고괴담 두 번째 이야기	약 40,000명
		텔미썸딩	약 40,000명
	11월	취화선	약 300,000명(44주)
	12월	파이란	27,637명(8주)
2001년	4월	섬	33,030명(12주)
	12월	쉬리	11,237명(4주)
2000년	11월	춘향전	40,971명(14주)

3 자료: www.cbo-boxoffice.com /
프레데릭 암브로이진(Wild Side
Films) 인터뷰

인지도를 높이는 것이 중요한데, 이를 위해서는 유수 영화제 입상 같은 공인받은 홍보가 큰 힘이 된다.

국제영화제에서의 소개와 수상을 통해 검증된 한국영화는 특히 프랑스로의 한국영화 수출 증가를 가져왔다. 극장개봉과 비디오 혹은 DVD 시장까지 포함하여 1999년 한편의 영화가 수출된 이후로 2002년 16건, 2003년 20여건으로 점차 증가 추세에 있다. 현재, 한국의 예술영화뿐 만이 아닌 호러나 스릴러 영화도 배급과 판권료가 증가하고 있으며, 메이저 배급사들의 관심이 높아졌다는 사실은 한국작품에 대한 기대가 커가고 있다는 증거이다. 국제영화제 입상이 해외 관객동원으로 이어진 대표적인 예가 바로 임권택 감독의 〈취화선〉이다. 깐느 영화제 장편 경쟁 부문에 최초로 임권택 감독의 〈춘향뎐〉이 초대되어 한복을 입은 춘향이와 이도령과 함께 깐느의 페스티발 궁에 입장한 이래로, 2002년 98번째 작품인 '취화선’을 들고 깐느를 방문한 임권택 감독에게 프랑스 언론은 지대한 관심과 수상에 대한 기대를 모았다. 그리고는 국내 최초로 깐느 영화제 ‘감독상’ 수상이라는 영광을 얻게 되었고, 수상 이후 재개봉된 〈취화선〉은 44주간 30만 명의 관객을 동원해 한국영화 사상 프랑스에서 가장 성공한 영화가 되었다.

프랑스에서 흥행에 성공하지는 못했지만 강제규 감독의 〈쉬리〉는 예술성 위주의 배급뿐만 아니라 상업성 있는 영화의 진출 가능성을 열어 놓은 작품이다. 그리고 마침내 2004년 박찬욱 감독의 〈올드 보이〉의 대상 수상이 이룩한 것은 깐느 국제영화제에서도 예술적이거나 시대물 위주의 오리엔탈리즘적인 영화가 아닌 다양한 장르의 한국 현대물이 인정받았다 는 점과 이제는 한국영화가 더 이상 영화의 변방국가가 아니라는 사실을 증명했다는 것이다. 깐느는 특히 영화제와 마켓을 통해 한국영화를 알릴 수 있는 훌륭한 쇼케이스다. 이번 깐느 영화제의 시상을 계기로 해외의 제 작사, 감독, 배우들의 한국영화 전반에 대한 관심과 기대가 커졌다. 이제 한국영화계는 자신의 정체성을 어떻게 수립할 지 고민해야 할 시기가 왔 다. 「스크린 인터내셔널」의 에디터 패트릭 프레이터도 바로 이점을 지적 하고 있다.

> “한국영화계는 많은 장르의 필름을 해마다 만들고, 그것은 한국영화가
> 성장할 수 있게 도와준다. 모든 대중의 구미에 맞는 영화를 만드는 것
> 은 굉장히 영리한 일이다. 그러나 그것이 서구의 구미에 맞을 수 있으
> 리라 기대치 말라. 왜냐하면 그것이 한국영화의 정체성을 애초에 기대
> 할 수 없게 만드니까(패트릭 르레이터, 2004, N°455, 「씨네 21」).”

지금까지 한국은 한국 관객들을 대상으로 영화를 제작했었다. 최근 들어 전지현과 장혁이라는 젊은 한류스타를 앞세운 〈내 여자친구를 소개합니다〉는 홍콩의 전액투자를 받아 제작한 영화로서 한국과 홍콩에서 동시 개봉하여 흥행에 성공하였다. 이제 한국영화의 관객은 아시아관객으로까지 그 대상을 넓혀 온 것이다. 하지만, 90년대 영화제를 위한 영화를 만들어 실패를 맛 본 대만영화를 교훈삼아, 서양관객이나 영화제만을 목적으로 한국영화가 제작되어서는 안 된다. 한국영화는 세계와 소통하려는 길목에 서 있다. 디지털 시대를 맞아 쌍방향 소통의 중요성이 대두되고 있는 오늘날, 소통은 일방적인 것이어서는 지속될 수 없다는 것을 우리는 잘 알고 있다. 이제 한국영화는 자신만이 구현할 수 있는 독창적인 정체성을 탐구하여 상대방의 지역적 정서에 접근할 수 있는 쌍방향 소통이 이루어져야 하는데, 이런 '현지 토착화' 는 문화적 팽창에 있어서 가장 유의해야 할 쟁점이다.

2. 깐느 국제영화제 둘러보기

인간은 끊임없이 유토피아를 동경한다 (장 뒤비뇨, 1998). 그리고 유토피아적 상황을 제시해주는 것으로서 축제만큼 좋은 것은 없다고 한다. 인간은 축제 속에서 유토피아를 찾고 이를 통해 자신의 생존 의미와 정체성을 추구하고자 하는데 그것을 가능하게 해주는 토대 중의 하나가 문화정체성의 확인이다. 영화제는 축제의 카니발적인 성격을 가진다. 바흐친이 "카니발은 무대도 연기자와 관객의 구분도 없는 스펙타클이다. 그 곳에서 카니발적인 삶을 향유하는데 이 삶이야말로 정상 궤도를 이탈한 삶이며 어

그림 2 깐느 영화제의 뤼미에르 극장 앞 레드카펫

떤 면에서는 뒤집힌 삶이며 뒤집힌 세계인 것이다"라고 말했듯이 영화제는 일반 영화상영의 규칙과는 전혀 다른 일종의 일탈행위인 것이다. 이런 의미에서 프랑스에서 열리는 깐느 영화제를 비롯한 40여개의 영화제 혹은 한국에 새롭게 뿌리내리고 있는 영화제 문화는 기존의 영화관람과 상영방식을 깨는 일탈 속에서 향유가 허용된 새로운 문화형태이며 지역의 정체성 확립은 물론 지역 경제 발전으로 이어지는 문화축제이다.

우리나라의 첫 공식적인 영화제는 1938년 11월 26일 개최된 조선영화제였으며 본격적인 영화상으로는 1955년 10월 28일 금룡상이 있었다. 현재까지 지속되고 있는 권위 있는 영화시상식으로는 한국영화의 황금기인 1962년에 시작된 대종상이 있으며, 조선일보가 제정한 청룡상의 경우는 1963년에 시작되어 1973년에 중단되었던 것이 1990년에 다시 부활된 것이다. 1958년 부산일보가 제정한 부일상도 권위 있는 민간영화제였지만 1973년에 막을 내렸다. 1995년까지 한국영화제는 대부분이 시상 위주의 영화인들의 잔치였다. 그러던 중, 1996년 9월 한국에서는 처음으로 국제영화제가 개최되었다. 아시아영화의 정체성을 찾고 비-헐리우드 영화들의 축제를 위해 마련된 부산 국제영화제가 그것인데, 특히 문화의 불모지였던 항구도시 부산이 영화제를 계기로 이제는 영화 산업의 메카로 당당히 자리 잡게 된 것이다. 이듬해 1997년, '흥겹고 인간적인 영화제, 보통 관객이 주인인 영화제'를 기치로 내걸고 지형적인 불리함과 영상산업 소외지대라는 편견을 딛고 '판타스틱' 테마로 틈새를 공략한 부천 판타스틱 국제영화제가 열리게 되었고, 1999년에는 대안 영화제와 디지털영화, 아시아 독립영화의 축제라는 정체성을 가지고 전주 국제영화제가 열리게 되었다. 그리고 이들 모두는 부분경쟁을 도입한 비경쟁 영화제라는 특징을 가지고 점차 한국의 영상문화 축제로서 자리매김하고 있다.

흔히 영화제라고 하면 많은 사람들이 레드카펫을 밟으며 입장하는 화려하게 치장한 영화인들의 모습이나 상을 받고 흥분하여 수상 소감을 발표하는 모습을 상상한다. 이는 깐느, 베니스, 베를린 등의 경쟁 영화제나 미국의 아카데미, 우리나라의 대종상, 청룡 영화제 같은 시상식에서 볼 수 있는 모습들이다. 그 중 깐느 영화제는 세계 최고의 경쟁 영화제이자 산업적으로 거대한 필름마켓이 열리는 영화제라는 점에서 다른 일반 영화제들과 차별화 된다.

해마다 5월이면 전 세계의 시선은 프랑스 남동쪽 프로방스 알프 꼬뜨 다쥐르 주(州) 알프 마리띰 현(縣)의 국제적인 관광도시 깐느로 모아진다. 인구 약 7만인 이 도시는 1946년 첫 번째 영화제가 열린 이후 바캉스 철인 7월에서 8월 사이 그리고 5월의 영화제 기간 동안에 2배에서 3배까지 그 인구가 증가한다. 어촌이었던 깐느는 따뜻한 기후 속에서 최고급 호텔, 호화 별장, 요트, 모래사장 같은 아름다운 풍경이 펼쳐지는 깐느 국제영화제가 열리는 도시로 더욱 유명해졌다.

깐느 영화제는 베를린, 베니스 국제영화제와 함께 세계 3대 영화제이다. 바리케이트와 경호원들로 둘러싸인 페스티발 궁(Palais de festival) 앞에는 세계적인 영화인들이 입장하는 매 순간을 놓치지 않으려는 약 3000여명의 취재진들과 상기된 일반인들이 모여 장사진을 이룬다. 영사기들의 불빛이 찬란하게 넘쳐나는 영화제의 레드카펫이 깔린 계단을 최고급 리무진에서 내려 우아하게 미소 지으며 올라가는 전 세계 스타들의 모습은 "성모의 승천이나 로마의 승리 같은 신비로운 의식"4 에 비유되면서, 이제 이들의 영화제 입장은 모든 영화제

4 Pierre Billard(1997), *D' or et de palmes Le Festival de Cannes*, Gallimard.

의 상징처럼 되어버렸다. 국제 영화제작자 연맹의 공인을 받은 세계에서 가장 영향력 있는 깐느 국제영화제는 깐느 필름마켓이라는 산업과 결부된 후기 자본주의 사회의 문화예술 축제의 신화이다.

깐느 영화제의 역사를 이야기하기 위해서는 영화의 역사를 언급해야 한다. 1895년 프랑스의 뤼미에르 형제는 '씨네마또그라프' 라는 촬영, 영사기를 발명한 이후, 영화를 세계 최초로 선 보였다. 하지만 영화를 과학적 호기심의 대상으로 생각하며 상업적이 되는 것을 원치 않았던 뤼미에르 형제와는 달리 죠르쥬 멜리에스는 영화를 대중의 진정한 구경거리로 인식하여 빠리 근교에 세계 최초의 프로덕션을 설립하고, 400여 편의 영화를 제작함과 동시에, 영화 기법의 대부분을 개발하였다. 영화의 역사를 만들어낸 프랑스인들에게 영화는 그들의 자존심인 것이다. 하지만, 1932년 세계 최초의 국제영화제인 이탈리아 베니스 국제영화제의 개최는 당시 영화 종주국인 프랑스의 자존심을 건드리기에 충분했다. 프랑스보다 먼저 영화제를 개최한 이탈리아는 베니스 영화제를 통해 관광수익을 올리는 한편, 정치적으로는 영화제를 이용하였다. 1938년, 무솔리니의 아들이 배후조정 하여 〈올림피아〉를 영화제 '대상' 으로 선정하자 미국, 영국, 프랑스 등의 민주주의 국가들은 베니스 영화제 불참을 선언했고, 이에 발맞춰 프랑스는 이탈리아의 무솔리니 체제와의 정치적 경쟁심에 한 몫 하여 '영화지원법' 을 제정하여 1939년 9월 1일에서 20일 까지를 일정으로 하는 깐느 국제영화제 개최를 준비하였다. 그러나 장 제이 영화제위원장과 필립 에랑제 사무총장을 중심으로 외무부과 교육부가 앞장 선 국제영화제의 창설은 제2차 세계대전이 발발하게 됨으로써 연기되고 말았다.

깐느 영화제는 제2차 세계대전 직후인 1946년, 필립 엘랑제의 건의를 받아들여 프랑스 자국의 해방을 기념하여 당시 드골 정부의 문화성과 외무성의 후원 하에 프랑스 국제영화제 협의회(Association Francaise du Festival International du Film)를 구성하고 같은 해 설립된 국립영화제작센터(Centre National de la Cinématographie)의 지원 하에 개최지 이름을 딴 깐느 영화제(Festival de Cannes)로 지칭되는 영화제를 개최하게 되었고, 1972년 정부로부터 공익단체로 승인을 받아 현재까지 개최되고 있다.

제 1회 깐느 영화제는 전후의 어려운 시기임에도 1946년 9월 20일 종전과 해방을 기념하는 전후 제1의 문화사업으로 추진되어 21개국에서 초청된 68편의 장편과 40편의 단편이 상영되었다. 당시에는 경쟁보다 영화 포럼의 성격이 강해서 각 나라마다 11개의 그랑프리(Grand Prix)로 불리는 대상을 수여하였으나, 1947년 2회 영화제부터는 수상 부문을 6개 분야로 구분하고 각 장르마다 대상을 수여하는 방식으로 변경되었다.

2004년 깐느 영화제는 제 57회 영화제를 지냈다. 1946년 이래로 매년 영화제가 개최되었다면 곧 환갑을 맞이할 테지만, 1948년과 1950년, 두 차례에 걸쳐 영화제가 재정난으로 취소되는 이변이 발생했다. 지금의 시상식과 같은 형태로 수상하는 방식은 1949년 제 3회 영화제부터 실행하였고, 1951년 제 4회부터는 9월에 개최되던 영화제가 5월로 변경되어 2주간에 걸친 영화제가 열리게 되었다. 또한, 제 8회 영화제가 열리는 1955년부터는 대상인 그랑프리를 황금 종려상 (Le Palme d' Or)으로 대체하여 수상하게 되었다.

우리는 깐느 영화제가 지향하는 정체성을 찾기 위해 영화제를 텍스트로 삼아 그 표층에 들어나는 목적, 출품자격, 프로그램 및 시상내역을 통해 깐느 영화제의 심층구조를 파악하려 한다. 우리는 깐느 영화제의 정체성 찾기를 통해 영화제라는 문화 축제가 구축하고자 하는 가치와 이를 이용하는 산업적 이데올로기 등을 파악할 수 있다. 다음의 영화제 정책들은 깐느 영화제 인터넷 공식 사이트 불어판에서 참고하였음을 밝혀둔다.

1) 깐느 영화제의 목적

깐느 영화제의 목적은 "전 세계의 우의와 협력 속에서 영화예술 발전을 돕고 세계 영화산업 발전을 촉진하기 위하여 수준 있는 작품들을 발굴하고 부각시키려 함"[5]에 있다고 영화제 규칙 제 1조에 명시되어 있다. 깐느 영화제는 이 짧은 글 속에서 영화예술의 발전, 영화산업의 발전, 예술작품의 발굴과 소개라는 축제와 산업의 양면성과 예술에 대한 윤리 및 사명감을 강조하고 있다.

5 깐느 영화제 약관 제 1조.

표 2	깐느 영화제 목적
깐느영화제 목적
영화예술의 발전
영화산업의 발전
예술작품의 발굴 및 소개

2) 깐느 영화제 출품자격

영화제의 출품작은 처음엔 제작연도와는 관계없이 자국의 영화작품 중 정부가 선정한 작품들이 출품되었으나, 1972년 정관이 변경되어 각 국에서 제작된 최신작품 중에서 예술감독이 선정위원회의 입회하에 심사위원들이 심사할 영화들을 선정하고 출품하도록 하는 새로운 출품 기준을 마련하였다. 이는 깐느 영화제가 새로이 도약할 수 있는 전환점이 되었고 이러

그림 3 제57회 깐느 영화제 포스터

한 출품 기준은 다른 영화제에서도 바로 수용하게 되었다.

선정위원회가 경쟁 부문과 비경쟁 부문에 소개될 영화를 선택하고 초대할 때는 다음의 기준에 적합한 영화여야 한다. 첫째, 영화제

표 3 깐느 영화제 출품 자격
깐느 영화제 출품 자격

구분	출품 자격
경쟁·비경쟁 부분	깐느 영화제 규칙 제 1조 목적에 부합하는 작품 영화예술의 발전 영화산업의 발전 예술작품의 발굴 및 소개
	12개월 이내에 만들어진 작품
	자국 외 미상영 작품
	다른 국제 영화제 미제출 작품
	단편영화의 경우 상영시간이 15분 이내
씨네 파운데이션	18개월 이내에 만들어진 작품
	상영 시간 60분 이내
	다큐멘터리 영화는 해당하지 않음 등의 제한

시작 전 12개월 이내에 만들어진 작품이어야 하고, 둘째, 자국 이외에서는 상영되지 않았어야 하며, 셋째, 다른 국제영화제 미출품 작품이어야 한다. 넷째, 인터넷에서 보급되지 않은 것이어야 하고, 다섯째, 영화제 규칙 제 1조 목적에 부합하여야 한다. 여섯째, 단편영화의 경우 상영시간이 15분을 넘지 않아야 한다. 반면, 씨네파운데이션의 경우는 그 자격이 달라진다. 첫째, 영화제 시작 전 18개월 이내에 만들어진 것이야 하고, 둘째, 다른 주요 국제영화제에서 소개된 적이 없어야 하며, 셋째, 60분을 초과해서는 안 되며, 넷째, 다큐멘터리 영화는 해당하지 않는다.

3) 깐느 영화제 프로그램 및 시상내역

깐느 영화제의 프로그램은 크게 공식선정 부문(La sélection officielle)과 병행분야(Section Parrallèles) 두 부류로 나뉘는데 각 분야에 출품된 출품작과 필름마켓을 통해 소개되는 영화 현황은 〈표 4〉와 같다.

공식선정 부문의 영화들은 한 해에 50여개의 장편영화와 30여개의 단편영화들로 구성되는데, 이들은 다시 '장편 경쟁부문'(Longs metrages

	1994		1995		1996		1997		1998		1999		2000		2001		2002		2003	
	장	단	장	단	장	단	장	단	장	단	장	단	장	단	장	단	장	단	장	단
공식선정																				
비경쟁	3	8	5		6	2	9		8		8	1	11	0	10		16	1	16	2
경쟁	23	8	24	10	22	14	20	11	22	14	22	12	23	11	23	12	21	11	20	9
씨네파운데이션										15		20		13		20		16		20
주목할만한 시선	21		22	4	22	3	24	1	27	1	22	1	22		23	1	22		19	
병행분야																				
비평가주간	7	7	7	7	7	7	7	7	7	7	7	7	7	7	7	7	7	7	7	7
15인의 감독	17		17		17		15		16		25	6	24	11	21	10	23	12	30	18
프랑스 영화	4	5	5	4	7	4	6	5	5	6										
필름 마켓	435		434		443		481		582		622		663		670		744		746	
총 합계	510	28	514	25	524	30	562	24	667	43	706	47	750	42	754	50	833	47	838	56

6 http://www.festival-cannes.org

compétition)과 '비경쟁 부문'(Longs métrages hors-compétition)과 '주목할만한 시선'(Un certain regard), '단편 경쟁부문'(Courts métrages), '씨네파운데이션'(La Cinéfondation)으로 구분되며, 공식행사와 함께 열리는 '병행분야'로는 1962년부터 프랑스 영화비평가조합이 주최하는 '비평가주간'(Semaine de la critique)과 1969년부터 영화감독협회(SDF) 주관으로 열리는 '15인의 감독전'(Quinzaine des réalisateurs)이 있다.

장편영화의 비경쟁 부문은 특히 대회를 보완하는 역할을 하며, '주목할만한 시선'은 현 영화계 사무총장인 질 자콥(Gilles Jacob)이 1978년에 취임하면서 '15인의 감독' 부문을 의식해서 새로 만든 프로그램이다. '주목할만한 시선'은 비경쟁 부문이지만 경쟁 부문 못지않게 주목받는 행사이며, 매년 20여개의 우수한 영화를 선보인다.

깐느 영화제 이사회는 장편영화 부문과 단편영화 및 씨네파운데이션 부문으로 나눈 두 분야의 공식적인 심사위원들을 지명하여 영화제 폐막식에서 정해진 상을 수여한다. 투표는 비밀투표로 이루어지고, 투표 결과는 투표자들의 과반수를 넘어야 한다. 경쟁에 진출한 영화의 영화사나 배급사의 누구도 심사위원이 될 수 없으며, 깐느 영화제 사무총장과 예술 감독은 심사위원의 심의과정에 참여하되 투표권은 없도록 하여 공정성 유지에 힘쓰고 있다. 장편영화 심사위원단은 1997년부터 한 명의 심사위원 장과 예술가, 감독, 배우, 작가들로 구성된 9명의 프랑스 내외 인사들로 구성되어 있다. 이들은 공식 부문의 장편 경쟁영화들 가운데서 수상자를 결정한다.

깐느 영화제는 최우수작품에 대해 1회부터 7회까지는 '그랑프리' 란 명칭으로 시상했고, 8회부터 장편영화 중 최고의 영화에게 전체 대상인 '황금종려상' 을 시상한다. 가장 독창적이고 연구된 작품에게는 '심사위원 대상' 을 수여하고 있으며, '여우주연상' 과 '남우주연상' , '감독상' 과 '시나리오상' 이 있다. 또한 해마다 성격을 정하여 '예술부문 공헌상' , '인간적 다큐멘타리상' , '시적 유머상' 등 그 때마다 심사위원들이 지어낸 상으로 잘 알려져 있지 않은 감독들에게 '심사위원상' 을 시상하여 유동적이고도 개방적인 시상이 되게 한다.

1998년에 생긴 단편영화와 씨네파운데이션의 심사위원단은 한 명의 위원장과 4명의 영화인들로 구성하고 있다. 이들은 단편영화 중에서 '단편영화 황금종려상' 하나와 '심사위원상' 두 개를 수여하고 씨네파운데이션에서 영화협회상 1, 2, 3위를 수여하여 다양한 영화를 격려하는 영화제를 보완하는 프로그램 중 하나이다.

1978년부터 시작된 '황금카메라상' 부문은 독립된 심사위원이 '경쟁부문' , '주목할만한 시선' , '15인의 감독 부문' , '비평가 주간' 에 초청받은 장편영화들 가운데 신인 감독이 만든 영화 중 가장 뛰어난 영화의 감독에게 수여하는 상으로서 그 공정성을 인정받고 있다. 씨네파운데이션의

경우는 영화학교에서 제작된 학생영화들을 소개하고 상을 주기 위해 1998
년에 생겨났으며, 창립이래로 모든 대륙의 2000개 이상의 영화를 심사하
였다. 국제적으로 명성 있는 감독을 심사위원장으로 위임하여 매해 15개
정도의 영화를 소개하고 상을 수여하고 있다. 이들 심사위원은 감독, 영화
기술자, 유수한 프랑스 국내·외 평론가들과 함께 영화제 위원회가 선정
한 사무총장이 구성한다. 다음 도표는 깐느 영화제 프로그램 및 시상 내역
을 정리한 것이다.

표 5 깐느 영화제 프로그램 및 시상 내용

시상내역			내용
비경쟁	장편	없음	비경쟁
	단편		
경쟁	장편	황금종려상	최고의 영화에게 수여하는 전체 대상
		심사위원 대상	가장 독창적이고 연구된 작품에 수여
		감독상	최고의 감독에게 수여
		심사위원상	매해 성격을 달리하여 잘 알려져 있지 않은 감독에게 수여. '예술부문 공헌상', '인간적 다큐멘타리상', '시적 유머상' 등
		시나리오상	최고의 시나리오로 된 작품에 수여
		여우주연상	최고의 주연 여자배우상
		남우주연상	최고의 주연 남자배우상
	단편	황금종려상 2개의 심사위원상	단편영화 중 최고의 영화 3편
씨네파운데이션		영화협회 1등상 영화협회 2등상 영화협회 3등상	영화학교에서 제작된 학생들의 수준 있는 영화 3편에 시상
주목할만한 시선		황금카메라상 황금카메라 평점상	장편 경쟁부문까지 포함하여 신인감독의 작품 중에서 시상
비평가주간			
15인의 감독			

3. 깐느 국제영화제의 정체성 찾기

세계 3대 영화제 중 하나이며, 거대한 필름마켓을 형성하고 있는 깐느 영화제는 미국 우월주의와 대중의 인기에 영합하는 아카데미 시상식에 비교해볼 때 다양한 장르의 작가주의 영화들이 인정받는 예술성과 상업성을 갖춘 최고의 영화제임이 확실하다. 이런 세계적인 명성에도 불구하고 자성을 촉구하는 비판의 소리도 높은 것이 사실이지만, 깐느 영화제가 성공적으로 국제 영화예술 산업의 중심지가 될 수 있었던 그들의 정책과 정체성을 살펴보도록 한다.

깐느 영화제의 목적, 프로그램, 시상내역 및 심사위원과 이들을 소개하고 있는 깐느 영화제 인터넷 공식사이트의 소개문 등을 살펴본 결과 우리는 다음과 같은 다섯 가지 가치코드를 엿볼 수 있다.

첫째, 깐느 영화제는 영화인과 관객에게 모두 매혹적인 영화제를 추구한다. 둘째, 생명력 있는 영화제를 추구한다. 셋째, 예술를 위한 영화제를 추구한다. 넷째, 산업으로서의 영화제를 추구한다. 다섯째, 세계와 소통하는 영화제를 추구한다.

1) 매혹적인 영화제―신화성과 대중성

깐느 영화제는 영화예술에 활력을 불어넣어 관객에게 매력적인 영화제로 다가가려 하고 있다. 개막식에서 레드카펫을 밟으며 페스티발 궁의 뤼미에르 극장 앞 계단을 올라가는 모습의 연출은 이제 영화제가 갖는 가장 성스러운 의식이 되어버렸으며, 훌륭한 영화제 전용상영관 등의 인프라 구축을 통해 영화상영 및 시사조건의 최적화를 이루고 있다. 게다가, 영화인, 기자, 영화 마니아 등을 관객으로 하는 영화 시사회에서는 깐느 페스티발 궁의 대형 상영관에서 영화를 올린다는 최고의 영광을 영화인들이 만끽하게 함으로서, 신화의 창출을 축제에 참가한 자들이 즐길 수 있는 대중성으로 환원되게 노력한다. 즉, 신화성과 대중성의 상보적인 개념이 병행되어 매혹적인 영화제로 관객에게 인식하려는 것이다.

2) 생명력 있는 영화제―다양성

영화에 대한 관객의 호기심과 관심이 계속 유지되어야 영원한 영화예술을 지킬 수 있다는 사명감을 가진 깐느 영화제는 다양한 영화를 발굴하고 소개하려는 역동성을 지니고 있다. 장편영화뿐만 아니라 단편영화 부문을 따로 두어 격려하며, '주목할만한 시선', '씨네파운데이션', '15인의 감독 부문', '비평가 주간' 등의 다양한 프로그램으로 소외되는 영화들을 최소화 하고, 신진작가의 소개 및 육성을 추진하는 영화제 프로그램은 다양성을 통해 영화제의 생명력을 추구하는 것이다.

깐느 영화제의 예술영화를 지향하고, 미지의 영화를 발굴하려는 의지는 신임감독에게 주어지는 황금카메라상에도 잘 나타나 있다. 2000년부터는 영화학교 학생들의 작품을 소개하는 '씨네파운데이션'을 공식 선정 분야에 신설하였고, 1995년 깐느 시와 공동으로 어린이와 청소년영화 위주의 영화축제 '깐느 시네필'을 창설하여 영화제 기간 중에 영화제와 별도로 개최함으로써 영화의 저변확산에도 기여하고 있다.

깐느 영화제는 또한 무명에 가까운 신인이나 이름이 알려지지 않은 감독이라도 과감하게 상을 주면서 문화의 다양성을 인정해 왔다. 제 16회(1966) 클로드 를루쉬의 〈남과 여〉, 제 17회(1964) 자크 드미의 〈셀브르의 우산〉을 발굴하는 등 신진작가 발굴에도 노력하기 시작하였고, 제42회(1989) 미국 스티븐 소더버그의 〈섹스, 거짓말 그리고 비디오테이프〉, 제

45회(1992) 덴마크의 빌 어거스트의 〈최선의 의도〉, 제 46회(1993) 뉴질랜드 제인 캠피온의 〈피아노〉등은 깐느 영화제의 신인발굴 의지를 통해서 세계에 알려진 감독들이다.

제 33회(1980) 일본인 최초로 구로사와 아키라 감독의 〈카게무샤〉가, 제 46회(1993) 때에는 최초로 여성 감독의 작품인 제인 캠피온의 〈피아노〉와 중국영화로는 최초인 첸 카이거 감독의 〈패왕별희〉가 황금종려상을 공동수상하였고, 제 47회(1994) 때는 쿠엔틴 타란티노의 〈펄프픽션〉이 황금종려상을 수상하여 고상한 예술영화 취향을 무너뜨리기도 했다. 제 50회(1997) 때에도 압바스 키아로스타미 감독의 이란영화 〈체리향기〉와 이마무라 쇼헤이 감독의 일본영화 〈우나기〉가 황금종려상을 공동수상하였고, 왕가위 감독의 홍콩영화 〈해피 투게더〉에게 감독상을 수여하면서 아시아영화의 우수함을 인정하기도 하였다.

3) 예술을 위한 영화제—예술성

예술가는 기술을 이용하여 재능과 감동에 집중하여야 하고, 영화제는 작품을 무조건 보여주기보다는 영화를 선별하고, 일부 영화의 보호에도 참여해야 한다고 깐느 영화제는 씨네파운데이션 프로그램 소개에서 밝히고 있다. 독창적이고 예술적 가치를 지닌 예술을 위한 영화제는 깐느 영화제 목적에서 밝히고 있던 가치이기도 하다.

사실, 깐느 영화제가 초기부터 이렇게 예술 영화제라는 권위를 가진 것은 아니다. 영화제 초기에는 베니스 영화제처럼 영화보다는 관광 사업에 더 관심이 많았기 때문에 영화 비평가 앙드레 바쟁[7]은 "깐느 영화제는 축제의 성격을 줄이고 영화에 대한 관심을 늘려야 한다"고 충고하기도 했었다.

[7] Pierre Billard(1997), *D'or et de palmes Le Festival de Cannes*, Gallimard.

1950년대 들어 오손 웰즈, 엘리아 카잔, 빈센트 미넬리 등 세계의 젊은 감독들은 새로운 영화를 영화제에 들고 왔다. 이 때, 깐느 영화제는 〈금지된 장난〉에 대해 "영화제의 축제적 성격을 거스르는 병적인 영화"라고 평했고, 르네 클레망은 "그렇다면 어떤 영화가 영화제를 위한 영화인가?"를 반문하면서, 깐느는 젊은 감독들 사이에서 "영화란 무엇인가?"를 논하는 자리로 발전하게 되었다.

1960년 페데리코 펠리니의 '달콤한 생활'을 필두로 이듬해 루이스 부뉴엘의 '빌리디아나', 1963년 루치노 비스콘티의 '산표범', 1967년 미켈란젤로 안토니오니의 '확대'에 황금종려상을 선사하면서 깐느 영화제는 프랑수와 트뤼포가 「까이에 뒤 씨네마」에서 처음 언급했던 작가주의 영화를 추구하는 영화제 성격을 분명히 했다. 캐롤 리드, 비토리오 데 시카, 오손 웰즈, 끌로드 를르슈, 프란시스 F. 코폴라, 마틴 스콜세즈 등도 깐느 영화제가 우대했던 작가영화 감독이다. 작가영화를 선호한다는 면에서 깐느 영화제는 확실히 보수적이며 폐쇄적이라는 의견도 많지만 예술 보호의 노선은 깐느 영화제의 주된 가치이다.

4) 산업으로서의 영화제 — 필름마켓과 상업성

"세계 영화 산업 발전을 촉진하기 위하여 수준 있는 작품들을 발굴하고 부각시키려 함"은 깐느의 또 다른 목적이다. 깐느 영화제를 예술적 측면보다 산업적 측면으로 세계 최고로 만든 요소가 있다면 그것은 바로 1960년부터 영화제와는 별도의 조직과 운영으로 영화의 창조적 활동 및 발전을 장려하고 예술 오락적 요소를 갖춘 영화의 이해 및 보급을 도모하기 위해 만든 필름마켓이다. 초창기 일부 관광객들과 영화인들의 문화 이벤트 수준이었던 영화제는 경제적 이해관계가 얽히면서 영화산업의 메카로 성장하게 되었다. 영화산업 종사자들은 제작된 영화의 판권을 팔고 살 뿐만 아니라 새로운 프로젝트를 계획하여 투자자를 물색하는 등 수 많은 영화관계자들과 회합할 수 있는 기회를 가지는 세계 최대의 영화 시장을 구축하게 된 것이다. 깐느는 밀라노 필름마켓, LA의 아메리칸 필름마켓과 더불어 세계 3대 필름마켓으로 막강한 문화·경제적 영향력을 자랑하고 있다. 하지만 한편에서는 마켓의 규모가 영화제의 규모를 뛰어넘게 되자 최신 헐리우드 영화의 거래와 헐리우드 스타를 취재하기 위한 영화제로 변질되고 있다는 우려 섞인 소리도 나오고 있는 것이 사실이다.

5) 소통하는 영화제―세계성과 그 이면

세계와 소통하는 장으로서 깐느 영화제는 전 세계의 우의와 협력 속에서 영화제 개최를 도모한다고 영화제 목적에 명시하고 있다. 이미 세계적인 위상을 획득한 깐느 영화제는 국제 영화제작자 연맹의 공인을 받은 세계에서 가장 영향력 있는 국제영화제가 되었으며, 1946년 이후 재정난으로 무산된 단 두 차례를 제외하고는 매 년 개최되는 현존하는 두 번째로 역사가 깊은 영화제이기도 하다. 또한, 산업적으로도 가장 큰 필름마켓을 개최함으로써 전 세계 영화인들이 모여서 영화예술과 산업을 이야기하고 거래한다.

하지만, 지금까지 깐느 영화제가 자신이 추구한 정체성대로 순탄하게 항해해온 것은 아니다. 자국주의, 보수주의, 헐리우드 우월주의 등은 깐느 영화제가 지적당하고 있는 문제점이며 지속적으로 개선해 나아가야 할 쟁점들이다. 1968년 5월에는 프랑스 68혁명으로 깐느 영화제에 또 다른 위기가 닥쳤다. 누벨바그와 함께 등장한 장 뤽 고다르, 프랑스와 트뤼포, 클로드 를루쉬 같은 감독들이 학생들과 함께 깐느 영화제를 타락한 부르조아 영화제의 전형으로 규정하고 영화제의 취소를 주장하는 반대시위를 전개하여 영화제가 개최 후 중단되는 파행을 맞이한 것이다. 다음해 1969년, 깐느 영화제는 정치적 승부수로 학생 혁명을 다룬 영화 린제이 앤더슨의 〈이프〉에 황금종려상을 수여하는 등 정치적인 영화에 후하게 상을 수여하여 진보적 영화인들과 학생들을 진정시킨 적이 있었다. 하지만, 이렇게 시대와 유행에 지나치게 집착하는 경우가 많아 진보적인 경향에는 둔감한 것으로 회자되고 있다. 이렇게 깐느가 추구하는 정체성 이외에 영화제는 또 다른 이면을 숨기고 있는 것이다.

1980년대 이후 현재 프랑스 영화는 위기를 맞고 있다. 그 이유로는 TV의 지배, 비디오 시장의 확산, 미국영화의 대중주의, 혹은 프랑스 정부의 과도한 제작비 지원까지 다양하게 거론되고 있다.(김호영, 2001. 274) 이런 자국영화의 위기 탈출을 위해 깐느 영화제는 프랑스영화에 무리하게 시상하여 공정성에 의심을 받기도 하였다. 1987년에 모든 사람들이 기대했던 〈씨티 오브 엔젤〉의 원작인 빔 밴더스의 〈베를린 천사의 시〉가 감독상을 받고, 프랑스의 모리스 피알라 감독의 〈사탄의 태양아래〉가 황금 종려상을 수상한 것이 그 예인데 이런 프랑스의 자국주의에 영화인들은 종종 분노한다.

또한 1988년 빌 어거스트 감독의 〈정복자 펠레〉의 경우처럼 노장 감독의 대작에 수상하는 경향이 있다는 지적도 있다. 작가주의 중심의 보수적인 깐느는 영화제의 심사위원들이 주로 연로한 감독이나 평론가, 배우들이기 때문이기 때문이라는 것이다. 하지만 최근 사무총장 질 자콥 체계에서 프로그래밍의 자유를 얻은 예술 감독 띠에리 프레모의 등장으로 전통적인 깐느가 변화할 수 있는 기대를 모으고 있다.

헐리우드 영화의 강세는 깐느에서도 우려의 대상이 되고 있다. 미국 우월주의와 대중의 인기에 영합하는 아카데미 시상식과 차별화되고 다양한 장르의 작가주의 영화들이 인정받는다는 깐느 영화제에서 90년대 3편의 미국 영화인 1989년 〈섹스, 거짓말, 그리고, 비디오테이프〉(스티븐 소더버그), 1990년 〈광란의 사랑〉(데이비드 린치), 1991년 〈바톤핑크〉(코엔 형제)가 작가의식과 완성도 있는 작품임에도 불구하고 황금종려상을 연속으로 받아내자 미국 상업영화에 휘둘린다는 의심을 받을 수 밖에 없었다. 이에 대해 깐느 영화제 사무총장 질 자콥은 "깐느 영화제가 특정 영화만을 소개하는 편협한 영화제가 아니기 때문에 당연히 헐리우드의 상업영화들도 소개해야 한다"고 해명하였지만, 재정 문제로 곤란을 겪고 있는 깐느 영화제에 헐리우드 자본이 손을 뻗은 것이 아닌지 의심이 가고 있다.

그럼에도 불구하고 깐느 영화제는 영화를 매개체로 전 세계 영화 팬과 영화인을 설레게 하는 것이 사실이다. 문화예술 축제와 산업을 통해서 세계가 소통하는 영화제가 바로 깐느 영화제이기 때문에 전 세계는 열광하는 것이다.

4. 2004년 깐느 국제영화제에서 한국영화 찾기

한국영화는 1998년 이후 계속해서 깐느 영화제의 문을 두드리고 있다. 2001년 한국영화가 한때 약세를 보이긴 했지만, 2002년 임권택 감독의 감독상 수상 이후 홍상수 감독이나 박찬욱 감독은 동양의 유망한 감독 '12인의 사무라이'에 뽑힐 만큼 그 잠재력을 인정받고 있다. 서구는 한국영화의 어떤 가치에 매력을 부여하고 있는지 프랑스 현지 언론보도가 전하는 깐느에 진출한 한국영화에 관한 다양한 미시담론 속에서 반복되는 한국영

그림 4 영화 올드보이의 한 장면

화의 코드를 읽어내려 한다. 이들 담론이 전달하는 메시지 속의 숨겨진 코드들은 한국영화의 정체성을 구축하는 가치들을 함축적으로 전달하고 있기 때문이다. 물론 나라 밖에서 말하는 담론들이 한국영화를 완전히 이해한다고는 볼 수 없다. 하지만 오히려 그들의 시각이 한국영화의 나라 밖 홍보전략을 구축하고 나아가 객관적으로 자성할 수 있는 계기를 만들어 줄 것임은 분명하다.

1986년 이두용 감독의 〈물레야 물레야〉가 '주목할만한 시선'에 소개된 것을 선두로 총 33개의 영화가 깐느 영화제에 초대되었다. 깐느 영화제 한국 최초의 수상은 단편영화 부문에서 심사위원상을 받은 송일곤 감독의 〈소풍〉으로 시작한다.

2002년 깐느에서 〈취화선〉의 임권택 감독은 미국 영화 〈펀치 드렁크 러브〉의 폴 토머스 앤더슨 감독과 함께 감독상을 수상했다. 장편영화 경쟁부문에 한국영화가 선을 보인 것은 2000년 임권택 감독의 〈춘향뎐〉이 처음이며, 그 이후로 2002년 감독상을 받은 〈취화선〉은 동양인으로서 1978년 일본의 오시마 나기사 감독, 1997년 홍콩의 왕자웨이, 2000년 대만의 에드워드 양 등에 이은 4번 째 수상이다. 심사위원장인 데이비드 린치 감독은 "〈취화선〉은 역사의 소용돌이 속에서 예술 혼을 추구했던 한 화가의 삶을 뛰어난 영상미에 담아낸 수작"이라고 선정 이유를 덧붙였다. 그동안 서양에 알려지지 않았던 임 감독의 〈만다라〉, 〈길소뜸〉, 〈축제〉, 〈서편제〉를 보고 반한 깐느 영화제가 2000년 〈춘향뎐〉과 2002년 〈취화선〉을 경쟁부문에 초청한 것이 계기가 되었다. 2000년 처음으로 깐느에 간 임권택 감독에게 현지 언론은 "세계에서 가장 훌륭한 감독 중 한 명이면서 한

그림 5 영화 취화선의 한 장면

국 바깥에는 알려지지 않은 인물"이라며 극찬했다. 임권택 감독에 대한 관심과 그의 다작에 대한 경이로움은 2002년 〈취화선〉으로 초대된 깐느 영화제 입장식에서부터 또 다시 언론에 회자되었고, 폐막식에서의 감독상 수상은 이미 점쳐지고 있었다. 감독상 수상 이후 프랑스 극장에서 재개봉된 〈취화선〉은 44주간이나 상영되는 기록을 남기면서 프랑스 관객을 사로잡았다.

그림 6 임권택 감독

이영미 기자에 따르면(2002. 5. 27. 「국민일보」) 〈취화선〉의 임권택 감독에 대해서 영국의 영화잡지 「무빙 픽처스」는 "40여 년 동안 98개의 작품을 만든 임권택은 놀라울 정도로 다채로운 감독"이라며 "조선시대 화가 장승업을 새로운 방식으로 보여주고 있다"고 평했으며, 프랑스 일간지 「르 피가로」에 이어 「르 몽드」, 미국의 「뉴욕 타임즈」 등 40여개 세계 유수 언론들이 임감독과 이태원 태흥영화사 사장, 정일성 촬영감독 등을 잇달아 인터뷰하였고, 특히 「카이에 뒤 시네마」의 카를르 테송 편집장은 기자 시사회 이후 〈취화선〉을 "임권택 감독 영화 중 단연 최고"라고 평하였다고 한다. 이렇게 임권택 감독은 "영

상미가 뛰어나고 다채로운 예술영화를 만드는 베테랑 작가"(이자벨 포텔, 2004. 5. 17, 「리베라시옹」)라고 해외 언론은 소개하고 있다. 그의 영화는 독창성, 다양성, 예술성을 갖춘 작품성 있는 영화로 인정받았으며, 서구언론은 "베테랑 작가"라는 최고의 반열에 임권택 감독을 올려놓기도 했다.

세계 영화계에서 아직 변방에 위치한 한국영화계 현실 속에서 유럽 영화계와 어깨를 나란히 하기 위해서는 세계적으로 인정받는 스타 감독, 거장 감독의 출현이 필수적이다. 이런 의미에서 임권택 감독의 깐느 영화제 상륙은 한국영화계의 존재를 재인식시키는 신호탄이 되었고, 연륜과 다채로운 작품들로 무장한 노장의 화려한 등장으로 서구인들에게 역사가 있는 한국영화계를 새롭게 각인시켰으며, 그를 이은 2004년 박찬욱 감독의 '심사위원 대상' 수상은 우수한 한국영화가 우연이 아님을 증명한 것이다.

다음의 〈표6〉은 깐느 영화제에 소개되었던 한국영화의 목록인데, 이를 살펴보면 주로 한국영화가 진출한 분야는 장편 경쟁부문보다는 주목할만한 시선이나 단편영화 경쟁부문, 병행 분야인 비평가 주간이나 감독 주간이 많았고, 그나마 수상으로까지 이어진 경우는 매우 드물다는 것을 확인할 수 있다.

2004년 5월 제 57회 깐느 영화제를 맞아 프랑스 언론들은 한국영화들에 주목하였다. 5월 17일 까날 쁠뤼스(Canal plus) 케이블 방송은 〈취화선〉을 밤 9시에 방영하기도 했으며, 같은 날 프랑스의 주요 일간지인 「르몽드(Le monde)」는 3편, 「리베라시옹(Liberation)」은 4편의 한국영화 관련 기사를 내며 관심을 비췄다. 또한 세계에서 가장 명성 있는 영화잡지인 「까이에 뒤 씨네마(Cahiers du cinema)」, TV잡지 1위인 「텔레라마(Telerama)」 등도 깐느에 온 두 편의 한국영화, 박찬욱의 〈올드 보이〉와 홍

년도	감독명	작품명	진출 부문	수상여부
1984	이두용	여인잔혹사, 물레야 물레야	주목할만한 시선	
1989	배용균	달마가 동쪽으로 간 까닭은?	주목할만한 시선	
1994	신상옥	Vaniched	장편영화 비경쟁	
1996	양윤호	유리	비평가주간	
1997	전수일	내안에 우는 바람	주목할만한 시선	
1998	조은령	스케이트	단편영화 경쟁	
	허진호	8월의크리스마스	비평가주간	
	이광모	아름다운 시절	감독주간	
	홍상수	강원도의 힘	주목할만한 시선	
1999	김성숙	Simultaneity	단편영화 경쟁	
	김대현	An eternity	단편영화 경쟁	
	송일곤	소풍	단편영화 경쟁	심사위원상
	이인균	The execution	씨네파운데이션	
2000	임권택	춘향뎐	장편영화 경쟁	
	홍상수	오! 수정	주목할만한 시선	
	유철원	우산	단편영화 경쟁	
	이창동	박하사탕	감독주간	
	정지우	해피 엔드	비평가 주간	
2001	김영남	나는 날아가고...너는 마술에 걸려있으니까	씨네파운데이션	
	신동일	신성가족	단편영화 경쟁	
2002	강병화	초겨울 점심	비평가주간	
	박성진	허니문	씨네파운데이션	
	임권택	취화선	장편영화 경쟁	감독상
	류빙지안	La pleureuse (한, 프, 캐)	주목할만한 시선	
	자장개	Ren Xiao Yao (한, 일, 프, 중)	장편영화 경쟁	
2003	박진표	죽어도 좋아	씨네파운데이션	
	김현필	원더풀 데이	씨네파운데이션	
	신상옥	상록수	복원영화전	
	박종우	사연	감독주간	
	전선영	굿나이트	비평가주간	
2004	박찬욱	올드 보이	장편영화 경쟁	심사위원 대상
	홍상수	여자는 남자의 미래다.	장편영화 경쟁	
	김의숙	청풍명월	주목할만한 시선	
	서혜영	날개	씨네파운데이션	
	김윤성	웃음을 참으며	감독주	

상수의 〈여자는 남자의 미래다〉에 관한 심도 있는 기사를 다뤘다. 그 중에서도 홍상수 감독은 1998년 〈강원도의 힘〉과 2000년 〈오! 수정〉으로 이미 깐느의 '주목할만한 시선' 부문에서 낯을 익혔으며, 2003년 2월 그의 영화, 〈오, 수정〉, 〈강원도의 힘〉, 〈돼지가 우물에 빠진 날〉이 극장 개봉이 된 터라 프랑스 언론들은 특히 홍 감독에게 지대한 애정을 표현했다.

지난 8년간 깐느 영화제의 경쟁부문과 비경쟁부문에 오른 영화들의 93%는 프랑스영화였다. 자국 영화만을 위한 영화제로 전락했다는 비난을 의식하듯 2004년, 제 57회 깐느 영화제는 총 19편의 경쟁영화 중에서 프랑스영화는 단 3편에 그쳤고, 남미영화와 아시아영화들이 대거 초청되어 시선을 끌었다. 게다가, 한국영화 두 편이 경쟁부문에 올라 한국영화계의 귀추가 주목되었던 한 해였다. 박찬욱 감독의 〈올드 보이〉와 홍상수 감독의 〈여자는 남자의 미래다〉의 경쟁부문 진출만큼 논란이 되었던 것은 이 두 편의 영화에 대한 해외언론들의 상반된 비평이었다. 영국의 「가디언」, 미국의 「뉴스데이」, 프랑스의 「포지티브」 등 12개 국가의 비평단이 별점을 매기는 「스크린 인터내셔널」의 비 프랑스계 언론에 비해 세계적인 영화평론지 「카이에 뒤 시네마」, 「르 몽드」 등 프랑스 내 15개 유수 매체들의 평론가로 구성되어 평가위원들이 평점을 발표하는 영화전문지 「필름 프랑세」의 프랑스계 언론들의 시선은 예술영화를 지향하는 프랑스의 전통적인 비평단의 단면을 여실히 드러내 보였다. 대중성, 마켓 지향성이 강한 「스크린 인터내셔널」은 〈올드 보이〉에 대해서 프랑스영화 〈영상처럼〉, 미국영화 〈화씨 911〉, 일본영화 〈아무도 모른다〉에 이어 상위권 점수인 평균 2.4점을, 〈여자는 남자의 미래다〉에 최하위 점수인 1.4점을 준 반면, 「르 필름 프랑세」는 〈올드 보이〉에 별 하나 혹은 폭탄을 주어 최하위 성적을 안기고, 〈여자는 남자의 미래다〉에게 평균 별 셋으로 평가해 중위권에 해당하는 성적표를 주면서 각 언론매체의 성격을 확연하게 들어냈다.

하지만 모두 이런 상반된 비평만 있는 것은 아니다. 「버라이어티」는 〈올드 보이〉와 〈여자는 남자의 미래다〉에 대해 극찬에 가까운 리뷰를 썼으며, 〈여자는 남자의 미래다〉에 대해 "명확한 결론을 찾는 관객들은 실망할지도 모른다. 오히려 프랑스풍에 가까운 세련된 톤으로 구성된, 매우 우아한 '게임'과도 같은 영화"라고 평가했고, 「로스앤젤레스 타임즈」 역시 홍상수 감독과의 인터뷰를 대대적으로 소개하면서 〈여자는 남자의 미래다〉에 대해 호평했다고 한다(고규대, 2004. 5. 19, 「스포츠 투데이」).

2004년 깐느에서 바라본 한국의 박찬욱 감독과 홍상수 감독에 대한 해외언론 평을 통해 세계와 소통한 한국영화의 가치는 다음과 같이 나타났다.

1) 독창성, 서정성, 폭력성을 지닌 영화, 박찬욱 감독

박찬욱 감독은 깐느에서는 알려지지 않은 감독이었다. 하지만 2004년 깐느에서 자신의 명성을 드높인 감독이 되었다. 홍상수 감독이 프랑스에서 한때 유학했고, 깐느에서 두 차례나 '주목할만한 시선'에 영화를 선보였던 반면, 박찬욱 감독은 〈달은 해가 꾸는 꿈〉, 〈삼인조〉, 〈공동경비구역 JSA〉, 〈복수는 나의 것〉, 〈여섯 개의 시선〉 이후, 그의 6번째 영화로 처음 깐느를 찾은 것이기 때문이다. 게다가 작가영화를 지향하는 깐느는 홍상수 감독을 작가주의를 향하는 한국의 최고의 예술인의 하나로 소개해 왔고 홍상수 감독 예찬론에 가려진 박찬욱 감독은 실력만큼 언론의 주목을 받지 못했었다. 하지만 박 감독에 관한 짧은 기사에도 그의 저력은 인정받고 있다. 「텔레라마」는 2004년 깐느 영화제 기획을 마련하면서 '깐느 아시아 영화 코너'에서 "12명의 사무라이들"이라는 제목 아래 박찬욱 감독과

홍상수 감독을 소개했는데, 박찬욱 감독의 영화를 서정성과 폭력성의 대비를 가진 뛰어난 독창성 있는 영화로 평가했다. 그 내용은 다음과 같다.

무명은 아니지만 박찬욱은 알려져 있지 않은 감독이다. 그는 이미 5개의 영화를 만들었는데, 2003년 〈복수는 나의 것〉이 유일하게 프랑스에서 소개된 영화이다. 아연 실색케 하는 독창성이 번득이는 검은 퍼즐 같은 그의 영화에는 서정성이 최고조의 잔혹함과 대립된다. 철학을 전공하고 영화비평을 하던 박찬욱은 1992년 갱 영화 〈달은 해가 꾸는 꿈〉으로 데뷔했다. 하지만 2000년 남북분단의 정치 스릴러물인 JSA덕분에 한국과 외국의 여럿 영화제에서 대 성공을 거두며 인정받게 되었다. 모든 장르의 절정을 통달한 그는 자유롭게 폭력과 가벼움, 서정성과 상막함을 결합시킨다. 그의 새 영화 〈올드 보이〉는 망가를 차용하여 영문도 모르는 15년 동안의 감금에서 풀려난 후, 복수심에 목마른 한 가장의 비극을 이야기 한다. (J.M., 2004, 5. 12, 「텔레라마」)

박찬욱 감독의 〈올드 보이〉는 프랑스 매체들로부터는 호평을 받지 못했지만 영화제 기자 시사회와 회견 때에는 선풍적인 바람을 일으켰다. 「스크린 인터내셔널」은 "작가적 스타일리시함과 상업성을 겸비한 한국영화의 새 지평을 연 감독"으로 소개하였고, 2003년 말 〈올드 보이〉를 "2003

년 세계 10대 영화”로 꼽았던 미국의 영화 사이
트 「AICN」에서는 박찬욱 감독을 “세상에서 가
장 위험한 영화감독”이라고 극찬하기도 하였
다. 일본의 「스포츠호치」는 “장렬한 격투신이
나 근친상간으로 얽힌 탄탄한 이야기 전개로
공식시사회 현장에서 관객의 시선을 사로잡았
다”고 밝히며 일찌감치 수상을 내다보았다. 결
국 제 57회 깐느 영화제는 시상식에서 경쟁 부

그림 8 박찬욱 감독

문 심사위원장인 쿠엔틴 타란티노 감독이 “독창적인 연출을 높이 평가해
심사위원 대상을 주기로 결정했다”며 〈올드 보이〉를 호명했다. 전통적으
로 작가주의 영화를 선호해온 깐느가 대중적이고 다양한 장르의 영화에
손을 들어준 것이다. 특히, 2004년 깐느 영화제는 총 19편의 경쟁 작품 중
12명이 경쟁부문에 처녀 출전한 신인감독이라는 점에서 그동안 보수적이
며 명성 있는 거장의 대작을 선호한다는 깐느 영화제의 불명예를 만회하
려는 노력한 흔적이 보였다.

깐느에서 바찬욱 감독은 외신 기자들에게 ‘내 영화의 개성은 상업 영
화의 경계를 한 발짝 벗어나는 것”이라고 언급했다. 텔레라마의 기사에서
“모든 장르의 절정을 통달한” 감독으로
소개된 것처럼 박찬욱의 영화는 정형
화되지 않은 비틀어진 장르 공식을 따
른다. 독창적이고 저력있는 박찬욱 감
독에게 이제 세계가 주목하고 있다.

표 7	박찬욱 감독에 대한 해외언론 평
박찬욱 감독	
저력있는 감독	
위험한 감독	
독창적인 연출가	
상업성을 겸비한 감독	
작가적 스타일리시함을 갖춘 감독	
서정성, 폭력성, 독창성, 가벼움, 삭막함의 결합	
장르를 통달한 감독	
알려지지 않은 감독	

2) 술, 리얼리즘, 일상성의 영화, 홍상수

프랑스에서 홍상수 감독에
대한 애정은 과히 남다르다. 2004
년 깐느 영화제 경쟁작으로 홍상수
감독의 〈여자는 남자의 미래다〉가
선정되자, 프랑스 언론들은 홍상수
감독의 특집을 실었다.

그림 9 57회 깐느에 진출한 〈여자는 남자의 미래다〉 팀

「르 몽드」는 5월 13일, '새로
운 피-거장들의 뜰에 들어온 신인
들' 이란 섹션에서 에밀 쿠스트리
차, 페드로 알모도바르, 왕가위 등
거장들과 함께 홍상수 감독에 대한
기사를 게제하며 "지극히 정제된

그림 10 홍상수 감독과 배우 성현아

구조 속에서 스스로에 대한 성찰과 지성에 따라 행동하는 인물들을 주로
그리는" 감독으로 치켜세웠고, 그의 가족, 일상 그리고 영화에 관한 기사
를 다루는 등 홍상수 감독의 예찬에 흠뻑 빠져들었다.

「리베라시옹」도 5월 14일자에 홍상수 감독의 단독 인터뷰 기사와 함
께 깐느 영화제 경쟁 부문 출품작인 〈여자는 남자의 미래다〉에 관한 기사
를 더하며 홍감독에게 기대를 모았다.

홍상수의 위치를 말하자면 우리는 더 많이 벗겨진 에릭 로메르나 문학
에서의 투명한 로버트 왈저를 이야기 할 수 있겠다. (...) 이 일상성으로
이 씨네아스트는 그의 집착으로 의도적으로 관철된 것을 다시 한번 변
주하였다 : 심리적 욕구불만, 성적 불만족, 사회적 모욕, 알콜중독. 인

생은 마치 수치스러운 병 같은 것이다. (...) 그는 이전 영화들의 개념적 장치들에 점점 덜 의존하고 자기 특유의 탐구방법을 공들여 다듬는다. 홍상수는 한때 죽을 만큼 술을 마시던 과거가 있다. 오늘날 우리는 그보다 더 환상에서 깨어난 감독을 알지 못한다. 그러나 서정성이나 신비주의를 벗어나지 않으면서 절대적인 내재성 위에 만들어진 그의 영화들은 허공을 부유하는 미립자들 같은 행복으로 새로워진 이미지를 만들어낸다. (이사벨 레니에, 2004. 5. 13, 「르 몽드」)

〈돼지가 우물에 빠진 날〉, 〈강원도의 힘〉, 〈구혼자들에 의해 발가벗겨진 처녀〉(오! 수정), 〈생활의 발견〉, 홍상수는 어디서 영화의 제목을 찾는 것일까? 그는 이 질문에 언제나 쉽게 같은 대답을 한다 - "술기운으로." 비록 그의 음주 촬영이 한국에서 유명하지만, 그의 방법은 배우들의 행동까지도 취해서 가누지 못하게 한다. 의심스럽지만 끈질긴 몽환적인 그의 영화를 대중화시킬 수 있는 사람은 43살의 홍상수 밖에는 없다. 홍상수는 생각을 그려내는 훌륭한 그래픽 디자이너이다. 일상의 작은 기호들을 의미 있는 그림으로 나타내 보이기 위하여 섬세하게 연결한다. 그에게 있어서 이 것은 그를 우울하게 만드는 이 세상의 생존의 문제인 것이다(J.M., 2004. 5. 12, 「텔레라마」).

「까이에 뒤 씨네마」의 경우도 물론 2004년 5월호에서 6월호에 걸쳐 'Cannes 2004' 라는 특집 기획기사를 준비했는데 5월호에서 "홍상수"라는 제목의 4쪽에 걸친 2편의 기사는 프랑스에서 단연 높은 홍상수 감독의 인기와 기대를 읽을 수 있었다.

하지만, 전반적으로 프랑스 평단과 〈여자는 남자의 미래다〉의 투자

배급사 MK2의 지지를 제외하고는 국제적 비평단과 깐느에서 혹평을 받은 것이 사실이다. 시사회에 참석한 일부 기자들이 "캐릭터나 이야기를 풀어가는 과정은 흥미롭지만 감독의 의도가 전혀 이해되지 않는 작품"이며, "이 영화의 가장 좋은 점은 시인 아라공의 제목일 뿐(피터 버넷, 2004. 5. 17, 「스크린 인터내셔널」)이라는 혹평도 〈여자는 남자의 미래다〉의 현실이었다. 그럼에도 불구하고, 깐느 영화제를 결산하는 6월호에서는 '깐느 2004' 에서 마이클 무어(Michael Moore) 감독에게 정치적인 이유로 수여한 황금 종려상에 대한 비판을 실은 "실패"라는 제목의 2쪽에 걸친 쟝 미셸 프로동의 기사[8]는 경쟁 부문 시상에서 탈락한 〈여자는 남자의 미래다〉에 대한 아쉬움을 여주인공 성현아의 사진을 통해 작게나마 표현했다. 또한 엠마뉘엘 뷔르도는 이어지는 기사에서 57회 깐느에서 가장 눈부신 최고의 영화에 심사위원상을 받은 태국의 〈트로피칼 말라디〉(아핏차퐁 위라세타쿤)를 꼽으며 〈여자는 남자의 미래다〉를 4편의 매혹적인 영화 속에서 첫 번째로 꼽았다(엠마뉘엘 뷔르도, 2004. 6, 「까이에 뒤 씨네마」).

8 "지금까지 깐느가 정치 상황적인 이유로 곧 기억에서 잊혀질 작품에 황금 종려상을 수여한 적은 있지만 (...) 깐느 역사상 처음으로 영화 작품이 아닌 영화 자체에 왕관을 씌워줬다 (...) 영화도 예술이라고 주장한다는 것은 바로 영화들이 그들이 서로 정해놓은 목표를 어긴 내기를 덮어준 것을 의미한다. 그것이야말로 영화에 대한 (...) 정치적 압력이다. 그러므로 깐느의 수상은 영화계에 있어서는 정치적 실패이다."

흩어진 머리, 남자의 미래인가? 깐느에서 그녀의 진정한 이름을 되찾은 성현아에게 꿈같은 바람은 지나갔다. 가장 아름다운 경쟁작 중 하나인 홍상수 감독의 영화는 두 남자의 달아난 현재의 욕망 주위를 맴돌고 있다(쟝 미셸 프로동, 2004. 6, 「까이에 뒤 씨네마」).

홍상수 감독의 인기는 영화제 이후에도 이어지고 있는데, 2004년 6월 7일 '헤럴드경제' 는 "홍보사 씨네와이즈 필름에 따르면, 〈여자는 남자의 미래다〉는 2004년 5월 19일 프랑스 전역 330개 스크린에 개봉돼 6월 4일까지 4만 명에 육박하는 관객을 동원하고 있다"고 전했다.

이렇게 유럽에서 인기 있는 홍상수의 영화 미학은 무엇일까? 리얼리즘의 작가영화, 서정성, 신비주의, 내재성 위에 세워진 일상성, 메타포르적 영화제목 그리고 술을 홍상수 영화의 내용과 형식을 규정하는 요소들로 꼽을 수 있다.

홍상수 감독은 한국영화 중에서 프랑소와 트뤼포의 '작가주의' 라는 개념으로 가장 많이 소개되었다. 한국영화가 그동안 취해왔던 소재주의적 리얼리즘에 비해 홍상수의 리얼리즘은 새롭게 인식되고 있는데, "이 새로움이란 기승전결과 전후 인과관계가 명확하게 짜여진 상태에서 감독의 주제의식을 영화 속에 적절히 배치하는 전통적이고 관습적인 영화 문법을 파괴하는 데서 비롯되는 것이다(정헌, 2004. 6. 24)". 프랑스언론은 그의 영화를 이런 리얼리즘의 작가영화라고 인식하고 있다. 예술영화를 꾸준히 사랑하는 프랑스를 비롯한 유럽의 시각에서 홍상수는 "일상의 작은 기호들을 의미 있는 그림으로 나타내기 위하여 섬세하게 연결할 줄 아는" "생각을 그려내는 훌륭한 그래픽 디자이너(마린 란드로, 2004. 5. 19.)" 인 것이다.

표 8	홍상수 감독에 대한 해외언론 평
홍상수 감독
지극히 정제된 구조
리얼리즘의 작가영화
서정성
신비주의
내재성 위에 세워진 지성과 일상성
메타포르적 영화제목
술

5. 한국영화, 세계와의 소통

해외언론들의 한국영화에 대하여 담론들은 도전하는 한국영화, 성
장하는 한국영화, 보호받는 한국영화라는 세 가지 담론[9]으로 오늘날의 한
국영화를 이야기 한다.

도전하는 한국영화의 담론에서는 무엇보다도
"위험을 감수할 줄 아는" 젊은 제작자들의 투자에서 시작된 제작인프라
구축이 최근 〈실미도〉나 〈태극기 휘날리며〉와 같은 1000만 관객이 동원
된 영화들을 만들었다는 것이다. 세계적인 영화전문지 「스크린 인터내셔
널」의 달시 파킷 기자도 "몇 차례 (블록버스터 영화의) 실패에도 불구하
고, 새로운 것을 해보려는 시도들이 모여 한국영화의 상업적 성공을 끌어
냈다" 면서 한국의 도전 정신에 박수를 보내며, 한국영화의 미래를 짊어질
12명의 차세대 주자들을 사진과 함께 소개하기도 했다(이용욱, 2004. 5.19,
「경향신문」). 한국영화의 성장세에 빠질 수 없는 국내 제작사 및 배급사들
의 도전은 연이어 관객동원의 기록을 달성해내고 세계로 수출시장을 넓히
고 있는 '선전하는 한국영화' 로 이어지고 있다.

미국영화가 전 세계를 지배하고 있는 오늘날 프랑스와 한국은 자국
영화 점유율이 세계에서도 가장 높은 나라들이다. 한국의 경우 53%, 프랑
스의 경우도 다른 유럽보다 월등히 높은 35% 이며, 예술영화의 경우도 관
객이 외면하지 않는 세계의 몇 되지 않는 나라들이다. 프랑스는 자국영화
에 대한 지원이나 보호정책을 잘 시행하고 있는 나라이기도 하다. 93년 미
국과의 우루과이라운드 협상에서 "영화 등 시청각 분야는 다른 농산물이
나 다른 분야처럼 무한 경쟁을 시키지 않는다" 는 '문화적 예외' 를 인정하
게 만든 나라이기 때문에 현재 한국의 스크린쿼터제 사수를 적극적으로

옹호해 주고 있다.

한국의 경우 젊은 제작자들의 투자에서 시작된 제작인프라 구축 및 1000만 관객 시대의 배경에는 스크린쿼터제를 비롯하여 영화진흥위원회, 문화관광부 등의 지원을 뒤에 업은 '보호받는 한국영화' 였기 때문이다.

물론 여기에는 한국영화의 질적 성장과 성숙한 관객들도 그 배경이 되었다. '르 몽드' 의 브리스 페드로레티 기자는 "질적 성장과 관객동원 성공" 이라는 제목의 기사(2004. 5. 13.)에서, 홍상수 감독과 김기덕 감독의 작가영화가 산업적으로 받아드려지기 힘든데도 불구하고 성공하게 된 원인으로 관객의 성숙함을 들었고, 이로 인해서 한국영화가 다양성을 지니게 되었다는 내용이다. 그리고 이 두 감독은 "등장인물들이 원시적인 욕구로 몸부림쳐서 관객을 불편하게 하는 쇼킹한 영화들, 중심인물들이 자아와 지적 성찰을 이끌어내는 것으로 탄탄히 구성된 영화라는 그들의 브랜드를 강요하면서, 한창 현대화에 불붙은 사회에서 실험을 매우 좋아하는 관객을 유혹하는 방법을 알고 있다" 고 설명했다. 제작에 있어서도 관객들의 성숙한 취향에 따라 한국영화 전문가들의 질적인 성장을 가져왔다면서, 그 예로 3백만 관객을 동원한 이창동의 〈오아시스〉와 〈박하사탕〉, 2004년 깐느 영화제 경쟁 부문 출품작인 박찬욱의 〈올드 보이〉, 5백만 관객을 동원하고 도빌 영화제에 입상한 봉준호의 〈살인의 추억〉, 임상수 감독의 2002년 베니스 영화제에서 소개된 〈바람난 가족〉을 들었다.

해외언론들은 이렇게 한국영화계의 성장에 주목하고 있다. 우리가 이 글에서 조사해 본 것과 같이 이미 그들은 한국영화, 감독, 그리고 산업적 인프라까지 파악하고 있다. 이제 한국영화는 한국을 소개하는 차원을 넘어섰고, 도약을 위해 스스로를 정비해야 할 때다. 박찬욱 감독의 〈올드 보이〉 수상 이후 "상업영화의 영토 안에서 개성을 추구하는 이야기꾼들의

존재야말로 한국영화의 진짜 경쟁력이다(김영진, 2004. 7.13, Film2.0)"라
는 한국영화의 미래가 제시되고 있기도 하다. 상업영화만이 한국영화의
세계화를 위한 것인지, 서구가 일반적으로 동양영화에게 기대하는 예술영
화가 한국영화를 대표할 것인지 앞으로도 한국영화는 많은 실험이 필요하
다. 그러기 위해서는 아직 정체성을 찾지 못한 한국영화의 다양성과 현지
화를 위한 보편성이 보강되어야 한다.

최근 우리나라의 판소리가 종묘 제례 및 종묘 제례악에 이어 유네스
코가 지정한 세계 무형유산으로 등록되었다. 결국 우리 전통문화가 세계
유산 지정의 기준이 제시하는 예술성, 독창성, 전파성, 희귀성, 역사성, 함
축성 면에서 가치를 인정받은 것이다. 한국의 대중문화도 세계 속에서 인
정받기 위해서는 이러한 가치들을 겸비해야 한다. 다시 말하면, 고유성(독
창성, 역사성, 함축성)과 창의성(예술성, 희귀성)을 겸비한 한국문화가 영
향력(전파성)을 지녀야 한다는 것을 의미한다.

한국영화를 이 기준에 대입해보자. 꼭 시대극이 아니더라도 한국만
의 정서나 문화가 뒷받침된 한국문화에서 그 고유성을 찾을 수도 있겠고
혹은 문화원형의 발굴에서부터 시작한 독창적이고, 함축적인 한국문화의
모습도 바람직 할 것이다. 시대극이긴 했지만 판소리, 동양화를 소재로 한
임권택 감독이 유럽에서 인정받는 이유도 바로 이런 것이다. 현재 발전하
는 한국영화계의 위상을 고려해 보았을 때 창의성과 예술성은 유럽에서
인정받고 있다고 할 수 있다. 특히, 홍상수 감독은 프랑스에서, 김기덕 감
독은 독일 쪽에서 작가주의 예술영화를 만드는 감독으로 알려져 있다. 또
한 깐느에서 독창성과 다양성에서 박찬욱 감독이 승리하게 됨으로서 한국
영화의 가능성이 열리게 되었다고 평가한다. 여기서 문제는 동남아에서
유행하는 한류 현상이 '서구 문화의 아류' 라는 비판과 함께 드라마와 가

요분야에서 고유성과 창의성이 부족하다는 단점에도 불구하고 영향력을 가지고 있다는 것이고, 한국영화계는 점차 고유성과 창의성을 인정받지만 유럽에서의 영향력은 아직도 미미하다는 것이다.

그 영향력을 키우기 위해서 우리는 첫 번째로, 한국 드라마를 비롯하여 애니메이션, 영화 분야에서 아직도 부족한 서사의 보편성을 강화하여야 한다. 작품성과 상업성으로 인정은 받았지만 「리베라시옹」의 필립 아쥬리가 지적했듯이 (필립 아쥬리, 2004. 5. 17, 「리베라시옹」) "해괴한 짓들(불법 감금, 만두먹는 장면, 옥상 자살 소동 등)" 으로 비춰지는 "개연성이나 치밀함의 부족" 은 독창적인 것을 넘어 보편적으로 받아들여지기 힘든 큰 장벽이라는 점을 충분히 고려해야 한다.

문화상품은 주체적인 고유성과 세계적인 정서와 언어 속에서 이해될 수 있는 보편성을 가져야 하며, 한 나라의 대중문화가 세계화된 산업이 되기 위해서는 현지의 지역성을 감안해야 한다. 1798년, 나폴레옹은 이집트 원정을 나설 당시 4만 명의 병사와 360척의 함대와 함께 200명의 학자를 동반하였다. 이들 학자들은 이집트를 식민지화하기 위해서 이집트의 민속과 문화를 선행 연구하고, 프랑스문화를 현지 토착화하기 위한 방책을 마련하기 위해 함께 동행한 것이다. 우리는 이렇게 한국에서만 이해되는 정서가 아닌 현지인들의 라이프스타일과 정서를 고려한 토착화가 이루어져야 한국 문화가 지속적으로 영향력을 발휘할 수 있다는 사실을 명심해야 한다.

또한, 우리는 다양성을 보여주어야 한다. 예술성에 상업성을 가미한 〈올드 보이〉는 다양한 장르로도 성공할 수 있다는 것을 보여주었다. 가장 한국적인 모습을 담아내는 임권택 감독, 가장 일상적인 것에서 일탈성을 찾는 홍상수 감독, 서정성과 폭력의 미학으로 대중영화를 만들어내는 박찬욱 감독처럼 개성이 각기 다른 감독들의 모습처럼 정형화되지 않은 한국영화는 무한히 매력적이다.

사상누각처럼 한국이 빠져있는 '한류' 현상에 한국을 채워 넣고, 현지 정서를 감안하여 보편성, 다양성, 고유성, 창의성, 영향력을 문화 정체성을 가질 때 조화로운 한국문화의 전파가 이루어지리라고 확신한다.

▌ 더 읽을거리 ▐

영화예술과 산업의 발전, 예술작품의 발굴과 소개라는 축제와 산업의 양면성을 지닌 세계적인 깐느 국제영화제의 둘러보기와 정체성 탐구는 세계라는 거울을 통해 한국영화를 비춰보는 자아성찰의 기회였다. 한국 대중문화의 세계로의 확산을 위해서는 한국이라는 고유성에 세계적인 정서와 언어 속에서 이해될 수 있는 보편성과 다양성을 가진 현지화가 필수적이라는 점을 명심해야하며, 영화제 정책 속에서 중요시되는 세계성을 갖게 될 그 날을 기대해 본다.

깐느 영화제에 관한 자료는 깐느 영화제 공식 사이트인 http://www.festival-cannes.org 에서 영어 혹은 불어로 된 자세한 정보를 얻을 수 있다. 역대 모든 영화제의 출품 영화들과 시상된 영화들의 목록이 연대별로 나와 있으며, 최근 수상작들은 인터뷰, 개회식 입장 혹은 시상식 등의 자료 화면이 첨부되어 있어서, 임권택 감독의 품위 있는 2002년 개회식 입장이나 2004년 박찬욱 감독의 심사위원 대상 시상식 화면도 찾아볼 수 있다. 깐느 영화제의 역사와 흐름을 알기 위해서는 삐에르 비야르(Pierre Billard)의 『황금과 종려나무로 된 깐느 영화제』(D' Or et de palmes Le Festival de Cannes)가 적절한데 불어를 아는 분에게는 이 책을 권하고 싶다. 프랑스 영화에 대해서는 연극과 인간에서 출간된 김호영의 『프랑스 영화의 이해』와 『프랑스문화예술, 악의 꽃에서 샤넬 No.5까지』에 들어있는 「다양성의 미학」을 참고할 수 있다. 영상진흥위원회가 펴낸 『유럽 · 미주 지역 한국영화 진출 현황 연구』는 해외에 진출한 한국영화의 보급 및 수익 현황을 상세하게 설명하고 있으며, 해외홍보원의 『선진 5개국 국민들의 한국에 대한 인식조사』는 우리와 다른 문화 속에 있는 선진 국민들의 인식 탐구에 많은 도움이 된다.

그 외에도, 영화전문잡지 인터넷사이트인 씨네21, 필름2.0, 엔키노, 씨네라인 등은 한국과 해외 영화를 비롯하여 영화제에 관한 소식까지 접할 수 있다.

▌참고문헌 ▌

김호영, 2001, 다양성의 미학, 고봉만 외, 『프랑스문화예술, 악의 꽃에서 샤넬 No.5까지』, 한길사.

류정아, 2003, 『축제인류학』, 살림.

영상 진흥위원회, 2003. 9, 『유럽 · 미주 지역 한국영화 진출 현황연구』, 영상 진흥위원회.

해외홍보원, 2001. 11, 『선진 5개국 국민들의 한국에 대한 인식조사』, 해외홍보원.

Pierre Billard, 1997, *D' Or et de palmes Le Festival de Cannes*, Gallimard.

고규대, 2004. 5. 19, 별 하나에 울고…웃고…, 「스포츠 투데이」.

김수연, 2004, 57회 칸 국제영화제 스케치, 한국영화는 칸의 미래다!, 「Movie Week」, n°128.

김승기, 2004. 5. 19, 〈올드 보이〉 그랑프리 유력, 「스포츠 투데이」.

김영진, 2004. 7. 13, 골든 보이 "박찬욱의 성공이 암시하는 것. 장르영화에 수혈하는 재간꾼들", 「Film 2.0」.

김호영, 2004. 5. 23, 〈올드 보이〉 칸영화제 심사위원 대상 수상 의미, 「스포츠조선」.

양성희, 2004. 5. 20, 현지 언론 평가 '극과 극', 「문화일보」.

윤고은, 2004. 5. 19, 미 영화사이트 박찬욱 감독 극찬 "세상에서 가장 위험한 감독", 「일간스포츠」.

윤여수, 2004. 5. 19, 여자는 남자의 미래다 예상밖 혹평, 「굿데이」.

이성욱, 2004, 특집 제 57회 칸 영화제 중간점검, 칸은 칸을 넘어서려 하는가, 「씨네 21」, n°454.

이성욱, 2004, 특집 제 57회 칸 영화제 총결산, 강진, 휘몰아치다, 「씨네 21」, n°454.

이영미, 2004. 5. 27, 임권택 감독 칸영화제 감독상 수상 의미. 한국영화 세계화 알리는 '사건', 「국민일보」.

이용욱, 2004. 5. 19, 칸 소식지서 '한국영화의 힘' 분석 , 「경향신문」.

전찬일, 2004. 5. 23, 임권택 감독 칸영화제 감독상 수상 의미. 한국영화 세계화 알리는 '사건', 「중앙일보」.

정순민, 2004. 5. 18, 칸 진출 '올드 보이', 기자들 별점평가서 4위… 세계 언론들 최민식에
　　　관심집중, 「파이낸셜 뉴스」.

정현, 2004. 6. 24, 일그러진 '작가주의', 홍상수 영화의 몰락, 「오마이뉴스」.

최윤정, 2004. 5. 20, 칸은 한국에 미소 지을까, 「스포츠투데이」.

Philippe Azoury, 2004. 5. 17, 〈Old Boy〉, grosse fatigue. Triller énervé et embrouille du
　　　coréen Park Chan-Wook, 「Libération」.

Philippe Azoury et Didier Peron, 2004. 5. 18, Sélection officielle. Dans le sillage d' un trio,
　　　une chronique minimaliste et limpide du quotidien. L' art de la suspension de Hong
　　　Sang Soo, 「Libération」.

Emmanuel Burdeau, 2004. 5, Hong Sang-Soo, Un film est bon pour moi s' il modifie ma
　　　manière de penser, 「Cahiers du Cinema」.

Sylvain Coumoul, 2004. 5, La femme est l' avenir de l' homme de Hong Sang-Soo, Vers l'
　　　invisibilité, 「Cahiers du Cinema」.

Samuel Douhaire, 2004. 5. 18, Hong Sang Soo. Libre à vous de construire les
　　　personnages. Improvisation et plans-séquences : le coréen Hong Sang-soo
　　　détaille sa methode, 「Libération」.

Jean-Michel Frodon, 2004. 6, Une défaites, 「Cahiers du Cinema」.

Louis Guichard, 2004. 5. 19., La femme est l' avenir de l' homme, 「Télérama」, n°2836.

Marine Landrot, 2004. 5. 19, Rencontre avec Hong Sang Soo, Boire et tourner, il a choisi,
　　　「Télérama」, n°2836.

J.M., 2004. 5. 12, L' Orient extrème bien representé sur la Croisette, Les douze samourais,
　　　「Télérama」, n°2835.

Brice Pedroletti, 2004. 5. 13, Le cercle vertueux coreen, 「Le monde」.

Brice Pedroletti, 2004. 5. 13, Saut qualitatif et succès publics, 「Le monde」.

Isabelle Potel, 2004. 5. 17, Ivre de femmes et de peintures, 「Libération」.

Isabelle Regnier, 2004. 5. 13, Hong Sang Soo, alcool, sexe et cinema, 「Le monde」.

　　　2004. 5. 14, Hong Sang-soo, Libre à vous de construire les personnages,
　　　「Libération」.

　　　2004. 5. 14, Dans le sillage d' un trio, une chronique minimaliste et limpide du
　　　quotidien, 「Libération」.

http://www.festival-cannes.org

4

한국영화, 오리엔탈리즘을 넘어서

강윤주

영화제는 이제 중요한 매체가 되었다. 빠른 속도로 늘어나고 있는 영화제의 수적 증가를 논외로 치더라도 이 매체의 질적 영향력으로 볼 때 특히 영화제의 주요 관객층인 이십대에게는 그 어떤 다른 매체, TV나 인쇄매체와 비교하더라도 무시할 수 없는 정도가 되었다. 특히 국내외의 영화들을 상영하는 국제영화제를 통해 관객들은 일정 집단, 일정 민족에 대한 이해 혹은 오해를 하게 된다. 서구 유럽이나 미국에 비해 해외 관련 소식을 훨씬 덜 접하는 한국인들에게 영화제에서의 집중적 영화관람 시간은 세계 각국에 대한 나름대로의 주관적, 혹은 객관적 상을 설정하는 학습 기회로 기능한다. 이를 거꾸로 생각해 본다면 해외영화제 관객들은 영화제에서 한국영화를 보고 한국에 대한 일정한 상을 설정한다는 말이 된다. 필자의 질문은 이 지점에서 시작되었다. 특정 영화제에서 출품 혹은 수상된 한국영화들은 어떤 이유로 그렇게 되었는가? 또한 특정 영화제에서 출품 혹은 수상된 한국영화들은 그 이후 그 특정 영화제가 열린 국가 혹은 타국가의 매체에서 어떤 방식으로 묘사되는가?

이 글에서는 먼저 해외 영화제에서 수상한 한국영화들에 대한 전반적인 분석을 하고자 한다. 50년에서 90년까지의 1기, 91년에서 2000년까지의 2기, 2000년 이후의 3기로 나누어 하게 될 이 분석을 통해 한국영화와 사회에 대한 해외의 뚜렷한 시각 변화를 짚어볼 수 있을 것이다.

그 다음으로는 베를린 영화제를 중심으로 수상작들의 성격을 분석해보고자 한다. 많은 해외 영화제들 중 하필 베를린 영화제를 분리하여 분석해보려는 이유는, 베를린 영화제가 다른 영화제들과 달리 가지고 있는 분명한 정치적 성격 때문이다. 1956년 이병일 감독의 〈시집가는 날〉이 제7회 베를린 영화제에 초청된 이래 가장 최근 기록인 2004년 김기덕 감독의 영화 〈사마리아〉 감독상 수상에 이르기까지 베를린 영화제는 한국영화와 이런 저런 깊은 인연을 맺어왔다. 위에 언급된 질문에 베를린 영화제를 대입해서 반복해 보자면, 첫 번째 질문은 먼저, 베를린 영화제에 출품 혹은 수상된 한국영화들은 어떤 이유로 이 영화제에 출품 혹은 수상되었는가가 될 것이다. 둘째, 베를린 영화제에서 출품 혹은 수상된 한국영화들은 독일의 매체에 어떤 방식으로 묘사되는가? 이다. 두 번째 질문에 있어서는 특히 김기덕 감독의 영화를 집중적으로 다루고자 한다. 베를린 영화제에 출품되거나 수상한 경력이 있는 감독들 중 특히 김기덕 감독의 경우를 살펴보고자 하는 것은 요즘 그를 따라다니는 "서구에 가장 잘 알려진 한국 감독"[1]이라는 문구 때문만은 아니다. 그의 영화 〈나쁜 남자〉가 베를린 영화제 본선 경쟁 작품이었고 〈사마리아〉가 마침내 감독상을 수상하기까지 했다는 점 말고도 그의 영화가 이미 독일에서 배급되었다는 점 때문이다. 영화 〈섬〉은 독일의 "지역 극장 (Kommunales Kino: 우리나라로 치자면 예술영화 전용관과 유사한 개념이다.)" 에서 상영되었고 〈봄여름가을겨울 그리고 봄〉은 이미 제작 준비 단계에서부터 독일

---

1 진화영: 제54회 베를린 국제영화제 결산 ⑵ - 김기덕 감독의 〈사마리아〉, 「씨네21」, 2004년 3월 2일자 기사.

의 아트하우스 판도라 필름이 공동 제작사로, 유럽영화 시장의 허브 역할

을 하는 바바리아 필름이 배급사로 참여했었다.[2] 특히 배급사인 바바리아

필름은 예술영화만을 배급하는 회사가 아니라
TV 프로그램에서부터 영화제작, 배급, 구매, 캐
릭터 산업까지 시청각 미디어 산업의 모든 부분
을 포괄하는 유럽의 거대 미디어 그룹 중 하나로
이들이 김기덕 감독의 영화를 배급하기로 결정
했다는 것은 김기덕 감독의 영화에 유럽인들의
보편적 정서를 건드릴 수 있는 요소가 있다는 뜻
으로 해석할 수 있겠다.[3]

2 〈봄 여름가을겨울 그리고 봄〉의 배급사인 독일 판도라 필름에 따르면 이 영화는 2004년 3월 18일부터 독일 전역 50개 개봉관에서 일제히 상영된 이후 22일까지 2만7천700명이 관람했다. 불과 5일 동안 이 영화를 본 관객 수는 당시 독일에서 상영 중인 예술 영화 부문에서는 3위, 전체 영화에서는 11위를 기록한 것이다. 무명씨: 김기덕 감독 영화 독일서 흥행 성공, http://service.joins.com/asp/article.asp?aid=2113230 참조.

3 무명씨: 작가적 비전과 제작 합리성을 겸비한 비전 모색, http://www.koreafilm.co.kr/movie/spring/spring_2-1.htm 참조.

1. 해외영화제 수상작들의 수상 이유

먼저 1950년에서 1990년 사이 해외 영화제에서 수상한 한국영화들

의 성격을 전반적으로 살펴보기로 하자.[4]

수상작들은 다룬 소재에 따라 몇 개의 카
테고리로 나뉘어질 수 있다. 먼저, 한국의 전통
문화를 보여주는 영화로서 〈시집가는 날〉과 같
은 영화가 대표적이라 할 수 있겠다. 둘째, 무속

4 도표에 소개된 영화들은 모두 수상작들이며 이외에 해외 영화제에서 상영된 영화들은 특히 2000년 이후 들어서서는 모두 셀 수 없을 정도로 많아졌다. 영화제에서는 반드시 수상작만이 중요한 것은 아님에도 불구하고 자료 부족으로 이 도표를 중심으로 이야기하게 되는 점에 대해 양해를 구한다.

사상을 보여주는 〈나그네는 길에서도 쉬지 않는다〉와 여승의 이야기인

〈아제아제 바라아제〉, 그리고 불교사상을 정통으로 다루고 있는 〈달마가

동쪽으로 간 까닭은〉은 또 한 카테고리로 묶일 수 있는 영화들이다. 셋째,

한국여자의 운명 혹은 팔자를 보여주고 있는 영화들이다. 제목에서부터 이

연도	영화제	감독/제작사	출품작	수상내역
1956	제 7회 베를린 국제영화제	이병일/수도영화	시집가는 날	국제영화제 최초 출품
1961	제 11회 베를린 국제영화제	강대진/화성영화	마부	국제영화제 최초 수상
1984	제 20회 시카고 국제영화제	이두용/한림영화	여인잔혹사	최우수 촬영상 수상
1985	제 21회 시카고 국제영화제	하명중/화천공사	땡볕	최우수 촬영상 수상
1986	제 22회 시카고 국제영화제	임권택/화천공사	길소뜸	게츠 세계평화메달상
1987	제 44회 베니스 국제영화제	임권택/신한영화	씨받이	최우수 여우주연상 (강수연)
1988	제 2회 동경 국제영화제	이장호/판영화	나그네는 길에서도 쉬지 않는다	국제비평가협회상
1989	제16회 모스크바 국제영화제	임권택/태흥영화	아제아제 바라아제	최우수 여우주연상 (강수연)
1989	제42회 로카르노 국제영화제	배용균	달마가 동쪽으로 간 까닭은	최우수 작품상, 국제비평가협회상 등 4개부문 특별상
1990	제12회 낭뜨 3대륙영화제	박광수/동아수출	그들도 우리처럼	심사위원특별상, 최우수 여우주연상 (심혜진)

5 영화진흥위원회 해외 영화제 역대 수상작 리스트, http://www.kofic.or.kr/movie/prize.asp

미 분명히 그 색채를 드러내고 있는 〈여인잔혹사〉, 〈씨받이〉, 전통문화를 보여주면서도 그 안에서의 여인의 삶을 보여주고 있다 할 수 있는 〈시집가는 날〉, 여승이 속세를 오가면서 평범한 여자로서 겪게 되는 고뇌를 보여주는 영화 〈아제아제 바라아제〉, 한국 현대사의 질곡을 피해갈 수 없이 골골이 겪게 된 한 여인의 모습을 보여주고 있는 〈길소뜸〉이 이 카테고리에 든다 할 수 있겠다. 넷째로는 한국의 근대화 과정에 나타나는 정치사회적 문제와 분단의 문제를 다룬 영화들이다. 여기에는 흔히 60년대 한국영화의 경향이라고 부르는 서민적 리얼리즘을 보여주는 작품들이 속한다. 해체 위기의 가족을 통해 근대화가 가져오는 고통을, 서울 달동네의 하층민 모습을 통해 개발의 이면을 드러낸 영화 〈마부〉와 일제 시대 한 남자의 신분 상승을 향한 꿈과 좌절을 그린 영화 〈땡볕〉, 80년대 운동권 학생의 도피 생활을 보여주는 〈그들도 우리처럼〉이 있다.

도표를 통해 알 수 있는 특징 중 하나는 수상작 부문에 여우주연상이 많다는 것이다. 모두 열편의 수상작 중에 최우수 여우주연상을 수상한 영화가 세 편이나 된다는 사실은, 상대적으로 남우주연상 수상작이 한편도 없다는 점에 비해 매우 주목할 만한 것이라 할 수 있겠다.

이 두 가지 특징을 들어 필자가 주장하고자 하는 바는, 50년에서 90년에 이르는 해외영화제 한국영화 수상작은 다분히 서구 유럽인들이 가진 "오리엔탈리즘"에 기대고 있다는 것이다.

그림1 영화 〈마부〉 포스터

네 번째 카테고리인 한국의 근대화 과정과 분단 상황을 다룬 영화들은 반드시 "오리엔탈리즘"의 영향이라고 할 수 없지만 나머지 세 카테고리의 영화들이 보여주는 성향, 다시 말해, 한국 전통문화, 무교사상, 마지막으로 한국 여성에 대한 호기심 등은 일찍이 에드워드 사이드가 주장한 바와 같은 "침묵, 관능, 여성, 독재, 비이성, 후진 등"6으로 동양을 재현하는 "오리엔탈리즘" 분석에 매우 부합하는 점들이다.

6 바트 무어-길버트: 탈식민주의! 저항에서 유희로. 한길사. 110쪽; Edward W. Said: Orientalism, Vintage Books, N.Y. 1979. 138쪽과 209쪽 참조.

다른 말로 하자면 서구 유럽의 해외영화제 심사위원들이 지닌 남성적이고 "오리엔탈리즘"적인 시각이 한국영화 수상작 결정에 중대한 역할을 한 것이 아닌가 하는 추정을 해 볼 수 있다는 뜻이다. (해외영화제 심사위원들의 성별 비율과 심사위원 구성의 변화 과정을 살펴보는 것도 매우 흥미있는 일이 될 것으로 보이나 자료 부족으로 이 글에서 다룰 수 없는 점에 대해서는 유감으로 생각한다.)

다음으로 수상작이 급격히 늘어나는 91년부터 2000년까지의 현황을 분석해 보기로 하자.

연도	영화제	감독/제작사	출품작	수상내역
1991	제15회 몬트리올 세계영화제	장길수/한진흥업	은마는 오지않는다	최우수 여우주연상- 수상자 : 이혜숙(공동수상) 최우수 각본상
1992	제16회 몬트리올 세계영화제	박종원/대동흥업	우리들의 일그러진 영웅	우수제작자상
1992	제 5회 동경 국제영화제	정지영/대일필름	하얀전쟁	최우수 작품상/ 최우수 감독상
1993	제18회 모스크바 국제영화제	윤삼육/삼육필름	살어리랏다	최우수 남우주연상- 수상자 : 이덕화
1993	제1회 상해 국제영화제	임권택/태흥영화	서편제	최우수 감독상/ 최우수 여우주연상- 수상자 : 오정해
1994	제44회 베를린 국제영화제	장선우/태흥영화	화엄경	알프레드바우어상 (영화예술창안상)
1994	제16회 낭뜨 3대륙 국제영화제	김홍준/태흥영화	장미빛 인생	최우수 여우주연상- 수상자 : 최명길
1994	제42회 산세바스챤 국제영화제	정지영/영화세상	헐리우드키드의 생애	국제비평가협회상
1996	제20회 몬트리올 국제영화제	박철수/ 박철수필림	학생부군신위	최우수 예술공헌상
1997	제12회 타쉬켄트 국제영화제	박철수/ 박철수필림	학생부군신위	Grand Prix
1998	제11회 동경 국제영화제	이광모/ 미도영화사	아름다운 시절	동경 금상 (Tokyo Gold Prize)
1999	제52회 깐느 국제영화제	송일곤	소풍(단편경쟁부문)	심사위원상수상 (깐느영화제 최초수상)
1999	제12회 동경 국제영화제	박종원/ 송어프로덕션	송어	심사위원특별상수상 (포상금:1억)
2000	제35회 카를로비바리 국제영화제	이창동/ 이스트필림	박하사탕	심사위원특별상 (B급영화제수상포상)
2000	제13회 동경 국제영화제	홍상수/ 미라신코리아	오! 수정	심사위원특별상

7 영화진흥위원회 해외 영화제 역대 수상작 리스트, http://www.kofic.or.kr/movie/prize.asp

이 시기에도 여전히 여우주연상은 강세를 보인다. 1950년 이래 2000
년까지 해외 영화제에서 남우주연상을 획득한 시기는 1993년으로, 제18회
모스크바 영화제가 유일하며 그 이후로는 배우 최민식이 남우주연상을 탄
2002년 도빌 영화제가 있다. 그나마 배우 이덕화가 남우주연상을 획득한

영화 〈살어리랏다〉는 백정의 삶을 다룬 작품으로 이 또한 "오리엔탈리즘"
의 협의에서 벗어나기는 어렵다.

91년에서 2000년까지 15편의 해외영화제 수상작 중에 여우주연상을
받은 작품은 세 편이나 된다. 여우주연상을 받은 배우들의 역할은 미군 기
지촌에서 일하는 창녀 (은마는 오지 않는다), 아버지에 의해 실명까지 당
하면서도 판소리를 업으로 알고 사는 여인 (서편제), 고통을 참고 운명을
받아들이며 모성애를 보여주는 여인 (장미빛 인생) 등으로 여전히 한국 여
인에 대한 "오리엔탈리즘"적 환상이 수상작 선정에 반영되어 있음이 드러
난다.

또한 50년대에서 90년대까지 모두 열 편의 수상작 중에 무려 세 편
이나 되는 영화가 임권택 감독의 영화였다. 주로 한국의 전통문화에서 소
재를 찾았던 그의 영화들을 볼 때 놀라운 일은 아니다. 그는 2000년 이후에
도 꾸준히 한국의 전통문화와 역사 속의 인물을 소재로 하는 영화를 만들
었고 (춘향뎐, 취화선 등) 〈취화선〉으로 받은 2002년 제55회 깐느 국제영
화제 최우수 감독상은 그를 명실공히 세계가
인정하는 한국의 대표 영화감독의 위치로 올
려놓았다.

이 글이 마치 해외영화제 수상작인 한국
영화들을 "오리엔탈리즘"의 수혜자 혹은 피
해자로 낙인찍는 것처럼 잘못 해석될까봐 이
쯤에서 분명히 밝히자면 작품성도 훌륭하고
한국관객들로부터도 사랑받았던 영화들이 해
외 영화제에서 상을 받을 수 있었던 이유가 오
로지 "오리엔탈리즘" 때문만은 아니라는 점

그림 2 영화 〈은마는 오지 않는다〉의 포스터

이다. 심사위원들도 그 영화가 단지 "오리엔탈리즘"적 환상을 만족시켜 준다는 이유만으로 그 영화에 한 표를 던지지는 않았을 것이다. 하지만 분석에서 본 바와 같이 우리나라에서 제작된 수 백 수 천의 영화 중에 유독 전통적 색채가 강한 영화들만이 해외 영화제에서 수상할 수 있었다는 것은 아무래도 "오리엔탈리즘"에 대한 혐의를 갖도록 만드는 이유가 되지 않는가? 또한 그 결과로 해외의 영화제 관객, 더 나아가 영화제에 대해 기사를 쓰는 기자들과 배급사들, 짧은 기간이나마 해외극장들에서 그 영화를 볼 수 있었던 일반 관객들은 한국영화와 한국 사회에 대한 생각을 딱 그 정도로 규정짓지 않겠는가.

91년에서 2000년까지의 수상작이 보이는 경향 가운데 또 한 가지 특징적인 점은 해외 유학파 감독들의 약진이 돋보이기 시작한다는 사실이다. 대부분의 경우 영화감독이 되려면 충무로 도제 관계 하에서 일정 기간을 보내며 그야말로 밑바닥에서부터 시작하여 몇 년이 지난 뒤 간신히 메가폰을 손에 쥘 수 있었던 90년대까지와 달리 이들은 해외 유학을 통해 도제 기간을 현저히 줄였고 또한 내용적으로도 한국의 전통문화가 아닌, 자신들이 겪은 유학 생활을 통해 몸에 스몄을 다문화적 색채를 드러내는 영화를 만들었다. 미국에서 문화인류학을 공부한 김홍준, 마찬가지로 미국에서 유학한 이광모와 홍상수 감독, 폴란드에서 영화를 공부한 송일곤 감독 등이 이 부류에 속하는 인물들이다. 2000년 이후에도 송일곤과 홍상수 감독 등은 꾸준히 해외 영화제나 평단에서 호평을 받으며 작품 활동을 계속 하고 있다.

이들 영화가 보여주는 한국은 분명 임권택 감독이 보여주는 그것과는 상당한 거리가 있다. 이들은 한국 전통의 무언가를 보여주려는 욕심이나 의도가 없어 보이며 〈아름다운 시절〉을 제외하고는 앞서 언급했던 50년에서

90년까지 수상작들 중 네 번째 카테고리인 한국 근대사 과정 중의 역사적 상처에 대해 논의하고자 하는 생각도 없어 보인다. 이들 영화는 형식적으로 유럽적 색채를 강하게 띠고 있으며 그런 의미에서 서구적 시선으로 보기에는 매우 세련된 미학을 선보인다. 내용적으로는 한국현대사회의 그늘진 이면(장미빛 인생), 외환 위기가 불러온 고통에 빠져 절망하는 한 가족의 모습(소풍), 한국 사회의 천민자본주의적 모습과 결코 무관하다고 할 수 없는 남자들의 허위의식과 성 윤리를 이야기하는(오!수정) 이들의 영화는 이 작품들이 서구 유럽인들이 가진 "오리엔탈리즘"적 시각에서 벗어나 있음에도 불구하고 그들을 감동 혹은 설득했다는 면에서 한국영화의 새로운 국면을 열었다고 할 수 있겠다. 이들은 한국영화 혹은 사회가 가진 근대성과 동시에 제3세계를 벗어났으나 아직 제1세계에 진입하지 않은, 아니 결국 진입하지 못할 국가[8]의 이모저모에 현미경을 들이대어, 감히 말하거니와, 한국사회 현실에 가장 근접한 모습을 보여줌으로써 이 영화를 본 외국인들에게 새로운 한국의 모습을 보여주었다.

8 백낙청/Jameson, Fredric: 막시즘, 포스트모더니즘, 민족 문화 운동. 「창작과 비평」 1990년 봄호. 291쪽 참조.

끝으로 2001년 이후 해외영화제 수상작 리스트를 보자.

무엇보다도 눈에 띄는 것은 수상 장르의 확산이다. 이는 곧 다양한 해외 영화제에서의 수상을 의미하는 것이기도 하며 특히 애니메이션 영화제에서의 수상은 (마리 이야기, 앤젤, 오세암, 인생, 오늘이) 한국영화산업의 기술적 발

그림 3 영화 〈오세암〉의 포스터

연도	영화제	감독/제작사	출품작	수상내역
2001	제54회 로카르노 국제영화제	문승욱/디프러덕션(주)	나비	최우수 여우주연상, (김호정) (B급영화제수상포상)
2001	제14회 동경 국제영화제	허진호/(주)싸이더스	봄날은 간다	최우수 예술공헌상
2002	제55회 깐느 국제영화제	임권택/태흥영화	취화선	최우수 감독상
2002	제26회 안시 국제애니메이션 페스티벌	이성강/(주)씨즈엔터테인먼트	마리이야기 (그랑프리)	장편 경쟁부문 대상
2002	제59회 베니스 국제영화제	이창동/이스트필름	오아시스	감독상(이창동 감독), 젊은 연기자상(문소리)
2002	제22회 판타스포르토 국제영화제	윤종찬/드림맥스(주)	소름	감독상(윤종찬), 여우주연상(장진영), 심사위원특별상
2002	스페인 국제판타스틱영화제	윤종찬/드림맥스(주)	소름	여우주연상(장진영)
2002	제4회 도빌 아시아영화제	송해성/튜브픽쳐스	파이란	최우수 작품상, 최우수 감독상(송해성), 남우주연상(최민식), 인기상
2002	제16회 프라보그 국제영화제	송일곤/씨앤필름(주)	꽃섬	그랑프리 특별언급, Fipresci
2002	제6회 상해 국제영화제	주경중/비트윈	동승	각본상
2002	제15회 자그레브 국제 애니메이션영화제	김상남	일곱살	특별상
2002	제16회 후쿠오카 아시아영화제	김기덕/엘제이 필	나쁜 남자	대상
2002	제16회 와인컨츠리 영화제	문승욱/디프러덕션(주)	나비	촬영, 사운드 디자인, 가기아환경공헌상
2002	제9회 히로시마 국제애니메이션	임아론/싸이퍼 엔터테인먼트	앤젤	우수상
2002	제50회 산세바스찬 국제영화제	이정향/튜브픽쳐스(주)	집으로	신인감독상 특별언급
2002	제21회 밴쿠버 영화제	이창동/(주)이스트필름	오아시스	치프 댄 조지 인도주의상
2002	제3회 도쿄 필멕스	박진표/(주)메이필름	죽어도 좋아	특별언급
2003	제25회 모스크바 국제영화제	장준환/(주)싸이더스	지구를 지켜라	감독상 수상
2003	브뤼셀판타스틱 영화제	장준환/(주)싸이더스	지구를 지켜라	대상
2003	스웨덴 스톡홀름 국제영화제	임상수/명필름	바람난 가족	여우주연상(문소리)
2003	제51회 산세바스찬 국제영화제	봉준호/(주)싸이더스	살인의 추억	최우수 감독상, 신인 감독상
2003	토리노 영화제	봉준호/(주)싸이더스	살인의 추억	각본상
2003	베르겐 국제영화제	임상수/명필름	바람난 가족	비평가상
2003	플랑드르 국제영화제	임상수/명필름	바람난 가족	최우수 감독상
2003	도빌 아시아영화제	임상수/명필름	바람난 가족	황금연꽃상
2003	후쿠오카 국제영화제	김현석/명필름	YMCA 야구단	최우수 작품상
2003	제52회 만하임-하이델베르크 축제	어일선/알지프린스필름	플라스틱 트리	최우수 작품상
2004	선댄스영화제	김동원	송환	표현의 자유상
2004	베를린 영화제	김기덕/김기덕필름	사마리아	경쟁부문 감독상
2004	유바리 영화제	김지훈/(주)기획시대	목포는 항구다	영(Young) 판타스틱 컴피티션 부문 대상

2004	제24회 판타스포르토 영화제	김지운/(주)마술피리	장화, 홍련	팬터지 시네마 부문 작품상, 감독상, 여우주연상(임수정)
2004	제24회 판타스포르토 영화제	김지운/(주)마술피리	장화, 홍련	오리엔트 익스프레스 부문 심사위원 특별상 수상
2004	프리부르 영화제	김미례	노동자다 아니다	다큐멘터리상
2004	그라나다 영화제	오점균/(주)인디스토리	생산적 활동	최우수상
2004	휴스턴 영화제	김학순/(주)BK시네마	비디오를 보는 남자	골드심사위원특별상, 신인감독상
2004	깐느 국제영화제	박찬욱/쇼이스트(주)	올드보이	심사위원대상
2004	2004 안시 국제애니메이션페스티벌	마고21/성백엽	오세암	장편 경쟁부문 대상
2004	제16회 자그레브 국제애니메이션 영화제	김준기	인생	심사위원 특별상
2004	제16회 자그레브 국제애니메이션 영화제	이성강	오늘이	우수상

9 영화진흥위원회 해외 영화제 역대 수상작 리스트, http://www.kofic.or.kr/movie/prize.asp

전을 보여주는 것이기도 하다. 한국 애니메이션 업체라고 하면 고작 일본 애니메이션 시장의 하청업체 정도로 치부되던 상황이 변화에 변화를 거듭 하여 결국 한국영화산업 전체의 자본력과 기술력을 해외에 확신시켜 주는 국면에 이르게 된 것이다. 우리가 영화를 통해 한 나라의 상황을 보여준다 고 할 때 중요한 것은 내용적, 담론적 차원만이 아니다. 영화는 무엇보다도 자본력과 기술력이 바탕이 된 예술장르이기 때문에 그 형식적 규모와 미 학적 형상화를 위해 쓰이는 기술적 면면은 그 나라 영화의 현 상황을 보여 주는 데에 있어 대단히 중요한 역할을 하게 되는 것이다.

또한 특징적인 점들은 코미디물이나 공포물 같이 이전 시대 수상작 들에서는 찾아보기 힘들었던 영화들이 간간이 자리를 차지하고 있다는 점 이다. 해외 영화제에서 수상되는 한국영화들은 한국의 정치사회적 상황과 늘 밀접한 관계를 가지고 있었고 그런 점으로 볼 때 해외영화제 관객에게 각인될 한국영화와 사회의 모습은 늘 어딘가 정치적으로 답답하고 불안했다. 마치 "유로 뉴스" 해외 토픽 시간에 소개되는 한국 사회의 모습만을 보았던 유럽인들이 한국 사회를 '여전히 휴전 상태에 처해 있는, 언제 터질지 모르는 시한폭탄과 같은 분단국가로서 내부의 정치, 경제, 사회적 문제가 데모와 폭력적 탄압의 형태로 상존하는 곳' 이라고밖에 생각할 수 없는 것처럼 말이다.

물론 코미디물이나 공포물이 한국 사회의 정치사회적 양상을 전혀 보여주지 않고 있다는 말은 아니다. 프레드릭 제임슨의 "정치적 무의식"에 따르면 영화를 만드는 이들이 어떤 이야기를 풀어가더라도 그 바탕에는 자신도 모르게 가지고 있는 "정치적 무의식"이 스며들어가 있기 마련이다.[10] 그러나 이들의 시선은 정통적이고 직접적인 시선에서 벗어나 한국에서도 다른 방식의 이야기 풀기가 가능하다는 점, 더 나아가서는 한국영화와 사회의 다원성을 보여준다는 점에서 새로운 한국상 확립에 대단히 기여한 것으로 보인다.

10 Jameson, Fredric: Das politische Unbewusste. Literatur als Symbol sozialen Handelns, Reinbek bei Hamburg, 1988 참조.

더 이상 한국 전통문화 보여주기가 주류가 아닌 상황이 되었음은 더 말할 나위도 없으려니와 여우주연상을 제외하고는 전혀 찾아볼 수 없었던 영화 산업에서의 여성들의 역할이 해외 영화제에서 인정받기 시작한 것은 괄목할 만한 성과로 보인다. 한국영화 산업에 있어 여성 감독들의 존재가 보이기 시작한 것도 몇 년 되지 않은 일이거니와 이 얼마 되지 않은 기간에도 불구하고 벌써 해외영화제 수상 (집으로, 노동자다 아니다)을 시작했다는 사실은 한편으로는 여성 감독들의 빠른 성장 속도를 보여주고 다른 한편으로는 동양 여성에 대해 가지고 있는 뿌리깊은 "오리엔탈리즘"적 환상이 속도감 있게 변화하고 있음을 보여준다. 비록 수상은 하지 못했으나 변영주와 임순례, 정재은 등 여성 감독들의 영화들은 각종 해외 영화제에 초청되어 여러 차례 상영됨으로써 현대한국사회를 살아가는 한국 여성들의 모습을 다각도에서 보여주기도 했다.

2. 정치적인, 너무도 정치적인 베를린 영화제

먼저 베를린 영화제의 성격을 알아보자. 베를린 영화제는 1951년 처음으로 열렸다. 베를린 영화제를 개최하도록 이끈 이들은 종전 이후 전범국가 독일을 분할 통치한 세력 중 미국을 비롯한 서구유럽국가, 곧 프랑스와 영국이었는데, 이들은 서베를린 지역을 자유 서방국의 쇼윈도우로 만들고자 했다. 그 이유로 베를린 영화제뿐 아니라 수많은 문화행사가 서베를린 지역에서 열렸고 베를린 영화제 역시 개최 이후 10년 뒤에는 이미 세계적으로 유명하고도 중요한 영화제로 자리잡을 수 있었다.[11]

베를린 영화제가 얼마나 첨예한 정치적 대립의 장으로 기능했 었는지는 다음과 같은 예에서도 볼 수 있다. 베를린 영화제는 1970년 독일 영화 〈O.K.〉를 둘러싼 논쟁 때문에 개최되지 못했다. 이 영화는 미국 군인의 베트남 양민 학살 장면을 담고 있는데, 미국의 베트남전 파병을 지지했던 심사위원 중 한 사람이 이 영화의 초청을 취소해야 한다고 주장했고 위원단에서는 이 주장을 받아들였다. 이 사건으로 인해 수많은 영화인들이 베를린 영화제를 비난했고 심지어 많은 감독들이 영화제 초청을 거부했기 때문에 결국 영화제 자체가 열리지 못하는 결과를 낳을 수밖에 없었던 것이다.[12]

페터 W. 얀센은 그 당시 상황을 아

11 Gore, Chris: *The ultimate film festival survival guide*. The essential companion for filmmakers and festival-goers, Hollywood, 2001, 227쪽 참조.

12 Freunde der Deutschen Kinemathek (Hrsg.): *Zwischen Barrikade und Elfenbeinturm*. Zur Geschichte des unabhaengigen Kinos. 30 Jahre Internationales Forum des Jungen Films. Schroeder, Berlin, 2000, 21쪽 참조.

래와 같이 말하고 있다.

> 그 사건은 정치적으로 볼 때 의심할 바 없이 전방 도시 서베를린에 큰 충격을 안겨준 것이었다. 베를린 영화제는 정치적 섬인 서베를린 지역의 고립을 막고 국제도시로서의 위상을 갖추게 하려는 목적을 가졌던 미국의 도움과 지지가 없었다면 개최되지 못했을 것이다. (중략) 그런데 이제 미국 친구들까지 화가 났다, 혹은 그들을 화나게 하려는 것이 아니냐고 생각하고 있다. 오로지 영화제 자체적인 정책으로 보이는 것이라도 베를린에서는 무언가 더한 것을 의미했다: 이는 엄청난 예속이다.[13]

[13] Freunde der Deutschen Kinemathek (Hrsg.): 위의 책, 21쪽 참조.

인용에서 볼 수 있는 바와 같이 베를린 영화제는 그 탄생에서부터 이미 정치적 목적으로 개최되었고 이후에도 서베를린이라는 지정학적 위치 때문에 그 성격을 유지할 수밖에 없었다. 이는 영화제에 상영되는 영화들에도 깊은 영향을 미쳐, 첨예한 정치적 대립을 유발하는 영화나 논란을 촉발시키는 영화들은 베를린을 반드시 거쳐갔다고 해도 과언이 아니다.

베를린 영화제에 출품 혹은 수상된 한국영화들은 〈표 4〉와 같다.

베를린 영화제에서의 첫 한국영화수상은 1961년에 있었던 반면에 베를린 영화제와 함께 세계 3대 영화제 중 하나라고 일컬어지는 베니스 영화제에서는 1987년이 되어서야 한국영화를 인정했다. 깐느 영화제에서의 한국영화 첫 초청은 1984년으로 이두용 감독의 〈여인잔혹사, 물레야 물레야〉가 주목할만한 시선에 상영된 것이었으나 정작 수상은 1999년 송일곤 감독의 단편 영화 〈소풍〉이 처음이었다. 곧 베를린 영화제는 한국영화에 가장 먼저, 그것도 20년 넘게 앞장 서서 관심을 보인 영화제인 셈이다.

출품 혹은 수상년도	출품섹션명 혹은 상이름	감독 혹은 배우명	작품명
1961	특별은곰상	강대진	마부
1962	특별은곰상	전영선 (아역 배우), 신상옥(감독)	이 생명 다하도록
1981	본선 경쟁작 심사위원평가 인정상	임권택	만다라
1984	영 포럼 특별상	이장호	바보선언
1985	본선 경쟁작	하명중	땡볕
1986	본선 경쟁작	임권택	길소뜸
1988	영 포럼 특별상	이장호	나그네는 길에서도 쉬지 않는다
1994	알프레드 바우어상	장선우	화엄경
1996	본선 경쟁작	박광수	아름다운 청년 전태일
2002	본선 경쟁작	김기덕	나쁜 남자
2004	감독상	김기덕	사마리아

독일 베를린 영화제 수상작들의 경향은 먼저, 아역배우 전영선을 제외하고는 모두 감독들, 그것도 남자감독들에게 상이 돌아갔다는 점이다. 61년 〈마부〉, 62년 〈이 생명 다하도록〉 이후 20여 년간 한국영화에 대한 관심을 보이지 않다가 81년에서야 비로소 임권택 감독의 〈만다라〉에 시선을 주목했다는 점도 특징적이다. 또한 베를린 영화제 수상작들 중에는 〈만다라〉나 〈화엄경〉을 제외하고 "오리엔탈리즘"적 색채가 뚜렷한 영화가 보이지 않는다. 오히려 〈바보선언〉이나 〈아름다운 청년 전태일〉 혹은 〈나쁜 남자〉, 〈사마리아〉처럼 정치성이 강하고 한국의 현재 상황과 직접적 연관이 있는 영화들을 선호했다는 점을 알 수 있다.

이는 베를린 영화제의 속성, 곧 정치적 이유로 태어났고 정치성 강한 영화들을 꾸준히 보여줘 왔던 성격과 결코 무관하지 않다.

그림 4 영화 〈바보선언〉의 포스터

신상옥 감독의 〈이 생명 다하도록〉은 말하자면 전후 영화라고 할 수 있는데 전쟁으로 불구가 된 남편 때문에 자신의 욕망을 꾹꾹 눌러가며, 동시에 생활고에 시달리며 살아가야 하는 전쟁 미망인의 모습 등을 통해 전쟁후유증에 고통 받는 인간 군상을 보여주고 있다. 전후문학이 문학사의 매우 중요한 위치를 차지할 정도로 전후의 상처 복구가 큰 사회적 이슈였던 독일인들에게 〈이 생명 다하도록〉은 특별한 의미를 주었을 것임에 분명하다.

그 이후 수상작들을 보자면 베를린 영화제를 제외한 다른 영화제들의 수상작 경향에서 볼 수 있었던 것과 같은 "오리엔탈리즘"의 영향 (만다라, 화엄경, 나그네는 길에서도 쉬지 않는다)도 보이지만 한국의 정치적 상황 변화에 대한 민감한 관심도 두드러진다. 70년대 유신 상황을 강하게 비꼬고 있는 〈바보선언〉이나 이산 가족 문제를 다룬 〈길소뜸〉, 청년 노동자의 죽음을 다룬 〈아름다운 청년 전태일〉 등이 베를린을 제외하고는 베니스나 깐느 같은, 다른 A급 혹은 큰 규모의 영화제에서 주목받지 못했던 점을 생각해 보면 정치적 영화에 대한 베를린 영화제의 더듬이가 유난히 발달했음을 다시 한번 확인해 볼 수 있다.

3. 베를린은 왜 김기덕을 좋아하는가?

먼저 김기덕 감독의 필모그래피는 〈표 5〉와 같다.

필모그래피에서 볼 수 있는 바와 같이 김기덕 감독의 영화는 한편도 빠짐없이 모두 해외 영화제에 초청되었거나 상을 받았다. 이 정도면 "서구에 가장 잘 알려진 한국 감독"이라는 말을 들을 법하다.

제작년도	영화명	초청 혹은 수상 받은 영화제명
1996년	악어	스웨덴 영화제 초청작
1997년	야생동물보호구역	밴쿠버 영화제 초청작
1998년	파란대문	베를린 영화제 초청작. 모스크바, 카를로비바리, 카이로 등 20 여개 국제 영화제 초청작
1999년	섬	베니스 영화제 경쟁부문 초청작. 아시아영화상 수상. 선댄스, 로테르담 등 20 여개 영화제 초청작
2000년	실제상황	부산 영화제 및 모스크바 영화제 초청작
2001년	수취인불명	베니스 영화제 경쟁 부문 초청작
2001년	나쁜 남자	베를린 영화제 본선 진출작, 후쿠오카 아시아 영화제 그랑프리 수상
2002년	해안선	카를로비바리 영화제 3개 부문 수상
2003년	봄여름가을겨울 그리고 봄	로카르노 영화제 4개 부문 수상, 선댄스 영화제 초청
2004년	사마리아	베를린 영화제 감독상 수상

　　김기덕 감독은 서구에만 잘 알려진 감독은 아니다. 국내에서 비록 이른바 '흥행감독' 이었던 적은 한번도 없으나 그의 작품은 나올 때마다 논란을 불러일으키곤 했었다. 이 논란의 핵심 화두는 '여성 비하' 다. 여성평론가들은 누구도 예외없이 김기덕 감독의 여성 비하를 넘어서서 학대적이기까지 한 작품의 성향에 대해 매우 극단적인 표현을 써서 비판하고 있다.

　　21세기 초 한국영화 내의 성별 정치학은 전반적인 반동화 곡선을 그려 보이고 있다. 그 안에서 여성들은 부재와 사라짐, 물신적 대상과 혐오의 대상 사이를 오가고 있고, 이전 그 어느 때보다 강한 폭력과 모욕에 직면하기 때문이다. **그리고 그 극단에 바로 김기덕의 영화들이 존재한다.** 김기덕 영화들은 여성 관객과 여성 비평가라는 두개의 정체성 모두

에 위협과 고통을 야기시킨다. 한명의 여성 관객으로서 그의 영화를 본
다는 것 자체가 **끔찍한 공포와 분노를 불러일으키는 경험**이라면, 그의
영화를 둘러싸고 전개되는 비평의 양상들은 여성 비평가의 입장에서 볼
때 **우리 사회에 만연된 성차별주의 의식과 폭력성에 대한 둔감함을 뼈
저리게 느끼게 해주기 때문**이다.[14] (강조는 필자)

[14] 주유신: 내가 김기덕을 비판하는 이유. 「씨네21」, 2002년 1월 25일자.

그들은 그 사창가의 가장 내밀한 장소조차도 일방향의 거울을 장치함
으로써 가장 사적인 공간을 확보했다고 믿는 창녀들의 믿음을 배신하
고 다시 **은밀한 관음자의 위치에서 자본과 육체의 장소로 매춘의 현장
을 관음**한다. 그리하여 〈나쁜 남자〉의 시선 구조는 다다미 미장센에 버
금가는 침대 미장센으로 전시된 **여성들의 육체를 '내려다보는' 남성들의 시선으로 가득 차** 있다.[15] (강조는 필자)

[15] 심영섭: 심영섭이 말하는 김기덕. 「씨네21」, 2002년 1월 25일자.

한국의 대표적인 여성 영화평론가라 할 수 있을 주유신과 심영섭의 글에서 분명히 드러나다시피 대부분의 여성평론가들에게 김기

그림 5 영화 〈사마리아〉의 포스터

덕 감독의 영화는 한국 사회 전반에 내재하는 성차별적이고 여성비하적인 의식을 노골적으로 보여주고 있는 대표작으로 해석되고 있다. 이 해석이 옳은가 그른가, 혹은 동의하는가 동의하지 않는가를 따지는 일이 이 글의 목적이 아닌 만큼 필자는 독일 대중매체에서 김기덕 영화를 어떻게 소개하고 있는지로 곧장 넘어갈까 한다.

김기덕 감독의 영화는 독일의 여러 매체에서 다양한 방식으로 소개되었다. 이 글에서는 이 중 가장 최근작이자 그 상의 의미상 김기덕 감독의 작품을 본격적으로 인정했다고 할 수 있을 베를린 영화제 감독상을 수상한 작품 〈사마리아〉에 대한 매체의 반응을 집중적으로 살펴볼까 한다.

김기덕 감독의 〈사마리아〉에 등장하는 여고생 두명의 경우가 그렇다. 이들은 교복을 단정하게 입고 얼굴도 예쁘다. 그런 만큼 한 소녀가 나이 많은 남자들을 상대로 매춘을 하고, 다른 소녀는 매춘 약속을 잡고 돈을 챙기는 모습을 지켜보는 일은 **더욱 혼란스럽다.** 그러나 이보다 더 고통스러운 것은 몸을 파는 소녀가 그로 인해 전혀 상처받지 않는다는 사실이다. (중략) 그녀의 친구가 죄책감을 느끼는 것은 충분히 이해할 수 있다. 그러나 그녀가 자신의 죄과를 속죄하는 방식은 **이해할 수가 없다.[16] (강조는 필자)**

16 토비아스 크니베: 폭력의 사마리아 여인들, 「도이체 차이퉁」 2월 11일자. 「씨네 21」, 2004년 3월 20일자 기사에서 재인용.

여기에 책임을 져야 할 인물은 아침마다 딸을 차로 등교시키며 **기독교 영웅들의 이야기를 너무 많이 들려준** 아버지인지도 모른다. 기적을 일으키는 십자가, 성모 마리아의 현신에 관한 이야기, 음울한 영웅들의 비전. 마지막으로 들려준 이야기는 심성이 따스한 여인 마더 테레사에 관한 것이었다. 이 이야기를 들려주면서 아버지는 딸을 이해하기 시작했

을지 모르겠지만, 유감스럽게도 너무 늦었다.[17](강조는 필자)

한국영화계의 분노하는 젊은 감독 김기덕은 마흔세살이 된 지금까지도 가슴 속에 **분노를 품고 있다.** 그러나 〈사마리아〉는 여고생 매춘의 해악에 관한 드라마라기보다는 더 이상 돌이킬 수 없는 것들과 미래로 향하는 길에 관한 철학적 성찰이다. (중략) 김기덕 감독은 왜곡된 한국 사회를 바라보는 **날카로운 시선과 이를 가장 통렬한 파국으로 몰고 가는 연출력을 갖추고** 있다.[18] (강조는 필자)

17 크리스티나 틸만: 딸 테레사, 「타게스 슈피겔」 2월 11일자. 위와 같은 곳에서 재인용.

18 한스-게오르그 로덱: 쓰디쓴 파국까지, 「베를리너 모르겐포스트」 2월 11일자. 위와 같은 곳에서 재인용.

세 명의 독일기자들이 바라본 영화 〈사마리아〉에 대한 해석에서 가장 먼저 눈에 띄는 것은 앞서 두 명의 한국여성 영화평론가들이 통렬히 비판하고 있는 '여성비하' 적 요소에 대한 언급이 단 한 줄도 없다는 사실이다. 인용된 부분 뿐 아니라 글 전체에서도, 또 다른 독일 기자들의 글에서도 여성을 학대한다거나 여성의 몸에 대한 관음증을 둘러싼 언급은 없었다. 위에 인용된 독일 기자들의 글에서 눈에 띄는 것은 혼란스럽다, 혹은 이해할 수 없다는 반응과 기독교적 요소를 집어서 보고 있는 태도, 분노를 뛰어난 연출력으로 잘 표현해 내고 있다는 호평 등이다. 그 반면 한국 여성 영화평론가들은 김기덕 감독의 영화에는 빼놓지 않고 여성 비하적 요소가 있으며 바로 그 요소가 이 영화들의 주조이자 목적이라고 주장하고 있다.

어쩌면 해외기자들이 그 부분을 회피하고 있는 것일 수도 있다. 김기덕 감독 영화가 만족시켜주는 남성관객의 성적환타지에 대해 노골적으로 이야기하는 것은 동양에 대해, 그리고 동양여성에 대해 가지고 있다고 비판받는 "오리엔탈리즘" 적 성향을 너무 드러내는 것 같아서 이 부분을 언급하지 않고 있는 것인지도 모른다. 그러나 표면적으로 드러난 사실을 두고 볼 때 김기덕 감독의 영화는 오히려 그간 서구의 관객들이 가져 왔던 '한국영화에 대한 오리엔탈리즘적 시선' 을 깨고 있는 듯하다. 곧 김기덕 감독의 영화는 임권택 감독의 영화류가 가지고 있었던 전통적이고 비폭력 적이며 적어도 김기덕 감독 영화류의 극단적 상황은 거의 연출되지 않는 성향과는 다른 성향을 보여주고 있다는 것이다. 김기덕 감독의 영화가 보 여주는 매춘 행위의 성화 (파란 대문, 나쁜 남자, 사마리아)나 지독한 사랑 (악어, 섬), 분단이 불러온 광기 (수취인 불명, 해안선) 등은 한국 사회가 가 진 역동성, 혹은 불안정성을 보여주는 동시에 혼란스럽고 이해할 수 없어 서 갖게 되는 묘한 매력을 서구사회에 던져주고 있다고 생각된다.

지독함과 광기가 김기덕 감독의 영화에 있어 낯설어서 매력적인 요 소라고 한다면 앞에 잠깐 언급한 바와 같이 유럽인의 보편적 정서를 건드 릴 수 있다고 생각하게 만드는 점은 김기덕 감독의 오랜 파리 체제로 체화 되었을 미학적 감각 때문으로 보인다. 특히 영화 〈섬〉에서 두드러지게 볼 수 있는 충격적으로 아름다운 화면은 유럽인들에게는 아름답고 세련된 화 면이라는 인상을 주기에 충분하다.

해외 영화제를 통해 각인되는 한국상을 논하는 이 글에서 주목해야 할 점은 결국 김기덕 감독의 영화가 해외영화제 관객을 비롯한 외국인들 에게 과연 어떤 새로운 시각을 던져주고 있는가일 것이다. 위에서 언급한 사실들을 다시 한번 요약 정리하면서 이 글을 마무리해 보자면 먼저 김기 덕 감독의 영화가 가지고 있는 극단적 형태의 행위와 감정의 폭발 형태는 수동적이고 고요하다는 (이른바 타고르가 이야기했다는 "조용한 아침의 나라" 식 이미지) 한국의 이미지를 파격적으로 깨는데 큰 기여를 하고 있 다. 둘째, 한국영화산업의 다양한 전개양상을 보여주는데 있어 분명한 역할을 하고 있다. 많은 경우 한 나라의 문화와 영화의 발전 형태는 그 나라 정치, 경제, 사회 전반에 걸친 발전 형태와 동일시된다. 이런 의미에서 해외 영화제에서 소개되는 한국영화의 스펙트럼이 넓으면 넓을수록 한국이라는 나라 자체에 대해서도 다양성이 확보될 수 있는 나라라는 인상을 갖게 된다.

결론적으로 말하자면, 김기덕 감독의 영화가 한국이라는 나라에 대한 인상을 규정하는 데에 끼치는 영향은 크고도 넓다. 해외 관객들은 그의 영화를 보고 나서 그 영화가 한국의 현실을 많은 부분 반영했다고 생각하게 된다. 또한 그의 영화가 극단적 형태를 보이면 보일수록 관객들은 더욱 열광하며 호기심을 갖게 된다. 김기덕 감독은 시종일관 자신의 영화를 사실주의적으로 해석하지 말고 초현실주의적으로 해석해 달라고 요구하지만 특히 해외관객들의 경우에 한국 상황의 현실을 구체적으로 모르는 탓에 그들은 초현실주의적 표현조차 현실로 받아들이게 된다. 곧 김기덕 감독의 영화는 한국의 현실을 이해하게도 하지만 오해하게도 하는 것이다. 하지만 영화의 본질은 보도 기능에 있는 것이 아니니만큼 이를 두고 논박하는 일은 의미 없다고 보인다.

▌요약 ▌

미디어 자체에 대한 연구나 미디어 교육 연구가 기본 전제로 깔고 있는 점은 이제 문자매체의 영향력은 점점 줄어들고 영상 매체의 영향력이 갈수록 강해진다는 사실일 것이다. 필자는 이에 더 나아가서 영화 매체가 가진, 사람들의 사고에 미치는 영향력이 점점 더 강해지리라고 주장한다. 다큐멘터리 영화가 되었든 극영화가 되었든 이는 상관없지만 스토리가 있는 영상 매체인 영화를 통해 사람들은 정보를 얻고 그 정보를 조합하여 하나의 종합적인 상을 가지게 된다.

세계 무역량으로 볼 때 십위권을 넘나든다는 한국의 경제적 위치와 비교해보자면 정치, 사회, 문화적 분야에서 한국의 인지도는 형편없이 낮다. 해외 영화제에서 영화를 통해 한국을 알리는 일은 이런 의미에서 대단히 중요하다. 그래서 필자는 역사적으로 한국영화가 해외 영화제에서 어떤 평가를 받았는지 분석해 보고자 했고 해외영화제 중에서도 오랜 동안 한국영화에 각별한 관심을 가져왔다고 볼 수 있는 베를린 영화제의 경우 과연 어떤 이유에서 늘 한국영화에 긍정적 반응을 보였는지 알아보고자 했다.

여러 해외 영화제에서 높은 인지도를 얻은 김기덕 감독의 영화가 독일 사회가 가지는 한국상에 어떤 영향을 미쳤는지, 단지 신문 기사에 의존해서만 분석할 수밖에 없었던 점은 매우 아쉬운 점이다. 앞으로도 이 부분에 대한 연구는 좀더 광범위한 매체 분석을 통해 정밀하게 측정되어야 할 부분이라 생각된다.

▌참고 문헌 ▌

김도훈, 2004년 3월 2일, "유럽의 논쟁을 받아들일 준비가 되어 있다", 「씨네 21」.
무명씨, 김기덕 감독 영화 독일서 흥행 성공, http://service.joins.com/asp/article.asp?aid=2113230
무명씨, 작가적 비전과 제작 합리성을 겸비한 비전 모색, http://www.koreafilm.co.kr/movie/spring/spring_2-1.htm
바트 무어-길버트, 2001, 『탈식민주의! 저항에서 유희로』, 한길사.
백낙청/Jameson, Fredric, 1990, 막시즘, 포스트모더니즘, 민족 문화 운동, 「창작과 비평」 봄호.
심영섭, 2002년 1월 25일자, 심영섭이 말하는 김기덕, 「씨네 21」.
영화진흥회 해외영화제 역대 수상작 리스트, http://www.kofic.or.kr/movie/prize.asp
주유신, 2002년 1월 18일자, 내가 김기덕을 비판하는 이유, 「씨네 21」.

진화영, 2004년 3월 2일, 제54회 베를린국제영화제 결산 [2] - 김기덕 감독의 〈사마리아〉, 「씨네 21」.

크리스티나 틸만, 2004년 3월 20일, 딸 테레사, 「씨네 21」.

토비아스 크니베, 2004년 3월 20일, 폭력의 사마리아 여인들, 「씨네 21」.

한스-게오르그 로덱, 2004년 3월 20일, 쓰디쓴 파국까지, 「씨네 21」.

Edward W. Said, 1979, *Orientalism*, Vintage Books. N.Y.

Freunde der Deutschen Kinemathek (Hrsg.), 2000, *Zwischen Barrikade und Elfenbeinturm*. Zur Geschichte des unabhaengigen Kinos. Schroeder, Berlin.

Gore, Chris, 2001, *The ultimate film festival survival guide*. The essential companion for filmmakers and festival-goers. Hollywood.

Jameson, Fredric, 1988, *Das politische Unbewusste*. Literatur als Symbol sozialen Handelns, Reinbek bei Hamburg.

5

미디어 시대, 문자문화의 반란

최웅환

달나라의 토끼는 이제 상상의 세계에 있지 않다. 순진하고 무구한 아이들에게 달나라 토끼의 방아 찧는 소리를 말할 수가 없다. 머지않아 거짓임이 탄로 나기 때문이다. 1969년 7월 발사된 아폴로 11호가 달나라에 도착하면서 토끼는 사라져 갔다. 분명 슬퍼했을 것이다. 달 왕국과 그 왕국의 주인이었던 자신의 존재가 없어진다는 사실보다는 인간들에게 더 이상 상상이라는 꿈의 세계를 열어 줄 수 없다는 사실에 더 큰 슬픔이 있지는 않았을까. 인간에게 있어서 상상은 꿈이자 기대이다. 과학은 사실을 확인하고 입증하려 하기 때문에 인간의 상상력을 파괴하기도 한다. 그러나 또 다른 세계를 열어주기도 하였다. 과학은 그 산물의 하나인 미디어를 통해 우리 인간에게 새로운 상상력의 세계를 열어 주고 있다. 인간 의식의 확장 채널을 미디어는 만들어 준 것이다. 그러고 보니 달나라 토끼는 사라진 것이 아니었다. 우리 의식의 저편에 웅크리고 있다가 혹시 '마시마로' 로 태어난 것이 아닐까. 비록 엽기로 살아났지만, 미디어를 통해 달나라가 아닌 바로 우리 옆으로 다가오는 것은 아닐까. 미디어는 우리의 상상력을 확충시켜 주었다. 이 상상력은 환상으로, 모방으로, 그리고 창조로 나타난다.

오늘날 미디어는 인간 정체성의 핵심적 잣대가 된다. 태어나면서부터 땅 위에서 그리고 자연 속에서가 아니라 미디어의 환경 속에서 성장하는 청소년들에게 있어 미디어는 정체성을 형성하는 중요하고도 일차적인 장치가 된다. 한국인터넷정보센터의 '인터넷 이용자수 및 이용 행태조사' 보고서에 의하면 학생의 인터넷 이용률이 95%로 가장 높으며, 중학생 이상 학생의 인터넷 이용률은 99%이상이다. 특히 초등학생의 경우 91.3%의 이용률을 보이고 있다고 한다. 이러한 수치는 모든 학생들이 인터넷을 접하고 있다는 것과 다르지 않다. 가히 인터넷 왕국이라 할만 한다. 이러한 미디어 문화생활 속에서, 정체성 형성에 관여하는 미디어 언어는 끝임 없는 변화를 모색하고 있다. 전통적인 의미의 대인적 음성언어, 문자언어와는 또 다른 방식의 형태와 문법을 갖고 소통수단이 되어 가고 있는 통신언어가 우리 청소년들에 의해 새로운 의사소통 수단으로서의 언어가 되어가고 있다.

이 글은 통신언어 중에서도 미디어를 통해 형성되는 문자생활의 몇 가지 모습을 보여주고자 한다. 통신언어는 청소년들의 독특한 문화를 형성할 만큼 관습화되고 통용화 되어 가는 경향을 보여주고 있다. 또한 재미있는 현상은 미디어 속에서 사용되는 문자언어의 소통 방법론이 회귀적으로 전통적인 문자언어의 모습을 변모시키고 있다는 점이다. 전통적인 문자언어 생활에서는 상상하기 힘들었던 다양한 방법론들의 글말 텍스트 구성법이라든지 음절구조의 파괴를 통한 모방 등이 펼쳐지고 있다. 달나라 토끼가 '마시마로'로 재현되듯이 우리의 전통적인 문자 문화가 미디어를 통해, 그리고 미디어를 바탕으로 하는 새로운 방식으로 출현하고 있는 것이다.

미디어 시대에서의 통신언어는 그 동안 국어학적 관점에서 많은 연구가 있어 왔고 사회적으로 많은 담론을 형성시켜 왔다. 통신언어 사전이 나올 만큼 우리 사회에서 통신언어는 하나의 규범적 가치로까지 강요받고 있으며 국가 차원의 교육과정에서 공식적인 교육내용으로 받아들여지고 있다. 기존의 연구 대부분은 통신언어가 갖는 부정적 영향들을 말하고 이에 대해 비판적 대안을 가져야 한다는 견해들을 갖고 있다. 그러함에도 통신언어 소통방식은 이제 청소년들을 넘어서서 장년에 이르기까지 시험되고 사용되기도 한다. 단순히 청소년들만의 문화로 머물지 않고 있다는 것이다. 사회적 기우에도 불구하고 그 저변은 더욱 확대되고 활성화되고 있는 것이 사실이다. 이 글에서는 통신언어 사용의 부정적 입장에 대한 가치판단은 될 수 있는 한 유보해 두고자 한다. 수많은 기우와 달리 다수의 청소년들은 통신언어 사용을 일시적이고 유희적인 차원에서 인식하기도 하며, 규범적인 국어생활과 통신언어를 구별할 줄 아는 영민함을 갖고 있다고 필자는 믿고 싶기 때문이다. 또한 우리의 국어교육은 충분히 그것을 해소시켜 줄 수 있을 것으로 보기 때문이다. 따라서 통신언어의 국어학적 분석 내용들은 '참고문헌'의 도서들로 대신하면서 최대한 줄이고자 한다. 이 글에서 주목하고자 하는 것은 하나의 언어로서 통신언어가 어떠한 속성을 갖고 있는지 하는 것이다. 통신언어의 향유자는 그 문화 형성의 주체들이기도 하다. 그 주체들이 어떻게 미디어 문화, 통신언어 문화를 형성하고 있는지, 나아가 문자언어 생활을 어떻게 확대하고 있는지를 현상적으로 살피고 싶다.

1. 변화하는 시대, 변화하는 소통방식

의사소통의 중요한 매개체는 송신자와 수신자를 연결하는 언어이다. 우리 인간에게 언어라는 것은 무엇일까. 학술적으로 정의되기도 하겠지만 우회적인 방법으로 짐작해 보자. 언어가 없는 세상을 가정해 보는 것이다. 너무나 좋은 일이 있을 듯하다. 평생을 고생시키는 외국어를 배우지 않아도 된다. 수많은 지식의 집성체인 어렵고도 어려운 책을 읽지 않아도 된다. 빼곡하게 진열되어 있는 사무실의 서류뭉치도 사라질 것이다. 상사의 꾸지람도, 어머니의 사랑을 담은 잔소리도 듣지 않을 것이다. 생각만 해도 짜릿하지 않은가. 그러나 짜릿함을 맛보기 위해서 우리는 더 많은 희생을 치러야 한다. 함께 더불어 살게 하는 매개체가 언어인데 이 언어가 없으니 우리는 그저 본능적 개인으로 머물 수밖에 없다. 개인의 몸을 형성하는 세포를 살리기 위해 본능적으로 먹고, 종족을 번식하기 위해 본능적으로 교배를 하다가 아무런 유언도 남기지 못하고 다시 땅으로 돌아가야 한다. '당신을 사랑해요.' 라는 언어가 없이 사랑을 나눌 수 있을까. 천 냥의 빚은 또 어떻게 갚아낼 것인가. '남아일언중천금(男兒一言重千金)' 이라고 하면서 어깨를 어떻게 으쓱해 볼 것인가. 언어는 인간의 존재를 확인시켜주고 서로를 확인하여 더불어 살아가게 하는 통로인 것이다. 언어가 없으면 인간의 모든 소통은 사라진다. 인간의 역사와 문화, 예술, 과학 등 모든 인류의 지적 재산은 거시적인 의미에서 언어를 통해서 존재한다. 언어가 없다면 독자는 이 글도 읽을 수 없다.

언어는 우리 자신의 존재를 알리고 서로를 확인하는 소통의 도구이자 소통 자체이다. 언어를 통해 정보를 전달하기도—이를 일러 정보적 기능이라고도—한다. 자신의 감정을 드러내기도-이를 일러 표현적 또는 표출적 기능이라고도— 한다. 상대에게 무언가를 요구하기도 하기도—이를 일러 명령적 또는 요구적 기능이라고도— 한다. 아름다운 문학의 세계를 만들어 내기도—이를 일러 미적 기능이라고도—한다. 상대와 친해지고 싶음을 말하기도—이를 일러 친교적 기능이라고도—한다. 특정 개념을 또 다른 언어로 풀어내기도—이를 일러 초언어적 또는 관어적 기능이라고도—한다.

언어의 제 기능을 담아내는 의사소통은 몇 가지 방법으로 실행할 수 있다. 첫째, 음성언어 즉 소리로 의사소통을 한다. 인사를 나누거나 잡담을 하고 판매를 하거나 회의를 하고 연인 간에 밀담을 나누는 등 소리언어 생활이 그것이다. 둘째는 문자언어 즉 문자를 통해 의사소통을 한다. 선생님 몰래 은밀하게 전해지던 쪽지 글이 기억날 것이다. 사랑의 편지를 한 두어 번 써보지 않은 사람은 없을 것이다. 너와 나만의 비밀스러운 소식이나 사랑을 전하는 글을 써서 보내는 편지글이나 쪽지 글 등 문자언어 생활이 그것이다.

셋째는 행위언어 즉 일정한 몸짓이나 동작을 통해 의사소통을 한다. 달려오는 택시 기사에게 '서시오' 라는 대형 글자판을 보여줄 수는 없다. 우리는 대개 오른손을 들어 표시를 한다. 기사들은 서라는 소리를 듣는 것이 아니라 예비 승객의 행위를 감지하고 차를 세우게 된다. 결승점을 통과하는 손기정 선수의 얼굴에서 무언의 환희와 비통함이 교차되는 것을 우리 선대 분들은 공유하지 않았던가. 이처럼 몸짓이나 동작만으로도 타인에게 무언가를 전언할 수 있는데 이와 같은 행위언어 생활이 그것이다. 이상의 세 가지는 현대인의 삶에서 유용한 의사소통의 방법으로 사용되어 왔다. 이들은 본질적으로 대면하는 직접 의사소통 방식이라는 특징을 갖는다. 그런데 이와 달리, 특정한 매개체를 이용하는 의사소통 방식이 있다. 라디오를 통해서, 그리고 전화기를 통해서 서로 구두언어적 의사소통을 할 수가 있다. 문자로 인쇄된 작가의 문학 작품을 통해 작가의 고통과 기쁨을 함께 하고 사회에 던지는 메시지를 읽어낼 수가 있다. 수많은 광고 매체의 문안은 생산자의 팔려는 의도와 소비자의 선택하려는 의도가 경쟁하는 장이다. 또한 컴퓨터의 게시판, 채팅, 핸드폰 등을 통해 일정한 메세지 형태로나 구술성을 갖는 문자언어를 이용한 의사소통을 하게 된다. 이것이 곧 매체 언어를 이용한 의사소통 방식이며 미디어언어 생활이다. 특히 인터넷과 같은 매체를 통한 의사소통에 소용되는 언어를 통신언어라고 한다. 이 매체 언어는 앞의 세 가지 방식과 달리 직접 대면이기보다는 대면 효과를 갖는 간접 의사소통 방식을 일반적으로 취하게 된다.

인류의 의사소통기법은 대략적으로 몸짓과 같은 본능적 반응 행위에서 출발하여, 음성언어, 문자언어로의 역사를 거쳐 왔다고 볼 수 있다. 그런데 현 미디어 시대는 그러한 역사의 막바지쯤에 또 다른 소통방식의 한 칸을 만들어 주었다. 곧 통신매체가 우리의 의사소통 체계에 하나의 채

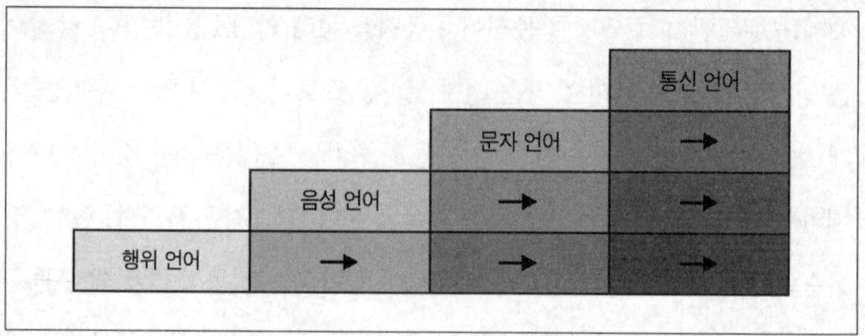

그림 3 의사 소통방식의 추이

널로 등장하여 언어화하고 있는 것이다.

각 유형들은 시대별로 유리되는 것이 아니라 선행 단계를 포함하고 선행 단계가 갖는 한계에 대한 보완을 통해 상보하는 과정을 거쳐 왔다. 행위언어의 제한성과 불투명성은 음성언어의 다양하고도 구체적인 음성 발화를 통해 극복될 수 있었고, 음성언어의 시공간적 제약에서 비롯되는 여러 가지 난점들을 문자언어가 해결할 수 있었다. 그렇다고 하여 행위언어나 음성언어가 소용되지 않는 것은 아니다. 한마디의 소리보다 직접적인 행위가 더 자극적일 수 있고 길고 긴 글말보다 대면하여 한마디 던지는 말이 더 효과적일 수 있다. 행위, 음성, 문자언어는 각기 고유한 의사소통 역할을 하면서 상호 보완적인 관계 속에서 우리를 서로 얽어주는 중요한 의사소통 장치들인 것이다. 이러한 상호작용 속에 미디어 시대의 또 다른 집단어인 통신언어가 우리의 의사소통 방식으로 편입되었다. 어찌 보면 대화를 한다는 점에서 전화와 같은 매체를 이용하는 소리언어 소통방식과도 같고, 또 어찌 보면 또박또박 쓰이는 문자들의 편린들이 마구 움직이는 것을 보면 문자언어 소통방식과도 같고, 또 어찌 보면 이모티콘이나 상징어의 문자적 표현에서 상대방의 얼굴을 보는 듯, 감정을 읽어 내는 듯, 상대방과 대면행위를 통해 교감하는 행위언어 소통방식을 취하는 것도 같다.

하나의 문화로까지 자리 잡혀 가는 통신언어를 객관적으로 들여다보면 참으로 이상한 의사소통 체계가 아닐 수 없다.

2. !25 = I = you

정보화의 시대인 지금, 미디어가 이미 생활 관습의 일부로, 그리고 문화의 일부로 녹아 있기 때문에 그것을 객관적으로 돌아보고 비판적으로 그리고 조망하여 따져 읽어보기란 결코 쉬운 일이 아니다. 매체는 정보를 담아내는 용기로서의 역할을 하거나 의사소통의 도구로서의 역할을 한다. 이 역할들은 언어적 장치로 발현된다. 이를 일러 보통 매체언어라고 부르기도 한다. 매체언어는 신문이나 잡지, TV, 영화, 컴퓨터와 같은 매체에 반영되는 음성, 문자 그리고 기호나 영상 메시지로서의 언어이다. 우리는 해당 매체를 통해 그 매체에 반영된 언어를 듣고 보고 느끼게 되면서 매체언어가 형성하는 문화 속에 빠져들어 새로운 문화적 정체성을 갖게 된다.

매체언어는 생산자와 수용자를 연계하는 효과를 주기도 하지만 매체 자체가 수용자와 소통하여 매체와 수용자간의 대면 효과를 낳기도 한다. 즉 미디어는 의사소통의 도구이기도 하지만 미디어 자체가 소통의 단위이기도 하다. 영화문법은—영화의 각 장면들과 영상기법들은 언어적 단위인 형태(소)나 단어와 같이 이해될 수 있고, 이들을 편집하는, 즉 묶어 내거나 잘라내고 연결하는 것이 규칙, 즉 문법이라고 이해하면 될 듯하다. 일상적으로 동일한 내용이더라도 표현하는 방법에 따라 그 의미가 달라지듯이 감독의 영화문법에 따라 영화의 서사구조가 갖는 의미는 달라진다.— 미디어가 곧 의사소통의 단위임을 잘 보여준다.

이러한 매체언어 중에서 특히 컴퓨터나 핸드폰과 같은 매개체를 수
반하여 쌍방간에 직접 대면 효과를 유지하면서 의사소통을 가능하게 해
주는 것을 우리는 통신언어라고 하였다. 권연진(2000)에서는 다음과 같이
정의한다.

> **통신언어**라 함은 통신상에서 이루어지는 모든 의사소통과정에서 사용
>
> 되는 음성, 문자를 통칭(한다) 컴퓨터 통신언어는 채팅언어, 도배언어,
>
> 네트워크 게임상의 게임언어 전자게시판 언어, 핸드폰언어 등 컴퓨터
>
> 상에서 사용되는 언어뿐만 아니라 문자 메시지까지 포함하는 광범위
>
> 한 개념(이다)

통신언어는 위에서처럼 광의의 의미로 정의되기도 한다. 통신상에
서 이루어지는 모든 의사소통과정에서 사용되는 음성, 문자언어인 것이
다. 영상 채팅이나 영상 전화 등은 통신매체를 이용하는 음성언어가 될 것
이며, 문자 채팅, 게시판, 메일, 핸드폰 메시지와 같은 경우는 통신매체를
이용하는 문자언어가 될 것이다. 영상채팅이나 영상전화 등의 음성언어
소통은 전통적인 음성언어 소통과 비교하여 시공간적 제약을 벗어나게 한
다는 점을 제외하면 크게 다르지 않다. 이와 달리 매체를 수반하는 문자언
어 생활은 전통적인 문자언어 소통방식과 많은 차이점을 갖게 된다는 점
에서 통신언어는 또 하나의 문자언어로 정의되기도 한다. 이정복(2000),
박동근(2002)에서는 각기 다음과 같이 정의된다.

> ●**통신언어**란 컴퓨터 통신, 인터넷, 휴대폰 전화 등에서 쓰이고 있는
>
> 문자로 표현되는 언어를 포괄하여 말하는 것이다.

● 의사소통을 위해 통신상에서 사용되는 모든 문자언어: 의사소통을
위해 통신상에서 사용되는 문자언어로, 일반 언어의 표기 또는 음운
적 변이형이나 통신상에서 만들어진 새말, 통신상에서 새롭게 의미
가 부여된 말, 또는 통신상의 독특한 문체나 어법, 의사 전달을 위해
사용되는 특수 기호를 포괄하는 것으로 최소한의 정형성을 갖고 있
어야 한다.

여기서의 문자는 광의적이다. 한편 좀더 적극적으로, 월터 J. 옹(이기우 · 임명진 옮김; 1995)은 제 3의 언어로 정의하기도 한다.

전자말(Electric Language)은 기존의 글말 입말과는 매우 다른 제 2의 구술성을 가진, 전자 매체를 통해 의사소통을 하는 제 3의 언어

이상의 정의들을 볼 때 통신언어는 '통신매체를 매개로 하여 구술성을 담는 문자언어' 라고 요약해 볼 수 있다. 통신언어는 내재적으로는 구두언어적 성격을 갖지만 그 표출방식이 문자언어 형식으로 나타난다는 것을 말한다. 가시적인 문자 형태를 쓰되 청해적 음성과 대면을 통한 감정 예감과 같은 효과를 갖는 것이다. 각 정의들은 통신언어에 대한 일반적인 정의로서 손색이 없다. 그러나 그것은 언어학적 관점에서 조망된 것임을 유념해야 한다. '통신매체를 매개로 하는, 그리고 그에서 파생된 언어적 표현' 이라는 언어학적 의미만으로는 미디어 문화 시대의 통신언어를 정의하는 데에 충분치 않다. 통신언어는 자의적인 생성체계로서의 기호적 언어 그리고 문화적 언어이기 때문이다. 전통적인 음성언어와 문자언어가 갖는 문법과는 다른 독특한 패러다임을 갖는 새로운 의사소통 체계로

보아야 한다.

통신언어는 구두성과 문자성, 행위성을 혼용한다. 즉 통신언어는 단지 음성언어, 문자언어, 행위언어를 대신하기 위해, 각 언어유형을 합쳐 놓은 것이 아니라 구두성, 문자성, 행위성을 통합적으로 담는 또 다른 언어이다. 소통 방식으로 보면 구술성, 즉 음성언어로서의 대화체나 대화어법을 띠고 있지만 표현수단은 소리가 아닌 시각적인 문자라는 점에서 구술성과 문자성을 함께 갖는다. 글말로 소리대화를 하는 셈이다. 여기에 더하여 대면대화에서나 찾을 수 있는 화청자간의 몸짓언어마저도 문자적 시각기호로 담아낸다. 초기의 통신언어는 익명성(匿名性)과 동시에 대화자의 표정을 볼 수 없는 익면성(匿面性)까지 있었지만 표정문자(감정표현의 이모티콘)이나 몸문자(아바타)는 위장된 익면성내지는 탈익면성(脫匿面性)으로 나아가고 있다. 이 때문에 우리는 가끔 알지 못하는 감정 소유자가 아니라 거짓된 감정 소유자와 소통하게도 된다. 비록 그러하더라도 통신언어는 행위성까지를 포함하고 있음을 사실이다. 이 글에서는 통신언어의 특징 중 하나인 문자성에 초점을 두고자 한다. 세 가지의 속성이 혼용되어 있지만 표출방식은 대부분의 경우 문자기호로 나타난다. 문자성을 상위개념이면서 하위속성으로 이해해 주길 바란다.

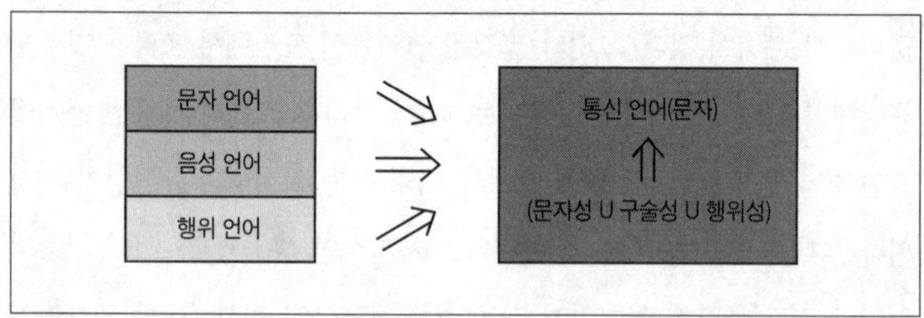

표2 통신언어 속성

통상적으로는 문자의 종류를 표의문자와 표음문자로 나눈다. 표의문자는 뜻을 나타내는 문자로 한자(漢字)가 대표적인 것이다. 표음문자는 소리를 표기하는 문자로 음절문자와 음소문자로 나뉜다. 전자로는 일본어가, 후자로는 국어나 영어와 같은 것이 대표적이다.

●음절문자 : か ⇒ カ + ヽ
●음소문자 : 가 ⇒ ㄱ+ㅏ , Ga(ther) ⇒ G+a

그렇다면 우리 통신언어의 문자성은 과연 어떤 문자에 기반하는 것일까? 대개의 경우, 표기방식의 규칙성과 효용성을 고려할 때, 각 문자 유형들은 혼용되는 것이 쉽지 않다. 음절표기나 음소표기를 동시에 적용하는 문자를(훈민정음 이전, 한자를 빌려 쓴 향찰식 표기에서는 음절적 표기가 나타나기도 하였으나 임시적 차용이었다.) 기대하기 어렵다. 표의문자와 표음문자 사이에서도 그러하다. 그렇다면 통신언어의 문자는 표의문자인가 표음문자인가. 표음문자라면 음절문자인가 음소문자인가. 세종대왕께서 의도하신 바대로 국어가 음소를 표기하는 문자이므로 우리의 통신언어도 그러한가. 아니다. 통신언어의 문자성은 그림, 음절, 음소문자로서의 속성을 공유하고 있다.

국어가 음소문자이므로 통신언어가 음소문자적 성격을 갖는 것은 설명이 필요 없다. 그런데 다음을 보자. (이 자료는 'http://blog.naver.com/comsnake/80000357207 에서 빌려왔다.)

- "罪˚송˚罪˚송˚˚ 킥 ˚킥˚ 킥˚˚깝˚훼˚활˚떵˚♨˚라˚궤
  (죄송죄송 큭 큭큭 카페 활동 열나게(열심히) 할께요.)"
- "에긍, 할末二읍돠 (에그 할말이 없다.)"
- "이딴 그린 `水`웨셔 노랴썰듸
  (이딴 구린 물에서 노라도 될 것인지)"

　　'罪송' 은 음독한 경우이고 '末二' 는 음차한 경우, '水' 는 훈독한 경우다. 앞의 두개는 음절식 표기이고 '水' 는 표의적 표기라고 보아도 될 것이다. 표의적 표기는 아래처럼 그림 그 자체가 되기도 한다.

```
(:= (:= (:=              = · )    〉· )
(:= (:= (:=              ( / 〉   ( / 〉 &&&&&
```

　　좌측의 그림은 '바다에 나타난 해파리떼' 라고 한다. 우측의 그림은 어미오리와 새끼들로서 '오리 가족의 나들이' 를 표현한 것이다. 특히 핸드폰의 문자 메세지에서 많이 사용된다고 한다. 이들은 몇 개의 기호를 통해 그림의 형상을 만들어 내고 있다.

　　그러나 그림, 음절, 음소의 경계가 명확한 것은 아니다. 예로 들었던 '罪송' 이라는 통신언어 표현을 보자. '죄송' 에서 '죄' 만을 한자로 노출하고 있다. 그러나 이것은 '송' 에 대한 한자어를 몰라서가 아니라 음소적 표기인 '죄' 를 '罪' 라는 음절적 표기로 하고 있는 것이다. 음절 문자적 성격과 음소 문자적 속성을 이 단어는 함께 하고 있다.

- !25=I=you

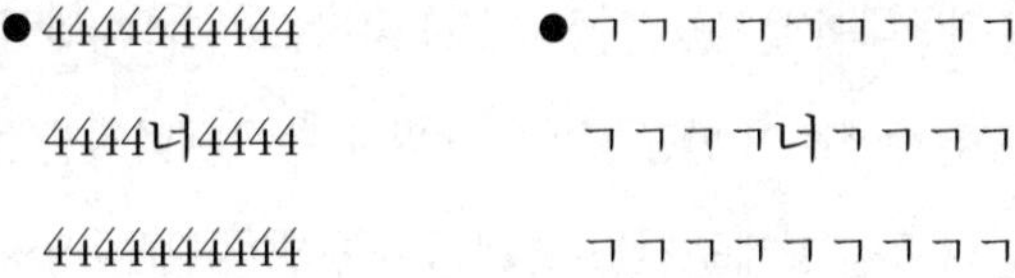

위의 첫 번째 것은 '느낌이 오는 아이는 너' 라고 이해한다고 한다. 이러한 방식은 참으로 놀랍지 않을 수 없다. 어찌 보면 에스키모 언어와 같은 포합어적 표현과 같다는 생각이 든다. 두 번째, 세 번째의 것은 각기 '너를 사로잡겠다', '너를 기억 속에 묻고 싶어' 라는 의미를 갖는 것이라고 한다. 이것을 보면 신문의 그림 만평을 보는 것과도 같다. 이렇게 볼 때, 그림, 음절, 음소의 공유는 단순한 복합이 아니라 각각의 특징들이 유의미하게 혼용될 수 있다는 것을 의미하는 것이기도 하다.

그림 1 일어를 사용한 표현

　　한편, 통신언어의 문자성을 가시화 시켜주는 코드가 다양하며 그 조합의 가능성은 무한성에 이를 만큼 개방되어 있다. 대개 일반적인 언어가 갖는 문자는 최소한의 유한 체계를 갖는다. 그러나 통신언어 문자성의 발현 코드는 무한성에 가깝다. 자판의 각 키워드에서 가능한 모든 글자판의 코드들훈민정음, 영어 대소문자, 일본어, 한자, 그리고 가능하다면 컴퓨터가 처리해낼 수 있는 각 국가의 모든 문자들도 통신언어의 표기 코드가 될 수 있다. 그리고 컴퓨터 문자표의 다양한 기호들, 글자의 크기, 글체, 색깔 등도 하나의 문자 코드가 될 수 있다. 따라서 그 코드의 수는 실로 엄청나지 않을 수 없다. 그런데 그것이 아무리 많더라도 전체 수는 한정되지 않겠는가. 그러나 각 코드들의 조합은 단지 조합의 결과로만 의미를 갖는 것이 아니라—언어학적으로 각 코드를 형태라고 한다면 이 형태들이 조합될 때 통상 단어라고 부른다. 그런데 이러한 단어들은 새로운 코드가 아니라 각 코드들의 조합이라는 의미를 갖는다. 이와 달라- 통신언어에서의 코드 조합체들은 다시 또 다른 조합을 위한 새로운 하나의 코드로 전환된다. 또한, 각 코드들은 언어 형태처럼 고유한 언어적 의미를 갖고 조합에 참여하는 것이 아니라 결과적 조합형에서 그 의미를 획득하는 체계를 갖는다. 이러한 점에서 통신언어의 문자성을 보여주는 코드는 개방되어 있고 통제되지 않는 무한성을 보장받고 있다고 할 수 있다.

　　통신언어의 문자성은 상상력의 문화적 산물이다. 앞서 통신언어는 구술성과 문자성, 행위성을 혼용하고 있다고 하였다. 그리고 표층적인 문자성은 단지 문자언어로서의 문자가 아니라 광의의 기호언어로 보아야 한다고 했다. 여기서 또 한가지 주목해야 할 것은 통신언어의 문자성이 갖는 문화 형성적 측면이다. 통신언어는 과학으로서의 언어일 뿐 아니라 문화로서의 언어이기도 하다. 이와 관련하여 구현정(2001)의 "통신언어—언어문화의 포스트모더니즘"

에서는 포스트모더니즘적 현상에 기대어, '맞춤법파괴, 띄어쓰기 파괴, 문장
부호 겹쳐쓰기' 는 '반형식주의' 에 의한 것으로, '기존의 언어적 규칙성 파괴,
시니피에와 시니피앙의 분리' 는 '전통거부' 에 의한 것으로, '여성어, 아동어, 지
역방언, 은어, 비속어, 외국어 사용' 은 '다양성 추구' 에 의한 것으로, '표기방법
의 차별성, 의성어/의태어 사용에 의한 차별성, 표정문자 사용에 의한 차별성'
은 '차별성의 강조' 에 의한 것으로 보았다. 각각의 경우는 아래와 같은 예이다.

- 가튼데(같은데), 인가니(인간이)
- 말좀많이해라, ㅋㅔㅋㅔㄴㅑ는ㅈㅏㅂㅓㅂㅕㄷㄷㅓ염
- 없넹??, 강추!!
- 설(서울), 넘(너무), 했쥐(했지), 모(뭐), 그거보도
  무서워했던 제 자신이 부끄럽~'
- 바보: 바버, 바붕, 바비, 밥팅, 밥흐, 밥5
- 그쵸??, 아잉~~~~
- 고맙뜹미다
- 근갑따/동생들아~~
- 깔(여자친구), 짝퉁(가짜)
- 우띠발~~~
- hi
- 넘넘넘넘x100000000000000ㅊㅋ한대 ㅡ,.ㅡ;;
- 푸후, 큐큐큐, 뿌하하
- :), :-D, K:-, (-_-)

이 또한 주목할 내용들이지만 이러한 언어 문화적 속성들이 과연 어

떠한 가치를 가질지 필자로서는 답을 찾기가 어렵다. 다만 말하고 싶은 것은 이러한 문화적 현상들이 과연 어디에서 출발하는가 하는 점이다. 그것은 곧 우리 인간의 상상력이라고 말하고 싶다. 통신언어의 문자성은 일상적인 음성언어나 문자언어와 달리 우리에게 무한한 상상력의 길을 열어주고 있다. 미디어는 우리 인간 오감의 확장된 채널이다. 즉물적이고 즉감적인 오감과 달리 그 확장인 미디어는 우리의 상상력을 확충시켜 준다.

통신언어는 전통적인 구술성과 문자성, 행위성을 컴퓨터의 키워드, 즉 각각의 다양한 코드들을 통해 표현하고 있다. 일상적인 음성언어나 문자언어를 그대로 옮겨오거나 변용하기도 한다. 일상적인 음성언어와 문자언어의 대치형으로 사용되기도 하는 것이다. 그러나 이는 통신 미디어를 도구적 개념으로만 이해하는 데서 비롯된 오해이다. 실상은 그렇지만은 않기 때문이다. 원래 컴퓨터 자판의 언어적 문자 기호와 숫자, 그리고 각종 부호들은 독자적이고 개별적인 순열과 기능을 갖는 것이었다. 언어적 문자는 언어적 표현만을, 숫자는 수표기만을 하고 각종 부호들은 합당한 부호 소용처에만 표시되도록 하였었다. 이질적 가치를 갖는 코드들이었다. 그러나 여기에 변화가 일기 시작했다. 이들이 언어적 표현 수단이라는 동일한 가치로 쓰이게 된 것이다.

● 너■ど을
● O1저1야나1㉴랑을만났어
● 천사: 1004 / 이만 :20000

'■' 이 자음 'ㅁ' 으로 사용되고 숫자 '1' 이 모음 'ㅣ'로 사용되고 있다. '천사' 의 음을 숫자로 표기하고 있다. 이 경우 생산자가 의식하고 있었다고는 볼 수는 없겠지만 사실상 '1004'는 단지 숫자적 표기에서 나아가 결과적으로는-다소 무리한 확대해석이기는 하지만- '100(0)-4'와 같은 음성부호로까지 이해할 수 있다.

이것은 무엇을 말하는가? 통신언어는 일상적인 구두 음성형과 문자형들을 표현하기 위한 도구적 대치형에 머물러 있지만은 않다는 것을 말하는 것이다. 공상과학 영화에서나 볼 수 있는 진화하는 인공두뇌처럼 통신언어의 각 코드들은 언어적 표현을 위한 기능 진화적 성장을 해 가면서 또 다른 언어체계를 이루어 가고 있는 것이다. 이제 일상적이고 전형적이었던 음성언어와 문자언어는 통신언어가 만들어 낼 수 있는 언어적 기호의 극히 미미한 일부분에 지나지 않는 것이다. 물론 통신언어가 유기체처럼 생명력을 갖는 것으로 보고자 하는 것은 아니다. 아무리 미디어가 발달하고 그 미디어가 미디어의 창조주인 인간을 재창조하는, 종속화의 길을 걷게 한다고 떠들어도 여전히 인간은 이성적인 만물의 영장이다. 통신언어 진화의 저변에는 바로 우리 인간의 상상력이 존재하는 것이다. 숫자 '1'이 그리고 한자 '己'이 자형의 유사성에 의해서 모음 '이'와 자음 'ㄹ'로 쓰일 수 있는 것-예를 들면 "앙얼뤼폰 아글 얼己ㅣ냥?(내가 안 올리면 누가 글 올리겠냐?)"에서의 '己ㅣ'-은 숫자와 한자의 자생적 진화에서 비롯되는 것이 아니다. 우리 인간의 상상력에서 비롯되는 것이다. 달나라 토끼가 '마시마로'로 태어난 것과 같지 않겠는가. 그 상상력의 증폭은 '엽기한자'에서 찾아 볼 수 있다. (cafe.naver.com/ofbyfor에서 발췌된 것임을 밝혀둔다.)

〈그림 2〉와 〈그림 3〉을 보면 전통적인 한자 파자(破字) 유희와는 너무나 다른 또 하나의 유희를 확인할 수 있다. 유명한 김삿갓의 일화에서 '人良卜一'이 '食上(밥상 올릴까요?)'의 파자로, '月月山山'이 '朋出(벗

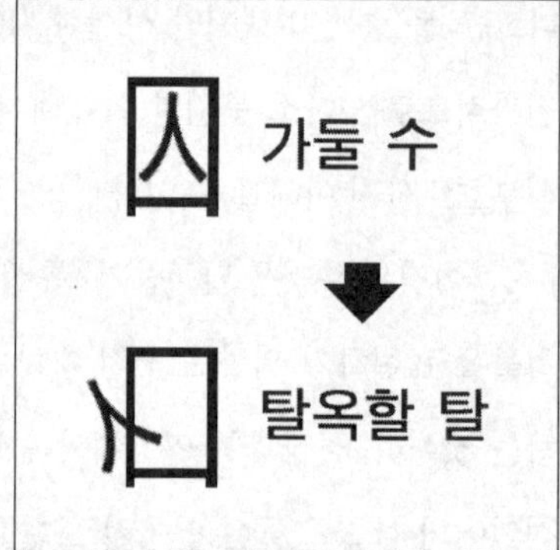

<table>
<tr><td>**그림 2** 파자의 예</td><td>**그림 3** 엽기 한자의 예</td></tr>
</table>

이 나가거든' 의 파자로, '亞心土白' 이 '惡者(모진 놈이로세)' 의 파자로, '丁口竹天' 이 '可笑(참으로 가소롭구나)' 의 파자로 쓰이는 것은 지적웃음 이라고 할 수 있겠으나 '엽기한자' 는 일탈적이면서도 역설적 웃음을 자아 내기도 한다.

　이제 이러한 상상력의 산물인 문자성은 개인적 차원을 넘어서서 현 실적 약속이 되고 소통의 수단이 되어 가고 있다. 또래화와 집단화, 공감성 을 유발하고 그 무리를 특징 지워 주는 하나의 문화적 현상으로 나아가고 있는 것이다. 미디어로서 통신언어가 우리에게 허락한 자유분방한 상상력 은 허구로만 머물게 하지는 않는다. 이 상상력은 다시 일정한 규범체계가 되기 위해 부단한 노력이 이루어지고 있다. 상상력에 의해서 형성된 통신 언어의 문자성은 하나의 언어 질서로서의 체계를 충분히 갖추어가고 있 다. 일정한 형태(소)가 있고, 또한 문법이 있다. 하나의 언어체계로서의 원 리와 규칙을 갖고 있는 것이다. 통신언어는 내재된 언어능력의 표출형으 로서보다는 자의적 집단 약속에 기대는 가공적 언어로서 특징을 갖는다. 모국어의 문법과 음성형에 대한 옳고 그름을 판단할 수 있다는 것은 그것 이 생득적인 능력임을 말하는 것이다. 이와 달리 일반적인 문자는 자의적인 약속을 통해서 문법과 소리의 시각적 대치형으로 생산된 것이다. 쉽게 이해하려면 초등학교 시절 받아쓰기 시험을 친 것을 생각하면 된다. 왜 철자 시험이 있을까. 당연히 철자표기는 사회에서 약속한 자의적인 것이므로 학습을 통해서 표기하는 방법을 배워야 하기 때문이다. 이런 의미에서 통신언어의 문자성은 집단적, 사회적 약속언어라고 할 수 있다. 통신 언어 사용자가 되기 위해서는 자의적으로 약속된 통신언어 표출 방식에 대한 새로운 학습의 단계와 적응의 단계를 거쳐야 한다. 통신언어는 10대 즉 N세대의 언어라는 세대어로서의 사회적 계층성을 갖는다. 사회언어학적으로 많은 전문어나 계층어들이 존재한다. 즉 그 집단의 전문성이나 특수성을 반영한다. 즉 새로운 언어 체계라기보다는 기존의 언어체계에서 집약되거나 상용되는 것이다. 그러나 통신언어의 문자성은 새롭게 익혀야 하는 세대어로서의 계층어라고 할 수 있다. 그 극단의 모습을 소위 외계어로 불리는 아래의 문자성에서 확인할 수 있다.

,¤∝¤─┼─☆─┼…ё 재 섭 퀠 쓸 뒌 짖 겉┠ ˇ ˇ , ☆ ˛ ˇ ˇ ┤
ⵡℂ♣ , ˛ °낚…英☆?ˇ ˇ ″ ˙ ° ⊃ⵡℂ♣ , ˛ °낚…英☆?ˇ ˇ ˙ ° ┤
,¤∝¤─┼─☆─┼…ё 니 뉄 쳐 싄 쟐 휄┠ ˇ ˇ , ☆ ˛ ˇ ˇ ┤
ⵡℂ♣ , ˛ °낚…英☆?ˇ ˇ ″ ˙ ° ⊃ⵡℂ♣ , ˛ °낚…英☆?ˇ ˇ ˙ ° ┤
,¤∝¤─┼─☆─┼…ё 따 듕 낟 쟐 덧 널 화┠ ˇ ˇ , ☆ ˛ ˇ ˇ ┤
ⵡℂ♣ , ˛ °낚…英☆?ˇ ˇ ″ ˙ ° ⊃ⵡℂ♣ , ˛ °낚…英☆?ˇ ˇ ˙ ° ⊃

〈http://myhome.naver.com/ambitiousjy1/에서 발췌〉

필자로서는 해독이 불가능하다. 이 외계어 사용 집단의 구성원이 되기 위해서는 외계어 시험을 치루어야 한다. 그 시험을 통과할 경우 집단의 일원이 될 수 있다고 한다.

위에서 보인 것과 같은 통신언어의 문자성이 갖는 특징들은 통신언어가 단순히 전통적인 문자언어를 독특한 방식으로 변용하는 것을 넘어서서 전통적인 문자언어를 포함하는 제 3의 기호적 언어임을 보여주는 것이다. 우리는 통신언어의 문자성을 단지 문자언어로 이해할 것이 아니라 문자를 이용한 또 다른 방식의 언어 표현 체계를 형성하는 것으로 보아야 할 것이다. 그런 의미에서 통신언어의 문자성은 기호언어로 불러봄 직 하다. 즉 소리의 기호(문자)화, 문자의 기호(문자)화, 행위의 기호(문자)화인 것이다.

3. 문자의 반란, 생활의 발견

우리는 앞서 상상력에 기반하는 통신언어 문자성에 대한 여러 가지 모습을 보았다. 상상력은 발명이 되기도 하지만 발견이 되기도 한다. 컴퓨터는 발명품이다. 이 발명품속에 숨어있던 통신언어 문자성의 또 다른 질서들은 상상력에 의해 발견된 것이다. 앞서 언급했듯이 통신언어의 문자성은 상상력에 기반하는 문화적 산물이다. 이러한 산물은 직접 컴퓨터 모니터나 메시지 창을 통하여 시각화될 수 있다.

그러나 통신언어의 문자성은 우리의 언어적 표현 요구를 완벽하게 충족시켜 줄 수는 없다는 점을 유념할 필요가 있다. 통신언어의 문자성이 비록 우리의 상상력에 물꼬를 터 주었지만 화수분과 같은 상상력을 더 이상 감당해 낼 수가 없는 것이다. 이제 통신언어의 문자성으로는 쉬이 생성해 낼 수 없는 문자언어 모습을 보게 될 것이다. 이러한 양상들은 모방과 창조에 의해서 회귀적으로 일상적인 문자언어 생활로 재탄생되고 있다. 새로운 차원의 문자언어는 통신언어의 문자성에 기인하는 상상력에서 출발했다는 점에서 문자언어의 반란이 아닐까. 통신언어의 문자들은 이제 모니터나 핸드폰 메시지 창을 박차고 나와서 종이라는 지면으로 자리를 옮기고 있다. 필자는 실제 초기의 통신언어부터 사용해온 사용자와 면담을 해 보았다. 그에 따르면 통신언어는 '줄임말 → 이모티콘(표정문자) → 음절해체 → 음절변형→ 타 언어나 기호 도입' 과 같은 문자 사용방식의 변화를 거쳐 왔다고 한다. 또한 그 변화 속도가 너무 빨라 통신언어 사용자인 자신도 따라가기가 힘들다고 한다. 이제 이 통신언어는 그 자리를 옮겨가고 있다. 급기야 전통적인 문자언어의 틀 속으로 뛰어들고 있는 것이다. 본장에서 그 모습을 보이고자 한다.

상상은 하위의 세 가지 유형으로 표징화 될 수 있다. 환상으로 남거나 모방되거나 창조되는 것이 그것이다.— '상상, 환상, 모방, 창조' 등에 대한 철학적 관점에서의 정의를 하는 것은 필자로서 한계를 넘는 일이다.

각 용어는 상호간에 대차적 관점에서 다소 자의적으로 규정될 것이다—상상은 어떤 것에 대해 현존하기를 기대하는 생각이다. 즉 미루어 생각하는 것이다. 이중에서 환상은 미루어 생각할 뿐 현실화될 수 없는 것이다. 피터팬, 미녀와 야수 등은 환상 세계의 주인공들이다. 모방과 창조는 미루어 생각한 것이 현실화될 수 있는 것이다. 다만 모방은 미루어 생각한 기준 대상에 근거하는 변형이라면 창조는 기준 대상의 재해석 및 재구성이라고 할 수 있다. 통신언어 문자성의 반란은 모방과 창조의 모습을 보여준다.

전통적인 문자언어 생활을 곰곰이 생각해 보자. 하얀 종이위의 줄에 연필로 차곡차곡 순서를 밟아가며 수많은 글자들을 담아내었다. 가끔은 지워야 하면서 앞뒤 생각을 맞추어야 했다. 한 장의 연애편지를 쓰기 위해 몇 날 며칠이 걸렸지 않은가. 이와 함께 우리는 낙서와 같은 조심스러운 문자언어 놀이도 경험하곤 했다. 참으로 순박한 문자언어 놀이였다. 그런데 지금 학생들의 문자언어는 더 많은 경험의 장을 만들고 있다. 그 경험의 장은 통신언어 문자성에서 볼 수 있었던 수많은 상상력들이 모여 있는 광장과도 같다.

먼저, 모방으로서의 문자언어—실제 자료를 그림으로 옮겨오지 못하였다. 그 방법론만을 원용한 다음 예—를 보자.

　　　① 00야나는세상에서제일똑똑하신

　　　② 노시는중이야룰루랄라딸기먹고싶다.

　　　③ 많이불편하겠어교복입기싫은데

　　　④ 천제님이시지자칭추자현님이시지

　　　⑤ 밥을먹어도배가고프구나씨오늘교복입었어

　　　⑥ 으아앙교실이조용하당우리반이랑분위기가

7 오랜만에편지를쓴다지금점심다먹고

8 너무불편해그치이제고딩까지는교복입어야되는데

9 안어울려할말이없어너치약필통예쁘더라

위의 예는 편지글의 일부를 정제해서 옮겨온 것이다. 중·고등학교 청소년들에게서 유행되고 있는 문자언어 생활의 한 모습이다. 전형적인 편지글로서의 문자배열은 줄단위 차례로 연속되는 텍스트 구성을 갖는다. 그러나 위의 텍스트는 그러한 방식으로는 읽어낼 수가 없다. 이 텍스트는 세 개의 하위 줄글이 교차되어 있다. 즉 첫째 줄, 넷째 줄, 일곱째 줄이 하나의 연속체이며 둘째, 다섯째, 여덟째 줄이, 그리고 셋째, 여섯째, 아홉째 줄이 또 하나의 연속체를 이룬다. 따라서 '1→4→7→2→5→8→3→6→9' 순서의 줄단위로 읽어야만 정상적인 내용구성을 이해할 수 있다. 이러한 텍스트 구성 방식은 일상적인 문자언어 생활에서도 쉬이 발견되지 못한 것이었다. 또한 마찬가지로 줄글 방식으로 대화가 이루어지는 통신언어 체계에서도 받아들여지기 힘든 텍스트 구성 방식이다. 그렇다면 제 3의 방식인가. 그러나 그 텍스트 구성방식은 통신언어의 문자성에서 기인하고 있다. 위의 배열이 가능한 것은 통신언어의 문자들이 갖는 색채 때문이다. 통신언어에서는 글자마다 다양한 색채를 넣을 수 있다. 사실상 위의 예시 원문은 세 하위 텍스트별로 각기 색깔이 구분되어 있다. 즉 같은 색의 줄을 따라 읽어 가면 되는 것이다. 또한 이 방식은 전형적인 통신언어의 하이퍼텍스트성을 원용한 것이다. 이러한 점에서 통신언어의 문자성과 무관하지 않은 텍스트 구성방식이라고 할 수 있다. 실제적으로 컴퓨터상에서도, 비록 경제성 욕구에 반하는 것이기 때문에 실현되지 않는 것이지, 경제적 욕구에 대한 보상만 주어진다면 긴 시간을 들여서라도 표현이 가능하다. 그러나 필사적 문자 표기가 더욱 경제적이다. 통신언어의 문자성이 전통적인 필사 문자언어의 몸을 빌린 것이다. 아래의 사진은 바로 그 전형을 보여주는 것이다.

또 다른 방식은 음소자리의 일탈적 표기 방식이다. 잘 알다시피 국어의 음절은 초성, 중성, 종성으로 구성된다. 특히 종성은 세로배열 하단에 쓰이는 것이다. 초등학교 저학년용 공책을 생각해보라. 영어 공책과 달리 국어 공책은 줄이 아니라 칸으로 되어 있고, 더욱 친절하게 그 칸 속은 다시 몇 개의 칸으로 분할되어 있다. 위 좌측칸은 초성이, 위 우측칸은 중성이, 하단의 칸은 종성이 들어갈 자리이다.

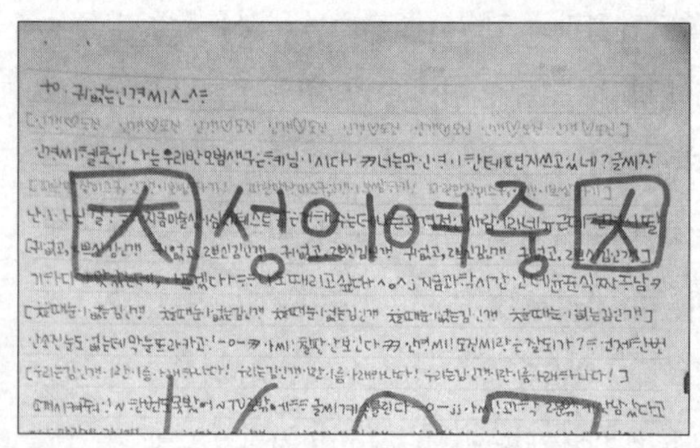

그림 4 하이퍼텍스트성을 원용한 실제 편지들

통신언어에서는 음절을 분할하여 음소단위로 가로 풀어쓰기가 가능하지만 음소자리를 바꾸는 세로표기 방식의 변형은 쉽지 않다. 물론 전혀 불가능한 것은 아니다. 샘물체와 같은 글자체를 이용하면 ‘초성-중성’과 ‘종성’의 자리를 분할하는 효과를 얻을 수 있다. 예를 들면 ‘바닥’은 ‘ㅂㅏ ㄷㅏㄱ’이 된다. 그런데 이러한 분할에서 나아가 종성의 음소자리를 일관되게 일탈시키는 표기를 하기도 한다. 즉 ‘ㅂㅏ ㄷㅏㄱ’을 ‘ㅂㅏㄱ ㄷㅏ’처럼 보이게 하는 것이다. 그러나 학생들의 실제 글말 표기 방식에서는 음절 칸을 완전히 옮기는 것이 아니라 두 음절 사이에 걸치게 함으로써 한 음절 칸으로의 귀속 여지를 남겨두고 있다. 즉 가독은 여전히 ‘바닥’이 된다. 이것은 가독성이라는 점에서 문제를 유발할 수 있다. 그러나 학생들에게는 이미

하나의 표기규칙이 되어 있고, 의미중심으로 텍스트를 형성하고 독해한다고 한다. 이러한 것은 통신언어의 문자성으로 표현되기는 쉽지 않다.

위에서 살핀 문자 표현방식은 창조라기보다는 모방이라고 할 수 있다. 즉 원형자체를 파괴하는 것이 아니라 구조적, 그리고 가독적 변형만을 가져온 것이다.

이제, 창조로서의 상상적 문자언어의 모습을 살펴보자.

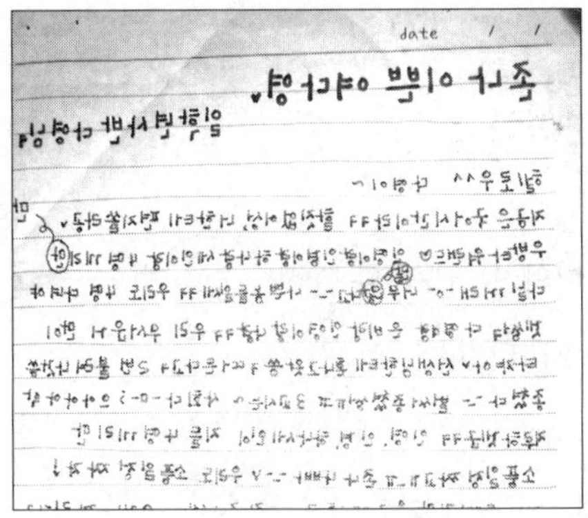

그림 5 거울글자 편지

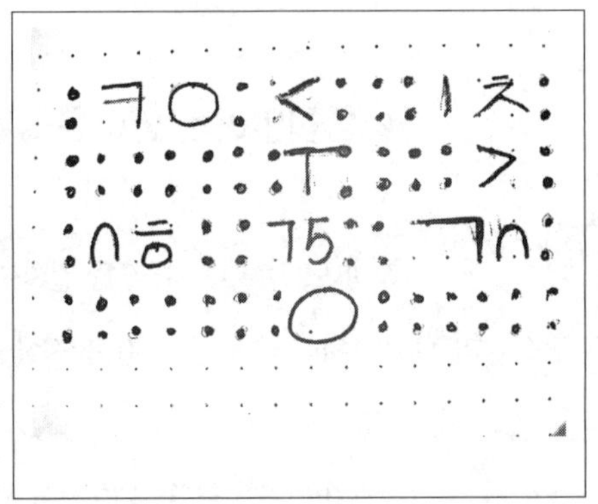

그림 6 핸드폰 메시지 거울글자를 전사한 것

〈그림 5〉는 편지이다. 이 자료는 컴퓨터로는 생성해내기가 쉽지 않다. 〈그림 6〉은 핸드폰 메시지로서 '친구야 사랑해'를 표현한 것이다. 현행 중·고등학교 학생들에게 유행처럼 번져 사용되고 있는 문자문화의 한 단면을 보여주고 있다. 위의 것은 소위 '거울글자'라고 하는 것이다. 이 편지를 읽기 위해서는 글자가 쓰인 면을 뒤집어 햇빛에 비추어 투과 시켜야 하다. 그래야만 정상적인 문자배열이 나타난다. 또는 글자가 쓰인 면에 거울을 대고 그 거울을 보면 정상적인 문자배열이 나타난다. 달리 말하면 이 편지는 '중성-초성-종성'의 쓰기 배열 순위를 갖고 있으며 각 음소는 역으로 표기된다. 놀랍고도 신기한 표현방식이 아닐 수 없다. 거울 편지를 쓰는

속도 또한 정상적인 음소배열방식의 문자를 써 가는 속도와 크게 다르지 않다고 한다. 이러한 텍스트 구성방식에서는 띄어쓰기를 전혀 고려하지 않기도 한다. 그리고 전형적인 통신언어의 문자 표기법들이 거의 다 동원되고 있다. 그야말로 통신언어 문자성의 집합체이며 전통적인 문자언어 표기법의 변신인 것이다. 청소년들의 문자언어 생활은 이제 미디어를 넘어서고 있으며 새로운 문화적 단계로 접어들고 있는 것이다.

4. 통신언어는 언어유희일 뿐이다

전현곤(2004:172-177)은 전자미디어의 언어형태와 관련한 청소년들의 정체성에 대해 다음과 같은 진술들을 하고 있다.

전자 미디어가 커뮤니케이션의 핵심을 이루는 오늘날의 인간은 이전의 합리적이고 안정적인 정체성을 형성하던 인쇄적 단계와는 달리 탈안정화 되고, 분산되며, 탈중심화 되고 해체된 채 분열하고 부유하는 형상을 가진다.
하이퍼텍스트의 비선형성, 탈맥락성, 탈중심성에 따라 움직이는 인간은 그 중심성과 맥락을 상실한 채, 다의적인 기표들의 흐름 속에서 탈근대적 인간으로 재탄생하고 있다.
이미지 영상의 파편화는 문자언어의 선형성을 깨뜨리면서 비선형적 사고방식을 증대시키는 것이다. 기성세대가 문자기호를 중심으로 한 단선적인 논리구조에 익숙하다고 한다면 이른바 신세대는 멀티미디어적 하이퍼텍스트의 기반이 되는 우회적 사고에 익숙해 있다.

전자미디어 시대에 신세대들의 보여주는 정체성에 대해 많은 생각을 요구되는 진술들이다. 그런데 이러한 진술대로라면, 전자미디어 시대의 우리 신세대들은 앞으로 과연 어떻게 될까. 무엇보다도 이러한 정체성의 변화와 생성은 과연 합리적인 것으로 받아들일 것인가. 아니면 불합리한 것으로 받아들일 것인가. 그 정당론을 따지기 참으로 어렵다. 교육의 현장에서는 이러한 정체성을 갖는 아동들에게 또는 대학생들에게 어떠한 교육적 요구를 할 것인가. 필자로서도 이 자리에서 교육학적이고 전문적인 시각의 담론을 풀어서 상론하기는 벅차다. 다만 통신언어 교육과 관련해 바라는 바를 소략히 말해 두고 싶다.

잘 알고 있다시피 미디어 교육, 그리고 매체언어 교육이 국가수준의 교육 과정에 들어 온 것은 제 7차 교육과정에 와서의 일이다. 이제 시작을 한 것이라고 해도 과언이 아니다. 매체를 이용하는 교육이 아니라 매체 자체에 대한 교육을 하고자 하고 있으며, 대부분 계도적 측면들이 거론되고 있다. 학술적으로도 1990년도 중, 후반에 와서야 미디어 교육 및 매체언어 교육이 깊이 있게 다루어지기 시작했다.

통신언어와 관련한 교육적 논의에서 우리가 자주 거론하게 되는 것은 통신언어가 일상생활로 전이되는 데 따른 문제점이다. 아래에서 보듯이 통신언어의 각 특성들이 일상적인 언어로 환원될 때 원래의 행위, 음성, 문자언어 체계로 긍정적 재환원이 이루어지는 것이 아니라, 변형적으로 전이된다는 데 그 문제가 있는 것이다.

'반갑습니다' 가 통신언어에서 '방가' 가 되었더라도 '반갑습니다' 로 환원된다면 그건 별반 문제될 것이 없다. 입말도 마찬가지다. 그러나 그렇지 않고 통신언어 상의 문자성과 구술성이 '쓰기' 와 '말하기' 라는 실제의 언어생활에 그대로 노출된다는 데 문제가 있는 것이다. 물론 현실적으

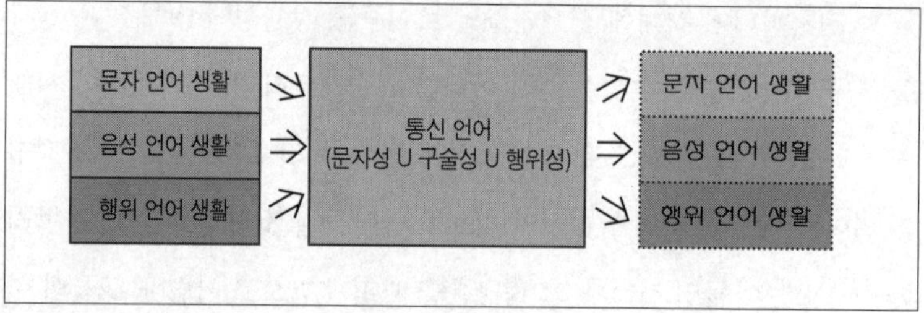

표3 통신언어의 일상적 언어로의 변형적 전이

로, 언어능력이 활성화되고 올바른 언어사용에 대한 많은 교육이 필요한 청소년시기에 표준어와 표준발음, 표준문법에 어긋나는 통신언어 체계를 접함으로써 국어에 대한 잘못된 문법의식을 갖게 되고 이것이 현실화된다는 것은 우려될 만하다. 그러나 청소년들에게 있어서 통신언어는 지켜져야 할 언어생활의 일부라기보다는 또 다른 또래의 유희적, 문화적 현상이 아닌가 한다. 미디어 사용의 관습화와 통신매체 언어의 사용은 비례적이지만은 않다. 필자에게는 통신매체 언어가 아직까지 청소년들에게 하나의 놀이문화로 자리 잡고 있을 뿐이라고 생각된다. 청소년 시기는 통신언어에 많이 노출되어 있기는 하지만 또 많은 전통적인 음성언어와 문자언어에 여전히 노출되어 있다고 할 수 있다. 교과서나 즐겨 읽는 많은 도서들은 여전히 규범적인 국어의 모습을 유지하고 있다. 또한 청소년 스스로도 통신언어의 일탈적 모습을 충분히 인지하고 있다. 이를 위해 필자는 비록 소수이기는 하지만 모중등학교 학생 70여명을 대상으로 하여 설문조사를 해 보았다. 그 결과에 따르면 통신언어의 사용은 '일상 언어생활에 지장을 주지 않는다면 사용해도 좋다', '공적인 일 외에는 사용해도 괜찮다'는 대다수의 의견을 접할 수 있었다. 또한 통신언어의 사용은 '재미있기 때문이다'는 의견도 접할 수 있었다. 중요한 것은 '일상 언어생활에 지장을 주지 않는다' '공적인 일에는 사용하지 않는다' 는 단서이다. 우리 청소년들은 충분히 인지를 하고 있는 것이다. 따라서 교육 현장에서의 통신언어 교육은 통신언어 자체에 대한 계도적 교육보다는 전통적인 음성, 문자언어 교육의 강화를 통해 반대급부로 통신언어 교육을 하는 방법이 되어야 할 것으로 생각한다.

▌ 더 읽을거리 ▌

이 글은 통신언어의 문자성을 언어문화적 관점에서 살펴보았다. 그리고 이러한 통신언어의 문자성을 유발하는 우리 인간의 상상력을 부각시켜 보았다. 나아가 통신언어의 문자성이 다시 청소년들의 일반적인 글말살이에도 영향을 미쳐 또 다른 문자언어의 세계를 만들어 가고 있음을 말해 보았다.

연인의 손을 잡으면 짜릿한 전기가 이는 듯하지만 아내의 손을 잡으면 더 이상 짜릿하지 않다. 사랑하지 않아서일까. 아니다. 반려자는 그만큼 자신의 몸과 하나가 되었기 때문이다. 짜릿함을 느낀다는 것은 두리어 아직 둘이 타이이라는 것을 의미한다. 지금의 미디어 시대는 어떠할까. 반려자처럼 익숙한 대상일까. 연인처럼 분리된 대상일까. 사회현상으로는 이미 미디어가 보편성으로 자리 잡고 있지만 그 미디어를 접하는 우리는 아직 미디어가 연인이기도 하고 반려자이기도 한 것 같다. 그런데 10대 청소년들, 즉 N세대들에게 있어서 미디어는 이제 반려자의 수준에 올라 있다. 특히 통신매체를 사용하는 언어 의사소통은 하나의 생활이 되고 있다. 수많은 문자의 파형들, 변이형들, 그리고 파격적인 문장 및 텍스트 구성 등 너무나 잘 말을 글자로 서로 주고받는다. 청소년들에게 있어서 시간과 공간은 이미 무의미해졌다. 수업시간에도 책상 밑에서 핸드폰의 문자메시지들이 전송되고 전송되어온다. 엄지족들의 시선은 칠판을 향하고 있지만 손가락은 아름다운 춤을 추면서 문자배열을 만들어 낸다. 참으로 놀랍고도 신기한 일이 아닐 수 없다. 이

것이 미디어 시대 통신언어를 사용하는 청소년들의 생활 모습 중 하나이다.

이러한 문화적 현상에 대해 많은 각도에서 연구가 되고 이해하려는 접근이 있었다. 이 글은 그 중에서 통신언어 문자성의 현상적 측면들을 다소 쉽게 풀어서 독자들에게 전해보려고 한 것이다. 그러나 이것은 통신언어의 아주 작은 일부임을 독자는 유념해야 할 것이다. 더욱 포괄적이고 충분한 이해를 위해서는 또 다른 많은 것을 탐독할 필요가 있다. 첫째, 통신언어에 대한 치밀한 언어학적 분석에 대한 글을 탐독할 필요가 있다. 참고문헌에 중요한 몇 개의 연구들을 제시하였지만, 그 중에서 언어학적 접근으로는 박동근(2002), 사회언어학적 접근으로는 이정복(2002)를 읽어 보면 도움이 될 것이다. 둘째, 미디어문화, 그리고 통신언어의 교육적 접근이 어떻게 이루어지고 있는가를 살피는 일도 중요하다. 마찬가지로 참고문헌에 제시된 것 중 각론적인 것으로는 박인기(2000), 전현곤(2004), 정현선(2002), 최인자(2001)을 꼭 읽어 볼 필요가 있다. 세계 각국의 미디어 교육 및 매체별 교육론을 담은 김영순 외(2003)은 이 분야에 관심이 있는 사람들이 필히 읽어 보아야 할 도서이다. 셋째, 미디어는 하나의 문화라는 점에서 통신언어에 대한 문화적 접근이 필요하다. 구현정(2002)의 글에서는 통신언어를 언어학적 연구에 치중한 것에 대해 비판하면서 문화적 접근을 취하고 있다는 점에서 언어학적 측면과 문화적 측면의 시각을 함께 찾아 볼 수 있을 것이다. 이기우·임명진 옮김(1995)는 월터 J. 옹이 말하는 구술문화와 문자문화에 대한 견해를 잘 보여주고 있다. 언어문화의 이해를 위해서는 기본적으로 읽어둘 만한 도서이다. 마지막으로 통신언어는 결국 하나의 의사소통 체계로서의 언어이다. 따라서 언어일반론에 대한 기본적인 소양을 갖춘다면 이 글을 읽기가 다소 쉬워질 듯하다. 특히 우리가 사용하는 입말의 세계와 글말의 세계가 어떻게 구성되고 있는지를 알기 위해서는 최웅환(2002)을 읽어 볼 필요가 있다.

이 글을 써 가는 과정에서 비록 구체적으로 언급하지는 않았지만 다분히 필자는 지금의 통신언어 문화를 긍정하는 입장에 서는 것이었다. 물론 통신언어 자체가 가지고 있는 언어학적 문제점과 청소년들에게 미치게 될 부정적 정체성을 그냥 덮어두려는 것은 아니다. 그러나 통신언어 문화의 향유자이자 주체자인 청소년들의 영민함을 필자는 믿고 싶다. 청소년들의 통신언어 생활에서 보이는 상상력이 아름다움으로 남고 더 가능하다면 하나의 지적 재산으로 남기를 간절히

바란다. 이런 이유에서 필자는 달나라 토끼와 마시마로를 소개했다. 이제 다시 엽기의 마시마로

에서 아름답고 신비한 달나라의 주인인 그 옛날의 토끼를 불러와 주기 바란다.

▌참고문헌 ▌

박인기, 2000, 『국어교육과 미디어 텍스트』, 삼지원.

구현정, 2002, 신언어-언어문화 포스트모더니즘, 『국어학』39, 국어학회.

권연진, 2000, 컴퓨터 통신언어의 유형별 실태 및 바람직한 방안, 『언어학』7, 한국언어학회.

김영순 외, 2004, 『미디어교육과 사귐』, 연극과 인간.

김정자, 2003, 전자게시판 글쓰기에 대한 연구, 『국어교육연구』11, 서울대 국어교육연구소.

김진영, 2003, 미디어 의존 이론연구, 『언론과학연구』3-2, 한국지역언론학회연합회.

박동근, 2002, 통신언어의 유형에 따른 언어학적 기능연구, 『한말연구』10, 한말연구학회.

박동근, 2003, 통신언어의 생성 방식에 따른 생산성 연구, 『한말연구』12, 한말연구학회.

박인기, 2000, 『국어교육과 미디어 텍스트』, 삼지원.

오영수 · 김영순 외, 2003, 『지식의 사회 문화의 시대』, 경북대학교 출판부.

이정복, 2002, 『인터넷 통신언어의 이해』, 도서출판 월인.

이정복, 2003, 대구지역 대학생들의 게시글에 나타난 통신언어 분석, 『한국어학』21, 한국어학회.

임칠성, 2000, 컴퓨터 대화방 '글말'의 어휘에 대한 계량적 고찰, 『국어교육학연구』, 10, 국어교육학회.

전현곤, 2004, 전자미디어에 의한 청소년의 정체성 형성과 학교 교육의 변화방향에 관한 연구, 『교
　　　　육학연구』42-1, 한국교육학회.

정현선, 2002, 성찰적 문화교육으로서의 미디어리터러시 교육, 『국어교육학연구』14, 국어교육학회.

조오현 · 김용경 · 박동근, 2002, 『컴퓨터 통신언어 사전』, 역락.

최웅환, 2002, 입말의 세계와 글말의 세계, 『한국의 언어와 문화』, 경북대학교출판부.

　　　　2003, 언어문화의 이해와 읽기, 『지식의 사회 문화의 시대』, 경북대학교 출판부.

최인자, 2001, 『국어교육의 문화론적 지평』, 소명출판사.

한성일, 2003, 컴퓨터 대화방의 표현 양상과 국어교육적 방안, 『국어교육연구』11, 서울대 국어교육
　　　　연구소.

2부

정체성과 문화, 어떻게 읽을 것인가

6

〈스캔들〉, 한국적 사랑의 기표

김기국

영화 〈스캔들-조선남녀상열지사〉에는 수많은 사랑이야기가 담겨있다. 사랑이라는 감정에 담길 수 있는 두근거림과 보고파함, 그리움과 애달픔, 기다림과 외로움과 같이 사랑이 피어날 때의 상대를 향한 해바라기가 있는가 하면, 유혹과 무관심, 미움과 질투, 분노와 배신 등의 사랑이 타오를 때의 상대와의 밀고 당김도 찾을 수 있다. 하지만 무엇보다도 이 영화는 그 제목을 통해 적나라하게 밝혀주듯 사랑을 이룰 때의 열정과 쾌락이 스며있다. 조선 시대 남녀들의 상열지사라? 과연 이것이 가능했을 것인가? 이 질문은 우리가 알고 있는 상식으로는 결코 긍정적인 대답이 나오기가 싶지 않을 것이다. 그래서 영화는 '스캔들'이라는 제목을 앞세우는 것일까? 하지만 조선시대 사대부 사회로의 공간으로 두 시간이 넘는 여행을 마치고 영화관을 나오는 순간 관객들은 이 영화 속에 담겨진 한국적 사랑의 발칙함을 느낄 수 있지 않았을까 싶다. 온갖 화려한 색채로 치장된 새롭고 창조적인 시공 속에서 말이다.

이 영화에는 '아홉 해나 수절하며 열녀문까지 하사받아 유명해진' 정절녀를 향한 바람둥이 선비의 유혹과 사랑, 그리고 이를 부추기는 요부의 호사스럽고 불경한 게임의 전개과정이 있다. 그렇다면 유혹과 욕망, 질투와 음모, 배신과 사랑으로 점철된 이 영화에서 한국적 사랑은 어떻게 표현되고 있을까. 그리고 조선이라는 시대적 배경이 주는 선입견을 빗나가게 하는 사랑의 발칙함은 또 얼마나 등장하는가. 우리는 여기서 〈스캔들-조선남녀상열지사〉에 내재하는 한국적 사랑의 기표를 찾아보려 할 것이다.

모두가 알고 있듯이 영화는 언어 · 영상 · 음향 등의 통합적인 멀티 정보를 포함하고 있는 기호들로 이루어진 흥미로운 텍스트이다. 이 글에서는 영화에 등장하는 이들 다양한 기호들이 어떻게 어우러져 등장인물들의 독특한 사랑 방식을 구성하는지를 밝혀질 것이다. 이를 위해 우리는 영화라는 전체 텍스트를 이루는 기호들을 분절하고 조합하여 특유의 문화로 읽혀지는 과정을 기호학적 개념에 기초한 텍스트 분석 방법을 통해 구체적으로 드러내고자 한다. 즉 숏(shot), 신(scene), 시퀀스(sequence), 심지어는 시나리오 지문 등을 일차적인 텍스트로 삼아 목록화한 이후, 등장인물들의 사랑이 어떻게 전개되는지를 읽어보는 것이다.

오늘의 사회에서 가장 강력한 매체의 하나로 자리 잡은 영상텍스트에 대한 기호학적 글 읽기는, 작품에 대한 전통적 감상법이 가지고 있던 다분히 주관적이며 추상적인 이해에 그치는 한계를 구체적이고 체계적인 방법을 통해 텍스트에 담겨진 예술성의 일부분을 밝혀볼 수 있다는 장점을 가진다. 각 학문 분야의 특수성에 따른 개성과 창의성이 존중되는 오늘날의 포스트모던한 문화현상의 이해에 있어서 기호학적 방법론의 영화 텍스트에 대한 적용과 분석은 독자의 창조적이며 적극적인 자세를 통해 연구의 범위를 학제적으로 넓히는데 그 의의가 있기 때문이다. 이 연구를 통해 영화 텍스트에 스며있는 다양한 의미들을 해석하고 이해함으로써, 영상물이 둘러싼 현실과 문화를 올바르게 바라보고 판단할 수 있는 경험을 기대함은 과욕일까.

1. 닫힌 시대, 열려있는 사람들의 이야기

2003년 우리에게 '요부와 바람둥이의 정절녀 무너뜨리기' 라는 카피, 조선시대의 '예스럽고 럭셔리한 이미지' 로 무장한 채 '닫힌 시대, 열려있던 사람들' 의 이야기를 보여주는 영화가 〈스캔들-조선남녀상열지사〉(이하 〈스캔들〉로 약칭)이다. 이 영화는 '양반들조차 입에 담기 힘든 조선 최대의 스캔들' 을 '백의민족' 이라는 선입견을 깨부수면서 '보라, 빨강, 연두, 노랑 등 온갖 컬러로 주인공들의 욕망' 을 영화 속 의상과 소품 등을 통해 욕

그림 1 영화 '스캔들'

망의 시대에도 끈질기게 존재했던 사랑의 승리를 담고 있다. 또한 이 영화는 원작소설을 바탕으로 이전에 제작된 영화에서 보여준 '인간 본성에 대한 시니컬한 풍자' 보다는 '시대를 앞서간 젊은이들의 발칙한 사랑과 음모를 섹시하고 재치 있게 그린 완전히 새롭고 독특한 이야기' 라는 주장을 펴고 있다.

감독과 제작진, 그리고 배우들의 노력은 제 8회 부산국제영화제(2003. 10)가 '아시아 영화진흥기구상' (넷팩상 : Netwok for Promotion of Asian Cinema)을 〈스캔들〉에 수여함으로써 보답되었다. "18세기 프랑스 고전을 창조적으로 해석함과 동시에 한국적 정서와 동시대 아시아 문화를 독특한 관점으로 재구성한 공로"라는 심사평은 이 영화가 비교 대상으로 삼은 이전의 작품들과의 차별성을 분명하게 드러내는 부분일 것이다. 또

한 이 글이 목적으로 하는 영화 〈스캔들〉에 나타난 한국적 사랑의 발칙함과 조선의 사대부 사회를 배경으로 열린 사랑의 방식이 구체적으로 어떻게 표현되었는가에 대한 의문점에 답을 하는 계기가 되기도 하였다.

〈스캔들〉은 1782년에 발표된 쇼데를로 드 라클로(Pierre Choderlos de Laclos : 1741-1803)의 서간체 소설 『위험한 관계 Les Liaisons Dangereuses』를 원작으로 삼고 있다. 라클로는 이 작품에서 프랑스 대혁명 이전 진정한 사랑을 인정하지 못하는 고집스런 귀족 남녀의 파멸을 우아한 말투와 유혹에 가득 찬 성적 비유를 담아, '사랑'을 둘러싼 인간 감정의 흥망성쇠를 적나라하게 보여주고 있다. 라클로의 원작은 지금까지 다양한 감독에 의해 모두 5편의 영화가 제작되었는데, 이중 네 편은 영어 및 불어권에서 영화화되었으며, 우리가 다루려는 이재용 감독의 〈스캔들〉은 그 마지막 작품이다.

라클로의 원작을 바탕으로 이재용 감독은 시공을 초월하여 우리 앞에 여전히 현전하는 불순하고 운명적인 사랑을 우리의 방식과 문화로 펼쳐내고 있다. 이 작품을 영화로 만드는 과정에서 감독은 원작 소설이 발표되었던 프랑스 대혁명 이전의 귀족사회와 동일한 시간적 배경인 정조 시대의 사대부 사회를 제안하면서, 원작소설의 배경인 프랑스의 사회구조와 생활양식은 달라도 남녀의 상열지사, 즉 사랑에 대한 욕망과 감정은 프랑스의 귀족과 조선 후기의 사대부와 차별성이 없었을 것이라는 전제를 둔 바 있다.

그럼에도 〈스캔들〉과 원작 소설을 영화로 만든 다른 영화들과는 본질적인 차이가 있을 수밖에 없다. 왜냐하면 서구에서 제작된 영화들과 비교하여 〈스캔들〉에는 우리의 고유한 사랑의 방식이 녹아있기 때문이다. 특히 그토록 엄격하던 조선조 시대의 관습과 제약의 테두리 밖에서 사대부들이 펼쳐 보이는 사랑의 기표들과 이들 각각의 기표에 담겨진 한국적 사랑의 글읽기는 우리의 아름다움과 전통 속에 숨겨진 감정 표출의 문화를 찾을 수 있다는 점에서 흥미롭다 할 것이다.

2. 〈위험한 관계〉 : 〈스캔들〉

라클로의 소설 『위험한 관계』는 1789년 프랑스 대혁명이 일어나기 직전의 귀족사회에서 만연하던 도덕적 타락과 방종함을 십여 명의 파리 사교계 사람들 사이에 오고 간 175통의 편지를 엮어 만든 서간(書簡) 소설이다. 진정한 감정, 도덕적 선함, 종교적 성실성이 퇴폐적인 악에 물들어가는 사회의 결함을 그린 이 소설은 세상에 나오자 한 달 사이에 2천부나 팔려 당시로서는 커다란 성공을 거두게 된다. 하지만 작품에 내재된 죄악과 부도덕, 귀족계급의

그림 2 원작 소설

타락한 풍속, 신성 모독적인 이야기는 작가 라클로를 파리 사교계는 물론 군인으로서의 직업도 위협받게하는 스캔들로 비화되었다.

작가가 이 작품을 통해 독자들에게 전해주려는 교훈은 등장인물들이 교환하던 편지들로 구성된 소설의 형식을 통해 효과적으로 전달되는데, 독자들은 등장인물들이 벌이는 유혹의 게임에 담겨진 위선적인 계산

과 거짓된 사랑의 술책, 그리고 유혹의 세세한 과정 등을 알 수 있기 때문이다. 즉 방탕아 발몽(Valmont) 자작의 전략, 메르테유(Merteuil) 후작 부인이 순진무구한 소녀 세실(Cecile)과 경건하고 정숙한 투르벨(Tourvel) 부인을 속이기 위한 파렴치한 방법 등을 읽는 독자로 하여금 마치 공모자가 된 것처럼 생생하게 느끼게 해준 것이다.

홍미로운 점은 라클로의 이력에서 소설에 나타난 사랑과 유혹의 전략을 이해하는데 유효한 근거를 추측할 수 있다는 점이다. 라클로는 1741년 북프랑스의 소도시 아미엥(Amien)의 소 귀족 출신으로 열여덟 살 때 포병학교에 진학한 이후 프랑스의 여러 도시에서 근무하게 되는데, 그는 1779년 포병대위로 로슈포르 앞바다의 엑스 섬에서 파견되어 성을 쌓는 도중 이 소설을 집필하게 된다. 축성술의 경험은 저자로 하여금 작품 속 남녀간의 애정을 묘사함에 있어서 감정의 개입을 극도로 배제하면서 '공격과 방어라는 전략적인 관점'으로 다룬다거나, 악인의 파렴치한 행위들을 '애정이라는 가장 변하기 쉬운 정념의 지대' 위에 축조(築造)한 점과 연계되고 있다.[1] 다시 말해 『위험한 관계』에서 발몽과 메르테유 부인이 사랑의 감정을 모독하고 사랑 그 자체를 자신들의 힘과 감정의 절제를 확인할 수 있는 유혹과 정복으로서의 전략이나 기교로 환원시키는 과정이, 마치 성을 쌓듯이 치밀하고 절묘하게 기록되었다는 점이다.

하지만 "사람들을 타락시키기 위하여 악인들이 사용하는 방법을 폭로하는 것이 풍속에 이바지하는 것"이라고 라클로가 작품의 서문에서 밝힌 것처럼,[2] 이 소설은 풍자적인 내용과는 조금 반대로 결말은 상당히 인과응보적인 것이 눈길을 끈다. 이러한 점은 발몽과 메르테유 부인을 탄생시킨 사회에 대한 적개심의 표현

---

[1] 이러한 점은 라클로의 시대에 지배적이었던 '정열에 대한 찬미, 자연과 불가사의한 것, 불분명한 것에 대한 예찬' 등의 전기 낭만주의와 확연히 구별되는 것이었다. 『위험한 관계』, 박인철 역, 옮긴이의 해설, 559-560 쪽 참조.

[2] Laclos, *Les liaisons dangereuses*, GF-Flammarion, 1981, p. 17.

과 문란한 사회에서 돋보인 작가 자신의 개인적 의지의 발휘라는 지배적인 평가를 비추어 볼 때 이해가 가능할 수 있겠다.

라클로의 소설은 로제 바댕(Roger Badim)의 〈위험한 관계〉(1959), 스티븐 프리어즈(Stephen Frears)의 〈위험한 관계〉(1988), 밀로스 포먼(Milos Forman)의 〈발몽〉(1989), 로저 컴블(Roger Kumble)의 〈사랑보다 아름다운 유혹〉(1999) 등 지금까지 서구에서 모두 4편의 영화로 제작되었다. 이렇듯 하나의 원작에 대한 적지 않은 영화화 작업은 그 만큼 라클로의 소설이 시대를 뛰어 넘어 독자와 관객들에게 전해주는 의미들이 다양하고 본질적임을 증명해준 것이 아닐까. 그런데 흥미로운 점은 〈스캔들〉의 이재용 감독뿐만 아니라 주연 배우인 배용준과 전도연 또한 위의 영화 중에서 이구동성으로 프리어즈가 만든 영화 〈위험한 관계〉를 〈발몽〉이나 〈사랑보다 아름다운 유혹〉보다 더욱 인상적이라고 언급한 점이다. 물론 이러한 언급은 프리어즈의 영화가 보여주는 연출적 장점과 연기자들의 카리스마에 초점을 맞추고 있으며, 영화의 줄거리와 배경과는 상대적으로 관련이 없을 수 있겠다. 왜냐하면 이 영화는 밀로스 포먼의 〈발몽〉과 함께 원작의 줄거리와 배경을 충실히 따르고 있기 때문이다. 이 글의 이해를 돕기위해 소설의 줄거리를 제시해보자.

18세기 혁명 전야의 프랑스. 사치스러운 감미로운 생활에 취해 쾌락을 추구하는 파리 귀족사회, 사교계의 여왕인 메르테유 후작 부인은 옛 애인인 발몽 자작에게 자기를 배신하고 떠난 애인 제르꾸르 백작의 결혼 상대자인 세실 볼랑주의 순결을 빼앗아 줄 것을 요청하고 이를 통해 제르꾸르 백작을 사교계의 웃음거리로 만들 계획을 세운다. 엄청난 바람둥이인 발몽 자작은 사랑보다는 즐기기 위해서 자신과 비슷한 위치의 높은 지위의 여인들을 유혹하고 정복하며, 그 후에는 가차 없이 버린다. 발몽의 관심은 고모의 성채에 묶고 있는 정숙하고 아름다우며, 신앙심 깊은 투르벨 법원장 부인에게 있었다. 그러나 볼랑주 부인의 지속적인 경고의 편지와 발몽의 성급한 고백으로 인해서 법원장 부인은 발몽을 피하려고 백방으로 노력한다. 발몽은 자신을 나쁘게 말한 누군가가 있음을 알게 되고, 투르벨 부인의 하녀를 위협하여 그 사람이 볼랑주 부인이라는 것을 알게 된다. 발몽은 자신을 나쁘게 말한 볼랑주 부인에 대한 복수를 위해 메르테유 부인의 제안을 받아들인다.

한편 수녀원을 갓 나온 순진하고 다소 어리숙한 세실은 결혼을 앞두고 오페라에서 메르테유 부인의 소개로 당스니를 처음 만난 후, 음악 가정교사로 일하게 된 그와 사랑에 빠진다. 메르테유 부인은 세실과 당스니가 심상치 않음을 알게 되고, 세실에게 사랑에 대한 조언을 핑계로 당스니와의 관계를 조종한다. 편지를 주고받던 세실과 당스니는 메르테유 부인이 볼랑주 부인에게 고자질하고 세실과 당스니의 관계는 잠시 동안 끝나게 된다. 볼랑주 부인은 딸과 당스니가 편지를 주고받은 것을 알게 된 후에 세실을 수녀원으로 보내려고 하지만 메르테유 부인의 조언에 의해서 로즈몽드 부인의 집으로 보낸다. 하지만 메르테유 부인은 세실의 친절한 조언자로 자처하며 발몽은 당스니가 보내는 편지의 메신저가 돼준다. 서로를 끝없이 그리워하는 이들은 이제 발몽에 의해서 편지를 주고받을 수 있게 되는데, 발몽은 편지를 보다 쉽게 전해주기 위해서라며 세실의 방 열쇠를 빼내는데 성공하고, 세실의 처녀를 정복한다. 그 후 메르테유 부인에게 그 소식을 전하고, 메르테유 부인은 세실에게 즐기라는 편지를 써서, 세실은 발몽의 노리개가 되어

버린다.

메르테유 부인에 대한 의무를 이행한 발몽은 다시 투르벨 법원장 부인을 정복하는 일로 돌아온다. 발몽은 능숙한 언변과 기질을 발휘해서 끈질기게 투르벨 부인을 유혹하고, 투르벨 부인은 마음의 갈등으로 번민에 싸인다. 그러나 끝내 발몽을 물리치지 못하고 넘어가고 만다. 그녀의 선의는 발몽의 악의를 악의로 분별할 수 없었던 것이다. 발몽은 자신이 이루어낸 위대한 업적을 메르테유 부인에게 알리고, 그녀에게서 보상을 받으려 하지만 부인은 발몽의 업적을 인정하지 않는다. 그녀는 발몽의 편지에서 투르벨 부인에 대한 사랑을 발견하고, 그것을 발몽에게 말한다. 메르퇴이유가 내건 마지막 조건은 투르벨 부인과 결별하는 것. 처음에 메르테유는 이 대결을 투르벨 부인과의 경쟁으로 생각하고 발몽을 통해서 그녀에게 승리하는 쾌감을 즐기려고 했었지만, 발몽이 투르벨 부인에게 마음이 향할수록 양상이 달라져 그것은 발몽과의 대결이 되어간다.

투르벨 부인의 선의와 덕성에 마음이 움직인 발몽은 투르벨 부인을 진심으로 사랑 하게 되었지만, 자존심 강한 발몽은 자신이 사랑에 빠졌음을 인정하지 않고, 메르테유 부인의 말대로 투르벨 부인을 과감하게 버림으로써, 자신의 자존심을 회복하려고 한다. 하지만 메르테유 부인은 세실의 순결을 빼앗고, 투르벨 부인을 유혹하는데 성공하면 자신과 하룻밤을 잘 수 있도록 해주겠다는 약속을 이행하지 않는다. 메르테유 부인은 이때 당스니를 유혹하고 있었다. 발몽의 반대를 무릅쓰고 그녀는 결국 당스니를 유혹하고, 당스니와 관계를 갖는다. 발몽이 메르테유 부인의 집에 찾아 갔을 때, 그녀는 당스니와 함께 있었고, 발몽은 둘의 관계를 알아차린다. 약속을 지키지 않는 메르테유 부인에게 결국 발몽은 전쟁을 선포한다. 이에 메르테유 부인은 당스니에게 세실에 대해 저질렀던 발몽의 비행을 폭로해 버린다. 분개한 당스니는 발몽에게 결투를 신청하고, 발몽은 결투에서 져 죽게 된다. 그러나 발몽은 결투에서 메르테유 부인의 비리를 당스니에게 알리고, 메르테유 부인과의 편지를 당스니에게 건넨다.

로즈몽드 부인은 조카의 명예를 위해 취하기로 했던 소송을 중지시키고, 악랄한 악녀 메르테유 부인의 비리를 알게 된다. 한편 발몽에게 버림받아 시름시름 앓고 있던 투르벨 법원장 부인은 발몽이 죽었다는 소식을 듣고 결국 죽게 된다. 또 세실은 메르테유 부인의 부정한 소문을 듣고서는 자신의 죄를 감추고 살아갈 수 있는 방법으로 수녀의 길을 택한다. 위험한 관계에 대한 사람들은 모두 각자의 죄를 받은 셈이다. 이제 메르테유 부인 하나만 남았다. 재산 소송 사건 때문에 시골에 가 있던 이 부인은 자신의 비리가 세상에 퍼져 있음을 모르고 있었다. 파리로 돌아와 모든 것을 알게 된 부인은 전 재산이 걸려있는 재판에서 피소를 하고, 설상가상으로 천연두에 걸려 완전히 애꾸눈의 추녀가 되고 만다. 메르테유 부인은 결국 값진 물건들을 갖고 외국으로 도피한다.[3]

라클로의 원작소설을 토대로 적지 않은 감독들이 다양한 방식과 무대 배경의 변화를 통해 재해석하여 영

3 이야기의 구성적 측면에서 라클로의 원작은 스티븐 프리어스와 밀로스 포먼의 영화에 가장 근접하게 각색되어 있다. 프리어즈의 영화가 원작 소설의 줄거리를 최대한 반영하는 것에 비해, 〈발몽〉에서는 극중 여주인공의 하나인 세실이 발몽의 아이를 가진 채 권력을 쥔 제르꾸르와 예정된 결혼식을 올리고 당스니 기사는 새로운 발몽이 되는 것을 암시하면서 마치는 차이점을 보여준다. 이 두 작품을 제외한 로제 바딤의 〈위험한 관계〉, 한 로저 컴블의 〈사랑보다 아름다운 유혹〉에서는 각기 20세기 스위스 스키장과 현대 뉴욕을 배경으로 적지 않은 줄거리와 등장인물들의 변화가 뚜렷하게 나타나고 있다.

화로 제작한 것은 사랑과 감정, 유혹과 파멸이라는 주제가 갖는 보편성 때문일 것이다. 또한 사랑이라는 감정에 담겨진 유혹, 욕망, 그리움, 질투, 음모, 배신 등의 소재들이 일반적인 멜로 영화와 다르게 원작에서 표현되고 있기 때문이다. 정절녀를 정복하기 위해 요부와 바람둥이가 전개 시키는 치밀한 음모와 역동적인 작업과정과 정절녀와 바람둥이가 주고받는 아름다운 연서들은 관객들로 하여금 사랑이라는 인간의 본연적 감정에 몰입할 수 있는 기회를 주기 때문이기도 하다. 이처럼 세대와 국경을 초월하여 제작된 다양한 영화들이 존재한다는 것은 라클로의 원작 소설에 내재하는 본질적 가치를 입증하는 것이 아닐까. 그렇다면 서구에서 제작된 영화와는 다르게 이들 주인공들의 사랑 방식이 〈스캔들〉에서 어떻게 한국적 기호로 나타나는 것일까? 이제 영화 속 등장인물들의 한국적 사랑은 어떻게 다양한 방식으로 표출되는지를 찾아보자.

3. 그들이 사랑하는 방식

〈스캔들〉의 내용을 거칠게 요약하면 '아홉 해나 수절하며 열녀문까지 하사받아 유명해진' 정절녀를 향한 바람둥이 선비의 유혹과 사랑, 그리고 이를 부추기는 요부의 호사스럽고 불경한 게임의 전개과정이다. 등장인물들의 사랑방식이 어떻게 구성되어 있는지를 살펴보기에 앞서 우선 영화의 제목에 관심을 가져보자. 제목에 쓰인 '남녀상열지사' 와 '조선' 이라는 사뭇 이질적인 언어기호는 관객들에게 무언가를 암시하고 있다. 영화사가 제공하는 홈페이지의 영화소개 부분에도 언급되었듯,[4] 유교적 이데올로기로 대표되던 조선시대의 엄격한 윤리적 사회와 사

4 영화사 봄, 스캔들 웹사이트 http://www.thescandal.co.kr.

랑과 욕망에 대해 너그럽게 열려 있었던 고려시대의 남녀상열지사를 부제에 함께 담아냄으로써 관객의 무의식에 은밀한 기호적 파문을 전하고 있다. 제목에 스며있는 고려와 조선이라는 기호의 의미로 읽힐 수 있는 '우리 것'은 영어 기호인 '스캔들'과 병치됨으로써 다시 한번 이 영화가 결코 폐쇄된 조선 양반사회의 화석화된 욕망이 아닌 살아 숨쉬는 사랑의 드라마를 보여주는 것이다.

물론 〈스캔들〉이 원작으로 삼은 소설의 배경이 되는 프랑스 귀족들의 사교모임과 유사한 행사는 조선사회에서 불가능했을 것이다. 남녀의 만남은커녕 남녀칠세부동석이라는 '유교로서 나라의 근간을 세우고, 남자들은 군자의 예를, 여자들은 현숙한 부인의 예를 따르도록 하는' 조선 사대부 사회에서, 바람둥이 홀아비 선비와 대가 댁 열녀며느리 사이에서 일어난 치정 사건이 당시의 양반사회를 뒤흔든 스캔들이 되는 일이 가능했을 것인가에 대한 의문은 이 글에서 중요한 논점은 아니다. 왜냐하면 감독이 주장했듯이 "사교계가 없었고, 남녀의 유별이 있다는 게 이야기를 옮겨오는 데에 단점이 되지 않"기 때문이다.

오히려 자식을 낳지 못하는 조씨 부인이 가졌던 자신과 사회에 대한 염증, 과거에 급제하고도 관직에서 출세하기를 일찍 포기한 조원이 양반사회를 향해 품었던 냉소 등은 실학과 예술이 꽃피고, 봉건적 신분구조의 타파에 대한 의지가 그 어느 때 보다 강했던 정조 연간이라는 시대적 배경과 어우러져, 〈스캔들〉이 주장하는 '닫혀 있던 시대의 열려 있는 사람들'의 이야기 구조를 설득력 있게 전해주지 않을 까 싶다. 또한 이러한 점에서 〈스캔들〉의 시대 배경인 정조 18년(1770)과 원작 소설이 발표되었던(1782년) 혁명 직전의 프랑스와 동시대인 점은 필연적인 우연으로 여결질 수 있을 것이다.

그렇다면 유혹과 욕망, 질투와 음모, 사랑과 배신으로 점철된 이 영화에서 한국적 사랑은 어떻게 표현되고 있을까. 이를 위해 우리는 우선 영화에서 사랑의 장면, 다시 말해 좋아하고 다가가고 감정을 드러내거나, 거부하고 유혹하며 질투하는 등의 장면이 숏이나 연속된 숏으로 이루어진 신, 혹은 시퀀스로 드러나는 부분, 그리고 심지어는 시나리오에 표시된 지문 등을 일차적인 텍스트로 삼을 수 있을 것이다. 이후에 이들 장면들을 주인공별로 추출하고 사랑으로 맺어진 두 주인공들, 즉 조원과 숙부인, 조씨 부인과 조원, 조원과 소옥, 소옥과 인호 도령 등을 중심으로 분류된다.

1) 조원의 풍류아적 사랑

조선 최고의 바람둥이인 조원은 과거에 급제했지만 호위청 별장자리라는 관직도 마다한 선비이자, 시(詩), 서(書), 화(畵), 무예 까지 출중한 팔방미인으로서 세상풍파에 휘둘리지 않고 세상을 사는 풍류남아로 묘사되고 있다. 조강지처를 여의고 오래도록 혼자 사는 그는, 절개를 지키는 일이 아녀자에게만 해당되는 것이 아니며 백년해로를 할 사람은 오직 한 사람이면 충분하다는 주장을 펼치는 순정파인 것으로 등장한다. 하지만 알고 보면 하나 뿐인 마음 속 방에 들어앉는 여인이 하루에도 열 두 번씩 바뀌어 열 여인을 마다 않는 바람둥이이자, 뭇 여인을 농락하고 은밀한 사랑의 연대기를 그림으로 남기는 것이 취미인 호색한이 그의 진면목이다.

여기서는 영화의 주인공인 조원의 사랑이 어떤 기호로 드러나는지를 살피기 위해 보다 구체적인 장면들에 한정하여 기표를 추출하고자 한다. 이를 위해 우선 조원이 제시하는 여자를 유혹하는 병법에 대해서 알아보자. 조원의 병법은 "여자의 마음은 비록 닫혀 있더라도 그 품만은 언제나 사내를 향해 열려 있다는 믿음에서 출발하고 있다. 그는 여자의 마음을 흔드는 방법은 우선, "여자는 섬세한 족속"이라 여자의 유형에 따라 접근법이 달라야 하며, 잦은 만남에 운명을 느끼는 여자의 주변에 불쑥불쑥 나타나 상대의 마음을 흔들어야 하고, 또한 강한 남성에 이끌리는 여인의 속성을 활용, 흑기사를 가장하여 환심을 살 것, 마지막으로 감언이설이 들어간 편지로서 여인의 마음을 공략하여 사로잡을 것을 권유한다.

이처럼 희대의 바람둥이인 조원에게는 다년간 갈고 닦은 유혹의 병법과 동물적 육감, 그리고 끈질긴 집념으로 비록 그의 명성으로 인해 상대방이 품는 경계심이 남달리 높을지라도, 결국에는 그 어떤 여인이라도 그에게 몸과 마음을 바치도록 하는 백전백승의 냉혈호색한인 것이다. 특히 부드러운 미소와 곱고 선한 눈매, 다정한 연인으로서의 매력, 문무를 겸전한 능력, 능수능란하게 유혹의 게임을 풀어나가는 전략가 등과 같은 팔방미인인 조원의 다양한 면은 영화 속에서 다채로운 기표로 제시되고 있다. 이와 함께 유혹과 게임의 대상으로 접근한 숙부인에게서 진정한 사랑을 느끼게 되면서 변화되는 조원의 갈등과 행동들의 기호 또한 한국적 사랑의 요소를 추출함에 있어서 중요한 기표로 작용하고 있다.

영화에서 표현된 조원의 '풍류아적 사랑'에 대한 기호를 추출함에 있어서 우리는 조원이 주변의 여인들에게 접근하는 목표가 무엇인지에 초점을 맞추어서 분류하면, 숙부인에 대한 사랑의 기호는 단순한 유혹에서 진정한 사랑으로 변하는 과정이 표현된다. 이와 함께 조씨 부인에 대한 사랑에 대해서는 소유 또는 육체적 욕망이 더욱 강하게 드러나며, 소옥과의 관계에서는 유혹과 유희라는 특성이 돋보임을 알 수 있다. 이렇게 세 가지 관점에서 영화 속의 장면들을 분류하여 조원의 풍류아적 사랑이라는 방식을 구할 수 있는데, 이에 대한 구체적인 내용을 정리하면 〈표 1〉과 같다.[5]

5 표에서 '내용'에 대응하는 장면은 '스캔들'의 시나리오에서 발췌하였다.

표 1 숙부인을 향한 조원의 사랑

유혹의 기표		사랑의 기표	
내용	장면	내용	장면
천주학 집회에 후원금을 도와주고 자신의 존재를 숙부인에게 알리려 함	8	입맞춤에 혼절지경에 이른 숙부인을 보며 망설이다 놔줌	70
장검 손질, 예리한 칼날을 햇볕에 비춰봄	12	강화로 다시 숙부인을 찾아가 마침내 운우지정을 나눔	77-79
차를 가지고 숙부인에게 접근함	13	연경을 가자는 숙부인에게 그러자고 함	80
뱃머리에서 숙부인을 바라보는 조원	14	열흘 째 머물고 그림을 안 그린다고 말하며 연분이라는 자그노미의 말에 의구심	82
배에서 내리는 숙부인에게 도움주려 함	15	기생집에서 숙부인의 품행에 대한 소문을 전해 듣고 분개하는 모습	85
좌의정 집 후원 입구에서의 대화 장면	16	천주교도에 대한 박해에 관여한 조씨 부인에게 숙부인을 옹호하는 말을 함	87
서사(書肆)에서 숙부인에게 속마음 토로	26	자신을 찾아 온 숙부인을 냉대하며 변한 사랑을 말하며 이별을 고함 추월의 접근에 짜증을 보임	89
운종가에서 위험에 빠진 숙부인 구출	27	조씨 부인의 유혹을 거부하며 숙부인을 택함	90
산책길에서의 대화	28	숙부인의 모습을 그림	91
편지와 선물로 숙부인에게 새롭게 접근	30-32	기생집에서 대낮부터 술을 푸며 숙부인을 그리워 함 윤중원과 대화에서 자신의 속내를 비침	100
숙부인 별채에 침입 사랑을 고백	45	사경에도 말을 타고 강화로 가는 조원	102
강화도까지 찾아가 숙부인에게 마지막 속마음을 토로함	67	자그노미와 강화로 가며 진심을 말함	105
		마지막 편지로 자신의 사랑을 전함	106

제시된 도표를 통해 우리는 숙부인을 향한 조원의 사랑이 영화 속에서 어떻게 유혹의 기표에서 사랑의 기표로 점차 옮겨가는지를 확인할 수 있다. 좌측의 유혹의 내용을 담고 있는 영화의 장면은 우측의 사랑의 기표와 비교되어 상대적으로 영화 앞부분에 배치되어 있음이 이를 보여준다. 이들 각각의 장면을 구성하는 다양한 기호들은 그들이 수렴되어 있는 유혹과 사랑의 기표를 보다 구체적으로 드러내는데, 여기서 우리는 위에 제

시된 모든 장면들을 분석하기 보다는 몇 개의 예를 통해 조원의 사랑을 알

아보겠다.6

　　　　〈스캔들〉의 장면 #27은 운종가에서 길을 잃어버리고

한량들에게 희롱을 당하는 부분이다. 이 상황에서 조원은

숙부인을 구출하고 그때까지 그녀를 향해 접근하던 것과 다른 모습을 보

임으로써 숙부인의 마음에 강한 인상을 심는 유혹의 기교를 보여준다. 즉,

우연을 가장한 채 이루어진 대사('도대체 무슨 짓거리냐')와 간단하게 '부

채'로 치한을 제압하는 콘티 등의 대사 부분, 담장 아래 꼼짝 않고 웅크려

있는 숙부인의 모습, 거리를 온통 채우듯이 화려하게 움직이는 조원을 담

은 영상 부분은 서로가 어우러져 유혹의 기표로 읽혀질 수 있다. 또한 장면

#91은 숙부인에 대한 진정한 사랑을 체험한 조원이 그녀를 사랑하는 마음

을 미인도로 표현하는 부분이다. 흰색의 정결한 의복으로 순수한 마음을

보여주고 정성들여 여며진 여인의 옷고름을 그리는 조원을 담은 영상, 춘

6 본문에 인용된 스틸 컷은
모두 CJ Entertainment에서
제작한 〈스캔들-조선남녀
상열지사〉 DVD에서 추출
한 것임을 밝혀둔다.

표2　조원의 유혹과 사랑의 기표

	유혹의 시퀀스		사랑의 컷	
영상 부분 (컷)				영상 부분 (컷)
대사 부분	**조원** 도대체 무슨 짓거리냐! (...) 날렵하게 몸을 움직여 부채를 무기 삼아 간단하게 사내들을 제압하는 조원. 사내들, 분해하며 달아난다. **숙부인** (눈물이 그렁그렁한 눈으로 가슴을 진정시키며) 고… 고맙습니다. 정말로 고맙습니다.		조원, 숙부인의 초상화를 그리고 있다 그 동안 그리던 춘화들과는 달리 품격 있는 미인도 풍이다. (...) "나는 이제야 당신이 원하는 대로 행할 수 있는 사람이 될 수 있을 것 같소." (...)	대사 부분

화가 아닌 미인도 풍을 설명하는 콘티 그리고 조원의 진정을 표현하는 대사 등은 사랑의 기표로 작용할 수 있을 것이다. 이처럼 숙부인을 향한 조원의 사랑의 기표는 도표에서처럼 다양한 장면으로 표현되며, 이들 각 장면들은 모두 조원의 풍류아적 사랑이라는 특성을 내재하게 된다.

조원이 보여주는 풍류아적 사랑에서 조씨 부인과 소옥에 대한 사랑의 기표들 역시 앞에서와 같이 대표적인 예를 통해 확인해보자. 조씨 부인에 대한 욕망을 보여주는 기표는 장면 #4에서 확인할 수 있다. 매형인 유대감이 가문의 어른들로부터 후손을 보라는 압력을 빌미로 새로운 소실을 들이는 대화 중에, 조원은 조씨 부인의 질투를 유발하기 위해 소실의 나이를 언급한다. 동시에('그 아이 이제 막 열여섯이라면서요?'), 조원은 오래전부터 홀아비인 그에게 혼인의 이야기를 꺼낸 유대감에게 건넨 대답('외

표 3 조씨 부인과 소옥에 대한 조원의 사랑

유혹의 기표		사랑의 기표	
내용	장면	내용	장면
소실에 대한 조씨 부인의 질투 유발	4	유대감 집으로 오는 소옥에게 눈짓	17
조원이 조씨 부인에게 들꽃을 건넴	6	월하노인을 자청하며 소옥에게 접근, 인호에게 편지 쓰는 것을 돕겠다고 함	57
숙부인을 목표로 한 고백과 내기를 제안받자 슬그머니 손을 뻗어 조씨 부인을 만짐			
입김을 조씨 부인의 귓가에 부는 장면	18	방으로 찾아 온 소옥을 차분히 소유함	58
후원에 온 조씨 부인에게 내기를 상기하며 가까이서 속삭임	33	소옥과 치렀던 일을 화폭에 옮기는 조원	60
숙부인을 정복한다며 조씨 부인에게 상을 준비하라고 속삭이는 부분	76	소옥을 다시 찾은 조원의 사랑 행위	62
숙부인의 정복을 편지로 알리며 상을 받으러 간다고 씀	79	사랑을 나눈 후 유대감의 나이와 소옥 어미의 사랑 행각을 말하며 웃음	64
내기에 이긴 상을 받으러 조씨 부인을 방문, 기다림	84	한참 만에 소옥을 찾은 조원, 그녀의 기다림을 즐김	73
밤에 부용정 침실에 들러 조씨 부인과 인호가 함께 있음을 확인하고 돌아옴	86		

람된 말씀이지만 제 마음 속에는 한 사람 자리밖에 없는 듯 합니다')에서 우리는 욕망의 기표를 구체적으로 찾을 수 있다. 이와 함께 아래 제시된 도표의 내용을 통해서 소옥에 대한 조원의 사랑이 영화 속에서 어떻게 유희의 기표가 쾌락으로 그려지는지를 확인할 수 있을 것이다.

지금까지 밝힌 조원의 사랑의 기표를 통해서 우리는 조원의 사랑이 어떤 과정을 거쳐 유혹과 쾌락에서 열정과 사랑으로 변모하는지를 살펴보았다. 결국 조원이라는 인물이 보여주는 사랑의 방식은 "조선 사회가 정해놓은 삶의 규범을 외면하고, 뭇 여인을 농락하는 것으로 양반 사회의 허위를 비웃었던 이단아"인 풍류적인 사랑의 방식을 보여주고 있다고 평가할 수 있다.

2) 숙부인의 운명적 사랑

조선 최고의 정절녀, 지암 윤길진 대감의 며느리인 숙부인 정씨는 시집도 오기 전에 급사한 남편을 위해 9년간 수절하여 열녀문까지 하사 받은 정절로 이름 높은 청상과부로 등장한다. 첫날밤도 치루지 못한 여리고 고운 외모와 빈틈없는 행실의 청순한 숙부인의 높은 절개는 남정네들에게 있어서 가장 값진 차림새로 묘사되며, 이 점은 호색한인 조원에게도 예외는 아니어서 그의 유혹의 대상이 된다.

하지만 그녀의 가녀린 외모, '은장도를 품고 다니는 고리타분한 정절녀'의 모습, '부부의 연은 하늘이 정한 것이니 살아서도 죽어서도 한 지아비만 섬기'며 '어떤 유혹이 있더라도 온 힘을 다해 정조를 지키'려 하는 의지와 다르게, 밤이면 나라에서 국법으로 금지한 천주교를 믿고 낮에는 서민들을 돕는 모습 등에서 우리는 신념이 강한 한국 고전 여인의 전형을 발견할 수 있을 것이다. 이러한 숙부인의 뚜렷한 신념은 조원과 조씨 부인의 게임의 대상이 된 이후, 수많은 유혹 앞에서도 꿋꿋하게 지켜져 나가는 과정을 통해서 확인된다. 조원의 유혹 초기에 숙부인은 하인을 통하거나 발을 통해 외간 남자와의 대화를 시도하는 점이나, 조원의 무례함과 다가옴에도 불구하고 결례를 하지 않은 범위 내에서 자신의 주장을 모두 말하는 점 등은 모두 그녀의 강인한 모습을 보여주는 장면이라 하겠다.

하지만 유혹이라고 믿고 멀리했던 조원에게서 뜻밖의 사랑을 느끼게 되면서 그녀의 번민은 시작된다. 조원을 알고 난 후 오직 순수한 감정으로 사랑하게 되는 모습을 통해 우리는 그녀의 가슴에 숨겨져 있던 뜨거운 열정을 발견할 수 있다. 또한 사랑의 힘으로 사대부 아녀자의 규범을 뛰어넘는 결정을 내리고, 사랑하는 연인의 죽음을 접한 후 오연하게 스스로 몸을 던지는 모습에서 겉으로는 고요하지만 내면에 담겨진 진정한 사랑의 정체를 확인하게 된다. 이러한 그녀의 열정은 이미 유혹 과정의 초기에 보여주었던 완강한 거부에서 조금씩 마음속에서 피어나는 이성에 대한 관심에서 찾아진다. 봉숭아물을 들이는 숙부인의 모습, 조원을 만나러 외출할 때의 엷은 볼연지, 조원에게 정표로 받은 빨간 목도리를 헤어지는 와중에서도 끝내 놓지 않는 것, 그리고 마침내 결말에 이르러 그녀가 입은 처연한 핏빛의 치마까지 이 모든 것들은 한국적 사랑의 독특한 기표로 작용함을 알 수 있다.

숙부인의 '운명적 사랑'에 대한 기호는 크게 세 가지로 구별하여 제시될 수 있는데, 하나는 조원의 끈질긴 유혹을 거부하는 기표이며, 또 하나는 사랑을 적극적으로 표현하는 기표이다. 그리고 마지막은 조원의 거짓된 이별에 좌절하다 그의 진정한 사랑을 확인하는 부분이다. 이러한 관점에서 영화 속의 장면들을 분류하면 〈표 4〉와 같은 기표들을 찾을 수 있다.

거부의 기표		사랑의 기표	
내용	장면	내용	장면
조원의 등장에 손으로 가슴을 가림 조원의 차 선물을 받고 옆에 내려놓음 이모의 뱃놀이 제안을 거절하려 함	13	천주교 집회에서 기부금 내용을 듣고 조원을 바라보는 부분	23
조원의 눈길을 연꽃을 바라보면 외면	14	산책길에서의 대화 부분	28
배에서 내릴 때 조원의 손길을 거부	15	조원의 편지와 선물을 받고 그를 용서하며 머리를 두 번 쓰다듬는 부분	30
좌의정 집 후원 입구에서의 대화 장면	16	조원에게 답장을 쓰는 장면	31-2
이모의 권유를 조원의 소문을 들며 거부	20	방까지 들어와 넋두리 하는 조원의 구애에 어찌할 줄 몰라 한숨쉬는 부분	45
서사(書肆)에서 조원의 유혹을 거부	26	봉숭아 꽃물을 들이는 장면	61
조원의 거듭된 편지에 단호히 거부	31-2	강화도까지 찾은 조원의 고백에 갈등함	67
방으로 침입한 조원의 구애를 이승에서 인연 없음과 일부종사의 이유로 거부 :	45	조원이 떠난 후 밤새 고민하다 까닭 모를 눈물을 흘리며 슬퍼하는 부분	68
강화도로 찾아온 조원의 고백을 거부	67	편지를 전하려 조원이 묶는 절에 찾아 옴	69
절에서 자신의 방문 이유를 설명	70	입맞춤에 혼절지경에 이르며 무너짐	70
좌절의 기표		이모에게 조원을 향한 사랑을 고백	74
조원의 별채에서 연경으로 혼자 떠나려는 말을 확인하며 그 의도를 물음	89	바닷가를 거닐며 상념에 빠져있는 숙부인	76
후회하는 조원의 편지를 전하는 자근노미에게 그를 모른다고 답한 후 쓰러짐	93	강화로 다시 찾아 온 조원을 보며 눈물	77
몸져 누워있는 숙부인	99 101	조원과 운우지정을 나누는 장면	78-9
은실에게서 조원의 죽음을 전해 받음	106	연경을 가보고 싶다며 부부의 연을 토로	80
곱게 단장하고 집은 나선 후 얼어버린 저수지로 가는 숙부인	107-8	조원과 함께 한 가을에 대한 단상 토로	83
		조원을 보러 한양에 찾아 옴	88-9
		저수지에서 자진하는 숙부인	108

　　　조원의 접근과 유혹에 대한 숙부인의 반응은 냉랭한 무관심과 단호한 거부에서 출발한다. 조선이라는 시대적, 사회적 배경을 논외로 치더라도 남편을 잃고 시부모를 봉양하는 청상과부의 이러한 행실은 현대 사회에서도 일정 부분 당연한 반응이라 할 것이다. 하지만 우리는 영화 속 숙부

인이 보여주는 거부의 양태 중에서 놓치지 말아야 할 몇 가지 부분을 지적하고 싶다. 영화의 장면#13에서 우리는 이러한 예를 찾을 수 있다.

조씨 부인의 내당에서 숙부인과 그녀의 이모인 좌의정 부인이 환담을 나누는 도중, 조원이 불쑥 나타나는 장면에서 숙부인은 얼굴을 옆으로 돌림(시나리오 지문에 표기)과 동시에 손으로 가슴을 가리는 몸짓을 보인다. 또한 같은 장면에서 조원이 손님들(숙부인과 좌의정 부인)에게 차를 선물하는 부분에서도 좌의정 부인이 '받아도 될는지…' 라며 짐짓 거부하려다가 마침내 손에 쥐고 있는 것에 비해, 숙부인의 행동은 이모의 제안에 못 이겨 차 선물을 받았으나 곧 바로 탁자 한쪽으로 밀어 놓는 몸짓을 보여준다. 이처럼 조원이 보여주는 끈질긴 접근과 이어지는 호의에 대한 숙부인의 반응은 위의 도표에서 확인할 수 있듯이, 언어기호인 대사로만이 아니라 몸짓 기호로도 거부의 기표를 보여주고 있는 것이다. 결국 숙부인이 보여주는 거부의 몸짓은 그녀의 내면에 깊숙이 자리 잡은 정절에 대한 무의식적 표출이라 할 것이다. 다시 말해 그녀의 정숙함은 남정네의 그 어떤 접근과 호의에 대해서 한 치의 틈도 허락하지 않는 본능적이자 도덕적인 거부인 것이다.

하지만 숙부인이 보여주는 거부의 몸짓과 대사야 말로 우리가 〈스캔들〉에서 찾고자 하는 한국적 사랑의 발칙함을 풍성하게 해주는 장치이진 않을까. 왜냐하면 굳건했던 숙부인의 닫힌 감정이 조금씩 풀어져 붉고 뜨거운 열정으로 타오르는 과정에서 보이는 사랑의 기표들은, 관객으로 하여금 과연 조선시대 정절녀와 홀아비 선비 사이의 그토록 정열적인 사랑이 가능했을 것인가라는 의문을 던져주고도 남을 정도로 농밀하고 애절하기 때문이다. 조원의 죽음을 전해들은 숙부인이 이승에서 못다 이룬 사랑, 조원을 향한 자신의 사랑을 운명적으로 보여주는 장면#108에서 우리는 숙부인이 품었던 사랑의 실체를 공감할 수 있을 것이다. 위선적 사랑과 편협한 도덕이 지배하는 조선 사회를 떠나 미지의 세계인 연경에서 자신의 사랑을 가지려던 숙부인의 애달픈 사랑은 저수지의 깊은 심연으로 가라앉게 될지라도, 수면으로 떠오른 빨간 목도리는 두 사람이 나누었던 진정한 사랑의 징표로서 우리에게 그 실체를 웅변적으로 드러내고 있는 것

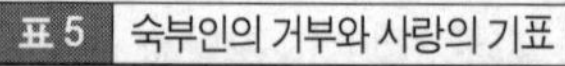

표 5 숙부인의 거부와 사랑의 기표

	거부의 시퀀스	사랑의 컷	
영상 부분 (컷)	(이미지)	(이미지)	영상 부분 (컷)
대사 부분	이때 문소리가 나고 남자 헛기침 소리가 들리자 모든 시선이 문 쪽으로 향한다. 깜짝 놀라 부채로 얼굴을 가리며 내외를 하는 좌의정 부인과 고개를 슬며시 돌리는 숙부인. **좌의정부인** 에그머니… 웬 남정네가 내 당에 까지…	**숙부인** 이승에선… 인연이 없다 하지 않았습니까… 굳은 뺨 위로 눈물이 흐르기 시작하고 저수지 얼음 위로 한 발을 내딛는 숙부인. 얼음 갈라지는 소리가 사방에서 들리기 시작하고 점점 깊은 곳으로 걸어 들어가는 숙부인 (…) 심연으로 가라앉는 숙부인. 빨간 목도리만이 물 위에 떠 있다.	대사 부분

이다.

3) 조씨 부인의 냉혹한 사랑

조선 최고의 요부인 조씨 부인은 겉으로는 사대부 현모양처의 삶을 살면서 섹시한 카리스마로 남몰래 남자들을 유혹하고 정복하는 여인으로 등장한다. 조씨 부인은 어려서부터 오라버니들 어깨 너머로 사서삼경과 각종 병법을 익힌 뛰어난 두뇌의 소유자로 장부의 재능을 타고 났으나 조

선 시대에 여자로 태어난 것에 불만과 한을 지닌 위험한 여인이기도 하다. 따라서 '사대부가 최고라 칭송받는 화려하고 기품 있는 미모'를 활용하여 유혹과 정복의 게임에서 막후의 주도권을 쥐고 흔드는 그녀에게 있어서 사랑이란 감정은 '가당치도 않은 소리'일 것은 당연하다. 그녀의 마음엔 오직 상대를 '갖고자 하는 마음과 가질 수 없으면 부수어 버리고픈 마음, 이 두 가지' 목표만이 존재하기 때문이다.

조씨 부인의 냉혹한 사랑은 청초하고 때 묻지 않아 막 피어난 꽃봉오리 같은 열여섯의 소실을 들이려는 남편 유대감을 향한 복수와 조원 및 인호 도령을 향한 유혹의 책략에서 잘 드러나고 있다. 그녀의 첫 번째 책략은 은밀한 복수이다. 제3자인 사촌 동생 조원으로 하여금 소실인 소옥에게 애를 배게 해달라는 부탁에서 드러나듯 복수는 상대가 모르게 이뤄져야 한다는 것이다. 왜냐하면 이렇게 비밀스레 복수가 진행될 때 그녀는 더욱 재미를 만끽할 수 있다고 느끼기 때문이다. 두 번째 책략은 냉정한 상황 판단과 확실한 미끼이다. 조원이 자신이 부탁한 소옥을 거부하고 숙부인 정씨에 대한 관심을 표명하자 그녀를 무너트리는 대가로 조원이 늘 바래왔지만 가질 수 없었던 그것(조씨 부인의 몸)을 제안한 것에서 우리는 이러한 책략을 엿볼 수 있다. 마지막 세 번째 책략은 인내와 집요함이다. 소옥을 정복토록 오랫동안 조원을 유도하는 부분과 소옥의 첫경험에 대한 고백을 듣고 마음이 통한 사랑과 정을 통한 사랑을 따로 두어야 한다며 자신의 적인 소옥을 조금씩 미혹시키는 것이 바로 그러하다.

이처럼 조씨 부인은 명민한 두뇌와 자신의 매력을 객관적으로 파악하여 활용하는 지혜를 골고루 갖춘 여인으로, 화려한 의상과 장신구로 무장한 채 유혹과 배신의 게임을 전쟁터로 여기며 다양한 병법과 책략을 지닌 전략가로서 냉혹한 사랑으로 백전불패하는 것이다. 하지만 그녀에게도 치명적 실수는 있었으니, 그것은 사랑을 무시한 채 게임에 대한 집착이 지나친 나머지 자기도 모르게 진실한 사랑의 감정을 놓쳐버린 사실에 있다. 숙부인에 대한 조원의 사랑이 진심임을 알면서 그녀에게 피어나는 질투의 감정, '가질 수 없는 건 부숴버린다'는 게임의 법칙으로 결국 조원의 죽음을 가져온 현실, 그리고 그 소식을 듣고 오열하고 중국으로 피신하는 배 위에서 조원이 처음 집에 당도했을 때 준 들꽃을 보며 짓는 허망한 미소 등이 그녀의 냉혹한 사랑에 내재한 본질의 일면을 드러낸 것이 아닐까. 하지만 우리는 그럼에도 조씨 부인은 시대가 여자에게 강제한 삶을 벗어나 능동적으로 다른 삶을 모색한 강인한 여자로 기억해야 할 것이다. 비록 그 유혹과 사랑의 결말이 파국으로 끝났음에도 불구하고 말이다.

조씨 부인이 보여주는 '냉혹한 사랑'의 기호는 그녀 주변의 남자, 즉 조원과 인호 도령을 유혹하고 정복하기 위한 기표와 그녀와 경쟁상대인 여자, 즉 소옥과 숙부인에 대한 질투와 파괴의 기표, 마지막 장면에서 짧게 나타난 후회의 기표로 분류할 수 있다. 이러한 관점에서 영화 속의 장면들을 분류하면 〈표 6〉과 같은 기표들을 찾을 수 있다.

조씨 부인의 '냉혹한 사랑'을 구체적으로 보여주는 것은 그녀의 정복욕과 어우러진 파괴의 본능이다. 그녀에게 있어서 사랑은 '말라비틀어진' 감정이며 사랑에 대한 기대는 '천치 같은 소리'일 뿐이었음은 조원과 나누는 대화를 통해서 확인되며(# 33 : 유대감집-후원정자), 결국 유혹을 통한 정복과 질투와 파괴를 통한 복수만이 그녀의 삶을 지배하고 있음을 우리는 쉽게 확인할 수 있다. 장면 #47은 조씨 부인이 이미 소옥과 인호와의 밀애 정보를 기와 밑에 숨겨진 편지로 입수한 후, 그 현장을 급습하는 장면이다. 그리고 당황해 하는 인호를 가마에 태운 채 '숙정문'으로의 정복 여행을 떠남과 동시에, 남편 유대감을 향한 복수를 위해 소옥을 조원에게 넘기려는 후일의

유혹과 정복의 기표		질투와 파괴의 기표	
내용	장면	내용	장면
소옥을 유혹하라며 내기를 제안	6	소옥에게 애를 가짐으로써 남편에게 복수하고픈 욕망을 조원에게 표현 숙부인의 처녀성을 내기조건으로 내 검	6
인호와의 첫 상면에서 과거에 도움 될 만한 서책으로 유혹의 빌미를 잡음	9	조원이 상기시킨 사랑에 대해 격하게 거부함	33
숙부인을 향한 조원의 시선을 보며 얼굴을 굳힘	14	소옥의 고백을 이해, 묵인하며 소옥에게 인호와 서신교환을 허락함과 동시에 인호의 오해를 소옥에게 말하는 부분	50
후원의 조원에게 내기와 상을 다시 언급	33	조원과의 밤을 보낸 고백을 하는 소옥을 안심시키며 사대부 아녀자의 행태를 전함	59
찾아온 인호에게 서신으로 감정을 표현하라고 권유	36-7	조원의 방문에 반기는 소옥을 물러가게 하고, 소옥의 맥없음을 지적 / 조원이 숙부인에 대한 승리를 예고하자 짜증을 냄	76
월장하여 소옥을 만나는 인호를 자신의 가마로 들여 유혹함	47-9	숙부인을 정복했다는 조원의 편지에 반감을 표하며 편지를 불에 태움	79
조원이 요구하는 상을 거부하며 새로운 정인의 등장을 내 비침	84	사랑에 빠진 조원을 질타하는 편지를 씀	84
인호와 부용정 침실에서 사랑을 나누는 장면을 조원이 엿본 것을 눈치 챔	86	숙부인을 옹호하는 조원을 윽박지르며 그의 사랑을 질투함	87
숙부인을 내친 조원에게 유혹을 손길	90	자신의 유혹을 거부하는 조원을 협박 조원의 떠남에 분노하며 화병을 깸	90
후회의 기표		소옥과 조원의 통정 사실을 소옥의 글로 가장하여 인호에게 보냄	95
조원의 죽음을 듣고 오열하는 장면	109		
중국행 돛단배에서 조원의 첫 방문 때 받은 들꽃을 펴보며 짓는 허망한 표정	115		

계책까지도 성공시키고 있다. 결국 조씨 부인이 소옥과 인호의 만남을 은연 중에 제공하고 그들의 사랑을 부추기려는 일련의 행위는 그녀가 추구하는 정복과 파괴의 삶을 위한 냉혹한 포석이었던 것이다.

정복의 기표들과 함께 조씨 부인의 냉혹한 사랑을 드러내는 것은 그녀의 파괴적 성향이다. 소옥의 처녀성을 가지라며 조원을 자극하는 장면과 숙부인에 대한 조원의 사랑을 알게 되자, 그녀를 정복했다는 증거로 '스물일곱 묵은 처녀의 피'를 요구하는 장면에서 공통적으로 읽을 수 있는 의미는 질투의 상대에 대한 공격적인 파괴성이다. 그리고 이러한 조씨 부인의 파괴 대상은 여인에게만 향하는 것이 아니라 영화의 마지막 부분에서는 그녀의 오랜 상대인 조원에게까지 미치고 있다. 아래의 표에서 확인할 수 있는 것처럼 영화의 장면 # 90에서 조원이 그의 사촌 누이인 조씨 부인에 대해 평가하는 대사(누이를 알다가도 모르겠어… 갖을 수 없는 것을 부수고자 하는 마음)에서 우리는 그녀가 발산하는 파괴성의 일면을 확인할 수 있다.

표 7	조씨 부인의 정복과 파괴의 기표 정복의 시퀀스

	정복의 시퀀스	파괴의 컷	
영상 부분 (컷)			영상 부분 (컷)
대사 부분	**조씨 부인** (짐짓 허둥대며) 아랫것들이 보면 아니 될 터인데… (발견했다는 듯이 가마 문을 들추며) 우선 이리로 숨으시오. 어서! 인호 가마 안으로 몸을 구겨 넣는다. (..) 흔들리는 가마 안. 조씨 부인의 목덜미에 바짝 붙어 조씨 부인의 체취에 달아오른 인호의 얼굴. 돌아보지 않고도 알만하다는 듯 재미있어하는 표정을 짓는 조씨 부인.	**조원** (슬픈 미소를 띄며) 누이를 알다가도 모르겠어. 잘 안다고 생각했는데… 이제 와 보니 하나도 모르겠어. 오직 갖고자 하는 마음과 갖을 수 없는 것을 부수고자 하는 마음, 두 가지 밖엔 없는 사람 같아. **조씨 부인** (웃는 얼굴로 굳어진 듯 하다 소름끼치는 목소리로) 그래서…? 어느 쪽으로 가고 싶은 것인데?	대사 부분

4) 소옥의 순진한 사랑

　　종로 육의전 상인 이고탁의 무남독녀인 소옥은 조씨 부인의 남편인 유대감의 소실로 내정된 이팔청춘, 열여섯의 소녀이다. 영화 속 유대감이 표현한 것처럼 그녀는 '청초하고 때 묻지 않은 것이 막 피어난 꽃' 처럼 고운 외모와 순진무구한 성격으로 설정되고 있다. 하지만 남편에게 은밀한 복수를 하려는 조씨 부인의 포석대로 이웃집 좌의정 대감의 막내아들인 인호 도령과의 애달픈 첫 사랑을 나누게 된다.

　　소옥은 과거에 도움이 될 만한 서책을 받으러 온 인호에게 책을 전해주면서 그에게 한눈에 반하게 된다. 옷깃, 눈길, 손끝만 스쳐도 후끈거리는 혈기 방장한 나이, 열여섯의 소옥은 그 후 담 위에 얹은 기왓장을 매개로 사랑의 편지를 주고받는다. 인호 도령을 향한 소옥의 상태는 '서찰을 읽다 보니 정신이 아득하고 심신이 혼미하여 어찌할 바'를 모르고, '도련님 모습을 가까이서 뵐 수만 있다면 생명을 내어 놓은들 무에가 아깝겠습니까'라고 답신하고, 새벽부터 상대를 기다리거나 '내일 해가 돋을런지요'라는 표현에서처럼 조바심을 보일 정도로 드러난다.

　　하지만 그녀의 순진하고 열병 같은 첫사랑은 조원의 유혹과 조씨 부

표 8　조원과 인호를 향한 소옥의 사랑

사랑의 기표		거부와 유희의 기표	
내용	장면	내용	장면
인호와 눈이 마주치자 책을 떨어뜨리며 어쩔 줄 몰라 고개를 돌림	25	소실자리로 들어오며 마주친 조원의 눈짓에 당황	17
좌의정 댁에서 들리는 인호의 글 읽는 소리에 귀 기울이며 연모의 감정을 보임	34	조원의 방에 편지를 쓰러 가서 유혹을 거부하는 부분	58
담 위 기왓장에 감춰진 편지를 꺼낸 후 읽고 좋아하며 새벽에 월장하는 인호를 기다리마고 답장을 씀	40-42	사랑을 나눈 후 조원과 어미와의 통정을 듣고 흥미를 가짐	64
별채 뜰에서 인호와 만나 손목을 잡음	44	조원의 방문에 반기며 맞이하는 소옥	73
손을 잡은 채 달아 오른 얼굴로 파르르 떨고 있는 소옥	46		

	사랑의 시퀀스	유희의 시퀀스	
영상 부분 (컷)			영상 부분 (컷)
대사 부분	편지를 꺼낸 기왓장에 자신의 편지를 끼워 놓고 사라지는 소옥. "도련님의 세 번째 서찰을 읽다 보니 정신이 아득하고 심신이 혼미하여 어찌할 바를 몰랐습니다 (..) 하지만 소녀 역시 도련님 모습을 가까이서 뵐 수만 있다면 생명을 내어 놓은들 무에게 아깝겠습니까? 내일 새벽 기다리고 있겠습니다. 아! 내일 해가 돋을런지요."	조원　네 어미도 한때 정인이 있었단다. 너희 아비가 중국에 간 사이였지. 아마… 소옥　저, 정말요? (…) 그런데, 나리는 그걸 어떻게 아세요? 조원　(소옥의 눈을 그윽히 들여다보며) 그 정인이 나였으니까. 소옥　(눈이 동그래지며 잠시 할 말을 잃고 있다가) … 어쩜… 세상에… 믿을 수가 없어요. 어떻게 이런 인연이 다 있을 수가 있죠?	대사 부분

인의 복수심에 의해 새로운 상황으로 변화되어 전개된다. 다시 말해 사대부가 부인네들 가운데서 정인 하나 안 둔 사람이 없다는 조씨 부인의 말처럼, 소옥은 마음 따로 몸 따로 또 책의 가르침 따로 현실 따로 라는 새로운 사랑의 방식을 체득하게 된 것이다. 조선 최고의 바람둥이와 요부로부터 훈련과 지침을 받으며 소옥은 양반 사회의 이중성과 이면을 몸으로 깨쳐 감으로써 제 2의 조씨 부인이 되어 간다.

소옥이 보여주는 '순진한 사랑' 의 기호는 그녀의 첫 사랑인 인호 도령에게 보여주는 감정의 기표와 조원과 함께 여인이 된 이후 드러내는 기표로 분류할 수 있다. 이러한 관점에서 영화 속의 장면들을 분류하면 〈표 8〉과 같은 기표들을 찾을 수 있다.

〈스캔들〉' 에서 보이는 소옥의 변신은 조원과 숙부인 사이에서 피어나는 유혹과 거부, 그리고 사랑의 기표만큼이나 영화 속에서 파격적임을 알 수 있다. 조씨 부인의 말을 따라 서책을 전하던 중에 마주친 옆집 도령 인호를 본 순간, 한눈에 반해버린 그녀의 두근거리는 사랑, 사대부 대감 댁의 소실이라는 자신의 처지를 생각도 못한 채 그저 가슴에서 피어나는 열정에 마음을 내맡긴 채로 인호의 월장에 기뻐하는 소옥의 사랑은 방년 열여섯 소녀의 순진무구한 사랑임에는 틀림이 없을 것이다.

하지만 조원의 음험한 제안에 속절없이 넘어가 하룻밤을 보낸 다음 날, 부용정 안방에서 넋이 나간 채 허공을 맥없이 바라보던 순진했던 소옥의 모습은 그녀의 어미가 한때 자신의 순결을 앗아 간 조원의 정인이었다는 말을 듣고서도 놀람을 표하기 보다는 재미를 느끼며 남자의 품으로 파고드는 여인으로 변하고 있다. 이제 소옥은 마음은 인호에게 몸은 조원에게 그리고 시집은 유대감에게 가야하는 자신의 처지를 비관하기 보다는, 마음 통한 사람과 정을 통할 사람을 동시에 둘 수 있다는 새로운 이치를 깨닫고 실천하는 변모한 모습을 보여주게 된다.

4. 사랑의 방식에 나타난 한국적 사랑

앞 장에서 우리는 〈스캔들〉에 나타난 사랑의 기표들을 주인공들을 중심으로 몇 가지 사랑으로 나누어 정리하였다. 영화의 주요 등장인물들이 보여준 사랑 방식과 이들 방식들이 어떤 등장인물들 사이에서 발생하는지를 묶어보면 다음과 같은 형태로 이루어진다. 이제는 이렇게 밝혀진 사랑의 방식,[7] 즉 유

7 사랑의 방식으로 표출되는 '유혹, 거부, 욕망, 유희, 정복, 질투, 파괴, 사랑' 등은 기호학적 개념에서 접근하면 '동위소' (isotopy)로 이해할 수 있다. 등장인물들의 보여준 다양한 사랑을 이루는 기표들에 공통적으로 내재하는 특성을 동위소로 읽는 과정은 이 글에서는 생략하였다. 이러한 과정에 대한 실제적인 예는 『대중문화 낯설게 읽기』의 「'신창원 사건' 보도 뒤집어 보기」를, 그리고 동위소 개념에 대한 설명은 기호학에 관련된 참조 문헌을 통해 이해할 수 있다.

혹, 거부, 욕망, 유희와 정복, 질투와 파괴, 사랑의 틀에서 출발하여 〈스캔들〉에 내재된 사랑의 방식과 각각의 방식에 스며있는 한국적 사랑의 표현들을 찾아보자.

1) 욕망의 방식

영화 속에서 주인공들이 펼치는 유혹과 사랑 이야기들에는 일정 부분 상대를 향한 욕망이 담겨져 있다. 숙부인을 향한 조원의 접근, 조원과 조씨 부인 사이에서 이루어지는 팽팽한 내기에는 상대방을 육체적으로 소유하고 정복하려는 욕망과 함께 자신들의 내면에 담겨진 사랑에의 거부감과 두려움을 회피하고자 하는 욕망 등이 스며있는 것이다. 심지어는 조원의 끝없는 유혹에 완강히 저항하던 숙부인에게서도 우리는 조금씩 싹트는 사랑이란 감정에 자신을 내맡기려는 가녀린 욕망도 찾을 수 있다. 물론 소옥과 인호 사이에 일어나는 한눈에 빠져 버린 첫사랑의 열정에서 우리는 아무 것도 모른 상태에서도 그저 상대와 함께 있고픈 욕망도 발견할 수 있겠다.

하지만 여기서 우리가 제안하는 '욕망'의 방식은 조원이 조씨 부인에게 품은 육체적 욕망에 대한 부분으로만 제한하였다. 왜냐하면 위에서 언급한 욕망 가운데 조원의 욕망을 제외한 다른 것들은 모두 영화 속에서

표 10 등장인물의 사랑 방식

사랑 방식	발생 등장인물		
욕 망	조원 → 조씨 부인		
유 혹	조원 → 숙부인	조씨 부인 → 조원	조씨 부인 → 인호
거 부	숙부인 → 조원	소옥 → 조원	
유희/정복	조원 → 소옥	조씨 부인 → 조원/인호	
질투/파괴	조씨 부인 → 인호/숙부인		
사 랑	조원 ↔ 숙부인		

구체적으로 표현되지 않을 뿐더러 유혹이나 사랑의 방식으로 정리 할 수
있기 때문이다. 그런데 조씨 부인을 향한 조원의 욕망에서 주목할 것은 등
장인물들이 보여주는 여타의 다양한 사랑 방식과 비교되어, 욕망의 표현
이 상대적으로 농밀하고 직접적으로 표현되지는 않는다는 점이다. 두 사
람 사이의 내기가 시작되는 시점에서 조원을 유혹하듯 자신의 신체를 열
어놓는 조씨 부인에게서 조원이 얻는 부위는 기껏해야 그녀의 종아리에
그치고 만다.[8] 그리고 숙부인을 정복하는 일의 진
척을 알려주면서 내기에 걸린 상을 준비하라는
대화에서도 조원의 행동은 그저 그녀의 귓가에
속삭이는 것이 다 일뿐이다. 그런데 우리는 조원
과 조씨 부인이 보여주는 감칠 맛 나는 이러한 신
체적 접촉에서 오히려 한국적인 사랑의 표현을
읽을 수 있지는 않을까.

[8] 조원과 조씨 부인 사이에서 일어나는 욕
망의 표현은 영화와 시나리오에서 차이점
을 보이고 있다. '발을 내밀고' , '정강이를
쓰다듬는 영화 속의 유혹과 욕망에 비해서
시나리오에서는' 살며시 다리사이를 벌린
다 '와 ' 손을 조씨 부인의 허벅지 위에 얹
는다 ' 등의 농밀하고 육감적인 지문으로
표현된 것이다. 아마도 이재용 감독은 시
나리오가 주는 묘사의 파격을 영화 속에서
조금 완화시킨 것은 아닐까? 그렇다면 그
이유는 무엇일까를 생각해 보는 것은 우리
의 몫일 것이다.

2) 유혹의 방식

다채로운 방식으로 다양한 등장인물들 사이에서 벌어지는 유혹의
방식은 영화에서 가장 풍부하게 제시되는 기호이자 '스캔들' 의 진정한 묘
미를 맛볼 수 있는 표현이기도 하다. 당연히 '유혹' 의 백미는 이 영화의 중
요한 주인공인 조원이 숙부인에게 건네는 강도 높은 접근일 것이다. 영화
속에서 조원은 이미 전부터 숙부인의 존재를 알고 있었음이 드러나 있지
만, 그녀와의 실질적인 첫 만남은 사촌누이인 조씨 부인의 내당인 부용정
에서 이루어진다. 그리고 이때부터 희대의 바람둥이가 벌이는 끈질긴 유혹
이 시작됨을 확인할 수 있다. 남정네의 출입이 엄격히 제한되었던 내당으

로 찾아간 조원의 첫 수작은 조강지처를 못 잊어 혼자 지낸다는 좌의정 부인의 말에 대한 답에서 출발한다. 그는 '절개를 지키는 일이 어디 아녀자에게만 해당' 되느냐 반문하면서 선암사 주지스님이 손수 덖은 차가 담긴 은제차합(銀製茶盒)을 이들에게 내민다. 이 장면에서 흥미로운 것은 조원의 등장이 갖는 능동성에 있다 하겠다.9 유혹의 대상에게 접근함에 있어서 언제나 적극적으로 한발 앞서 나가 맞이하는 조원의 진면목은 여기서 드러난다.

하지만 조원의 적극적 유혹이 상대에게 받아들여지는 것은 아니다. 좌의정 집 후원에서의 뱃놀이가 파한 후 배에서 내리는 숙부인에게 헛되이 건네진 조원의 손길에서 우리는 남녀가 유별한 조선 시대의 엄격한 윤리를 재발견하게 된다. 그리고 여기에서 우리는 상대에게 권하되 강요하지 않는 한국적 미덕을 찾을 수 있지 않을까. 이러한 미덕은 차합의 전달을 미끼로 인연을 쌓아 가려는 조원의 집적거림에 매몰차게 반응하는 숙부인의 답변과 그녀의 차가운 대답과 단호한 눈길에 주춤하며 비켜서는 조원의 행동에서도 나타난다.

한국적 사랑의 기표로서 조원이 숙부인에게 처음으로 사랑의 감정을 토로하며 손을 잡은 공간이 운종가 서사(書肆)임을 주목해보자. 비록 조원의 사랑 고백과 신체적 접촉이 숙부인의 완강한 뿌리침으로 헛되이 끝났을지라도, 그들의 만남이 중인(衆人)환시(環視)리가 아니라 은밀하고 폐쇄된 공간에서 이루어졌음을 기억해야 한다. 당시의 도덕과 관습에서 자유로운 조원이라도 사대부의 여인을 유혹함에 있어서 장소를 가릴 필요가 있진 않았을까. 이런 점에서 책으로 가득 찬 서사는 그들의 계급의식을 반영하는 장소이며 또한 한국적 정서에 맞는 공간이기도 할 것이다. 이와 함께 서사에서의 헛된 유혹 이후에 운종가 거리에서 한량들에게 희롱당하는 숙부인을 구출하는 조원에게서 우리는 문무를 겸전했던 조선의 선비라는 한국적 정서를 발견할 수가 있다.[10]

3) 거부의 방식

'거부' 의 방식은 주로 조원의 끈질긴 유혹에 대한 숙부인의 반응이 주를 이루며, 소옥이 조원의 유혹에 대한 한두 번의 저항이 여기에 덧붙여진다. 숙부인이 보여주는 거부의 기표는 웬 남정네가 부용정에 불쑥 나타났을 때 손으로 가슴을 가리는 본능적인 몸짓으로 표현된다.[11] 또한 조원이 선물하는 차합을 받고 바로 한쪽 옆으로 내려놓는 동작과 후원에서 뱃놀이를 하자는 이모의 제안을 사양하는 숙부인의 언행에서도, 우리는 외간 남자에 대한 내외와 함부로 연을 맺지 않는 조선 여인의 품행을 읽을 수 있다. 이러한 숙부인의 품행은 뱃놀이 중에 자신을 쫓는 조원의 눈길을 외면하고 마침내 하선을 돕기 위해 조원이 손을 내밀 때 손으로 가슴을 가리며 도움을 거부하고 별채로 들어가겠다며 말하는 장면에서 뚜렷하게 부각됨을 알 수 있다.

숙부인이 보이는 거부의 기표는 좌의정 집 후원 입구에서 두고 간 차합을 전하러 온 조원을 향한 반응에서도 찾을 수 있다. 조원이 숙부인의 앞을 가로막자 그녀의 시녀 은실이 두 사람 사이를 가로 막는 것, 남녀가 유별하기에 발도 치지 않고 말을 할 수 없다며 시녀를 통해 자신의 말을 전하는 것, 그리고 관습과 평판에 얽매이지 않는 숙부인의 깨인 모습을 들며

---

[10] 학식과 인품을 갖춘 사람에 대한 호칭. 특히 유교이념을 구현하는 인격체 또는 신분계층을 가리킨다. 상고시대부터 고신도(古神道)를 배경으로 내려온 문무겸전(文武兼全)의 이상적인 인간상이라는 의미였으나, 조선시대에 와서 유생(儒生)의 전칭으로 변용되었다. 조선선비의 이상적 인간형은, 학문과 예술의 일치(學藝一致), 즉 이성과 감성이 균형 있게 조화되고, 인정과 의리를 조화시키는 균형감각을 갖춘 중용(中庸)적 인간형이었다. 조선 선비 풍류생활의 기본은 바로 이 학예일치 정신에서 나왔고, 선비정신은 그 절정에서 철인(哲人) 군주 정조를 탄생시켰다고 평가된다. 『우리가 정말 알아야 할 우리 선비』, 정옥자, 현암사, 2002.

[11] 물론 이 장면에서 좌의정 부인이 부채로 얼굴을 가리는 동작도 한국적 정서의 기표로 읽을 수 있을 것이다.

끈질기게 말을 거는 조원에 대해 정연하게 대답하며 손으로 가슴을 가린 채 떠나는 것 등이 모두 한국적 정서를 대변한다 하겠다.

　　운종가 서사에서 조원과 상면할 때 숙부인이 찾은 책은 연암이 청나라를 다녀온 행적을 적은 기행록인 『열하일기』이다.[12] 그런데 이 장면에서 우리가 관심을 가질 수 있는 부분은 숙부인이 어떤 목적으로 이 책을 원했으며, 또한 더 나아가 감독은 굳이 『열하일기』를 선택했을까이다. 거부의 방식과 연관하여 살펴보면, 이 책에는 연암이 열하를 향한 여행 도중에 창작한 작품을 함께 실었다는데 있다. 그중의 '호질(虎叱)'이라는 글도 수록돼 있는데, 그 내용은 춘추시대 풍기가 문란했던 정나라를 배경으로, 타락한 유학자 북곽 선생이 동네 과부와 밀회 중에 들켜 도망치다가 범을 만나서 준열한 꾸중을 듣는 이야기이다. 여기서 우리는 숙부인이 어째서 이 책을 읽으려 했는지에 대한 이유, 다시 말해 조원의 유혹에 흔들리지 않는 자신의 마음을 암시적으로 표현한 것임을 짐작할 수 있을 것이다.[13]

[12] 26권 10책으로 구성된 '열하일기'는 연암 박지원이 압록강을 건너 북경을 경유해 열하에 갔다가 북경에 되돌아 올 때까지 여정을 다루면서, 주제를 효과적으로 부각시켜 절제할 것은 절제하고, 필요한 것은 구체화해 상세하게 기록한 기행록이다. 연암이 특히 관심을 갖고 기록하고 있는 것은 실생활에 이롭게 쓰이는 문물과 기술에 대한 것이었다.

[13] 물론 우리는 '호질'을 통해서 연암은 해학과 풍자를 통해 양반사회의 위선과 모순을 꼬집고 있음을 알 수 있다. 따라서 열하일기의 등장은 단순히 정절에 대한 교훈을 말하는 것만은 아님을 인식해야 할 것이다. 또한 이 책이 갖고 있는 기행록이라는 특성을 감안할 때, 숙부인이 자신이 처한 상황과 조건을 극복하고 새로운 세계로 가고자 하는 열망을 책을 통해 표현하는 것은 아닐까라는 추측도 해 볼 수 있다.

4) 유희와 정복의 방식

　　우리가 제안하는 유희는 소옥을 향한 조원의 접근과 소유를 통해 드러나는 표현으로 설정하였다. 비록 조원과 소옥 사이에서 일어나는 유희의 장면이 영화 속의 다른 방식들에 비해 양적으로 적게 배치되었음에도, 한국적 사랑의 방식 가운데 하나로 설정하였다. 그 이유로서 소옥을 향한 조원의 사랑놀이는 숙부인을 육체적으로 소유하기 위한 유혹이나 그녀를 향한 조원의 진정한 사랑의 표현, 그리고 조씨 부인을 향한 욕망의 방식과 대비되는 사랑의 방식이기에 그러하다.

유희의 방식에서 찾을 수 있는 기표는 조원이 소옥에게 편지 쓰는 것을 돕겠다며 별채로 오라 말할 때 신발을 들고 방으로 찾아오라던 조원의 주의와 방으로 들여 놓은 신발의 가치에 있다. 물론 신발을 들고 방에 들어가는 행동은 남의 이목을 피하기 위한 최소한의 대책일 것이다. 신발의 기표와 치워놓는 행위의 의미는 신발의 소유자가 그 장소에 존재함을 알려주는 명확한 기표임과 동시에 오직 한 사람에게만 속하는 신체의 일부와도 같은 것이다. 따라서 조원과 소옥의 내밀한 첫 만남의 순간에 언급된 신발과 댓돌에서 방안으로 들여지는 신발을 포착하고 있는 장면은, 이러한 신발의 의미를 집요하게 관객들에게 전해주고 잇는 것은 아닐까. 다시 말해 신발로 환유된 소옥의 몸(마음까지도)을 조원이 온전히 소유하게 됨을 암시하고 있는 것이다.

이와 함께 조원은 소옥으로 하여금 스스로 찾아오게 하는 능동성을 간접적으로 취하게 했다는 점을 놓치지 말아야 한다. 이러한 설정은 조원과 소옥의 권력관계, 조원을 통해 인호의 편지를 전달받을 수 밖에 없는 관계라는 이유이기도 하겠으나, 조원의 느긋한 기다림과 소옥의 애달픈 찾아옴 사이의 차이가 한국적 정서에서 남자와 여자의 위상으로 읽어낸다면 과장된 이해일까. 또한 두 사람이 내밀한 접촉을 가짐에 있어서 편지를 받아쓰고 있는 소옥의 어깨에서 치마로 그리고 속바지로 나아가는 조원의 접근은 사랑을 유희로 즐기는 바람둥이의 진정한 면모를 찾을 수 있다.

5) 질투와 파괴의 방식

욕망의 방식이 조씨 부인을 향한 조원의 신체적 접촉에서 찾아진다면, 질투와 파괴의 방식은 조씨 부인이 남편인 유대감에 대한 복수, 조원의 숙부인을 향한 관심에 대한 반감, 그리고 숙부인을 향한 사랑을 인정한 조원에 대한 거부감으로 표현된다. 그런데 조씨 부인과 관계된 주변의 사람들, 즉 조원, 소옥, 숙부인 혹은 인호에 대해 그녀가 보여주는 행위 속에서 우리는 질투라는 감정이 홀로 존재하는 것이 아니라, 그 내면에 면면히 흐르는 파괴의 본능이 함께 상존함을 인식해야 한다. 이처럼 대상을 갖고자 하는 마음과 갖지 못할 경우 부수고자 하는 마음에 파묻혀 있는 조씨 부인에게서 질투와 파괴는 언제나 동시에 찾아진다.

조씨 부인의 질투는 다른 이보다는 먼저 남편인 유대감을 향해 표출된다. 그리고 그녀가 조원에게 새로운 소실로 들어올 소옥이 애를 배도록 부탁하는 대화에서 우리는 한국적 사랑의 기표를 찾아볼 수 있다. 왜냐하면 조씨 부인의 부탁은 남편이나 혹은 그의 소실에 대한 질투뿐만 아니라, 결혼을 하고도 애를 갖지 못했던 그녀에게 쏟아졌었을 문중의 어르신, 즉 '어떻게든 가문의 대를 잇고자 하는 어르신들의 뜻' 에 대한 강력한 저항인 것이기 때문이다. 그리고 이러한 저항에는 배가 부른 숫처녀를 소실로 맞이하게 될 남편에 대한 질투와 함께, 기왕이면 '아들이어야만 하겠지' 라는 대사에서 혈통을 중시하는 사회에 대한 거부와 파괴를 획책하고 있다. 더욱이 그 사실을 '대감이 늙어 숨넘어가기 직전, 조용히 일러' 주려는 조씨 부인의 냉혹함은 그녀가 그 시대에 던지는 가학적이고 파괴적인 복수인 것이다.

그녀에게서 두 번째로 질투와 파괴의 대상이 되는 인물은 숙부인 정씨이다. 소옥에 대한 조씨 부인의 계책을 조원이 거절하게끔 만든 원인으로 등장한 숙부인은 영화의 초반부에는 조씨 부인에게는 단지 청승맞고 답답한 열녀에 지나지 않았다. 하지만 숙부인에 대한 조원의 유혹이 점차 진행되면서 조씨 부인은 조금씩 그녀에 대한 질투의 감정을 갖게 되며, 마침내 조원이 그녀를 정복하고 그녀와 나누었던 육체적 사랑의 새로운 차원을 알려주던 편지를 불태우는 장면에 이르러서는 부숴버려야 할 대상으로 변모함을 알 수 있다. 그리고 파괴의 대상으로 변한 숙부인을 궁지에 몰아넣으면서 조원으로 하여금 그녀를 버리도록 강요하는 조씨 부인의 행동에서 우리는 한국적 사랑의 기표를 읽어낼 수 있다.

6) 사랑의 방식

영화 〈스캔들〉에 존재하는 다양한 한국적 감정의 방식 중에서 '사랑'은 조원과 숙부인, 소옥과 인호 사이에서 일어난다. 이 중에서 조원과 숙부인의 사랑이 갈등을 거쳐 합일에 이르는 결과를 갖는다면, 소옥과 인호의 사랑은 그 시작이 있을 뿐 영화의 전개에서는 미완의 감정으로 남겨지고 있다. 여기서는 두 쌍의 사랑 중에서 전자의 것을 살펴봄으로써 한국적 사랑의 기표와 의미를 찾고자 한다.

조원과 숙부인 사이에서 생겨나는 사랑의 감정은 유혹과 거부의 단계를 지나 영화가 종반부로 치닫는 부분에서 극명하게 드러나고 있다. 우선 조원이 숙부인에게서 느끼기 시작하는 사랑의 감정과 그 기표는 조원이 마지막이라며 강화도를 찾은 장면에 표현되었다. 그리고 그의 진정한 사랑은 숙부인과 열흘의 시간을 함께 보내면서 조금씩 차오르는 새로운 감정의 경험에서 싹트게 된다. 여인을 정복한 후 그림으로 그 경험을 남겼던 평상시의 태도와는 다르게 숙부인과의 사랑을 그림으로 남기고 싶지 않다는 고백에서 우리는 그 구체적인 예를 들 수가 있겠다. 그리고 우리는 바로 이 그림에서 숙부인을 향한 조원의 사랑에 담겨진 한국적 정서의 기표를 읽을 수 있다. 조씨 부인과의 극단적인 설전(舌戰) 이후 조원은 그 동안 그리던 춘화들과는 달리 품겨있는 미인도, 즉 숙부인의 초상화를 그리는 모습은 이를 증명한다 하겠다.

조원의 사랑이 영화의 종반부에서 뚜렷하게 드러난다면, 숙부인의 사랑은 이와 비교하여 상대적으로 초반부에서도 찾을 수 있다. 조원을 향해 불같이 타오르는 열정적 사랑은 아닐지라도 우리는 끈질긴 유혹으로 흔들리는 숙부인의 감정 속에 스며있는 사랑의 기표를 찾을 수 있다. 운종가 거리에서 한량들에게 희롱을 당할 때 조원의 구함으로 위기를 모면한 이후 귀가하던 여정에서 조원과 그녀는 몇 번의 만남 이후 최초로 부드러운 분위기 속에서 대화를 하게 된다. 한국적 정서의 관점에서 우리는 이 장면에서 두 사람이 위치를 주목할 필요가 있다. 산책이 계속되는 동안 숙부인은 언제나 조원에게서 두어 발짝 뒤를 유지하며 걷고 있는데, 이를 통해 우리는 남자의 앞을 가리지 않음으로써 여인의 다소곳함을 보이는 한국여인의 품성을 읽어볼 수가 있다.

그리고 조원과의 산책 이후부터 조원에 대한 부정적 선입견을 버릴 수 있는 계기를 갖게 된다. 그리고 그 이후 조원에게서 받은 첫 편지에 담겨진 부탁대로 유대감집 방향으로 자세를 고쳐 앉고 머리를 두 번 쓰다듬는 행동, 조원의 선물인 빨간 목도리를 가만히 만지는 숙부인의 장면에서 우리는 사랑의 감정이 무엇인지도 모른 채 빠져드는 여인의 모습을 발견하는 것이다.

5. 한국적 사랑, 그 생명력

이재용 감독은 200년 전에 머나먼 이국에서 발표된 원작을 영화로 옮기는 과정에서 시대와 공간을 초월하는 욕망의 모습을 그려내었다. 그는 양반집 아녀자들이 춘화를 돌려보고 또 조씨 부인을 주인공으로 한 춘화가 문제를 일으킨 것, 당시에 집 한 채 값이라는 가체(加髢)에 사대부 부인들이 관심을 갖는 것 등이 오늘날 여배우 O양의 비디오에 대한 왜곡된 탐닉, 이탈리아 가구에 대한 무조건적 관심과 다를 바가 없다고 주장한다. 결과적으로 '스캔들'은 동서고금을 막론하고 언제나 현재의 상태로 존재하는 인간의 욕망, 사랑에 내재하는 권력, 상처받지 않기 위해 진실한 사랑을 나누기 보다는 게임을 벌이는 왜곡된 인간관계를 전해준다 할 것이다.

하지만 〈스캔들〉을 보고 읽으면서 우리는 몇 가지 의문과 원작과의 상이성을 발견할 수 있을 것이다. 이들 의문점들은 정조 시대의 조선사회에서 이 영화와 같은 남녀상열지사가 가능했었을까, 감독이 구성한 이들의 사랑 이야기는 과연 과거에 존재한 한국적 정서인가 아니면 현대적 감각이 적용된 것인가, 또한 영화 속에 표현된 기호들이 한국적 사랑의 방식이라면 오늘날에도 그것이 유효할 것인가, 더 나아가 영화에서 사용된 가구나 건축, 정원, 등장인물의 의상과 색 등은 한국적 사랑과 표현의 관점에서 어떤 가치를 지닌 기호로 존재하는가 등이다. 이처럼 다양한 의문과 그에 따른 해답을 찾는 작업은 영화라는 텍스트, 다시 말해 언어로 표기된 텍스트가 아닌, 다양한 감각을 요구하는 영상텍스트에 대한 보다 완성된 이해를 독자와 관객에게 가져다 줄 것이다.

그리고 원작과의 상이성 중에서 한 예를 들면, 발몽, 메르테유 후작 부인, 투르벨 부인 사이에서 벌어지는 사랑의 유혹과 쟁취 게임에 있어서 위선적인 계산과 거짓된 사랑의 술책, 그리고 유혹의 세세한 과정 등의 묘사가 〈스캔들〉에서는 상대적으로 약화된 점, 원작의 결말을 장식하는 주요 인물들의 파멸에 관한 권선징악적 요소 또한 영화에서는 요부와 바람 둥이 모두 사랑이라는 감정에 함몰되어 버린 점 등을 들 수가 있다. 물론 이러한 원작의 각색은 영화의 시대적 배경이 조선이라는 유교국가라는 점에서 그 이유를 유추할 수 있을 것이다. 하지만 공간적 배경의 차이가 자연스럽게 가져다 준 이야기의 구성상의 변화와 등장인물들 사이의 역할 및 관계의 변화를 통해 감독은 과연 관객들에게 어떤 의미를 전달하려 했을까에 대한 답을 찾을 필요가 있을 것이다.

원작과 영화 〈스캔들〉에서 찾을 수 있는 위와 같은 공통점과 상이성에도 불구하고, 이 영화의 독특함은 왕실이나 서민들의 삶, 혹은 양반과 서민의 만남을 주요 소재로 다룬 우리 영화계의 흐름에서 드물게 사대부들의 일상을 소재로 삼았다는 점에 있다. 아울러 '스캔들'은 거의 완벽하게 소실되어 버린 그 시대 삶의 일상적인 편린들 건축, 실내 장식, 복식은 물론 화장 및 치장, 식문화 등의 주거생활, 부인들의 다과회, 놀이기구와 같은 생활의 풍속도 등의 여러 모습들을 무한한 상상력으로 복원했다는 점을 지적할 필요가 있다. 조선후기 상류사회의 일상사를 '제대로 보여주기' 위해 옥을 통째로 깎아 이음새 없이 만든 비녀, 합성섬유가 아닌 진짜 모발로 삼은 가체, 꼼꼼히 자수를 놓아 장식한 가마 등에서 볼 수 있듯, 감독과 프로덕션 디자이너는 영화제작 초기부터 영화 속에 등장하는 자잘한 소품에까지 철저한 장인 정신으로 접근하였음을 밝힌바 있다. 이러한 제작진의 열정은 조선시대의 남녀상열지사를 배우들의 연기로서만이 아닌 그 시대의 감각과 생활의 완벽한 재현을 통해 제시하려는 의도가 아니었을까. 그리고 이러한 의미에서 〈스캔들〉에서 우리가 읽어야 할 것은 한국적 사랑의 기표와 다양한 사랑의 방식뿐만 아니라, 영화 속에 올올이 스며 있는 옛 문화의 정취와 향기가 이 시대에 던지는 그 생명력이 아닐까.

▌더 읽을 거리 ▌

이 글은 이재용 감독의 〈스캔들〉에 내재하는 한국적 사랑이 어떻게 표현되는지를 추적하고 등장인물들 사이의 다양한 사랑 방식을 확인하는 작업이었다. 이를 위해 우리는 영화의 숏, 신, 시퀀스 등을 1차적 텍스트로 삼아 이들을 구성하는 다양한 기호(음성, 영상, 언어)를 통해 표출되는 한국적 사랑의 실체를 텍스트에 등장하는 기표들의 분절과 분석, 이해를 통해 찾아 보았다. 그리고 이러한 과정에서 적용된 기호학적 개념들은 거칠게 생략되었음을 밝혀둔다. 하지만 이글은 영화텍스트를 미시적으로 접근하여 분석함으로써 기존의 영화에 대한 연구와 차별성을 목표로 하고 있다. 따라서 기호학에 대한 기본적인 이해는 이 글에서 건너 뛴 분석의 과정을 추측하게 할 것이며, 이미 나온 기호학적 분석 방법론을 수용한 연구물의 글읽기에 도움이 될 것으로 판단된다.

기호학에 대한 전반적인 개괄을 위해 초심자가 쉽게 접할 수 있는 책으로, 우선 폴 코블리(P. Cobley)의 글과 리차 잔츠(L. Jansz)의 그림으로 된 알기 쉬운 기호학 입문서, 『하룻밤의 지식여행 - 기호학』(김영사)이 있다. 여기서 저자들은 기호학의 고전 선구자들로부터 현대의 포트스-구조주의자들까지 기호학의 역사를 크게 개괄하고, 어려운 용어들의 개념을 명쾌하게 설명하고 있다. 기호학에 대한 입문적 지식을 갖추었다면, 『디자인 기호학』(박영원 저, 청주대학교 출판부)을 읽어보자. 이 책은 기호학을 디자인의 방법론으로 정리하는 과정에서 입문자들이 까다롭다고 생각할 수 있는 개념들을 적절한 그림과 도식을 통해 알기 쉽게 설명해준다.

기호학에 대한 입문의 단계를 넘어 보다 깊이 있는 지식을 원한다면 전문서적의 탐독을 권한다. 『기호에서 텍스트로』(서정철 저, 민음사)는 소쉬르로부터 옐름슬레우를 거쳐 바르트까지 기호학의 중추적인 학자들의 연구를 한 눈에 들어오게 독자를 이끌어 줄 것이다. 이 글의 이론적 토대가 되었던 그레마스의 기호학적 개념과 방법론에 대한 자세한 이해를 위해 『구조에서 감성으로』(김성도 저, 고려대학교 출판부)는 꽤 난해하지만 미시의미론적 분석의 이해를 위해 매우 중요하다. 그레마스의 기호학과 일반 의미론에 대한 세밀한 연구인 이 책은 텍스트를 어떻게 해체하고 분석할 수 있는지에 대한 이론적 근거를 제공하고 있다. 이렇게 기호학에 대한 이론과 개념들을 섭렵했다면, 문화 및 예술에 대한 다양한 텍스트에 대한 실천을 행한 기호학 서적을 읽기를 권한다. 한국기호학회의 학술지 『기호학연구』(1-12집, 문학과지성사)와 기호학연대의 총서인 『기호학으로 세상 읽기』(소명출판)와 『대중문화 낯설게 읽기』(문학과경계)는 기호의 천국인 현대 사회에 만연한 기호의 작용과 역할들을 체계적으로 분석한 책이다. 기호학연대 소속 학자들의 글로 구성된 이 책은 주로 대중매체의 기호적 영향력과 그것의 작용 등을 분석하고 있다.

마지막으로 영화와 기호학을 동시에 다룬 책들로는 주로 번역서가 있다. 유리 로트만의 『영화기호학』(박현섭 역, 민음사), 유리 띠냐노프 등의 『영화의 형식과 기호』(오종우 역, 열린책들), 피터 웰렌의 『영화의 기호와 의미』(최영철 역, 영화진흥공사), 프랑시스 바느와 등의 『영화분석 입문』(주미사 역, 한나래) 등과 서인숙의 『영화분석과 기호학』을 참조할 수 있다. 그리고 기호학을 구성하는 다양한 개념들에 대한 사전적 정의를 위해 『기호학 용어사전』(민성사)을 참조하기 바란다.

▌참고 문헌 ▌

기호학연대, 2002, 『기호학으로 세상읽기』, 소명.

기호학연대, 2003 a, 『대중문화 낯설게 읽기』, 문학과 경계.

기호학연대, 2003 b, 『영화와 기호학 : 부산영화제를 읽는다』, 부산국제영화제 세미나 자료집.

김기국, 2002, 사진텍스트와 몸 기호의 상관성, 『기호학연구』 12, 한국기호학회, 문학과 지성사.

　　　2003 a, 사진의 도상성과 기호학적 해석, 한국광고기호학회 학술발표집.

　　　2003 b, 사진텍스트의 기호학적 연구, 『한국프랑스학논집』 42집, 한국프랑스학회.

　　　2003 c, 사진이미지를 통한 문화교육의 기호학적 접근, 한국 언어문화교육학회

창립총회 및 국제학술대회.

김성도, 2002, 『구조에서 감성으로』, 고려대학교 출판부.

서정철, 1998, 『기호에서 텍스트로- 언어학과 문학 기호학의 만남』, 민음사.

영화사 봄, 2003, 〈스캔들-조선남녀상열지사〉 시나리오.

CJ Entertainment, 2003, 〈스캔들-조선남녀상열지사 DVD〉.

유리티냐노프 외, 오종우 역, 1995, 『영화의 형식과 기호』, 열린책들.

정옥자, 2002, 『우리가 정말 알아야 할 우리 선비』, 현암사.

연세대미디어아트연구소, 2002 / 2003, 『영화와 시선』총서 1-7.

Bazin. A.,1985, *Qu' est-ce que le cinema?*, Ed. CERF.

Greimas, A.J, 1970, *Du sens*, Paris : Seuil. ; 김성도 역, 1997, 『의미에 관하여』, 인간사랑.

Laclos, P.C. de, 1981, *Les liaisons dangereuses*, GF-Flammarion. ; 박인철 옮김, 『위험한 관계』, 2003, 문학사상사.

Joly, M., 1994, *L' image et les signes*, Nathan. ; 김동윤 역, 1999, 『영상 이미지 읽기』, 문예출판사.

http://www.thescandal.co.kr.

7

사이버, 또 다른 문화의 세상

김 양 은

인터넷은 한국 사회에서 주요 키워드가 되었다. 인터넷이라는 키워드는 사회 전반의 구조에 대한 새로운 질문들을 던지고 있다. 초기의 인터넷에 대한 질문은 사이버 스페이스에 치중되어있었다. 인터넷이 만들어내는 사이버 스페이스는 현실이 아니다라는 대 전제속에서 현실 공간과의 차이를 찾아내는데 온 힘을 쏟아왔다. 하지만, 더 이상 한국 사회에서 인터넷은 현실 공간과 분리된 현실이 아니다. 물질적이고 구조적인 공간은 아니지만, 사이버 스페이스는 엄연히 우리의 일상 생활에 그 뿌리를 내리고 있고, 일상 생활과 함께 존재한다. 2004년의 한국사회에서 인터넷은 현실로부터의 도피가 아니라, 현실로부터의 도전을 보여주고 있다.

2002년부터 시작된 사이버 스페이스에서의 네티즌들이 펼쳐나간 역사는 우리의 인터넷이 더 이상 사이버 스페이스에만 머무르지 않는다는 사실을 각인시켜주었다. 6월의 붉은 악마, 그리고 '노사모' 로 이어진 정치여론의 힘, 그리고 '촛불시위' 는 N세대들의 사회에 대한 관심과 따뜻한 시선을 보여준 새로운 가능성을 보여준 사건들이었다. 이들은 모두, 온라인 속에서 시작되어 오프라인으로 그 영역을 넓혀 나왔으며, 이것이 사회의 거대한 여론이 되어 시민참여의 시대를 열었다. 또한 온라인 속에서의 열기는 단지 현실의 오프라인에서만 머무르던 사람들을 한데 묶어 새로운 여론을 형성해가는 과정을 보여주었다. 인터넷의 시 · 공간적 장벽을 허무르고, 그 속에서 새로운 공동체를 형성해내는 힘은 한국 사회 내에서 새로운 시도였으며, 이를 통해서 온라인과 오프라인은 이미 현실 공간 속으로 뿌리를 내리고 있었던 것으로 평가되어진다.

2003년 2월 영국의 가디언지는 '세계 최초의 인터넷 대통령이 로그인 했다(World's first internet president logs on)' 는 제호하에 한국에서의 인터넷의 발전과 새로운 민주주의의 가능성을 점쳤다. 지난 2월의 선거에서 2002년 연말부터 시작된 인터넷을 통한 '노사모' 의 힘은 한국 정치뿐만 아니라, 세계정치에서 새로운 시작을 알리는 사례였다. 케이블이 만든 텔레데모크라시(teledemocracy)를 넘어 무선으로의 웹보크라시(webocracy)[1]의 시작을 알리기도 한 한국의 사례는 비단 인터넷의 성공뿐만 아니라 네티즌 즉, 새로운 시민의 힘을 알리는 사례이기도 했다.

한국에서의 인터넷은 여러 가지 모습을 보여주면서 발전해왔다. IMF이후 새로운 경제부활을 알리는 닷컴열풍속에서, 청소년들에게는 새로운 여가문화를 알리는 게임산업속에서, 그리고 새로운 미디어들의 탄생속에서, 인터넷은 멀티미디어를 향해서, 그렇게 다양한 사람들의 소리와 욕구가 모여서 인터넷은 새로운 가능성을 열어 왔다. 1998년이후 가히 청사진처럼 그려왔던 인터넷의 모습 속에서 아마도 국내 인터넷의 이러한 여러 가지 모습과 갈래 속에서 인터넷의 확산에 결정적인 역할을 미쳤던 요인들 중의 하나는 '대안 미디어' 즉, 수용자들의 요구가 새로운 미디어 환경 속에서도 나타나지 않았다는 점에서 기인한 것으로도 보인다. 인터넷의 역사속에서 새로운 미디어로서의 사이버스페이스에 대한 기대와 실험은 새로운 시민사회의 모습을 보여주는 계기가 되었으며, 온라인 미디어는 시민참여의 공론장으로서의 가능성을 유감없이 보여주었던 것이다. 인터넷미디어, 그들이 한국 사회의 무엇을 변화시키고 있는가?

1 웹보크라시는 'web' 과 'democracy' 가 합쳐진 신조어로 인터넷으로 실천되는 민주주의 정치시대를 의미함. 가디언지가 명명. 또 다른 용어로 '디지털 민주주의(Digital Democracy)' 라고도 불림.

1. 인터넷, 경계를 허무는 힘

인터넷 문화에 대한 논란은 '진짜냐? 혹은 가짜냐?' 라는 것에서부터 시작되었다. 모두들 인터넷이 사회를 변화시킨다는 것에는 동의를 하면서도 인터넷이 만들어내는 문화의 변화에는 특별한 것 혹은 현실과는 분리된 것이라는 것으로 받아들여져왔던 것이 사실이다.

인터넷을 현실과 분리되어진 것으로 받아들여지는 것은 사이버스페이스의 개념적 어원에서부터 시작된다. 사이버스페이스는 윌리엄 깁슨(William Gibson; 1984, 5)이 1984년 발표한 소설 뉴로맨서(Newromancer)에서 가상현실이 구현된 컴퓨터 네트워크의 세계를 '사이버스페이스' 라고 지칭했다. 그리고 이것은 '가상' 혹은 '허구' 라는 의미로 대중들에게 널리 알려졌다. 이런 결과로 사이버스페이스는 현실과는 분리된 '허구의 세계' 로 간주하는 사고방식이 널리 확산되었다.

하지만, 인터넷은 이미 우리에게 현실이 되어버렸다. 인터넷이 만들어낸 문화 즉, 사이버문 화는 이제 더 이상 가짜인거나, 혹은 현실과 분리된 것이 아니다. 사이버 스페이스를 통해 사람들은 비단 경제적인 활동뿐만 아니라, 음악, 영화를 감상하며, 게임을 하고, 사람을 만나고, 교육을 받는다. 그리고 온라인 뱅킹, 사이버 기업, 사이버 교회 등은 이미 일상생활의 한 공간으로서 가상현실을 받아들이도록 요구하고 있다(김문조; 2000). 사이버 스페이스는 그래서 철저하게 생활세계를 실제현실과 가상현실로 갈라놓았다(백욱인; 1996).

최근의 사이버 문화와 관련된 논의들은 핵심은 온라인이냐? 오프라인이냐?를 묻는다는 점에서 이미 우리의 사이버문화는 현실에 깊게 뿌리를 내리고 있음을 발견할 수 있는 것이다. 인터넷이 만들어내는 익명성과

상호작용성은 현실공간의 모습을 온라인으로 투영하는데 결정적인 역할
들을 해내고 있다. 한국의 게임 문화나, IT분야의 성장뒤에는 우리의 교육
환경이라던가, 문화 환경이라던가, 미디어 환경, 그리고 정치·경제적인
환경들이 도사리고 있다. 문화란 그 발생 환경에 의해서 각기 다른 형태로
등장한다. 그런 면에서 한국의 인터넷 문화는 철저하게 현실기반으로 이
루어져왔다.

　우리는 더 이상 사이버 문화를 현실과 분리된 공간으로 이해하는 과
정을 밟아서는 안될 것이다. 사이버 문화는 우리생활속에서 새로운 문화
가 창조되는 공간으로 이해되어야 할 것이다. 오히려 사이버 문화의 논쟁
점을 '온라인' 이냐? '오프라인' 이냐로 확장시킬 필요가 있는 것이다. 그
래서 인터넷은 경계를 허무는데서 시작되어진다. 단절이 아니라, 각각의
경계들이 대등한 위치에서 상호작용을 통해서 효과적인 활용을 이끌어낸
다. 그리고 이러한 경계의 중심에는 항상 인간이 존재한다. 린다 하리심이
지적하듯이(Linda M. Harasim; 1993), 사이버스페이스는 그래서 인간과 인
간을 연결하는 효율적인 도구이며, 또한 그 속에서 우리는 네트월드
(netword)를 형성한다.

　무선과 유선의 결합, 그리고 통합 미디어 시스템으로의 변화는 결과
적으로 사이버스페이스를 현실 세계를 비트 단위로 접속시킨다. 무선랜을
통해서 캠퍼스 내에서 노트북을 들고 자유롭게 사이버스페이스의 진출입
이 가능하며, 시공간의 장벽을 허물어 자유롭게 커뮤니케이션을 가능하게
해준다. 그리고 유비쿼터스가 주장하듯이, 현실의 세계는 사이버스페이스
와의 결합을 통해서 보다 안정적이고 편안한 현실을 실현시켜준다. '휴대
폰 하나면 됩니다.' 라는 이동통신 회사의 광고 문구처럼 오프라인 현실속
에서의 물질성은 보이지 않는 무선과 유선의 네트워크 결합을 통해서 사

이버 스페이스에서 비물질성으로 변화하고 있다.

인터넷은 경계를 허무른다. 물질성과 비물질성을, 구조와 개인의 욕망을, 국가와 네트워크의 경계를 허무르고 있다. 그리고 그 속에서 새로운 가능성과 접점을 찾아내고 있다. 떨어진 공간을 유리벽 속에 그리고 컴퓨터 모니터 속에 담아두는데 그치지 않는다. 로그인을 통해서 접속하면 열리는 세상이 아니라, 인간의 필요에 의해서 현실과 비현실 모두를 생활 세계의 영역 속에 두고자 한다. 인터넷은 참여의 공간이며, 실천의 공간이다.

2. 인터넷에서의 통제 혁명: 참여 문화의 성장

그렇다면, 왜 인터넷 미디어인가? 인터넷은 왜 여론의 공간으로 작용하는가? 이 질문은 인터넷의 기본적인 속성에서부터 찾아볼 수 있다. 사이버스페이스는 본질적으로 '정보 공간', '미디어 공간', '네트워크 공간'이라는 3가지 사회적 성격을 지니고 있다.

첫 번째로, 정보 공간으로서의 사이버스페이스는 커뮤니케이션의 핵심에 있다. 그리고 그것은 정보의 생산, 유통, 소비관계에서의 패러다임 변화를 의미한다. 네그로폰테가 지적하듯이, 인터넷이란 수평적, 개방적 네트워크를 통해서 국가 권력으로부터의 정보의 독점을 전면부정하는 체계이며, 국경을 초월한 탈영토적인 공간이다(네그로폰테; 1995). 정보의 흐름에서 모든 통제권을 국가가 쥐고 있으며, 일부 엘리트들에 의해서 생산되어진 정보가 다수 대중에게 전달되는 구조가 인터넷을 통해서 해체되어진다는 것을 주장하고 있다. 인터넷에서 정보의 흐름은 개인에게로 돌아간다. 개인은 정보를 생산하기도 하며, 곧 정보를 소비하기도 한다(윤준

수; 1998).

　　본질적으로 인터넷은 커뮤니케이션의 공간이다. 네트워크와 네트워크의 연결이란 정의는 결국, 인터넷이 인간을 매개하는 공간이라는 점을 설명해주고 있는 것이다. 따라서 인터넷은 인간의 커뮤니케이션을 실현하는 공간, 그리고 커뮤니케이션의 목표인 정보를 전달하는 공간인 셈이다(John December; 1997).

　　두 번째는 네트워크 공간으로서의 사이버 스페이스이다. 사이버 스페이스의 핵심은 인간과 인간의 연결에 있다. 인터넷의 가장 기본적인 속성은 네트워크이다. 인터넷은 네트워크의 네트워크이다. 그리고 네트워크로서의 인터넷은 시,공간적 제약 및 성별, 연령, 계층, 인종등의 사회적 조건을 초월하여 개개의 관심과 이해를 중심으로 한 사이버 공동체를 만든다. 사이버 공동체는 기본적으로 동등한 관계 속에서 커뮤니케이션을 이루어낸다. 그리고 그들의 일차적 목적은 동일한 정보를 구하는데 있다.

　　세 번째는 미디어 공간으로서의 사이버스페이스이다. 현실세계에서는 대중매체가 지배계급의 손에 독점되어있기 때문에, 대중은 지배 계급의 메시지를 일방적으로 수용할 수밖에 없었다. 하지만 인터넷 미디어의 등장은 현실세계에서 자신의 목소리를 낼 수 없었던 대중들에게 기존 매체를 통하지 않고도 얼마든지 자신의 생각과 메시지를 전 지구적 차원으로 전파하고 여론을 형성할 수 있는 가능성을 만들어준다. 그래서 인터넷 미디어는 공론장 으로서의 기능하고 있는 것이다.

　　이 3가지 공간 모두를 통합하는 요인은 바로 인간에 있다. 사이버스페이스는 인간을 매개한다는데 있다. 이런 전제 속에서 사이버스페이스는 그 자체가 미디어인 것이다. 미디어란 인간을 인간과 연결하고, 인간과 환경을 연결해주는 도구이다. 인터넷은 그 자체가 인간 대 인간, 인간 대 환경의 연결을 의미하다. 그래서 인터넷은 본질적으로 미디어적 속성을 가지고 있다. 미디어의 핵심은 커뮤니케이션의 완성에 있다. 인터넷 미디어는 그래서 인터넷의 진화에서 가장 핵심적인 코드로서 작용할 수 밖에 없는 것이다.

실제로 인터넷 미디어는 매체 간 경계를 허물어 뜨리고도 있다. 인터넷은 방송, 통신의 영역을 허물어트리고 있으며, 방송과 신문의 기존 매체 간 경계조차도 허물고 있다. 비트가 완성하는 0과 1의 단위를 통해서 기존의 매체들이 단일하게 사용하던 언어들인 문자, 영상, 음성, 기호 등이 통합되어지고, 보다 손쉽게 접근이 가능해졌다(한국언론연구원 편; 멀티 미디어, 1995). 미디어로서의 인터넷은 멀티 미디어와 하이퍼 미디어적 속성을 함께 가진다. 멀티미디어는 다양한 형태의 메시지와 서비스를 융합해서 제공하는 것을 의미하며, 하이퍼 미디어는 테드 넬스(Ted Nelsom)의 하이퍼 텍스트에 토대를 두어서 다양한 검색 시스템이 가능하게 만들어주며, 다양한 서비스들이 링크 시스템을 통해 중계가능하도록 만든다(성동규; 사이버커뮤니케이션, 2002, 113-118).

사이버 스페이스의 미디어의 형태는 기존의 매스 미디어와는 다르다. 다양한 형태로 통합되어서 실현되어진다. 사실 인터넷 신문과 인터넷 방송 또한 동영상과 웹진의 형태를 함께 선보이고 있다. 대표적인 인터넷 신문인 오마이뉴스의 경우에 오마이TV를 통해서 동영상을 선보이고 있으며, 다음 미디어의 경우에도 시민TV와 동영상 서비스를 전달하고 있다

인터넷이 과연 미디어일까? 매스 미디어로서 기능할 수 있을까? 하는 논의는 인터넷이 얼마나 대중 속에 이용되고 있는가를 물어보는 것이기도 하다. 한국인터넷정보센터의 자료에 따르면, 2003년 6월 현재 국내 인터넷 이용자수는 2861만명에 이르며, 전체 인구의 64.1%를 차지하고 있

으며, 10~20대는 거의 98%선에 육박하고 있는 것으로 나타났다. 이는 이미 인터넷이 우리 사회내에서 지배적인 미디어가 되었음을 의미하는 것이기도 하다. 특히, 포화상태에 이른 10~20대에게 있어 인터넷은 정보의 중심에 있다.

또한 최근의 인터넷이 포털을 중심으로 뉴스 서비스를 강화하고, 그리고 기존의 오프라인 매체들이 인터넷으로 그 사업을 확장시켜간다는 점에서 보면, 분명 미디어 공간으로서 재편되어져가고 있다는 사실은 국내 인터넷이 미디어 공간으로 확장되어지고 있음을 말하고 있는 것이다. 실제 홈페이지 혹은 메일 등의 사업을 중심으로 운영하던 포털 사이트들은 온라인 영화관을 필두로 다양한 동영상 서비스, 그리고 방송 서비스들을 웹캐스팅하는 통합 미디어적 속성을 드러내고 있다(이희재, 제러미 리프킨; 2001).

인터넷 미디어는 무엇이 다를까? 어떤 새로운 문화를 만들어내는 것일까? 송신자에 의해서 완성된 프로그램, 스케줄, 즉, 송신자 위주의 정보의 생산, 유통, 소비는 커뮤니케이션 테크놀로지의 발전에 의해서 정보에 대한 통제권을 수용자에게로 넘겨줄 것을 요구하고 있다. 이는 가장 이상적인 커뮤니케이션을 지향하는 인간의 본질적 욕구이다. 결국, 인터넷에서 수용자는 기존 매스 미디어에서의 일방향적인 흐름에서의 수신자로 남지 않는다. 그들은 보다 적극적인 의미의 이용자로 평가되어진다.

인터넷 미디어 즉, 인터넷 커뮤니케이션은 상호 작용성을 전제로 한다. 정보의 송신자와 수신자가 단절된 일방향적인 커뮤니케이션이 아니라, 인터넷 미디어는 수용자와 송신자의 구분을 없애고, 이용자들간의 상호작용적 커뮤니케이션을 통해서 정보를 만들어가고, 의사 소통을 완성한다. 인터넷게시판에서의 리플문화는 상호작용적이며, 비동시적인 커뮤니케이션의 전형을 보여준다. 댓글문화를 통해서 만들어지는 정보는 커뮤니케이션이 전달되는 결과에 머무르는 것이 아니라, 재생산되어지는 과정에 있음을 말하는 것이다.

표 1 미디어 발달에 따른 수용자 범위의 변화

구분	매스미디어	뉴미디어	인터넷
수용자범위	불특정다수	특정다수	개인
방향	일방향적	한정적 상호작용	상호작용
통제권	송신자	일부만 수용자	이용자
미디어종류	텔레비전, 신문	케이블TV,위성방송 등 이른바 뉴미디어	인터넷신문,웹방송 등 멀티(하이퍼)미디어

인터넷은 이용자들에게 과거의 매스 미디어에서는 상상조차 어려울 정도의 정보에 대한 접근을 용이하게 해줄뿐만 아니라, 전세계적으로, 그리고 대중적인 커뮤니케이션을 가능하게 해준다. 인터넷 매개 커뮤니케이션은 정보의 흐름의 통제권을 이용자 모두에게 주었으며, 이는 P2P를 전제로한 정보흐름을 의미하는 것이다. 히터가 주장한 상호작용성은 통제혁명을 의미하며, 이를 가장 잘 실현해주는 미디어는 바로 인터넷이다.

과거 TV가 세계를 지배하던 시대에 VCR 그리고 뉴미디어의 등장은 '통제 혁명'(contral revolution)이라 불릴정도의 대단한 진보였다. 단지 특정 다수에게 전달된다는 것, 그리고 양적 다양성이 보장되어진다는 것만으로도 커뮤니케이션 혁명으로 불리워질 정도였다. 녹화를 통해서 시간을 통제하고, 많은 채널을 통해서 다양성을 보장받는 것은 엄밀히 말해서 상호작용적인 커뮤니케이션이 아니다. 하지만 인터넷은 P2P(Peer to Peer)를 통해서 개인에게 맞춤 정보와 맞춤 미디어를 제공할뿐만 아니라, 정보의 시·공간적 통제권까지도 개인에게 부여해준다. 인터넷속에서 이용자는 개인별 특서에 맞추어서 정보가 전달되고, 이용자들은 미디어의 접근권을 선택하고 편집하기도 한다.

수용자에서 이용자로의 개념 변화는 상당한 의미를 함축하고 있다. 매스 미디어가 지배하던 사회에서 개인은 대중으로 표현되어졌다. 항상 다수의 생각, 다수의 의견이 중요시되어졌으며, 매스 미디어의 정보 생산도 보편성과 대중성에 근거하여 이루어졌다. 당연히 게이트키핑 과정은 편집자들에게 주어졌다. 하지만 인터넷 미디어의 정보 생산 시스템은 다수의 생각보다는 개인의 생각을, 그리고 게이트키핑 과정조차 사라졌다. 오히려 중심의 이야기가 아니라 소외되어있던 주변부의 이야기가, 실제생활에서의 체험정보가 더욱 중요하게 부각되어진다. 그리고 정보의 선택은 항상 이용자들에 의해서 이루어진다. 인터넷 미디어에서의 이용자는 네티즌들이며, 이들은 사회 · 문화 · 경제의 주체로서 등장하게 된 것이다.

3. 여론에서 실천으로

한국 사회에서 인터넷은 여론의 장으로서 인정받아왔다. 사이버 시위도 이미 온라인에서 행해지는 사회 운동차원에서 실행되어온 모델이다. 효순, 미순의 촛불시위와 함께 진행된 하얀 리본달기에서도 보여주었듯이, 무섭도록 빠른 속도로 여론을 만들어가는 과정은 인터넷만이 가진 힘이다.

우리의 인터넷의 힘은 그 가능성을 향해 진화하고 있다는 점이다. 2000년을 휩쓸었던 엽기토끼 마시마로가 온라인을 박차고 오프라인으로 그 실체를 드러냈을 때, 우리는 사이버 스페이스가 현실에 뛰쳐나왔다는 사실에 신기함을 표현했다. 하지만 그것은 캐릭터일뿐이었다. 하지만 우리의 네티즌들은 2002년 온라인에서 오프라인으로 뛰쳐나오고 있다.

2002년 6월 붉은 광장을 만들어냈던 우리의 저력은 인터넷에서의 동호회에서부터 시작되었으며, 지금도 이어지는 촛불 시위는 메신저를 통한 여론 형성을 통해서 전국민적 호응을 만들어내기도 했다. 사이버스페이스 속에서 개인들은 자신의 목적과 의도에 따라서 언제든지 자유롭게 커뮤니티를 만들어내고, 공유하는 것이 가능하다. 그리고 시공간적 장벽을 뛰어넘는 상호작용의 가능성은 "네티즌 1명의 제안이 모든 사람들을 끌어내는 파괴력"을 보여주었다. 인터넷은 새로운 문화적 가능성을 열어준 것이다. 국가나 단체등에 의해서 이끌어지던 여론은 이제는 개인이 만들어내고 있으며, 새로운 문화를 생산하기까지도 한다. 대중사회에서 개인사회로의 전환을 의미하는 징후들은 사회곳곳에서 보여지고 있다.

이제까지 우리에게 여론을 주도하는 힘은 매스 미디어에게 주어져 왔었다. 매스 미디어는 1대 다수의 유통방식을 따름으로서, 소수의 의견을 다수에게 전달하는 방식이 되어왔다. 그리고 소위 전문가들로 구성된 소수에 의해서 여론이 주도되어왔던 것이다. 하지만 인터넷은 P2P(Peer to Peer) 즉, 개인이 직접 여론을 만들어가고, 확산시키는 것이 가능하다. 인터넷에서 정보 권력은 전문가에게 있는 것이 아니라, 일반 개인에게게로 이동되어진다.

1995년에 4월 28일, 대구시내 가스 폭발 사고가 바로 이러한 개인 정보시대를 보여주는 사례였다. 당시에 워낙 많은 사고에 시달리던 매스 미디어들은 이 사건을 축소하려고 하였으며, 당시 대구에 근거를 둔 삼성 라이온스의 경기를 보여줌으로서 여론을 유도하려고 하였다. 하지만, 당시 인터넷의 초기적 형태로 볼 수 있는 PC통신을 통해서 이 사건은 세상에 알려지기 시작하였다.

최근에는 기존의 매스 미디어들이 인터넷상에서 정보를 모으고, 기사를 쓰는 일까지 벌어지고 있다. 인터넷 커뮤니케이션을 활용하여 취재원으로부터 정보를 수집하고, 인터넷 게시판 등에서 새로운 뉴스거리를 찾기도 한다. 그리고 인터넷은 기존의 취재 관행 및 게이트키핑의 과정을 뒤흔들어놓고 있다(윤영철; 2000). 인터넷의 동시적 커뮤니케이션은 속보성을 통해서 여과없이 뉴스들이 전달되어진다. 완성된 공간을 통해서 전달되어지던 완성된 뉴스보다는 여백이 가득한 미완성의 기사들이 초판에서부터 계속해 수정되어져 올라온다. 정보의 완성은 이제 네티즌의 몫인 것이다.

이미 인터넷이 여론을 주도한다는 것은 대세이다. 그래서 인터넷은 '제4권력'을 넘어 '제5권력'으로까지 평가되고 있다. 이미 우리는 하얀 리본달기 운동을 지난 동계 올림픽 기간 중에도 경험했었다. 김동성 선수의 판정시비와 관련해서 온 나라가 순식간에 항의 여론과 반미 감정으로 들끓었었던 것을 기억하리라. 초기의 인터넷이 틈새시장으로서의 대안 언론의 가능성들을 시험하는 장이었다면, 최근의 인터넷 미디어들은 의제설정과 사회적 감시자로서의 역할에 대한 실험을 계속하고 있다.

다음커뮤니케이션에 의하면, 여론과 관련된 정치, 사회 분야의 커뮤니티가 모두 3천1백50여개가 개설되어있으며, 40만명의 회원이 활동하고 있다고 한다. 그리고 지난 선거 기간동안에는 대통령 선거과 관련해 1백여개의 커뮤니티가 만들어질 정도이다. 이들은 단지 정치인이나 후보에 대한 지지의사 표명을 넘어서 사이버 홍보까지 벌이고 있다. 그리고 '노풍'을 낳았던 것도 인터넷상에서 조직된 순순하게 개인의 힘으로 모아진 '노사모'였었다. 결국, 인터넷을 통한 네티즌들의 여론 파워를 인정할 수 밖에 없었다. 선거관리위원회는 노사모의 폐쇄를 선거법 위반으로 결정했으며, 그 결과는 2002대선에서 네티즌의 힘은 최초의 인터넷 대통령을 만들어내었다.

인터넷 공간은 더욱 더 많은 여론을 형성할 것이다. 인터넷 TV, 라디오, 카페, 홈페이지 등을 통해서 새로운 여론을 몰아갈 것이 분명하다. 정책 등에 대한 다양한 네티즌들의 참여공간들을 만들어내고, e-메일의 뉴스레터 등의 발송, 인터넷 캠페인 등을 선보이며, 휴대폰 문자 메시지까지 사용할 예정이다. 기존 매스 미디어들의 인터넷 홈페이지 접속률보다 순수인터넷 신문과 방송에 높은 접속률을 보이는 디지털 시민들을 붙잡기 위해선 어쩌면 당연한 일일지도 모른다. 네티즌의 힘은 이만큼 중요한 사회의 원동력이 되어버린 것이다.

이렇듯, 인터넷은 우리에게 새로운 여론의 가능성을 보여주고 있다. 그리고 그 여론은 사이버스페이스 내부에 존재하는 것이 아니라, 그를 전달하는 인간속에서 오프라인으로 그 범위를 확장시켜나간다. 그리고 기존의 위로부터의 아래로의 전달이 아니라, 아래로부터 위로의 커뮤니케이션을 가능하게 해주고 있다. 그리고 흩어져있던 힘을 인터넷공동체를 통해서 세력화시켜나가고 있다.

인터넷의 정보의 흐름은 전지구적이고, 실시간적이며, 끊임없는 이 3가지 속성에 의해서 이루어진다(Tim Jordan; 1999, 사이버문화연구소 역; 2001, 271-272). 그리고 인터넷의 이러한 속성은 오히려 잠들어 있는 시간에 더욱 활발히 움직이면서 사회 · 경제 · 정치적인 영역에 힘을 만들어낸다. 소위 '사이버 파워' 라고 불리는 인터넷이 만들어내는 여론이 완성되어지는 것이다. 하비가 주장했듯이, 시공간의 압축은 새로운 경제에 있어서 결정적인 요인이 된다(Harvy; 1989, 3). 정보는 항상 흐른다. 그리고 인터넷 속에서 미디어는 이러한 정보를 따라서 변화할 수 밖에 없는 것이다. 인터넷 미디어에서의 정보의 생산자는 네티즌이다. 인터넷은 미디어다. 기존의 어떤 유형의 매스 미디어들도 생산해내지 못하던 파괴력을 가지고, 시민들에게 자발성을 띤 여론을 만들도록 하고 있다. 그리고 네티즌들은 아니 정보사회가 만들어내는 개인화된 시민들은 새로운 여론의 공간을 만들어 가고 있다. 그들이 선택한 여론의 공간은 바로 사이버스페이스이다.

4. 오마이뉴스, 한국형 인터넷 미디어

인터넷 미디어, 사실 이제는 너무나 익숙한 단어가 되어버렸지만, 인 터넷이 최초로 제기되어진던 1990년대 중반만 해도 미디어와는 별개의 개 념으로 구분되어왔다. 하지만 인터넷은 그 자체가 거대한 미디어일 수밖에 없다. 네그로폰테의 모든 단위가 비트로 이루어지면서 멀티미디어적 속성 을 가진다는 점이 굳이 언급되지 않더라도, 인터넷은 기존의 매스 미디어들 의 변화 속에서 새로운 가능성을 보여준 정보공간이며, 미디어 공간이다.

인터넷 미디어는 1992년 시카고 트리뷴지가 세계 최초의 인터넷 신 문을 창간하면서 최초로 등장하였으며, 2000년 상반기에는 전세계적으로 인터넷 신문이 만개를 상회했다. 우리나라에는 1995년 3월에 중앙일보가 인터넷 서비스를 시작한 이래 빠른 속도로 증가되어 2000년 상반기에는 50개에 달하는 인터넷 신문이 온라인 서비스를 하고 있다(언론개혁시민연 대; 2001, 4).

인터넷 미디어는 3가지 형태로 나타난다. 첫 번째로, 기존의 오프라 인 미디어를 온라인 서비스하는 형태, 두 번째로, 온라인과 오프라인 서비 스가 함께 제공되는 형태, 세 번째로, 새로운 인터넷만에서만 제공되는 서 비스로 구성되어지고 있다. 그리고, 초기의 인터넷 미디어들은 대부분이 첫 번째 유형에 속해있었다. 파블릭(Pavlik; 1996)은 발전 단계별로 인터넷

신문을 정의하는데 첫 단계는 인쇄 신문의 내용을 그대로 전개하는 수준이며, 둘째 단계는 독자적인 기사를 발굴하여 기존 신문 내용에 추가하는 단계, 셋째 단계는 인터넷의 특성을 인식하여 기존의 신문 기사의 개념을 무시한 새로운 형태의 기사와 편집방식을 도입하는 단계이다.

국내 시민 저널리즘으로서의 공론장으로서의 역할은 인터넷신문을 통해서 주로 이루어졌다. 인터넷 미디어 중에서 인터넷 방송은 주로 음악 및 영화등의 전문 컨텐츠를 구성해서 전달하는데 주력하였으며, 국내에서는 대다수가 2000년 시행이후에 성인 방송을 제외하고는 실패를 경험했다.

하지만 인터넷 신문은 오히려 그 영향력을 확산시켜나가고 있다. 특히, 오마이뉴스의 경우에는 2003년 시사저널이 실시한 조사에 의하면, 가장 영향력있는 매체에서 6위를 차지했으며, 가장 좋아하는 매체에서도 6위를 차지함으로서 2001년과 2002년에 비해서 무려 2단계를 뛰어오르면서 노동신문을 표방한 한겨레신문을 제치고 인터넷신문의 여론형성의 힘을 인정받았다.[2]

시민 저널리즘은 매스 미디어가 '공론장'으로서의 기능을 수행가능성에 따라서 구분되어진다. 인터넷 신문의 다양한 기능, 즉 토론방, 리플 문화, 포럼, 이메일 등의 상호작용적 기제를 통해 공동체를 형성하며 새로운 토론의 공간으로서의 기능성을 가진다는 점에서 새로운 공론장의 실현을 예측하게 하고 있는 것이다.

시민 저널리즘의 목표는 언론에 새로운 역할을 부여함으로서, 시민의 능동적인 공동 참여 및 토론이 민주주의

2 여론주도층 대상으로 '가장 영향력 있는 언론매체'에 대해 조사한 결과 KBS가 응답 59.1%로 1위를 차지했다. 이같은 사실은 주간지 시사저널이 지난 14~17일 미디어리서치에 의뢰해 정·관·학계, 언론, 법조, 재계, 문화예술, 시민단체 등 10개 분야의 전문가 1천40명을대상으로 '누가 한국을 움직이는가' 주제로 설문조사한 결과 밝혀졌다.이 조사에서 '가장 영향력 있는 언론 매체'를 물은 결과 KBS와 조선일보가 각각1,2위를 기록했으며 MBC(44.3%), 동아일보(26.6%), 중앙일보(22.7%), 오마이뉴스(11.5%), 한겨레(10.0%) SBS(6.7%), YTN(2.8%), 한국일보(2.7%)가 그 뒤를 이었다. 인터넷매체 오마이뉴스는 올해 처음으로 한겨레와 SBS를 앞지르고 6위에 올랐다. '가장 좋아하는 매체'는 MBC가 29.9%로 1위를 차지했으며 이어 조선일보(28.8%), KBS(27.8%), 한겨레(22.5%), 중앙일보(18.8%), 동아일보(18.1%), 오마이뉴스(11.5%), SBS(6.8%), YTN(5.4%) 순이었다.

실현 과정 속에서 잘 이루어지게 하는데 있다. 따라서 인터넷 미디어가 시민 저널리즘으로서 기능하기 위해서는 시민의 공공참여와 토론의 중심에 놓여야한다는 것이다. 따라서 국내에서 시민 저널리즘은 대안 미디어의 모습에서, 그리고 공론장으로서의 가능성속에서 언급되어져야할 것이다.

공론장이란 아테네의 아고라에서 이루어지던 이성적 대화와, 숙의, 그리고 공적 담론에서부터 비롯되어진 개념으로 즉, 공동 관심사에 공적 담론과 시민 참여가 이루어지는 공간을 말한다. 합리적이고 비판적인 토론을 통해서 여론을 형성하고, 이 여론은 권력의 남용을 비판할 수 있는 자유로운 토론의 장, 이것이 공론장의 진정한 의미였던 것이다(Harbermas; 1989). 아테네에서는 아고라가, 그리고 산업사회에서는 매스 미디어가 그리고 21세기는 바로 사이버 스페이스가 그 자리를 대신할 것으로 논의되어지고 있다. 하지만 기술의 발달은 '생활세계의 식민화'를 통해서 공론장의 기능을 퇴색시켜왔다. 따라서 매스 미디어는 상업성에 의해서 공론장으로서의 기능을 제대로 하지 못했다. 이에 반해서 인터넷 미디어는 이들 권력에서 이탈한 시민들이 참여하는 미디어를 구성함으로서, 다양한 주제와 관심거리를 요구하는 시민들에게 새로운 관점과 토론의 장을 마련해주는 공론장으로서의 기능을 해줄 것을 기대하고 있는 것이다.

국내에서의 인터넷 미디어는 대안 미디어로부터 시작되어졌다. 가장 초기적 형태인 보테저널은 PC통신 게시판을 통한 잡지형태를 띠고 있으며, 다양한 사회적 현안에 대해서 게시판과 토론 포럼을 통해서 활발한 토론과 즉각적인 여론 형성을 이루었다. 이것이 인터넷사에서는 웹진의 형태로 등장했으며, 패러디한겨레 21, 보일아동, 수세미일보, 망치일보, 더럽지 등이 여기에 속한다(민경배; 2000). 이들중에서 가장 대표적인 웹진으로는 딴지일보가 있었다. 딴지일보는 기존의 세상에서 통용되던 보편성과 이분법에 도전하는 내용들을 담아내었다. 엽기토끼 '마시마로' 가 선풍적인 인기를 끌 수 있었던 것도, '안티사이트' 가 인터넷 공간을 차지했던 것도, 모두 수용자들의 새로운 세상보기에서 비롯되어졌다. 인터넷은 분산성과 개방성을 통해서 기존의 권력 관계를 해체시킨다. 그리고 이것은 앨빈토플러가 권력이동(powershift)라고 불렀던 것처럼 새로운 다수의 권력을 만들어내었다. 그리고 그 권력의 중심에는 항상 개인이 존재하였다(Alvin Toffler; 1995). 구조와 국가로부터 개인으로의 권력이동은 미디어에서도 새로운 변화의 흐름을 만들어내었다. 그리고 적어도 한국의 인터넷 문화는 기존의 매스 미디어속에서 항상 일방향적인 메시지를 전달받아왔던 수용자들에게 일종의 해방구가 되기도 했다. 하지만, 딴지일보의 뒤를 이어 다양한 패러디 사이트들이 등장했으나 풍자와 폭로라는 패러디의 한계를 벗어나지 못하고 정기적인 업데이트가 이뤄지지 않아 대안 언론으로서 미흡한 점이 많았다.

본격적인 온라인 대안 언론의 등장은 오마이뉴스와 프레시안을 들 수 있다. 그리고 이 신문들은 정기적으로 업데이트되며 자체 취재 및 제작 시스템을 갖춘 제대로된 인터넷 '언론' 으로서 평가받고 있다. 현재 저널리즘과 관련된 인터넷 미디어들은 사이버 스페이스속에서 다양한 모습을 나타내는데, 아이위클리, 아이비즈넷 등 전문성을 띤 신문에서부터 디지털타임즈, 아이뉴스 24와 같이 속보성을 갖춘 종합지에 이르기까지 매우 다양하다.

인터넷 미디어는 기존의 미디어와 비교해서, 네트워크성, 다양성, 상호작용, 경제성이라는 장점을 가진다. 이 중에서 앞서 자세히 살펴보았지만, 인터넷 미디어를 기존의 미디어와 차별화시키는 가장 큰 특징은 수용자 개념의 변화에 있다. 기존의 매스 미디어의 경우에 정보를 전달한다거나, 정보를 구성하는 과정에서 통제권은 절대적으로 송신자에 있었으며, 수용자들은 단지 정보를 사용하거나, 선택하는 과정에서만 제한적인 권한을 가지고 있었다. 하지만 인터넷 미디어의 가장 큰 특징은 정보의 생산과 전달의 전 과정에서의 통제권을 수용자가 소유하는 것이 가능해졌다는데 있다. 사실, 사이버 스페이스를 구성하는 웹진, 디지털정보, 게시판, 커뮤니티, 메신저 등은 모두 정보를 실어나르는 수단이다. 그리고 사이버 스페이스에서 수용자들은 정보를 즉각적으로 주고받으며, 정보의 관리자로서의 역할을 하게된다.

사이버 스페이스가 가지는 미디어적 성격은 기존의 사회적 권력관계에 새로운 충돌지점을 형성한다. 즉 인류가 근대이후 천부인권으로 규정해온 '표현의 자유' 개념에 대한 원론적인 문제를 제기하는 것이다. 기존 오프라인 미디어 환경에서 표현의 자유란 언론의 편집권과 동일한 개념이었다. 즉 과거에는 우리 주변에서 떠도는 수많은 담론과 정보 가운데 편집권자에 의해 길러지는 엄격한 사실정보와 투철한 예술혼이 담긴 표현들만이 '표현' 의 적자로서 인정되고 유통되었다(장여경, 2001).

하지만, 인터넷 미디어들의 등장은 이제까지 기존제도 내에서 금기시되거나, 소외되어왔던 정보들이 뉴스로서 생산되고 유통되어진다. 사이버 스페이스는 기존의 국가, 구조질서로부터 자유롭기 때문에 정치적, 상업적 영향력을 벗어나 일반에게 잘 알려지지 않은 사건이나 기성 매체가 보도하기 꺼려하는 금기 사안조차도 당당하게 폭로하고 지속적으로 관심을 둘 수 있게 해준다. 네티즌들은 이러한 인터넷 미디어의 속성을 기반으로 사이버 스페이스를 새로운 공론장을 만들어내고 있다. 인터넷의 역사에서 엽기 문화, 안티 사이트 그리고 하위 문화의 급성장은 기존의 권력들에 대한 반론을 제기한 것이었다. 시민 운동의 핵심에 안티사이트들이 존재했던 것처럼 소비공동체들은 경제 권력에 대항하여, 그리고 언론 수용자들은 언론 권력에 대항하여 개인의 목소리를 결집해내었다. 이처럼 인터넷 미디어에서 시민 참여의 형태는 네티즌들이 정보 생산자로서 즉각적인 상호작용을 한다는데 있다. 특히, 오마이뉴스는 시민기자제, 그리고 생활뉴스 등의 도입함으로서 새로운 유형의 대안미디어로서 평가받고 있다.

현재, 전세계는 세계 최초의 성공적인 모델로서의 인터넷 신문 "오마이뉴스"에 주목하고 있다. 그리고 그들은 새로운 미디어의 가능성을 열었다. 물론, 오마이뉴스의 탄생까지는 한국 사회

그림 1 뉴스갤러리의 뉴스연대, 오마이뉴스 (www.ohmynews.com)

의 구조적 요인들이 작용했던 것은 분명하다. 하지만, 오마이뉴스는 수용자가 '기자'가 되어서 공공성을 띤 완전한 미디어가 될 수 있다는 점을 보여준 최초의 사례이며, 또한 그 가능성은 한국 사회의 인터넷 문화가 온라인에서 오프라인으로 활성화되는데 가장 큰 여론의 장으로서 역할을 충분히 수행하였다.

한국의 인터넷 미디어는 단지, 기존의 매스미디어를 손쉽게 접할 수 있는 단계에서 그치지 않는다. 새로운 미디어 유형을 만들어내고, 그리고, 기존의 매스 미디어 시스템에 변화의 칼을 들이대고 있다. 사실, 한국의 인터넷 문화는 끊임없이 네티즌들의 힘을 시험했다. 그리고 그것은 곧 인터넷 미디어들의 가능성들과 영향력을 보여준 계기가 되었다. 특히, '촛불시

위' 와 '노사모' 는 오마이뉴스를 새로운 여론 형성의 중심에 놓게 되었다. 인터넷미디어가 새로운 시민참여미디어로서의 가능성을 보여준 사례는 '촛불시위' , '노사모' 를 통해서 기타 오프라인의 매체보다 신속하고 여론이 확산력과 신속력에 있었다. 사실상, '촛불시위' 의 원동력이 되어준 것은 오마이뉴스였다.

오마이뉴스는 2000년 2월 22일에 창간되었으며, 인터넷을 통해 주제별, 섹션별, 지역별 뉴스를 제공함으로서 종합일간지 체제를 구축하고 있다. 오마이뉴스는 "뉴스게릴라의 뉴스연대" 를 표방하고 있는데, 이는 "게릴라기자" 혹은 "시민기자제"라고 불리면서 네티즌 참여의 가장 대표적인 형태의 온라인 미디어로 불리고 있다. 특정이슈나 관심을 주목하는 행사의 경우, 동영상을 통해 그 내용을 전달하기도하고, 국내 및 해외 오마이뉴스를 통해 지역소식도 전하고 있다.

"시민기자제" 는 인터넷 미디어만의 새로운 가능성을 보여준 사례이며, 기존의 매스 미디어 시스템의 한계를 극복한 사례로 평가받고 있다. "시민기자제" 는 2가지 면에서 인터넷 미디어의 가능성을 실현시킨 것으로 보인다. 첫 번째로 뉴스의 생산 주체의 측면에서 시민이 기자로 참여할 수 있으며, 이것이 뉴스로서 생명력을 가질 수 있다는 사실을 보여주었다. 두 번째로, 뉴스의 형식 및 내용 면에서도 시민기자들의 기사들은 기존의 뉴스 가치 이론이나, 혹은 전문적인 내용보다는 시민들의 일상 속에서 발생하는 작은 일들이 뉴스가 될 수 있음을 보여주었다.

오마이뉴스의 시민 참여 미디어적 특성은 전문가 중심적인 언론모델을 탈피하여 시민 단체의 경우처럼 비경제적, 비국가적인 자발적 결사체로서의 시민기자 집단을 창출해냈다는 것에 있다. 이같은 시도는 결국, 자발적 결사체로서 의사소통적 네트워크가 시민 사회의 언론 모델에 적용될 수 있다는 가능성을 보여주었다는데 있다. 시민기자에 의한 미디어참 여는 다양한 직업, 계층, 지역 속에서 생활세계의 문제점을 발견하고 이를 공론화하는 시민 참여 미디어의 모델이라고 볼 수 있는 것이다(홍성구; 2001, 189-194). 오마이뉴스는 네티즌들이 자유롭게 자신의 의견을 개진하 고, 그것이 기사화됨으로서 사회 여론화에 기여했다는 점에서 새로운 미 디어 유형으로 인정받았으며, 현재는 사회내의 여론을 주도하는 주요 매 체로까지 성장하였다.

5. 참여 군중의 시대를 준비하며

라인골드는 『참여 군중(Smart Mobs)』이란 저서 속에서 무선과 유선 이 결합된 새로운 미디어를 적극적으로 이용함으로서 새로운 사회참여방 식을 만들어낸다고 지적했으며(Howard Reingold; 2003), 이는 결국, 한국 의 인터넷 미디어가 실현시키고 있는 것이다.

인터넷 미디어의 또 다른 가능성은 현재 블로그를 통해서 다시 시험 되고 있다. 실제로 블로그는 오마이뉴스가 대중성에 기반한 인터넷 미디 어였다면, 블로그는 개인에 기반한 인터넷 미디어를 선보이고 있다. 블로 그의 출생지인 미국에서, 블로그는 풀뿌리 미디어의 혁명으로 불리워지고 있다. 이미 2003년의 이라크전에서 입증되었듯이, 기존의 CNN과 같은 거 대 매스 미디어에서 편집되어진 뉴스들이 블로그를 통해서 전쟁의 참상을 알렸으며, '반전시위'를 이끌어내는데 큰 힘을 발휘하였다.

오마이뉴스와 같은 인터넷 미디어의 형태를 경험하지 못했던 서구 에서 블로그는 개인이 자신의 일상에서 사회 문제까지 자신의 목소리를 가

그림 2 블로거미디어를 표방한 미디어몹(www.mediamob.co.kr)

장 손쉽게 낼 수 있는 개인 미디어로서 각광 받고 있다. 현재 미국에서는 CNN이나 뉴욕 타임즈 등 주요 언론사들은 자사의 웹사이트에 블로그를 추가했고, 검색 엔진의 대명사 구글은 블로그 서비스 회사인 파이라랩을 인수했다. 수십여 종의 블로그 소프트웨어와 유·무료 서비스가 계속 등장하고 있으며, 심지어 자신의 블로그를 정식 국제 정기 간행물로 등록하는 것도 가능하다(이남우; 2003). 불과 채 1년도 되지 못한 국내 블로그 서비스는 현재 천만명의 블로거를 가지고 있을 정도로 급속도로 성장하고 있다.

블로그에서 네티즌들은 새롭게 진화하고 있다. 자신의 이야기를 담아내며, 자신의 역사를 그려가며, 자신의 생각들을 개인의 일기를 넘어 웹 출판을 해나가고 있다. 전문가의 비평에 의존하거나, 혹은 엘리트들의 지식을 담아내기보다는 개인에게 가치있는 지식을, 이야기를 풀어낸다. 그렇게 블로그는 새로운 미디어를 만들어낸다.

네티즌들은 그렇게 새로운 미디어를 준비하고 있는 지도 모른다. 인터넷속의 네티즌은 끊임없이 움직이며, 새로운 문화들을 양산해내고 있다. 아헿헿, 다모폐인, 얼짱문화에 이르기까지 네티즌들속에서는 항상 문화 생산의 중심은 개인에게 있다. 온라인은 오프라인속에서 여론을 주도하는 세력이 되어가고 있으며, 네티즌들이 만들어내는 문화는 기존의 관계와 흐름을 변화시키고 있다.

사이버 스페이스는 점차 개인화되어간다. 그리고 인터넷 미디어들은 개인 미디어로 발전되어가고 있다. 개인 미디어는 정보흐름의 통제가 개인에게 주어진다는 것을 의미하며, 매스 미디어들의 정보보다는 자신의 일상과 주변이 더욱 중요한 시대가 되어가고 있음을 의미한다. 그래서 네티즌들의 힘을 가상 공동체와 개인 미디어를 기반으로 더욱 강화되어질 수 밖에 없다.

유비쿼터스로 통하는 세상, 그 속에서 수용자의 힘은 더욱 강해져야 한다. 테크놀로지의 발전은 항상 2가지의 가능성을 제시해준다. 모든 미디어의 발전에서 그러했듯이, 푸르디 푸른 청사진이 보여주는 환상은 또 다른 한편으로 암울한 회색도시를 보여준다. 이제까지 기술은 그래왔다. 유비쿼터스는 지금의 현실에서 인간이 상상할 수 있는 가장 안정된 그리고 체계화된 사회를 보여준다. 인간은 그 속에서 무한한 자율성을 가지는 것으로, 하지만 그 이면에 모든 정보가 비트화되고, 통제화되면서 야기될 다양한 문제들은 숨겨져있다. 그런 점에서 미디어의 발달은 다른 한편으로는 미디어에 의한 통제의 가능성을 언급하지 않을 수 없다. 팀 조단이 지적하듯이, 사이버 스페이스, 인터넷, 그리고 정보 흐름 공간이 별개의 것이라는 사실에서부터 우리는 시작해야한다. 사이버 파워라 명명되어지는 것을 활성화시키기위해서 필요한 것은 온라인과 오프라인의 접경 지역에서 이들의 흐름을 통제하는데 있다. 결국, 온라인과 오프라인 사이에서의 사회적 사이버 파워와 온라인 삶에서의 사회적 사이버 파워를 연결하는 것, 그것이 바로 미래의 사회속에서 우리가 나아가야할 방향인 것이다.

이 글은 한국 사회에서의 여론 형성에 가장 큰 영향력을 발휘하는 것으로 평가되어지고 있는 인터넷 미디어에 대한 이야기들을 풀어놓았다. 한국의 인터넷 역사속에서 빠져서는 안될 다양한 사이트들은 모두, 대안 미디어의 성격을 띠고 있다. 딴지일보, 보테저널 등등, 이들은 모두 기존의 매스 미디어의 닫힌 통로를 열어놓았으며, 사회의 구조적 모순들을 공개하고 변화시키는데 지대한 공헌을 하였다.

인터넷 미디어의 무엇이 한국 사회를 변화시키는가? 이를 살펴보기위해서, 본고에서는 한국의 인터넷에 대한 이해와, 덧붙여 인터넷 미디어가 가지는 이론적 이해와, 오마이뉴스 등의 실제등을 제시하였다. 필자는 이글에서 오마이뉴스의 시민 참여 시스템은 나아가 개인 미디어로의 발전의 토대가 될 것으로 전망하였다.

오마이뉴스에 대한 보다 자세한 이론적 논의를 살펴보기 위해서는 김은규의 박사학위 논문, "한국적 시민 저널리즘의 유형과 발전 방안에 관한 연구"를 추천한다. 이 논문은 시민 저널리즘(civic journalism)으로서의 인터넷 미디어의 가능성과, 그 모델로서의 오마이뉴스를 고찰하고 있다. 이는 오마이뉴스를 시민 참여의 모델로서의 시민 운동과 연관시킨 학술적 논문이며, 새로운 미디어 모델을 구체적으로 살펴볼 수 있을 것을 기대된다.

성동규의 『사이버커뮤니케이션』은 인터넷시대의 미디어 즉, 미디어 양식의 구체적 변화에 대해서 기존의 매스 미디어와 비교해서 살펴보고 있다. 다양한 인터넷 미디어의 유형을 제시하고 있으며, 구체적으로 기사쓰기, 편집, 보도 양식 등의 구체적인 변화를 이야기하고 있으며, 이를 사이버 저널리즘으로 설명해내고 있다.

이글의 말미에 소개한 1인미디어의 대표적인 유형으로 언급된 블로그에 대해서는 레베카 블러드의 『블로그』를 추천하고 싶다. 이 책은 블로그의 역사와 블로그 방법론에 대한 설명, 그리고 블로그와 저널리즘에 대한 진지한 고찰을 제공하고 있으며, 어떻게 블로그가 우리 대중문화의 주요 패러다임이 되고 있는가에 대한 포괄적인 설명을 담아주고 있다.

인터넷 시대의 대중에 대한 이야기는 하워드 라인골드의 『참여 군중』을 통해서 살펴볼 수 있을 것이다. 이 책은 이러한 참여 군중이 등장하게 된 계기와 원리를 상세히 설명하며, 참여 군중이 나아갈 길을 함께 제시하고 있다.

▌참고문헌 ▌

Alvin Toffler, 1995, *Powershift: Knowledge, Wealth, and Violence at the Edge of the 21st Century*, Bantam Books. 이규행 옮김, 1991, 『권력이동』, 한국경제신문사.

Habermas, J., 1962/1989, *The Structural Transformation of the Public Sphere*, Cambridge, MA: MIT Press.

Howard Reingold, 2002, *Smart Mobs: The Next Social Revolution*, Perseus Publishing. 이윤경 옮김, 2003, 『참여군중』, 황금가지.

John December, Jan 1997, *Notes on Defining of Computer-Based Communication*, CMC Magazine. http://www.december.com/cmc/mag/1997/jan/december.htm

Laura J, Gurak, 2002, *Cyberliteracy-Navigating the Internet with Awarenessm*, Yale Univ Press. 강수아 옮김, 2002, 『거미줄에 걸린 웹』, 코키토 편.

Pavlik, J. V., 1996, The future of online journalism, http://www.cjr.org/year/9714/online.asp.

Susan B, Barnes, Sue Barnes, May 2001, *Online Connections: Internet Interpersonal Relationships*, Hampton Pr. 이동후 · 김은미 역, 2002, 『온라인커넥션』, 한나래.

Tim Jordan, 1999, *Cyberpower: The Culture and Politics of Cyberspace and the Internet*, Routledge. 사이버문화연구소 옮김, 2001, 『사이버파워』, 현실과 문화연구.

Willian Gibson, 1984, *Neuromancer*, Ace SF edition.

김문조, 2000, 사이버시대의 삶의 질, 『사이버문화의 특성과 동학, 아산사회복지재단 심포지움』.

김주환 외, 2002, 『디지털 시대와 인간존엄성』, 나남.

민경배, 2000, 인터넷시대 대안미디어의 현단계와 가능성: 「오마이뉴스」의 실험을 어떻게 볼 것인가. 『창간 100일 기념 심포지엄 주제발표문』. http://www.ohmynew.com

박선희, 2001, 인터넷 신문의 뉴스 특성과 대안언론의 가능성: 「오마이뉴스」 기사분석. 『한국언론학보』, 제 45-2호.

백욱인, 1999, 네트와 새로운 사회운동, 「동향과 전망」 43호.

성동규, 2002, 『사이버커뮤니케이션』, 세계사.

언론개혁시민연대 편, 2001, 『인터넷 미디어와 시민사회』.

언론연구원 편, 1995, 『멀티미디어』, 한국언론재단.

윤영철, 2000, 온라인 저널리즘과 새로운 언론 패러다임, 사이버 커뮤니케이션 학회 『2000년 봄철 학술대회 발표집』. http://www.cybercom.or.kr/haksool/00-1/00-1(yyc).htm

윤준수, 1998, 『인터넷 커뮤니케이션 패러다임의 대전환』, 커뮤니케이션북스.

이남우, 2003년 5월, 블로그란 무엇인가?, 「아름다운e세상」, 정보문화진흥원.

장여경, 2001, 인터넷과 NGO, 조희연 편, NGO가이드-시민, 사회운동과 엔지오 활동, 한겨레신문사.

8

애니메이션, 서사와 문화 정체성 사이

박 기 수

일본 애니메이션과 미국 애니메이션 그리고 한국 애니메이션 중에서 아이들에게 가장 위험한 것은 어느 것일까? 아이들이 애니메이션 캐릭터를 비롯한 부가상품에 정신을 못 차리는 이유는 무엇일까? 일본 정부가 매년 엄청난 돈을 들여가며 자신들의 애니메이션 콘텐츠를 개도국으로 헐값에 혹은 무상으로 공급하는 이유는 무엇인가? 이 글은 이러한 범박한 의문에서 시작된 것이다.

애니메이션은 문화할인율을 극소화할 수 있고, 애니메이션을 One Source로 한 Multi Use의 파급력이 대단하고, 무엇보다 향유계층이 대부분 유·소년층이기 때문에 문화 침투/침입의 두 가능성이 늘 함께하는 문화콘텐츠이다. 그래서 이 글에서는 세계 애니메이션 콘텐츠를 양분하여 공급하고 있는 미국과 일본의 애니메이션 텍스트에 드러난 문화 정체성과 그 구사 전략 등을 집중 조명하였다. 이 결과를 바탕으로 기존의 한국 애니메이션이 구현한 문화 정체성의 적절성과 효과 등을 점검하고, 새로운 지향점을 모색하였다.

정체성을 기존의 것을 찾는 것이 아니라 스스로 만들어 가는 구성적 개념으로 파악하고, 그것이 탁석산의 주장처럼 현재성, 대중성, 주체성을 구현해야 하며 무엇보다 구성원들의 삶의 준거와 기반으로 기능해야 한다고 전제하였다. 이를 바탕으로 필자는 한국 애니메이션의 문화 정체성을 찾고 실천적으로 애니메이션 텍스트 안에서 구현해야 한다고 주장한다. 문화 정체성이 누락된 대중문화콘텐츠는 단지 상품일 뿐이며 그것의 지속 가능성도 기대하기 어렵다는 점을 전제할 때, 문화 정체성의 효과적인 구현 전략은 곧 애니메이션을 위시한 문화콘텐츠의 경쟁력의 요체가 되는 것이다.

소박하게 생각하자. 삶은 문화를 넘어설 수 없고, 문화는 대부분 콘텐츠로 구현된다는 것을 전제할 때, 아이가 즐기게 될 콘텐츠 안에서 문화 정체성을 고민해야 하는 것은 당연한 일이 될 것이다. 그렇다면 우리 아이들에게는 어떤 애니메이션을 보여줄 것인가? 분명한 것은 부모의 의지와 상관없이 아이들의 애니메이션 채널은 돌아간다는 점이다.

1. 왜 애니메이션과 문화 정체성인가

이 글은 애니메이션 서사에 나타난 문화 정체성을 분석하고 그 특성을 파악함으로써, 문화 정체성을 애니메이션에 효과적으로 구현할 수 있는 방안을 모색하기 위한 것이다. 이것을 위해 미국과 일본 애니메이션 서사에 드러난 문화적 특성을 분석하여 그 특성을 파악하고, 이를 바탕으로 한국 애니메이션 서사에 드러난 문화 정체성의 양상과 특성을 분석하고, 그 의의와 한계는 무엇인지 살펴볼 것이다. 이 글은 문화 정체성을 기반으로 하지 않고서는 미적 가치나 문화적 가치는 물론이고 재화적 가치 역시 실현할 수 없다는 절박함과 가장 효과적인 문화 전파매체인 애니메이션의 경우 언제든 그 역도 성립될 수 있다는 절실함에서 출발한다.

애니메이션은 대표적인 3H(High-cost, High-risk, High-return)산업으

로 경제적 가치 창출에 대한 기대와 예측을 생산의 주요 동력으로 하는 장르다. 때문에 그러한 수익에 대한 기대와 수익창출을 극대화하기 위한 전략적 특성이 장르의 내재적 속성에까지 영향을 준 대표적인 장르다. 하지만 재화적 가치는 애니메이션을 통해 성취할 수 있는 것일 뿐 그 자체가 콘텐츠가 될 수 있는 것은 아니다. 즉 재화적 가치는 미적·문화적 가치를 기반으로 하지 않고서는 그 자체로 가치를 구현할 수는 없는 것이다. 따라서 애니메이션은 재화적 가치, 미적 가치, 문화적 가치가 상관·상보하여 유기적 전체를 이룰 때 비로소 작품성을 평가할 수 있는 장르다.

불행히도 그동안 우리의 애니메이션 콘텐츠에 대한 관심은 재화적 가치에 편향되어 있었다. 그 이유는 1) 애니메이션의 재화적 가치를 강조하여 애니메이션에 대한 관심을 환기시키려했고, 그 결과 2) 제작 인프라와 애니메이션에 대한 인식 개선이 이루어지지 않은 상태에서 의욕만 앞선 투자로 큰 손실을 보았음에도 불구하고, 3) 원 소스 멀티 유즈(One Source Multi Use)나 윈도우 이펙트(Window effect)를 활성화시킴으로써 큰 성공을 거둔 애니메이션이 등장하기 시작했기 때문이다. 물론 이러한 이유조차도 애니메이션의 장르적 특성에 기인한 바 없는 것은 아니다. 하지만 생산과 향유의 인프라가 제대로 구축되지 못한 한국 애니메이션의 재화적 가치로의 편향은 미적 가치나 문화적 가치를 괄호 속에 묶는 결과를 가져옴으로써 역설적으로 재화적 가치 창출도 기대할 수 없게 만들었다. 다행스러운 것은 이러한 대규모 기획의 실패가 역설적으로 한국 애니메이션 발전에 기여했다는 것이다. 덕분에 최근 2~3년 간 한국 애니메이션은 또 다른 중흥기를 맞았다. 그러나 2002년 12월 기준 애니메이션 기획 및 제작 현황을 보면 235개의 작품이 진행되고 있을 정도로 풍성했지만, 이후 〈오세암〉, 〈원더플데이즈〉, 〈엘리시움〉 등 기대를 모았던 애니메이션이 대중성과 작품성에서 모두 참패함으로써 상당수의 제작이 중단되는 사태를 초래했다.

그렇다면 무엇이 문제인가? 재화적 가치를 고려해야 하는 것이 애니메이션의 내재적 속성이라면, 최근 한국 애니메이션의 실패 원인을 재화적 가치로의 편향에서만 찾는 것은 설득력이 떨어진다. 유사한 맥락에서 미적 가치나 문화적 가치가 부재했기 때문이라고만 말하는 것은 막연하다. 더구나 이 세 요소가 분리적 개념이 아니라 유기적 상관을 통하여 그 가치를 구현한다는 점을 고려할 때, 좀더 근원적인 성찰이 요구되는 것이다. 이 글에서는 애니메이션의 특성에 대한 이해와 문화 정체성에 대한 실천적 고민을 바탕으로 이러한 성찰을 수행할 것이다.

애니메이션은 문화 할인율을 극소화할 수 있는 까닭에 문화적 저항에서 비교적 자유롭고, 따라서 타 문화에 대한 접근성이 매우 높다. 이러한 논리는 쌍방향적인 것이어서 '침투하지 못하면 침투 당하는' 양상으로 구체화 된다. 더구나 애니메이션은 유·소년층을 주 향유층으로 하고 있기 때문에 이러한 속성의 영향력은 더욱 강화된다(박기수; 2004 c, 95). 애니메이션의 향유 경로를 살펴 볼 때, 극장에서 관람하거나 비디오·DVD타이틀의 구입 혹은 대여를 통해 집에서 관람하게 하는데, 둘 다 경제적 가치를 지불해야 하는 부모의 일차 검열을 전제로 한다. 이 때 부모는 보편적 교훈성이나 건전한 윤리를 당위적으로 요구하며, 이것을 검열의 잣대로 활용한다. 따라서 부모의 일차적 검열을 통과할 수 있다면 유·소년층의 향유자층들은 애니메이션의 문화적 영향력 아래 무방비로 노출될 수밖에 없다. 문제는 1) 우리가 즐기는 미국이나 일본 애니메이션은 표면적으로는 교훈적이고 건전한 윤리를 바탕으로 하고 있기 때문에 부모의 검열을 쉽게 통과할 수 있다는 점, 2) 그것의 심층에는 자국중심의 이데올로기가 견고한 똬리를 틀고 있다는 점이다. 이러한 향유계층 외에도 팬덤을 형성할 정도로 활발한 향유자들(소위 마니아 계층)의 경우에는 향유과정에서 텍스트에 대한 충성도가 높고, 높은 충성도를 바탕으로 활발한 향유 활동을 전개함으로써 상당한 영향력을 갖는다. 해당 텍스트에 대한 자료 수집, 커뮤니티 결성, 텍스트에 대한 비평, 코스프레, 팬픽는 물론 심지어 오마주에 이르기 까지 향유활동은 매우 다양하게 경쟁적으로 나타난다. 이 과정에서 비판적인 의견도 개진될 수 있지만, 결과적으로는 해당 텍스트에 대한 인지도와 충성도만을 높여줄 뿐이다. 또한 애니메이션은 그 산업적 특성으로 인하여 원 소스 멀티 유즈(One Source Multi Use)와 윈도우 이펙트(Window effect)를 활성화시킴으로써 부가가치를 창출하게 된다. 이 과정에서 캐릭터, 게임, OST음반, 만화, 출판물 등을 통해 그 매체 파급력이 폭발적으로 증가할 수 있다. 아울러 유 · 소년층이 선호하는 장르인 애니메이션은 미디어 교육적 가치가 매우 높다. 이와 같이 문화 할인율, 향유 계층의 특수성, 애니메이션의 부가가치 창출 구조, 미디어 교육적 가치 등을 고려할 때, 애니메이션의 미적 가치와 문화적 가치에 대한 관심과 연구는 지속적이고 실천적으로 이루어져야만 한다.

이 글에서는 문화 정체성을 중심으로 문화적 가치가 미적 가치와 재화적 가치를 어떻게 유기적으로 상관시키며 가치를 실현해 가는가에 주목할 것이다. 이것은 문화 정체성이 문화적 가치의 모태가 되는 까닭이며, 문화적 가치를 토대로 미적 가치나 재화적 가치가 창출되기 때문이다. 미적 가치는 문화적 가치의 구현 차원에서 발생하는 것이며, 재화적 가치는 문화적 가치와 미적 가치가 어우러지는 과정에서 재화적 가치에 대한 기획이 유기적인 상관을 갖게 될 때 발생하는 결과물로서의 성질을 갖는다. 따라서 문화적 가치에 대한 연구가 선행되어야만 미적 가치나 재화적 가치가 지속적으로 창출될 수 있는 토대를 갖추게 되고, 그 토대의 중심에는 문화 정체성이 자리하는 것이다.

소박한 의미에서 정체성은 우리를 다른 민족과 구분하는 것이지만, 일반적으로 정체성을 논의할 때는 '한국문화의 정체성'이라고 하여 국가적 개념을 전제한다. 최근에는 민족이라는 개념의 정당성에 대해서도 회의하고 있는 실정인데, 인위적이고 가변적인 국가라는 개념으로 정체성을 규정하는 것은 용이한 일이 아니다. 더구나 정체성은 구성원들의 '삶의 준거가 되고 기반'이 된다는 측면에서 볼 때 한국적인 것이 무엇인지 결정된다 하더라고 어떻게 살아야 올바른가(탁석산; 2000, 116)의 문제가 여전히 남게 된다는 한계를 지닌다. 여기서 우리는 1) 국가에 의한 정체성은 허구이거나 구성하고픈 개념일 가능성이 농후하고, 2) 정체성이 삶의 준거가 될 수 있는 지향적 개념이라는 유추가 가능하다. 여기서 우리는 정체성이 가변적, 구성적, 지향적 개념일 수 있음을 확인할 수 있다.

이와 같은 논리를 바탕으로 할 때, 한국문화의 정체성이란 개념은 무리가 따르는 개념이라는 점, 정체성은 실체적 개념이라기보다는 구성적이며 지향적인 개념일 수밖에 없다는 점, 그럼에도 불구하고 현실적으로는 이것들을 통합하여 논의할 수밖에 없다는 사실을 알 수 있었다.[1] 더구나 한국 애니메이션을 텍스트로 하여 문화 정체성을 파악해야 하는 이 글의 특성을 고려할 때, 한국이라는 국가적 범주를 전제로 해야만 한다. 따라서 이 글에서는 정체성(고유성과 창의성)의 판단 기준으로 탁석산(2000, 103-117)이 제시한 바 있는 현재성, 대중성, 주체성을 따라 정체성의 구현 양상을 파악해 볼 것이다. 이 과정에서 애니메이션의 특성과 서사적 변별성을 충분히 고려하여 논의해야 함은 물론이다.

[1] 한류(韓流)에는 한국이 없다고 한다. 이 말은 한류 열풍을 이끄는 사람들의 문화적 무지나 천박함의 소치가 아니다. 문화 정체성에 대한 문제의식과 그것을 어떻게 효과적으로 구현할 것인지, 우리가 지니고 있는 풍부한 문화적 전통과 역량을 어떻게 콘텐츠화 할 것인지, 문화 정체성을 어떻게 현지화할 것인지 등에 대한 실천적인 고민이 부재했기 때문이다.

2. 일본과 미국 애니메이션의 문화 정체성과
그 구현 전략

1) 일본 애니메이션의 문화 정체성

일본 애니메이션은 자본과 유통망의 열세를 리미티드의 미학을 위시한 집단 캐릭터, 뱅크 시스템(bank system), 원 소스 멀티 유즈(One Source Multi Use)의 활성화 등으로 극복하며 다양한 장르에서 자기들만의 독특한 애니메이션 미학을 구축하였다. 이러한 일본 애니메이션의 특화 과정에는 1) 보더리스(Borderless)라고 불리는 장르 간의 인적교류를 통한 시너지 효과, 2) 정부의 수출산업 지정과 정부개발원조기금(Official Development Assistance)[2]을 이용한 정부의 전폭적이고 조직적인 지원 정책, 3) 창조적인 향유와 잠재적인 생산자로서 애니메이션의 첨병 역할을 하고 있는 광적이리만치 전문적인 향유집단, 4) 작품성과 대중성을 문화 정체성과 유기적으로 결하시켜 독특한 세계를 창조해낸 우수한 감독들이 이었다. 물론 초기 수출 과정에서는 무국적 캐릭터라고 불릴 정도로 일본적인 색채를 철저히 배제한 세계적 보편성을 지향했었지만, 일본 애니메이션이 세계적으로 TV 시리즈의 65% 이상을 점유할 정도로 인지도나 영향력 면에서 절대적 지지를 받고 있는 지금은 오히려 일본의 문화 정체성을 노골화하는 경향을 드러내고 있다. 극장용 애니메이션도 예외는 아니어서 뚜렷한 일본의 정체성을 드러내는 일군의 감독들이 일본 애니메이션을 선도하고 있다. 오리엔탈 휴머니즘으로 가장 일본적인 것을 세계적인 것으로 이끌어낸 미야자키 하야오, 일본의 사실

2 공적 개발 원조라고도 하며 선진국의 정부기관에 의한 개발도상국 또는 국제기관에 원조하는 것을 말한다. 민간원조보다 조건이 좋고, 증여, 차관, 배상, 기술원조 등의 형태를 취한다. (매일경제 편, 『2002 경제신어사전』 매일경제신문사, 2002, p.978참고) 일본의 경우 ODA최대 제공국으로, ODA기금을 통해 1995년 한해만 해도 3,673편의 프로그램을 배포할 정도로 열성적이고 조직적이다. (박태견, 『저패니메이션이 세상을 지배하는 이유』 길벗, 1997, p.206참고)

주의를 이끌고 있는 다카하타 이사오, 영원한 건담의 아버지 도미노 요시유키, 오타쿠 문화의 정점 안노 히데야키, 사이버 펑크의 선도였던 오토모 가츠히로, 비관을 넘어선 새로운 인간의 지평을 그려낸 오시이 마모루, 일본의 어제와 오늘을 독특한 영상 미학으로 일구고 있는 콘 사토시 등이 그들이다. 이 장에서는 미야자키 하야오의 최근작 〈센과 치히로의 행방불명〉[3] 에 드러난 문화 정체성 구현 전략을 중심으로 논의를 심화시켜 보자.

[3] 〈센과 치히로의 행방불명〉의 서사전략에 대해서는 박기수, 〈센과 치히로의 행방불명〉의 서사 전략 연구, 『한국언어문화』 25집에서 상론한 바 있다. 본 장의 일부는 그 논의의 일부를 개고하였음을 밝혀 둔다.

데즈카 오사무 이후 일본 애니메이션의 최고봉으로 불리는 미야자키 하야오의 경우에는 극장용 창작 애니메이션으로 미국시장을 비롯한 전 세계 시장을 공략하고 있다. 특히 "일본식 날카로운 선을 배제하고, 곡선위주의 데생 선을 구체화시킴으로써, 오리엔탈 휴머니즘의 확대를 추구했으며, 작품의 소재를 선택할 때 주변 현상과 일상생활에서 스토리를 전개하며 관객과 동화될 수 있는 가능성을 처음부터 보여"(한창완; 2001, 114)주는 미야자키 하야오만의 특징을 가지고 있다. 더구나 그는 가장 일본적인 서사를 문화 할인율을 극소화하여 구현함으로써 일본문화의 콘텐츠화를 가장 미적으로 실현했다는 평가를 받았다.

그는 초기에는 유럽을 배경으로 서구의 명작에 기반한 작품을 제작하기도 하였으나 지브리 설립 이후에는 일본의 현실의 문제에서 출발하여 문화 정체성을 구성·지향하는 작품을 제작하고 있다. 특히 〈바람계곡의 나우시카〉(1984) → 〈원령공주〉(1997) → 〈센과 치히로의 행방불명〉(2001)은 미래→과거→현재로 이해될 수 있는 느슨한 형태의 연작들로서 일본의 문화 정체성을 가장 성공적으로 구현한 작품으로 평가할 수 있다. 〈바람계곡의 나우시카〉[4] 에서는

[4] 전 7권으로 국내에서도 출간된(학산문화사, 2000) 만화 〈바람계곡의 나우시카〉에서는 동양적 사고에 기반한 삶과 죽음의 철학적 질문을 끊임없이 제기하고 있다는 점도 주목해야 한다. 애니메이션 〈바람계곡의 나우시카〉는 만화의 전반적 구도를 따르고 있지만 시간적 제약을 극복하기 위해 전체 서사는 재구성한 것으로 상당한 상사성에도 불구하고 주제적 울림을 고려할 때, 상이한 텍스트로 보아야 할 것이다.

전래 설화는 물론 일본 중심의 조엽수림론을 배경으로 일본이 지향할 사회의 형태로 바람계곡과 같은 생활공동체를 제시하고 있다. 〈원령공주〉에서는 일본의 복식이나 생활모습 그리고 신도사상 등을 노골화하며 '산'의 입을 통해 어떠한 조건에서도 살아남아야 한다고 강변하였다. 〈센과 치히로의 행방불명〉에서도 생활 문화 전반은 물론 일본의 문화 정체성을 구현하고 일본 문화를 콘텐츠화 하려는 적극적인 시도를 하고 있다.

이와 같은 자국문화의 콘텐츠화 전략은 문화 할인율을 극소화하여 규모와 범위의 경제를 구축하려는 애니메이션의 일반적인 성향과 배치되는 것처럼 보인다. 자국의 문화색을 탈색시키는 무국적 캐릭터를 중심으로 해외시장 공략에 나섰던 일본 애니메이션계에서도 매우 이채로운 일이라고 할 수 있다. 그럼에도 불구하고 미야자키 하야오가 이 작품에서 자국문화의 콘텐츠화 전략을 구사하고 있는 것은 1) 디즈니의 배급망에 대한 신뢰를 바탕으로 애니메이션의 문화적 가치는 물론 이를 바탕으로 한 재화적 가치를 극대화하기 위한 것이며, 궁극적으로는 2) 미야자키 하야오의 애니메이션에 대한 철학적 소신에서 그 원인을 찾을 수 있다. '지금 이곳'의 온갖 문제에 대한 진지한 성찰과 근본적인 해결책을 일본 고유의 민속이나 사상 속에서 모색해온 미야자키 하야오의 전력을 생각할 때, 이러한 시도가 그렇게 생소한 것만은 아니다. 문제는 이와 같은 자국문화 콘텐츠화 전략이 당위적인 의도만으로는 구현할 수 없는 것이기 때문에 어떻게 구체적으로 실천해내고 있느냐에 주목해야한다는 것이다.

미야가키 하야오가 〈센과 치히로의 행방불명〉에서 시도하고 있는 자국문화의 콘텐츠화 전략은 '통시성과 공시성의 교직'이다. 통시적 차원에서 일본의 전통문화를 배경으로 하고, 공시적 차원에서 현재 일본의 문제를 다루면서 그 해결책을 일본 고유의 정신인 신도(神道)에서 찾고 있기 때문이다. 따라서 신도를 바탕으로 자연스럽게 일본의 생활문화인 온천장 문화나 노동 의식 그리고 와(和)사상 등을 소개할 수 있고 그것의 특성이나 우수성을 소개함으로써 콘텐츠화의 잠재적 가능성을 높여주고 있는 것이다. 즉 〈센과 치히로의 행방불명〉을 '거시 콘텐츠(macro content)'라고 할 때, 이 작품을 통해서 소개되는 다양한 생활 문화는 언제든 '미시콘텐츠(micro content)'로 확장할 수 있게 잠재적인 형태라고 보아야 한다.

　　　이 작품에서는 배경이 되는 온천장을 통해서 일본의 목욕문화, 일본의 전통 공간 구조, 노동에 대한 일본인들의 전통적인 인식, 공동체 의식 등이 자연스럽게 드러나고 있다. 일차적으로 공간적 배경을 이루는 온천장을 통해서 일본 전통 도시와 건물 구조, 넓은 목욕탕과 부대시설, 그 곳을 채워 놓은 일본식 가구와 장식들을 보여줌으로써 일본의 전통적인 공간 구조의 특성을 효과적으로 재현하고 있다. 뿐만 아니라 서양인들에게는 낯선 넓은 방에서 여러 사람 이 함께 자는 모습, 침대를 사용하지 않고 바닥에서 이불을 이용하는 모습(린과 센의 기숙사), 일본 특유의 옷가지 및 침구 수납방식 등 일본의 생활문화를 효과적으로 노출시킴으로써, 문화의 전파는 물론 그 자체를 관광콘텐츠로 활용할 수 있는 가능성을 제공하고 있다. 특히 이 작품에서 주목해야 할 것은 이러한 생활의 필요와 그 필요를 해결하는 공간 그리고 가구 등과의 관계가 서사의 전개에 따라 자연스럽게 설정되어 있다는 점이다. 800여 정령들이 목욕하는 온천장과 온천 문화, 그 주변의 일본 전래의 식당가, 센이 일을 하기 위해서 갈아입은 옷과 옷을 고정시키는 다스키, 센이 일을 하는 온천장 내부의 모습, 가오나시에게 좀더 많은 사금을 얻어내려고 종업원들이 보여주는 일본 전통 춤, 온천장의 화려한 회랑, 가오나시의 폭주를 통해서 역동적으로 관람할 수 있는 온천장 내부 등등 모두 서사의 전개를 따라가면서 자연스럽게 인지할 수 있는 것이다. 즉, 노골적으로 일본문화를 소개하고 있지만 그것이 서사 속에 완전히 녹아서 무의식적으로 수납하게 하는 전략이다.

이 작품의 흥미로운 부분인 정령의 세계는 일본의 신도(神道) 사상을 기반으로 한 것이다. 고대 일본에서는 산이나 강이나 숲에는 눈에 보이지 않는 정령이 무수히 있으며 이들 정령이 인간의 길흉화복을 좌우한다는 믿음을 가지고 있었다. 이 작품에 등장하는 800여 정령들은 이러한 신도를 배경으로 등장한 것이다. 여기서 보다 중요한 것은 신도의 선악관이 이 작품의 주제를 기반하는 논리로서 제공되고 있다는 점이다. 일상(케)→일상의 쇠퇴(케가레)→비일상(하레 : 마쓰리)→일상으로의 복귀"라는 반복적인 내적 구조(박규태; 2001, 54)는 〈센과 치히로의 행방불명〉의 전개와 유사하며, 특히 정령의 세계에 들어와서 펼치는 치히로의 모험담은 일상을 살아갈 생명력을 회복시키는 '마쓰리(祭り)' 와 다르지 않다. 즉, 지극히 무기력하면서도 이기적이고 탐욕적인 욕망의 과잉 상태(일상의 쇠퇴)에서 낯선 정령의 세계로 들어와 온갖 모험 속에서 성장함으로써(비일상) 다시 일상으로 복귀하는 전개(일상)은 사실 그렇게 새로운 서사 전개는 아니다. 중요한 것은 '비일상' 이 서사의 대부분을 차지하고, 그 배경으로 일본의 전통문화를 효과적으로 소개하고 있다는 것이다. 더구나 그 과정에서 강력한 스펙터클과 다양한 볼거리를 제공함으로써 은연중에 일본문화를 수용하게 되는 것이다. 또한 그 신도의례의 동력은 선과 악을 구분하지 않는 아우름에 있으며, 이러한 선악의 경계를 넘어서는 생명력5은 이 작품의 중심 주제에 해당하는 것이다. 즉 '선악 구분을 넘어서는 화해와 공존' 의 전통사상을 바탕으로 '타자에 대한 이해

5 이 같은 주제는 "청정 관념과 부정 관념이 일종의 생명력에 대한 특이한 감각을 매개로 하여 연결되어 있다. 말하자면, 신도의 경우 신성한 것과 부정한 것이 하나의 뿌리에서 동일한 생명력을 갖고 생겨나와 서로 긴밀하게 연결"(박규태; 2001, 53)된 신도사상과 같다.

와 사랑' 이라는 현재적 의미를 강화하고 있는 것이다. 앞의 생활문화나 전통공간이 배경적 의미로서 활용되고 있다면, 신도 사상은 작품 전체를 이끌어가는 주제의 기저로 작용하고 있는 것이다.

또한 이 작품에서 일에 대한 인식은 와(和)사상과 상관하여 자기 정체성을 구현하는 중심 모티브로 활용되고 있다. 일이 그 사람의 존재 가치이며, 자신의 일에 대한 책임의식과 예의를 중시하고, 타인에게 피해를 입혀서도 예의를 잃어서는 안 된다는 와(和) 사상은 작품 곳곳에서 치히로의 체험을 통해서 드러난다. 치히로는 센으로서 살게 되면서 자기 몫의 노동을 통해서 자신의 존재 가치를 찾아내고, 살아내야 할 세계 안에서 살아가는 방법을 배우고 깨달음으로써 자기 이름 되찾기에 성공한다. 즉, 낯선 곳에서 혼자서 살아남아야 하고, 부모님을 다시 인간으로 만들어 현실 세계로 돌아가야 한다는 소임을 수행하는 과정에서 타인에 대한 이해(하쿠, 강의 신, 가오나시 등)와 희생(경단 주기)를 통해서 비로소 자신의 정체성을 찾고 지켜내는 것이다. 이것은 일본인의 일에 대한 의식을 잘 표현한 부분이다. 일이 곧 그의 정체성이며, 살아내는 힘이며, 존재 의미임을 드러내고 있기 때문이다. 이와 같이 이 작품 곳곳에서 일본적인 사고방식을 서사 전개 과정 속에서 효과적으로 드러냄으로써 향유자들이 일본문화나 일본식 사고방식에 익숙해지고 호의적으로 반응할 수 있는 토대를 마련해준다. 이상에서 살펴 본 바와 같이 통시적 차원에서 일본 고유의 전통문화 공간을 배경으로 하고, 일본인의 의식의 기저를 이루는 와(和) 사상과 신도 사상을 대안적 가치로 제시하고 있다. 이것을 서사의 전개 과정 속에서 효과적으로 노출시킴으로써 향유 과정에서 자연스럽게 수용하게 만드는 효과를 거두고 있다.

반면 '공시적 차원' 에서는 현재 일본의 문제를 구체화시켰다. 그것은 과보호 속에서 응석받이로 자라 혼자서는 아무 것도 할 수 없는 10대, 의욕을 넘어 탐욕만 남은 이기적이고 남을 배려하지 않는 몰염치한 기성세대로 등장한다. 이러한 문제의 원인이 그동안 일본인의 미덕으로 여겨져 왔던 타인에 대한 배려(와 사상)와 타자에 대한 이해를 바탕으로 한 관용과 포용의 정신(신도 사상) 등의 몰락에 있음을 지적하기 위한 것이다. 또한 치히로의 부모, 유바바, 종업원들은 끝없는 탐욕의 폭식성을 자랑하는 현재 일본인들의 면면에 다름 아니다. 돈으로 예의나 염치를 넘어설 수 있다고 믿는 치히로의 부모, 가장 소중히 여기는 아들을 잃고도 돈벌이에만 급급해하는 유바바, 영업시간을 어기고, 자신이 잡아먹힐 줄도 모르면서 개인적인 돈벌이에 집중하는 종업원들의 그들이다. 특히 치히로의 부모와 유바바는 치히로와 보를 과잉보호함으로써 자식을 현실적으로는 아주 무기력한 인물로 만들어버리며, 종업원들은 끝내 사금을 뿌리며 폭식을 즐기던 가오나시에게 잡혀 먹히는 결말은 상징적이다. 욕망의 무한 증식과 자본의 무한 폭식성 사이에서 자신의 얼굴을 잃고 끝내는 폭주하는 가오나시의 모습이 바로 현재 일본인들의 내면을 대표하는 캐릭터가 되는 것도 이러한 맥락에서다. 가오나시는 자기 혼자서는 소리를 낼 수 없고, 외톨이이며, 유아적 퇴행을 보이며, 폭식으로 상징되었듯이 욕망의 절제가 되지 않는 특성을 보여줬다. 흥미로운 것은 그가 치히로의 '배려'(경단 먹이기, 동행 수락 등)와 '자기희생'(머리끈 만드는 제비나의 일을 도움) 그리고 '사랑받음'(제니바의 함께 살자는 권유) 등으로 정상으로 돌아온다는 사실이다. 이 모습은 타자에 대한 이해와 배려, 즉 사랑을 배움으로써 자기 정체성을 찾는 치히로와 다르지 않은 모습이다. 치히로와 하쿠, 치히로와 보, 치히로와 가오나시 등의 성장담이 상동적인 구조를 지니며, 이것이 반복을 통해 주제를 강화함을 다시 한번 확인 할 수 있다. 그런데 여기서 중요한 것은 반복적으로 강화되고 있는 주제가 타자에 대한 이해와 배려, 즉 사랑이며, 이것은 와 사상이나 신도의 기본적인 인식 위에서 있다는 것이다.

이상에서 살펴 본 바와 같이 〈센과 치히로의 행방불명〉은 고유의 전통 사상과 현재 일본의 문제를 교직시킴으로써 일본의 정체성을 찾고, 그것을 콘텐츠화하여 전파하고 있다는 사실이다. 정체성의 판단 기준이 현재성, 대중성, 주체성이라고 할 때(탁석산, 2000, 103-114), 현재의 보편적인 문제를 일본의 고유 사상을 가지고 풀어내고 있다는 점에서 이러한 전략은 상식적이지만 매우 효과적이고 설득력 있는 것이 된다. 이러한 맥락에서 보면 〈바람계곡의 나우시카〉와 〈원령공주〉 역시 미래와 과거를 배경으로 하고 있지만 현재적 고민의 결과임을 알 수 있다. 고유의 전통문화를 어떻게 현재화 하고, 현재의 문제를 어떤 식으로 전통과 연관하여 해결할 것인지, 그리고 그것을 애니메이션을 통하여 어떻게 구현할 것인지에 대한 분명한 문제의식이 바로 자국 문화의 콘텐츠화 전략의 핵심인 것이다. 또 하나 놓치지 말아야 할 것은 이러한 전략은 당위적 요구가 아니라 실체적 구현을 통해서 성취할 수 있다는 사실이다. 즉, 자국문화를 콘텐츠화하겠다는 의도는 의도일 뿐이며 그것이 서사적 맥락 위해서 구체화될 때에만 비로소 가치를 지닌다는 것이다. 따라서 이 작품에서 우리가 찾아야 할 것은 그것이 자국문화를 콘텐츠화했다는 사실이 아니라 '어떻게' 콘텐츠화했느냐는 것이다. 이 작품은 서사적인 완성도를 높이고, 문화적 저항을 최소한으로 줄이면서 어떻게 작품으로 구현하고 있느냐의 관점에서 벤치마킹해야할 것이다.

또 하나 미야자키 하야오의 자국문화의 콘텐츠화 전략을 분석하면서 반드시 비교해야할 작품이 콘 사토시 감독의 〈천년여우〉(2001)다. 이 작품은 〈센과 치히로의 행방불명〉과 함께 2002년 문화청 미디어 예술제 애니메이션부분 공동수상이라는 만만치 않은 경력뿐만 아니라 일본의 고유문화와 역사 그리고 사고방식을 통해 구현하고 있다는 점에서 유사성을 지니고 있기 때문이다. 그렇지만 두 작품은 타깃(target), 형상화 방식, 주제적 차원은 물론 향유 방식까지 완전히 상이하다. 그 결과 〈센과 치히로의 행방불명〉의 경우는 잠재적인 미시콘텐츠 생산에 적합한 요소들이 등장하고 있는 반면 〈천년여우〉의 경우는 상대적으로 그렇지 못하다. 필자는 〈센과 치히로의 행방불명〉보다는 〈천년여우〉를 향유하며 상당한 충격과 즐거움을 체험했었지만, 대중문화콘텐츠의 종합적 가치 실현이라는 측면에서는 전자에 보다 높은 점수를 줄 수밖에 없다. 애니메이션에서 미적 가치는 가치의 전체가 아니라 문화적 가치와 재화적 가치와 함께 전체 가치를 구성하는 한 요소일 뿐이다. 따라서 후자의 경우에는 전자에 비해 미적 가치와 문화적 가치 그리고 재화적 가치의 상생적 결합에 대한 고민이 부족했다고 볼 수 있다. 이 역시 우리가 두고두고 지속적으로 고민해야 할 부분이다.

2) 미국 애니메이션의 문화 정체성

세계 애니메이션은 미국 애니메이션이 주도하고, 미국 애니메이션을 이끌어 온 것은 디즈니 애니메이션이다. 〈슈렉 I 〉, 〈슈렉 II〉의 연이은 성공으로 드림웍스의 영향력이 만만한 것은 아니지만, 그것이 디즈니의 아성을 넘어섰다고 볼 수는 없다. 드림웍스가 디즈니 타도의 첨병으로 반디즈니 담론을 생산한다고는 하지만 1) 패러디가 중심인 이상 그것은 디즈니를 전제로 해야만 한다는 한계가 있고, 2) 디즈니의 담론을 넘어설 수 있는 대항 담론을 아직 생산하지 못하고 있으며, 3) 디즈니가 구축해 놓은 유

통체계나 마케팅 방식 그리고 생산 시스템의 체계화 등이 미비[6] 하기 때문
이다. 〈개미〉(1998)의 경우 대항 담론의 생산을
시도했지만, 시도가 결과를 담보하지는 못했다.
유사한 소재를 가지고 대결을 벌였던 〈벅스라이
프〉와의 경쟁에서 선전했지만 승리하지 못하면
서 드림웍스는 디즈니 대한 대항 전략을 수정해
야만 했다. 그래서 등장한 것이 패러디를 중심 전
략으로 하는 〈슈렉〉이다. 하지만 패러디를 통해

6 애니메이션은 산업적 특성을 내재적 속
성으로 지니고 있기 때문에, 대항 담론의
생산만큼이나 생산 및 유통체계 그리고 유
기적인 마케팅 전략의 수립도 필수적이다.
일본 애니메이션이 세계시장에 본격적으
로 진출하기 위하여 디즈니의 유통망을 이
용할 수밖에 없다는 사실도 이러한 특성의
중요성을 강변하는 사례라고 볼 수 있다.
드림웍스의 경우 메이저급 유통망을 확보
하고 있기는 하지만 그것이 애니메이션 부
가가치 창출 사슬에 얼마나 효율적인지는
좀더 두고 연구해볼 과제다.

흥행에는 성공할 수 있었지만 그것이 원본의 권위나 지명도를 전제로 한다
는 점을 고려할 때, 패러디 자체를 드림웍스의 변별적 담론이라고 말할 수
는 없다. 분명한 것은 드림웍스가 패러디를 통해서 기만적인 동화의 세계
를 전복하고, 근거 없는 낙관주의를 폭로하고는 있지만, 그것이 디즈니의
미국 · 중산층 · 백인 · 남성 · 기독교 중심주의를 파괴하고 있는지, 그것을
대체할만한 어떤 담론을 생산하고 있는지는 아직 의문으로 남아 있다는 사
실이다. 따라서 미국 애니메이션의 문화 정체성은 디즈니 애니메이션을 중
심으로 드림웍스 애니메이션을 아우르는 방식으로 논의해야만 한다.

코카콜라나 맥도널드 햄버거가 가장 미국적인 먹거리라면 할리우드
영화와 디즈니 애니메이션은 가장 미국적인 볼거리인 것이다. 문제는
디즈니 애니메이션이 단지 볼거리에서 그치지는 않는다는 것이다. 그
래서 우리에게 디즈니 애니메이션은 '두려움' 과 '부러움' 사이에 있
다. 전자가 미국중심주의의 문화제국주의적 관점에서 제기되는 것이
라면, 후자는 거대 자본과 토털마케팅이 만들어내는 경제적 수익과 관
련된 것이다. 수천만 달러의 막대한 자본, 수천 명의 최정예 애니메이

터, 최첨단 CG 개발 인프라, 완벽한 캐릭터를 만들어내기 위한 다양한 시도(유명모델이나 배우 등을 모델을 직접 동원한 캐릭터 개발 등), 1000여 종의 캐릭터 DB, 미키 헌법이라고 불리는 사시에 따라 담배, 술, 약 등의 상품에는 캐릭터 라이센스를 주지 않는 엄격한 캐릭터 비즈니스 등을 통하여 디즈니 애니메이션은 그 자체의 질과 완성도를 높임으로써 스스로 특화시키고 변별시키는 전략을 구사하고 있다. 일본이 비록 전 세계 TV용 애니메이션 시장의 65% 이상을 차지하고 있고, 극장용 애니메이션의 경우에도 미국 내에 일본 애니메이션 오타쿠나 영화를 통한 오마주가 등장할 정도로 인기지만, 누구도 일본 애니메이션이 질적으로 디즈니의 그것을 넘어섰다고 말하지는 않는다. 그것은 상대적으로 미국에 비해 열악한 자본과 유통망을 지닌 일본 애니메이션의 경우, 디즈니와 손을 잡지 않고서는 세계시장을 공략할 수 없을 뿐만 아니라 디즈니의 제작 및 유통 인프라가 생산하는 양질의 콘텐츠를 당해낼 수 없기 때문이다.(박기수; 2004 a, 209-210)

디즈니 애니메이션은 '자본과 이데올로기의 밀월'을 최적화하기 위해 노력한다. 디즈니는 대규모 자본과 미국중심의 이데올로기를 결합시키면서 동시에 질적으로 탁월한 애니메이션을 생산함으로써 단지 엔터테인먼트 시장뿐만 아니라 유·소년층의 인식 및 사고 구조까지 압도하고 있다. 세계 각지의 신화·민담·동화 등을 활용한 서사를 통해서 문화적 저항을 최소화하고 있지만, 텍스트 전체가 지향하는 이념은 철저히 미국중심의 이데올로기에 기초하기 때문이다. 디즈니 애니메이션에서 강조하는 즐거움, 환상, 마술, 상상력, 선의 승리, 낙관주의(이경숙; 1999, 208) 등은 '즐거움'을 중심으로 수렴된다. 즐거움을 효과적으로 구현하기 위하여 애니메이션을 뮤지컬화 한다. 그 결과 디즈니 애니메이션의 경우는 전체 캐릭터의 의사전달 중 약 70%가 배경음악과 음향효과, 노래로 진행하기 때문에 이야기보다는 음악이나 춤 등(한창완; 2001, 20)의 요소를 보다 강화시킨다. 그로 인해 디즈니 애니메이션의 서사는 향유자가 이미 학습한 바 있는 익숙한 동화의 결말을 행복하게 만듦으로써 아주 편안한 상태에서 서사를 즐길 수 있도록 적극 배려한다. 그런데 독특한 서사와 다양한 장르의 일본 애니메이션의 세계시장 침투가 가속화되자, 디즈니에서도 서사에 보다 많은 투자와 노력을 기울일 수밖에 없게 된다. 익숙한 이야기를 현대적인 서사로 변용함으로써 현재적인 적합성을 확보하고, 그것을 기반으로 한 주제를 생산하여 대중성을 확보하는 것이 디즈니의 기본 전략이었다면, 〈인어공주〉(1989), 〈미녀와 야수〉(1991), 〈알라딘〉(1992), 〈라이온 킹〉(1994) 등 중흥기를 이끈 일련의 작품들에서는 뮤지컬적인 요소의 즐거움은 유지한 채 서사를 통해 보다 심화된 주제 구현을 시도하게 된다. 이러한 서사의 강화 과정에서 "청교도적 윤리관과 자본주의 이데올로기"(김창남; 1998, 250)라는 디즈니 이데올로기가 보다 강화되고, 그 결과로 부르주아, 백인, 기독교도, 남성 중심의 신화는 더다 은밀한 형태로 자연스럽게 확대재생산 되는 결과를 가져왔다. 흥미로운 것은 디즈니 애니메이션은 미국 사회의 병폐로 지적돼온 성, 폭력, 부도덕, 정치성과는 엄정한 거리를 유지하면서, 동시에 가족 전체가 즐길 수 있도록 뮤지컬의 즐거움과 동화의 순수함 그리고 청교도적 윤리의 경건함을 전면화함으로써 미국식 자본주의 이데올로기의 확대재생산에 결정적인 기여를 하게 된다. 더구나 그러한 일련의 과정이 따뜻한 가족주의나 청교도적 윤리의식 등으로 은폐됨으로써 그 효과는 더욱 내밀하고 지속적인 양상으로 드러난다.

〈인어공주〉에서는 인어공주가 왕자와의 사랑을 위해 인간의 세계에 편입되면서 겪게 되는 시련과 고통은 모두 제거된다. 혀를 잘리는 것은 목소리를 주는 것으로 완화되고, 걸을 때마다 느끼는 칼로 베이는 듯한 고통은 언급조차 되지 않는다. 이처럼 고통과 시련, 갈등은 가능한 한 짧게 그려지거나 제거되고, 슬랩스틱 코미디적인 요소와 뮤지컬적인 요소가 강화(김종엽; 2000, 23)됨으로써 '생각할 거리'가 '볼 거리'로 대체되는 것이다. 〈인어공주〉에서 '세바스찬'과 '요리사'의 슬랩스틱 코미디와 'Under the Sea'와 'Kiss the Girl'이 나올 때의 군무(群舞)와 합창은 애니메이션에서 첨가된 대표적인 볼 거리들이다. (박기수; 2004 c, 348)

이러한 동화의 디즈니화는 단지 이야기의 근거 없는 낙관이나 비현실성이 문제가 되는 것이 아니라 〈알라딘〉에 나타난 바와 같은 인종차별적인 요소, 의사(擬似) 자유와 행복을 제공함으로써 1) 캐릭터 인형 등을 매개로 한 의사(擬似) 행복에 동참할 것은 자연스럽게 유도하고, 2) 미국중심의 자본주의 이데올로기를 강화함으로써 미국인들에게는 타자에 대한 배제적 논리를 강화시키고, 그 외의 사람들에게는 아메리칸 드림을 강화하고 미국에 대한 비판의식을 거세시키는 역할을 한다는 점이다. 이러한 '자본과 이데올로기의 밀월'은[7] 토털마케팅을 통하여 더욱 위력을 발휘하게 되며 그 지속성을 확보하게 되는 것이다. 이와 같은 디즈니 담론과 어법에 대항하기 위해서 1940년대 UPA(United Production of America)그룹 등의 안티디즈니 계열의 대항 미학[8]이 등장하기도 하지만, 대중적인 성공과 함께 디즈니의 변화를 추동하기 시작한 것은 드

7 토털마케팅에 대해서는 박기수, 애니메이션 콘텐츠와 향유 사이, 『지식의 시대, 문화의 시대』(경북대 출판부, 2004)

8 안티디즈니 계열 작품의 대항미학에 대해서는 한창완(2001, 200-205)에 상세하게 설명되어 있다.

림웍스의 등장이라고 보아야 할 것이다.

드림웍스의 예는 〈개미〉(1998)와 〈슈렉 Ⅰ〉(2001)을 통하여 알아보자. 〈개미〉는 디즈니의 〈벅스라이프〉와 자주 비견되는 작품이다. 흥미로운 것은 이 두 작품이 지향 이데올로기나 형상화 방식에서 상당한 차이를 보이지만, 그것이 지닌 자유, 임무, 의무, 우정 등의 내용은 디즈니의 그것과 크게 다르지 않다는 점이다. 그 이유를 드림웍스의 애니메이션 부분을 주도하고 있는 제프리 카젠버그가 디즈니에서 〈인어공주〉, 〈미녀와 야수〉, 〈알라딘〉, 〈라이온 킹〉 등을 만들어 디즈니 중흥기를 이끌었던 인물이기 때문이라는 지적도 있지만, 그 지적은 〈개미〉나 〈슈렉〉 등에서 그가 보여준 탈(post) 혹은 반(anti) 디즈니적 요소들을 지나치게 가볍게 본 것이므로 설득력이 떨어진다. 그보다는 오히려 가장 큰 애니메이션 시장인 미국의 취향과 향유 패턴을 떨칠 수 없었기 때문이라고 보는 것이 타당할 것이다. 미국 시장의 취향은 이미 청교도적 윤리관과 자본주의 이데올로기과 가족주의로 은폐된 의사 자유와 의사 행복 지향이라는 디즈니식 어법을 이미 선행 학습한 상태에 있기 때문에, 그것의 바같에 위치한 주제나 어법은 쉽게 통용되지 않기 때문이다. 특히 애니메이션의 경우, 주 향유층이 유·소년층이기 때문에 관람권을 구입(대부분 같이 관람)해주거나 비디오 혹은 DVD타이틀 구매권을 쥔 것은 부모이기 때문에 부모들의 1차 검열을 통과해야 한다. 따라서 부모와 함께 관람할 수 있고, 부모가 자녀들에게 보여주고 싶고 말해주고 싶은 내용의 구현이 그 중심을 이루는 경우가 대부분이다. 이와 같은 흐름을 누구보다 잘 파악하고 있는 카젠버그가 선택할 수 있는 것은 익숙한 주제를 다르게 말하기가 될 수밖에 없는 것이다. 이것을 〈개미〉를 중심으로 디즈니의 〈벅스라이프〉와 비교해 보면 다음 표와 같다.

구분　　텍스트	〈벅스라이프〉	〈개미〉
제작사	- 디즈니사	- 드림웍스사
Target	- 유·소년층	- 청소년 이상(성인 포함)
색감, 분위기	- 밝고 활기찬 느낌 - 주로 지상 활동	- 어둡고 무거운 느낌 - 주로 지하 활동
집단에 대한 인식	- 공동체적 생활 - 집단에 대한 회의 없음 - **외부의 적만 없으면 평화 유지**	- 집단 내 역할 구분에 대한 회의 - 개인의 자유에 대한 사고 시작 - **공동체를 이루기 위해선 개인이 자유로운 선택이 가능해야함**
전쟁에 대한 인식	- 외부의 적과 맞서는 생존을 위한 싸움 - 외부의 적과 싸움	- 외부의 적과 싸움 - 정치에 의한 의미 없는 싸움도 가능 - 내부에 의해서 군이 움직일 수 있음
노동에 대한 인식	- 생존을 위해 필수적인 행위 - **회의나 성찰이 부재하는 노동**	- 왕국을 위해서 해야 할 일 - **왜 하느냐에 대한 회의** - **자신의 일을 선택해서 해야 한다고 강변**
신분에 대한 인식	- 개미들의 역할 분화가 보이지 않음 - 개방적이고 수평적인 사회	- 태어나면서부터 역할분화 - 엄격한 신분사회 - 폐쇄적 수직적 신분사회
선악의 구도 설정	- **이분법적 구도로 선명한 선악구도** - 메뚜기를 적대적 존재로 가정	- **불분명한 선악 구도** - **상대적, 관계적 구도**
다른 것에 대한 반응	- 메뚜기의 천적 새가 최종 갈등 해결(하퍼 죽임) - 약육강식의 논리 인정	- 소통 가능한 대상으로 파악 - 내부적 신념의 문제에 따른 폭력 행사 가능 시사
세계관	- 지신의 공동체 위주의 정의 - 자신의 능력을 극대화하여 정체성도 찾고 행복 발견 가능	- 개인의 성장을 통한 공동체 지향 - 사회윤리에 대한 회의 - 자유, 임무, 의무, 우정 등의 윤리 제시
특기사항	- 〈7인의 총잡이〉 모티브 활용 - **외부의 다른 것에 대한 거부** - 미세한 소품을 이용한 스펙터클	- 〈A few Good man〉 모티브 차용 - 〈신세기 에반게리온〉의 신인류보완계획 - 크기에 대한 아이러니 극대화

　이 표에서 드러난 바와 같이, 드림웍스의 애니메이션들은 주제의 구현방식에서 상당한 차이를 드러내고 있음을 쉽게 발견할 수 있다. 특히 선악의 구도를 중심으로 성격화 과정에 주목해보자. 디즈니의 성격화 과정

과 갈등은 철저히 이분법적 사고를 기반으로 분명한 선악 구도를 통해 실현되지만, 드림웍스는 삼자적 관계망에 의해 성격화가 진행된다. 디즈니의 경우에는 이분법적 선악 구도를 설정하기 때문에, 생산자가 이미 판단을 내려놓고, 향유자는 생산자가 만들어 놓은 놀이공원에서 즐기는 구조라고 할 수 있다. 이것은 선과 악에 대한 주체적인 사고나 그것의 판단을 위한 사고의 심화과정은 누락된다. 따라서 선과 악의 판단에 의한 동조와 거부만이 남게 되고, 그 결과를 바탕으로 한 계몽, 징벌, 포상 등의 과정이 강화되는데, 이 과정에서 징벌/포상의 스펙터클이 가미되고, 이 스펙터클을 즐기는 구조가 디즈니 애니메이션 캐릭터다. 혹은 선과 악의 판단이 이미 결정되어 있어서 서사의 전개는 예측 가능하고 안정적인 형태로 진행되기 때문에 비서사적 요소들의 자유로운 등장이 가능하다. 때문에 유희성을 강화할 수 있는 다양한 시도가 빈발한다. 이와 같은 분명한 선악구도는 외연적으로는 단지 즐거움만을 강화하기 위한 것처럼 보이지만 내포적으로는 그것이 미국중심의 이데올로기를 확대재생산하는데 효과적이기 때문이다. 반면에 일본 애니메이션의 경우, 특히 미야자키 하야오의 경우에는 선악의 구분이 명료하지 않다. 생산자는 갈등의 예가 되는 캐릭터 간의 자장만을 만들어 줄 뿐, 선과 악의 판단은 철저히 향유자의 몫이 되도록 유도하기 위한 것이다. 이렇게 되면 향유자가 지지할 수 있는 캐릭터와 상호 향유과정이 활성화 될 수 있고, 캐릭터 간의 갈등 자장 안에서 갈등 내용에 대한 주체적인 사고와 사고의 심화를 유도할 수 있으며, 그러한 갈등을 해소 시키는 과정에서 향유자의 유희성을 강화할 수 있는 방안을 모색하게 된다. 이와 같이 미국/일본의 그것은 확연히 다른 구도임에도 불구하고 선악구분 면에서 〈개미〉는 디즈니보다는 오히려 일본식 삼자구도를 활용하고 있다는 점도 주목할 만한 것이다.

이러한 차별화는 〈슈렉〉에 와서 더욱 본격화된다. 디즈니에 대한 조롱과 야유는 〈슈렉〉의 가장 중요한 서사 전략으로 기능한다. 〈슈렉〉에서는 1) 잠자는 숲 속의 미녀, 백설공주, 피노키오, 신데렐라, 피터 팬, 로빈 훗 등 디즈니의 주요 캐릭터의 전형성을 공격적으로 파괴하면서, 2) 공주의 마법이 예상과는 다르게 오우거로 풀리게 하고 메트릭스식 발차기를 통해 디즈니가 견지해온 여성의 아름다움을 페미니스트적 아름다움으로 대체하고, 3) 왕자에게 죽어야할 용은 수다에 넘어가 덩키를 사랑하여 슈렉을 돕고, 4) 디즈니의 세미 클래식 뮤지컬을 록음악으로 대체하고, 5) 시적인 대사 대신 경미한 욕과 거침없는 대사와 행동 등으로 미국 내에서는 PG(부모동반 시 미성년자 관람가) 등급을 받을 정도로 탈(post) · 반(anti) 디즈니를 기도하고 있다. 문제는 그럼에도 불구하고 디즈니를 넘어설 수 있는 대항담론의 등장이라고 평가하기에는 부족하다는 것이다. 그것은 앞에서 언급한 바와 같이, 1) 패러디는 원본을 전제로 하기 때문에 원본의 권위에 의존해야 하고, 좀처럼 그것을 넘어설 수 없고, 2) 디즈니를 대체할 만한 구체적인 대체담론이 아직 등장하지 않았기 때문이다.

우울한 전망이지만 미국 애니메이션은 '자본과 이데올로기의 밀월'을 좀처럼 넘어설 수 없을 것이다. 디즈니가 최근 몇 년간 2D와 3D 모두 변신을 시도하고 있지만 주제적 차원에서의 변화는 좀처럼 확인 할 수 없다. 또한 〈슈렉 II〉는 디즈니뿐만 아니라 미국의 천민자본주의까지 조롱하고 패러디하고 있지만 그렇다고 그들이 뚜렷한 대체담론을 제시하고 있는 것은 아니며, 수익의 규모가 커질수록 자본의 메커니즘에서 자유로울 수 없기 때문이다. 따라서 시장 규모와 각종 채널이 다변화된 우리 애니메이션 향유환경을 고려할 때, 향유의 편향성과 문화적 침투에 대한 보다 구체적인 대책이 마련되어야만 한다. 분명한 것은 그 대책의 중심에는 미국 애니메이션의 성격에 대한 기초적인 이해와 비판적이고 주체적인 리터러시(literacy) 교육이 있어야 한다는 것이다.

3. 한국 애니메이션과 문화 정체성

문제는 한국 애니메이션 서사다. 열악한 자본과 유통망에도 불구하고 일본 애니메이션이 세계시장에 진입할 수 있었던 것은 서사에 그 이유가 있다. 한국 애니메이션이 국내시장은 물론 해외시장에서도 외면당하는 가장 큰 이유 역시 서사다. 이 글에서 고찰하고 있는 문화 정체성도 애니메이션 서사를 통해 구현될 수밖에 없다고 했을 때, 결국 문제는 서사로 귀착된다.

다행스러운 것은 최근에 우리의 주목을 받았던 TV시리즈 〈하얀 마음 백구〉(2000), 〈바다의 전설 장보고〉(2002), 극장용 〈마리 이야기〉(2002), 〈원더플데이즈〉(2003), 〈오세암〉(2003) 등을 살펴보면 문화 정체성을 구현하고자 하는 다양한 시도를 발견할 수 있다는 것이다. 다만 아쉬운 것은 의욕이나 의도가 결과를 보장하지는 않는다는 것이다. 결과를 보장받기 위해서는 가장 우선적으로 문화 정체성의 탐구와 구성이 생산의 과정에서 반드시 동반되어야 한다는 것이다. 아울러 그것은 애니메이션의 장르적 특성에 대한 충분한 이해와 한국 애니메이션에 대한 뚜렷한 인식을 토대로 해야만 한다. 이러한 관점에서 본다면 아직 한국 애니메이션에 구현된 문화 정체성은 성과보다는 아쉬운 점에 주목하게 된다.

〈바다의 전설 장보고〉는 역사 속의 위대한 인물을 모티브로 하였지만 장보고의 정체성과 역사적 의의 등이 애니메이션을 통해 구현되지 못함으로써, 장보고는 역사의 진공 속의 인물로 전락하였다. 더구나 이 작품은 '(재)해상왕 장보고 기념사업회'가 공동제작자로 참여할 정도로 역사 속의 장보고에 대한 선양의 의지가 강했다는 점에서 아쉬움은 더욱 커진다. 뿐만 아니라 장보고를 미래 속에서 구현함으로써 장보고의 고유한 정체성은 물론 그를 그려나가면서 자연스럽게 소개할 수 있는 고유의 생활 방식과 문물 등 다양한 원형 콘텐츠들의 선양 기회를 포기한 것이다. 허리우드 액션 영화의 다양한 모티브를 차용하고, TV시리즈의 어법을 제대로 구현하면서 향유자들이 시청시간대를 옮겨달라고 항의할 정도로 호응을 얻었음에도 불구하고, 문화 정체성 구현에 실패한 이유는 바로 여기 있는 것이다. 무엇을 어떻게 구현해야할지 고민하지 않고 단순히 역사적 인물만을 소재로 한다고 해서 문화 정체성이 구현되는 것은 아니기 때문이다.

〈원더플데이즈〉에서는 이미 국적이 무의미해진 미래에서 한국의 청사초롱, 하회탈, 만다라 문양 등이 서사적 필연성 없이 등장함으로써 단순히 소재적 차원의 소개를 넘어서지 못했고, 실제로는 그것이 나왔는지조차 인지하지 못하는 웃지 못 할 일들이 벌어졌다. 배경음악까지 젊은 국악가에게 맡겨 국악기로 구현할 정도로 우리 문화에 대한 애착을 드러내고 싶었다면 텍스트 안에서 좀더 적극적으로 문화 정체성을 구현할 수 있는 서사전략을 구사했어야 하지 않았을까? 〈마리이야기〉에서도 한국의 어촌을 배경으로 하고 있지만 어촌의 문화나 그것과 상관된 문화 정체성은 누락되고 효과적으로 구현되지 못하였다. 뿐만 아니라 서사의 동력원 역할을 하는 남우의 주변 사람들의 떠남에 대한 거부의 기저에 있는 심리를 통해서 한국적 정서만이라도 구현했어야 했다. 아름다운 영상뿐만 아니라 서사의 짜임 면에서도 높은 점수를 받는 이 작품에서 문화 정체성에 대한 고민이 누락되어 있다는 사실은 매우 치명적이다. 이것은 단지 문화 정체성의 누락만을 의미하는 것이 아니라 그것을 통해 텍스트 안에서 구현하여 향유를 지속적으로 소구하고, 이를 통해 창구효과를 강화하고 부가가치를 창출할 수 있었던 미시콘텐츠의 생산이 원천봉쇄 되었음을 의미하는 것이다.

〈오세암〉은 정채봉의 가슴 짠한 동화를 애니메이션으로 만든 작품으로 1) 설악의 사계를 담아 한국적 풍광의 아름다움을 소개하고, 2) 어머니에 대한 간절한 열망과 오누이 간의 애틋한 우애를 표현하여 한국인의 정과 가족의식 등을 구현하며, 3) 불교적 정서를 바탕으로 한 우리의 정서를 드러내고자 기획되었다. 나름대로의 기획의도에 충실하기 위한 다양한 기제들이 작품 전체에 흐르고, 그것이 자연스레 서사에 녹아들고 있다는 점은 저예산 애니메이션임에도 불구하고 뚜렷한 성과로 기억될만한 것들이다. 그러나 〈오세암〉을 보는 내내 필자는 한 가지 의문을 떨칠 수 없었다. 왜 이 작품이 애니메이션으로 만들어져야 하는가? 실사 영화로 제작된다면 앞에서 들었던 기획 의도를 보다 효과적으로 충실하게 반영할 수 있지 않았을까? 만약 애니메이션으로 구현하는 것이 보다 효과적이라고 생각했다면 보다 양질의 영상을 구현해야 하지 않았을까? 결국 애니메이션 제작의 첫 번째 질문에 충실하지 못했다는 점이다. 즉, 애니메이션으로 표현될 수밖에 없거나, 애니메이션으로 구현하는 것이 보다 효과적인 것만을 애니메이션으로 제작해야 한다는 것이다. 이 말은 애니메이션으로 구현하여 독특한 미적, 문화적 성취를 얻어야 한다는 의미도 내포한 말이다. 필자는 〈오세암〉은 애니메이션 보다 실사 영화가 더 적합하지 않았을까 하는 우울한 의문을 끝내 떨칠 수 없었다.9

9 2004 안시국제애니메이션페스티벌에서 그랑프리를 수상은 당연히 환영할만한 일이다. 그렇지만 앞에서 제기했던 문제들이 해결 된 것은 아니다. 이번 국제 영화제에서도 드러났듯이 한국적 정서를 보편화할 수 있는 테마였다면, 짧은 제작기간과 저예산으로 제작에 들어갈 것이 아니라 좀더 충분한 물적 토대를 갖추고 시도했어야 했을 것이라는 점이다. 특히 오세암을 중심으로 한 설악의 아름다운 풍광을 드러내고 싶었다면 좀더 양질의 영상이 필요했을 것이라는 것이다.

〈하얀 마음 백구〉[10] 는 애니메이션은 물론 동 화, 게임, 캐릭터 등으로 성공적인 창구효과 (window effect)를 거둔 작품이다. 이 작품은 1) 전체 서사와 매 회 단위 서사의 긴밀한 유기적 상관, 2) 솔이와 백구의 서사가 병치됨으로써 유발시키는 극적 긴장, 3) 동위소를 활용한 중심 캐릭터의 활성화를 통해 구현한 주제에 대한 진지한 접근, 4) 뱅크 시스템(bank system)과 서사의 적절한 조화 등의 요소들로 인하여 비교적 성공적인 서사가 구현되었다. 그럼에도 불구하고 이 작품에서 뚜렷한 문화 정체성을 찾을 수 없었다. 배경이 되고 있는 조도, 생활공간이 되는 어촌, 부모 잃은 아이들에 대한 주변의 도움, 투견장, 진돗개의 충성과 용맹 등등의 특화될 수 있었던 요소가 없었던 것은 아니나 그것이 서사 전개와 맞물려 뚜렷하게 부각되지 못했다. 가령 자신들의 섬을 알리기 위해 진도(조도는 부속 도서)에서 제작에 투자를 했지만 텍스트 안에서 진도의 특성이나 풍광 혹은 독특한 문화로 구현된 것은 없었다. 부모 잃은 아이를 돕는 이웃들의 모습을 통해 우리의 공동체 의식 등을 부각시킬 수도 있었겠지만 그 경우 솔이의 약값 때문에 백구를 판다거나, 아이들 둘만이 어렵게 생활을 꾸려간다는 등의 설정은 불가능해지기 때문에 서사의 전개상 원천적으로 부각될 수 없었다. 백구에 의해 구현되는 진돗개의 자질은 비교적 선명하게 드러났지만 그것으로 우리문화의 정체성을 드러내기에는 역부족이었다.

고유성과 창의성을 기반으로 하는 정체성의 판단 기준으로 현재성, 대중성, 주체성을 전제했을 때, 〈하얀 마음 백구〉를 비롯한 한국 애니메이션에서 문화 정체성을 찾는 일은 단순히 존재 여부를 찾는 일 이상일 수 없다. 아직 체계화되거나 안정적이고 지속적인 제작 메커니즘을 확보하지 못하고, 계량화할 수 있는 시장조사나 수치상으로 나타나는 부가가치에만

[10] 〈하얀 마음 백구〉는 한국 애니메이션 서사의 특성 연구, 『한국언어문화』 24집. (2003.12)에서 상론한 바 있다.

집중하고 있는 한국 애니메이션의 현실을 고려할 때, 아직은 문화 정체성에 대한 요구를 소재적 차원의 반영만으로 만족해야할지도 모른다. 그러나 앞에서 예로 들었던 작품들에서 비록 소재적 차원이기는 하지만 문화 정체성에 대한 고민이 드러나고 있다는 점은 반드시 주목해야 한다.

정체성은 고유성과 창의성의 상호 견제 및 보완의 양상으로 드러나야 하고, 그것이 '지금 이곳'을 사는(현재성) 우리들 다수의 지지를 받으면서(대중성) 삶에 올바른 지향점이 되어야 하는 우리들만(주체성)의 내재화된 삶의 원리다. 하여 정체성은 실체적으로 존재하여 찾아가야할 무엇이 아니라 우리 스스로 앞의 전제에 따라 구성해내야 하는 무엇이다. 더구나 유·소년층은 물론 대중적인 접근과 전파가 용이한 애니메이션을 통한 정체성 확립 및 전파의 노력은 매우 의미 있는 일임에 틀림없다. 다만 그것이 당위적 요구의 차원이 아닌 실천과 성과의 차원으로 드러나기 위해서는 애니메이션의 미학과 서사적 특성을 충분히 고려하고 그것을 통해 텍스트 안에서 구현되어야 한다는 사실이다.

이러한 맥락에서 아직 한국 애니메이션은 혼돈과 모색의 신열을 앓고 있다. 그러나 우리의 인식은 바로 이 지점에서 출발해야한다. 혼돈과 모색을 인정하고 지금부터 보다 실천적인 노력을 경주해야만 한다. 문화 정체성을 내재적 원리로 갖지 못한 문화콘텐츠는 그것의 성과와 무관하게 천박하거나 공허할 수밖에 없으며, 그러한 성취가 일회성 이상일 수 없음은 자명하다. 다행스러운 것은 우리의 유구한 역사와 문화가 문화 정체성을 구성해 가는데 훌륭한 토대로 기능할 수 있기 때문이다. 애니메이션에 대한 전문가적 인식과 우리 문화에 대한 지식과 애정을 두루 갖추려는 노력이 선행해야함은 물론이다.

신열은 병의 가벼운 조짐이다. 좀더 앓아보자. 한국 애니메이션계에서 철저한 기획을 바탕으로 문화 정체성을 기반으로 하는 과감한 시도가 성공 여부와 상관없이 지속되길 희망한다. 성공은 성공대로 실패는 실패대로 한국 애니메이션은 물론 우리 문화의 정체성 구성에 훌륭한 길라잡이가 되 줄 것이기 때문이다. 문화의 시대라는 21세기, 그것은 단지 문화가 돈이 된다는 의미가 아니라 문화가 삶의 중심이 된다는 시기임을, 문화가 없이는 미야자키 하야오의 '가오나시' 가 될 것이라는 의미임을 가슴에 새겨볼 일이다.

4. 요구와 기대로서의 전망

이 글에서는 한 · 미 · 일 애니메이션 서사에 드러난 문화 정체성을 구명하고 이를 바탕으로 한국 애니메이션의 문화 정체성을 구현할 수 있는 전략 탐구를 시도하였다. 하지만 이것은 이미 그 한계가 분명했던 시도였다. 한국 애니메이션의 양적 성장과 질적 성장에도 불구하고 그것이 총체적으로 구현되는 메커니즘의 부실과 문화 정체성의 구현 방식에 대한 지속적인 관심이 부족한 상태에서, 이 글의 목적은 이미 기대할 수 없는 것이었기 때문이다. 다만 혼돈과 모색의 신열을 앓고 있다는 분명하고 매우 중요한 사실만은 기억해두자. 그리고 그것이 서사 안에서 구현되어야 한다는 사실도 잊지 말자.

한국 애니메이션은 이상이 아니라 현실이다. 더불어 그것이 문화 정체성을 바탕으로 해야 한다는 것은 이제 당위가 아니라 실천이어야만 한다. 〈원더플데이즈〉의 실패는 실패가 아니라 장기적으로는 값진 배움으로 기능할 것이다. 이제 한국 애니메이션은 고민해야한다. 그것은 단지 기획, 창작, 관리 등의 전문 인력 부족이나 열악한 자본 그리고 빈약한 시장 환경 등에 대한 고민이 아니라 우리가 무엇을 왜 애니메이션을 통해 구현해야 하며, 어떻게 구현할 수 있을 것인지에 대한 실천적이고 생산적인 고민이어야 한다. 분명한 것은 일본 애니메이션과 디즈니 애니메이션 그리고 유럽의 애니메이션들은 그것이 다른 만큼 소중한 선례가 될 것이다. 애니메이션의 인프라가 확충되고 있는 시점에 그것의 문화 정체성에 대한 성찰은 매우 유용하고 절실한 것임에 틀림없다. 기대는 대부분 요구를 갖는다. 이상이 요구였다면, 그 역으로 요구는 기대만큼의 책임을 요구한다는 사실도 우리가 잊어서는 안 될 부분이다. 한국 애니메이션의 혼란과 모색의 신열이 즐거운 이유가 여기에 있다.

▌ 더 읽을거리 ▌

애니메이션은 문화할인율과 One Source Multi Use, 향유계층의 특수성 등에서 문화 침투/침입의 두 가능성이 늘 함께하는 문화콘텐츠이다. 이 글에서는 세계 애니메이션 콘텐츠를 양분하고 있는 미국과 일본의 애니메이션 텍스트에 드러난 문화 정체성과 그 구사 전략 등을 집중 조명하였다. 이 결과를 바탕으로 기존의 한국 애니메이션이 구현한 문화 정체성의 적절성과 효과 등을 점검하고, 새로운 지향점을 모색하였다.

이 글의 읽을거리는 애니메이션과 서사와 정체성이라는 세요소를 충족시켜야만 한다. 애니메이션과 서사는 밀접한 관계가 있음에도 불구하고 본격적으로 다루어진 책들이 거의 없다는 것이 아쉽다. 정체성과 상관된 책도 그리 많아 보이지 않고 그나마 있는 책들도 만족스럽지도 않다. 물론 이러한 투털거림은 게으른 필자의 과문함 때문이다.

먼저 애니메이션에 대한 전반적인 이해가 필요한 사람들은 폴 웰스의 『애니마톨로지

@애니메이션 이론의 이해와 적용』(한울아카데미, 2001), 모린 퍼니스의 『움직임의 미학』(한울아카데미, 2002), 김준양의 『애니메이션, 이미지의 연금술』(한나래, 2001), 한창완의 『저패니메이션과 디즈니메이션의 영상전략』(한울아카데미, 2001)을 읽는 것이 좋다. 애니메이션에 관한 기초적이 이야기를 체계적으로 풀어주고 있다. 특히 앞의 두 책은 개론서로서 매우 유익하다. 아울러 애니메이션 제작과정과 장르별 특성 등을 알고 싶으면 리처드 테일러의 『애니메이션 제작 기법의 모든 것』(한울아카데미, 1999)을 봐라.

애니메이션을 문화콘텐츠의 산업적 관점에서 접근하고 싶은 사람들은 박태견의 『저패니메이션이 세상을 지배하는 이유』(길벗, 1998), 김재경의 『애니메이션은 산업이다』, (대원씨아이, 2003), 한창완의 『애니메이션 경제학』(커뮤니케이션북스, 1998) 그리고 문화콘텐츠진흥원에서 발간되는 매년도 애니메이션산업 백서도 매우 유용하다. 박태견의 책은 무척 재미있게 읽으면서 애니메이션 전반의 산업적 구조를 이해할 수 있고, 김재경의 책은 최근 한국 애니메이션의 현장성을 중심으로 산업적 측면을 접근한다는 점에서 무척 흥미롭다. 한창완의 책은 국내외 애니메이션 산업의 시장 분석과 전략 개요가 들어 있어서 유용하다. 백서는 문화콘텐츠진흥원 자료실에서 요약본은 다운 받아 볼 수 있으며, 현재 우리 애니메이션업계의 현황을 가감없이 보여주고 있다. 백서류의 보고서는 영화진흥공사나 삼성경제연구소의 자료실에서 다운 받을 수 있는 것들도 매우 유용하다.

애니메이션 서사와 관련된 책들은 거의 없다. 그동안 우리 애니메이션 업계가 서사를 등한시 한 결과이며 동시에 서사적 역량을 가진 사람들이 애니메이션을 도외시한 결과다. 그 결과는 매우 우울하며 오롯이 지금 이곳의 우리에게 남겨졌다. 그나마 거칠지만 초기 연구에 해당하는 이인화 외의 『디지털 스토리 텔링』(황금가지, 2003)과 박기수의 『애니메이션 서사 구조와 전략』(논형, 2004)이 있다. 전자에는 디지털 문화환경 하에서의 다양한 서사에 대한 이론적 작업과 사례 연구가 시도 되고 있는데 사례 연구가 미흡하고, 현장과 괴리된 이론적 접근이라는 한계를 가진 책이다. 다만, 인문학뿐만 아니라 공학쪽의 연구자들이 토론과정을 통하여 디지털스토리 텔링에 대해서 지속적인 고민을 하고 있다는 점에서 의미 있는 작업이라고 할 수 있다. 박기수의 책은 애니메이션을 서사와 향유의 상보적 결과물로 보고, 그것을 어떻게 콘텐츠적 입장에서 강화시켜 나갈 것이냐를 고민한 책이다. 특히 후자의 경우는 애니메이션을 향유자 중심으로 볼 때, 어떻게 향유를 극대화시킬 것인지 대중문화콘텐츠로서 접근해야 하며, 그것은 철저하게 서사를 통한 것이어야 한다고 주장하며, 한·미·일의 애니메이션 서사를 섬세하고 분석하고 있다.

애니메이션에 대한 철학적 접근을 원한다면, 김용석의 『미녀와 야수 그리고 인간』(푸른숲, 2001)과 고미숙 외의 『이것은 애니메이션이 아니다』(문학과 경계, 2002)를 읽어라. 전자는 철학적 사실을 디즈니 애니메이션을 중심으로 꼼꼼하게 읽어낸다고, 덤으로 철학에 대한 인식도 확장할 수 있다. 후자는 애니메이션 자체에 대한 장르적 고민이 없는 해석 중심이라는 것이 가장 아쉽지만, 애니메이션을 매개로 한 다양한 담론을 맛 볼 수 있다는 것이 미덕도 있다.

애니메이션 시나리오에 관심이 있는 사람은 토리우미 진조의 『애니메이션 시나리오 작법』(모색, 1999)과 황선길의 『애니메이션 시나리오』(범우사, 1999)를 읽거나 로버트 맥기의 『시나리오 어떻게 쓸 것인가』(황금가지, 2002)도 좋다. 더불어 영상미학에 대한 이해를 돕기 위해서 L.자네티의 『영화의 이해』(현암사, 1993)도 필독을 권한다.

서사에 관한 책들은 많다. 대부분 문학이나 영화 등의 것이지만 애니메이션 서사를 이해하는데 필수적이다. 여기서는 그 일부만 소개하자. 마이클 J. 툴란의 『서사론』(형설, 1995), 마르트 로베르의 『기원의 소설, 소설의 기원』(문학과지성사, 1999), 스티븐 코헨·린다사이어스의 『이야기하기의 이론』(한나래, 1997), S.채트먼의 『이야기와 담론』(고려원, 1991) 등이 있다. 이 외에도 수다한 책들이 있지만 번역의 상태나 자신의 필요에 따라서 취하고 버려야 그 쓰임을 얻을 수 있다.

정체성에 관하여서는 탁석산의 『한국의 정체성』(책세상, 2000)이 쉽게 접근할 수 있는 책이다. 그 외에도 한국문화인류학회 홈페이지에서 유용한 자료를 얻을 수 있다.

장황한 소개에도 더 읽을거리 소개에도 불구하고 가장 먼저, 가장 많이 읽어야 할 것은 애니메이션 텍스트이다. 애니메이션을 읽는 것이 시작이자 끝이다.

▌참고문헌 ▌

김창남, 1998, 『대중문화의 이해』, 한울아카데미.

매일경제 편, 2002, 『2002 경제신어사전』, 매일경제신문사.

박규태, 2001, 『아라테라스에서 모노노케 히메까지』, 책세상.

박기수, 2003, 한국 애니메이션 서사의 특성 연구, 『한국언어문화』 24집, 한국언어문화학회.

박기수, 2004 a, 애니메이션 콘텐츠와 향유 사이, 『지식의 시대, 문화의 시대』, 경북대출판부.

박기수, 2004 b, 〈센과 치히로의 행방불명〉의 서사 전략 연구, 『한국언어문화』 25집, 한국언어문화학회.

박기수, 2004 c, 『애니메이션 서사구조와 전략』, 논형.

박태견, 1997, 『저패니메이션이 세상을 지배하는 이유』, 길벗.

이경숙, 1999, 한국의 디즈니 수용과정에 대한 연구, 고려대학교 신문방송학과 박사.

탁석산, 2000, 『한국의 정체성』, 책세상.

한창완, 2001, 『저패니메이션과 디즈니메이션의 영상전략』, 한울아카데미.

미야자키 하야오, 2000, 『바람계곡의 나우시카』, 학산문화사.

9

한국영화, 그 속에 숨겨진 여성정체성

이현지

최근 한국영화시장은 새로운 전성시대를 맞이하고 있다. 헐리우드 영화를 제치고 국산 영화가 흥행에 성공을 거두는 일이 이제는 그리 놀랍지 않다. 이렇듯 많은 관객들의 흥미와 관심을 끌어 모으는 영화를 통해서, 우리는 영화 속의 사회상을 이해하고, 시대적인 정서와 문화를 분석할 수 있다. 이 글은 가파르게 성장하고 있는 한국영화들이 여성을 어떻게 그리고 있는지에 대한 관심에서 출발하였다. 영화 속의 여성담론은 한국사회를 이해하는데도 도움을 줄 것이다. 이러한 방식의 영화에 대한 접근은 비판적이고 분석적인 영화 읽기의 시도이며, 영화를 소비자가 스스로를 이해하고 재해석할 수 있게 하는 의미가 있다.

이 글이 분석 대상으로 삼고 있는 영화는 〈산부인과〉, 〈처녀들의 저녁식사〉, 〈생과부 위자료 청구소송〉, 〈해피엔드〉이다. 이 영화들은 1990년대 말, 성을 주제로 한 영화 가운데 긍정적이든 부정적이든 새로운 성담론을 구성하는데 기여하였다. 1990년대에 이르러 외화로부터 한국영화를 지키기 위한 스크린 쿼터제가 정착되었으며, 한국영화는 새로운 문화산업의 핵심적인 위치를 차지하게 되었다. 한국영화가 흥행 기록을 끊임없이 갱신하면서, 작품성과 독창성을 인정받기 시작한 것도 바로 이 시기이다. 이 때에 이르러서, 한국영화는 성에 대한 본격적이며 새로운 담론을 시작하게 된다.

네 편의 영화에 나타나는 여성 정체성이 현대 한국사회의 여성 정체성을 얼마나 현실적으로 반영하고 있는 것일까? 성을 중심으로 보면, 1990년대 중반까지만 하더라도 한국영화는 유난히 매춘여성들이 주인공으로 많이 등장하였고, 흥행전략으로 여자 배우 벗기기에 의존하는 등 낮은 수준에 머물러 있었다. 그러나 1990년대 말 이후에 한국영화는 다양한 여성상을 등장시켰고, 여성 주인공과 현실의 거리를 좁히려는 노력을 기울여 왔다. 여기서 구체적인 영화에서의 여성 정체성에 대한 분석을 통해서 영화 주인공들과 한국사회라는 현실 속에서 만남을 시도해 보고자 한다.

이 글이 선정한 각각의 영화에 대한 분석의 포인트는 이러하다. 영화 〈산부인과〉를 통해서는 임신과 출산이라고 하는 여성적인 경험이 영화속에서 어떻게 재해석되는지를 살펴볼 것이다. 〈처녀들의 저녁식사〉에서는 욕망의 주체로서 여성을 어떻게 묘사하고 있는지를 살펴볼 것이다. 그리고 가부장적 구조 속에서 여성적인 삶과 남성적인 삶에 대한 폭로와 저항을 〈생과부 위자료 청구소송〉을 통해서 살펴보도록 하겠다. 마지막으로 아내 혹은 어머니이기보다는 성적인 존재이기를 선택한 여주인공과 아내의 외도에 대한 남성적인 대응을 읽을 수 있는 〈해피엔드〉를 통해서 현대 한국사회의 여성 정체성을 살펴볼 것이다.

1. 한국영화에서 그려지는 여성상

최근 한국영화시장에서는 국산영화가 헐리우드 영화를 제치고 흥행에 성공을 거두는 이례적인 상황이 벌어지고 있다. 관객 동원 1천만을 넘는 영화가 속속 출현하면서, 한국영화를 다시 평가해야한다는 여론이 일고 있다. 이런 현상을 두고서 혹자는 한국영화의 전성시대라고 평가하며, 어떤 사람들은 영화가 많은 사람들의 관심을 다시 차지하는 제2의 영화시대의 도래라고 말한다.

영화의 탄생은 인간에게 무한한 상상력을 펼 수 있는 기회를 제공해주었고, 문화적인 경험의 폭을 넓혀주었다. 대중들은 영화를 보면서 웃고 울며, 문화적인 공감대를 형성하게 된다. 따라서 영화에서 다루고 있는 이야기들은 그 사회를 이해하는 좋은 잣대로서의 의미를 가진다. 물론 영화가 만들어지는 주목적이 사회에 대한 이해를 심화시키고자 하는 것은 아니다.

그러나 우리는 영화를 통해서 영화 속의 사회상을 이해하기도 하고, 그 시대에 유통되는 영화를 대상으로 시대적인 정서와 문화를 분석할 수 있다. 이것은 영화가 가지고 있는 여러 가지 매력 가운데 하나인 것 같다. 영화를 어떤 관점에서 어떤 측면을 중심으로 보는가에 따라서 영화의 다른 면모를 해석해 낼 수 있는 것이다.

이 글은 한국영화에 나타나는 여성담론을 통해서 한국사회에 대한 이해를 도모하고자 한다. 영화를 만드는 사람들의 의도를 벗어나, 비판적이고 분석적인 영화 읽기를 시도하고자 한다. 앞에서 언급한 대로, 영화가 가지는 사회에 대한 파급 효과를 고려한다면 영화를 단순히 영화로 읽는 것에서 벗어나 심층적인 사회 분석의 대상으로 설정하는 것이 무리는 없을 것으로 생각된다.

이 글은 1990년대 말, 성을 주제로 한 영화 가운데 긍정적이든 부정적이든 새로운 성담론을 구성하는데 기여한 것으로 평가할 수 있는 네 편의 영화를 그 대상으로 한다. 〈산부인과〉, 〈처녀들의 저녁식사〉, 〈생과부 위자료 청구소송〉, 〈해피엔드〉, 이 네 편의 영화에 나타나는 여성 정체성이 현대 한국사회의 여성 정체성을 얼마나 현실적으로 반영하고 있는지, 왜곡하는 면은 없는지를 고찰해 보고자 한다.

본 연구에서 1990년대 말의 영화에 관심을 가지는 것은 1990년대 말에 이르러서 한국영화가 새로운 전기를 맞이했기 때문이다. 외화로부터 한국영화를 지키기 위한 스크린 쿼터제가 정착되었고, 비디오와 케이블 방송의 대중화로 주춤할 것으로 예상되었던 영화시장은 새로운 문화산업의 핵심적인 위치를 차지하였다. 특히 한국영화는 1990년대 말부터 홍행 기록을 끊임없이 갱신하면서, 작품성과 독창성을 인정받고 있다.

1990년대 중반까지만 하더라도 외화에 밀려서 생존위기에 직면했던 한국영화는 새로 나기를 시도했으며, 성공을 거두었다. 1990년대 중반까지 한국영화는 성의 관점에서 볼 때, 유난히 매춘여성들이 주인공으로 많이 등장하였고 이유 없는 여자배우 벗기기를 통해서 관객을 모으려는데 관심을 기울였다.

하지만 사회·문화적인 수준이 향상되고 관객들의 영화에 대한 욕구도 급속히 변화함에 따라서 영화 속의 여성상도 다양해지고 현실적으로 변화되어 가는 경향을 보인다. 지나친 선정성이나 폭력성을 완전히 벗어나지는 못했지만, 인기 여배우를 벗기는 것만으로 관객을 모을 수 있던 시대는 끝이 났다. 영화시장은 끊임없이 소재의 다양성과 독창성을 추구하고 있다.

그러나 한국영화는 여전히 빈약한 시나리오의 문제와 영화배우 수급의 문제, 높은 스타 의존도 등 다양한 문제가 있다(교수신문, 2004년 4월 12일자). 여기서는 시나리오를 중심으로 영화 속에 여성상이 어떠한가를 살펴보고자 한다.

최근 한국영화에서 그려지는 여성상은 많은 변화를 보이고 있다. 과거에 여성들은 주로 보조적인 역할을 맡거나 성적인 존재로 그려졌었지만, 최근의 영화에서는 주체적이고 적극적인 여성상이 묘사되는 경향이

나타난다. 그러나 여성상을 극단적으로 코믹화하는 경향과 여전히 순정형의 여주인공을 그리는 경향이 남아있어서 현실의 여성상을 제대로 반영하고 있다고 보기는 어렵다.

이 글에서 다루고자 하는 네 편의 영화는 임신과 출산, 성적 주체로써의 여성, 가부장제사회, 부부관계라는 각기 다른 성의 주제를 다루고 있다. 그리고 개봉 후, 이 영화들이 과연 여성영화인가에 대한 논란을 초래했던 작품들이다. 그것은 이 영화들이 성을 소재로 다루고 있지만, 현실의 여성 정체성을 반영하고 이해하는데 편견과 고정관념을 야기하는 측면을 간과할 수 없기 때문이다(이명희; 1990).

2. 〈산부인과〉, 여성적 경험에 대한 해석

1) 몸으로 해석되는 여성

여성에게 있어서 몸은 무엇을 의미하는 것일까? 출산의 공간, 욕구충족의 장, 자신을 평가받는 기준으로서의 외모 등 다양한 의미가 여성의 몸에 혼재 해 있다(이현지; 2003, 299). 우리는 〈산부인과〉에서아기를 낳는 몸인 여성의 몸과 만난다. 여성적인 작업과 경험으로 규정되던 출산은산부인과라는 제도적인 틀을 통해서 사회적인 경험으로 다시 각색되어진다.

산부인과의 출현은 여성들의 영역

그림 1 영화 〈산부인과〉

이던 임신, 출산, 양육이 여성들의 경험적인 지식을 벗어나서 과학적인 지식에 의존하는 결과를 초래한다. 산부인과의 출현이후로 임신, 출산, 양육의 경험이 있는 여성이라는 이유만으로 이에 대한 권위를 인정받지 못하게 된다. 그보다는 간접적인 의학 지식을 획득한 산부인과 의사의 과학적인 지식에 의존하게 되고, 산모들은 환자로 규정된다.

임신과 출산 과정이 산부인과의 영역으로 영입되면서, 많은 위험 요소들로부터 산모와 아기들이 보호받는다는 장점과 함께 상업주의적 요소가 결합되면서 나타나는 부작용도 많다. 단순한 출산행위는 의사에게 큰 이윤을 확보해 주지 못한다. 그러므로 산부인과에서 산모들은 중환자가 될 경우를 대비하여 출산을 준비한다.

산부인과 전문의도 이런 산부인과의 관행에 대해 비판적인 시각을 가지고 있다. "태아감시 장치는 고위험 임신 환자에게만 부착하는 것이 좋고, 회음 절개술은 꼭 필요한 경우에만 시행되어야 하며, 분만촉진제는 분만 시기가 지났거나 자궁수축력이 비정상적으로 약한 사람에게만 써야하며, 무통주사(경막외 마취)는 통증에 대한 공포감이 비정상적으로 강한 사람에게만 사용되어야지, 이 모든 처치가 거의 모든 임신부에게 획일적으로 시행되는 관행은 반드시 개선되어야 한다."고 주장한다(조선일보, 2003년 12월 9일자). 그러나 산부인과의 임상 현실은 여성의 몸에서 경험되어지는 임신 · 출산으로부터 여성을 분리시키고, 대상화하고 있다. 임신과 출산을 병적인 현상으로 규정하는 경향이 강하게 나타난다.

여성들만의 공간으로 규정되던 산부인과에서 일어나는 이야기들을 소재로 하였다는 점에서 영화는 관심을 끌기에 충분하였다. 그러나 가장 여성적인 공간 속에서 여성은 주체라기 보다 객체로 대상화된다. 여성적인 경험은 과장되고 희화되는 경향을 보인다. 산부인과를 둘러싸고 있는 성담론이 재미거리로 가볍게 다루어지면서 고정관념과 편견이 형성되기도 한다.

예를 들어 의사와 간호사의 개성을 지나치게 극화시키면서 재미는 더 할 수 있었다고 평가하더라도 진료행위 자체가 코믹거리로 전락하였다. 그리고 산모들의 출산과정이 지나치게 과장되는 면을 간과할 수는 없다. 영화 포스터의 "모르는 척, 안 가본 척, 처음인 척…"이라는 표현이 마치 여성들만의 공간인 산부인과에는 어떤 성적인 유혹이 있을 듯한 암시를 던지기도 한다.

그러나 이 영화를 통해서 우리는 출산과 과학기술간의 어울리지 않는 그러나 의존적인 만남에 대해서 고찰해 볼 수 있다. 피임이 발달하면서 여성들은 출산하는 몸으로부터 한발자국 더 자유로워졌다. 출산과 과학기술의 접목에 대해서 여성학자들은 "출산통제 분야에 기술 결정론을 적용하는 사람들에 따르면, 출산통제의 효율적 수단이 전무하다면 출산율은 여성의 건강과 생리적 출산력, 인간의 성욕 같은 자연력에 의해서만 통제되며, 금세기 피임의 발달은 출산율, 자녀수, 여성이 생활상태를 선택할 자유의 혁명을 가져왔다."고 주장한다(린다 고든; 1991, 58).

영화는 산부인과라는 공간에서 벌어지는 많은 이야기들을 역동적으로 보여주고 있다. 낙태에 대한 찬반 논쟁, 영아살해를 해버리는 여성, 아들을 낳지 못해서 통곡하는 여성, 미혼모, 성추행 등 성문제를 제기하는 듯하지만, 역시 남성적인 시각으로 산부인과를 들여다보는 수준이다. 영화는 산부인과라는 공간을 통해서 남성 중심의 성문화를 다시 확인시켜 주는데 그치고 있다.

2) 가장 여성답기, 모성?

여성이 가장 여성다운 모습은 무엇일까? 우리는 조용히 여성들에게 어머니로서의 삶을 모델로 제시한다. 자기 정체성을 형성하기 이전부터 여아들은 어머니 되기를 놀이과정에서 연습한다. 놀이 속에서 어머니는 가족을 위해서 헌신적이고 강한 여성으로 각본화 되어있다. 자녀를 위해서라면 어떤 일이라도 척척해 내는 만능의 어머니에 대한 모델을 받아들이고 자기 속에 키워나간다.

여성들은 때로는 헌신적인 어머니의 모습에 저항하며, 엄마와 같이 살지는 않겠다는 반란을 꿈꾸기도 하지만, 여성적인 삶은 으레 그런 것이어야 한다고 치부한다. 스스로 주인이 되는 삶을 추구해 보지만 남성 중심의 가부장제 사회에서 좌절하게 된다. 현대사회의 가부장제는 두 가지 측면에서 여성에게 억압적이다.

첫째, 여성은 임신·출산을 담당하는 재생산자로서 무보수의 가사노동을 담당하게 된다. 둘째, 고용과정에서 여성이라는 이유로 주변적인 노동을 담당하게 되는 이중적인 차별을 경험하게 된다(우리사회문화학회; 2003, 14).

그러나 최근 한국사회의 출산문화에는 큰 변화가 일고 있다. 2002년 우리나라의 출산율은 1.17을 기록하고 있다. 이러한 출산율이 계속 유지될 경우, 2017년에 인구가 4천925만 명으로 정점에 이른 뒤, 이후 지속적으로 감소할 것으로 예측하고 있다(국민일보, 2004년 1월 19일자).

출산에 대한 유배우 기혼여성들의 의식이 급격하게 변화하였다. 2000년 보건사회연구원의 「전국 출산력 및 가족 보건실태조사」에 의하면, 기혼 여성 가운데 58.1%만이 '반드시 자녀가 필요하다' 라고 응답하였다. 이것은 1991년의 90.3%와 1997년의 73.7%에 비교하면 크게 낮아진 수치이다. 반면에 '반드시 자녀가 필요는 없음' 이란 응답은 1991년 8.5%, 1997년 26.0%, 2000년 41.5%로 증가하고 있다. 기혼 여성들의 자녀 출산에 대한 입장이 크게 변화하는 것을 볼 수 있다(한국보건사회연구원, 2003).

오늘날 왜 여성들은 어머니로써의 삶에 더 이상 매력을 느끼지 못하는 것일까? 좋은 어머니가 되는 것보다 자신의 삶을 잘 가꾸어 나가는 것에 더 많은 관심을 가지기 시작했다고 평가해도 좋을 것이다. 이런 선택이 긍정적이든 부정적이든 간에 중요한 것은 여성들이 왜 그런 선택을 하였는가와 어떤 사회적 조건이 그런 선택을 가능할 수 있게 해 주었는가에 대한 관심이 필요할 것 같다.

어머니 되기가 여성의 삶에서 가지는 의미에 대해서 다양한 견해가 주장되고 있다. 앨리스 로시(Alice Rossi)는 여성들이 가지고 있는 어머니로서의 자질이 "의사중심의 분만관리, 태아와 임산부에 대한 산업사회의 위협, 지나치게 짧은 자녀간의 터울, 남성적인 삶의 각본에 따른 어머니일 수행에 의해 왜곡되거나 손상되지 않는다면 이러한 모든 자질의 발현이 향상될 수 있다."고 한다(낸시 쵸도로우 외; 1991, 81). 즉 여성은 본질적으로 어머니 되기의 조건을 태생적으로 가지고 있으므로, 어머니 되기를 통해서 여성적인 삶의 경험을 풍부하게 할 수 있다는 주장이다.

그러나 어머니로서의 자질 즉, 모성을 여성의 본질로 규정함으로써 여성의 삶을 억압하는 것에 대한 부정적인 견해 또한 적지 않다. 모성은 여성을 임신과 출산 기능을 수행하는 존재로 규정함으로써 여성이 성과 극단적인 분리를 경험하게 한다. 동시에 어머니로서의 삶의 기대는 자녀와 가족에 대한 헌신을 전제로 하고 있으므로 여성이 한 사람의 존재로써 자신의 삶을 살아가기보다는 가족의 기대에 부응하는 삶을 선택하게 한다.

이러한 기대 속에서 가족을 위한 어머니의 희생적인 삶이 미화되고 가장 여성다운 삶으로 찬사를 받게 된다. 그러나 어머니로서의 삶은 물리적 · 심리적인 측면에서 세상으로부터 격리를 경험하게 된다. 나아가서 가족의 어머니에 대한 의존이 약화되는 시기에 여성은 자녀 혹은 남편으로부터 소외를 경험하게 된다. 가족의 의존도가 높은 시기에 어머니는 자녀 양육이나 가족 경영에 전적인 통제와 권한을 가지고 있는 듯이 보이지만, 그것은 일시적인 경험일 뿐이다.

모성은 여성을 평가할 때, 가장 절대적인 기준으로 작동하고 있다고 할 수 있다. 여성들은 일상생활 속에서 흔히 이러한 기준을 적용 받는다. 비록 미혼의 여성이라고 하더라도 다른 사람에 대해서 보살핌과 배려의 태도를 보이지 않으면, 여성답지 못하다는 폄하를 즉각적으로 받게 된다. 사회가 여성에게 모성적인 경향을 기대하는 것과 마찬가지로 여성들에게도 모성 이데올로기는 내재화 되어있다.

그렇다면, 모성은 여성을 억압하는 기제이기만 한 것일까? 사회구조적인 모순이 해결된다면 어머니가 된다는 것 자체는 경이로운 경험이라고 할 수 있을 것이다. 다만 누구를 위한 어머니, 어머니 되기를 둘러싸고 있는 헌신의 요구는 부적절한 결합이라고 보여진다. 우리들은 흔히 모성은 모든 여성들에게 내재되어 있다고 전제하고, 절대적인 삶의 기준이 되어야 한다는 잘못된 편견을 가지고 있다. 이러한 편견은 여성의 삶을 제한하게 되고, 모든 여성들에게 모성을 발휘하는 삶을 요구하게 된다.

여성들이 자유롭게 어머니 되기를 선택하고, 어머니 되기를 통해서 진정한 자신을 만날 수 있는 조건을 만드는 것이 중요하다. 여성문화의 관점으로 모성에 대한 재해석과 어머니 되기의 내용들이 충족될 때, 우리는 건강한 어머니와 만날 수 있을 것이다.

3. 〈처녀들의 저녁식사〉, 욕망의 존재로서 여성

1) 선택의 문제-성, 사랑, 결혼

"처녀들의 저녁식사"는 성, 사랑, 결혼에 대한 결혼 적령기의 세 여성들의 이야기를 소재로 하고 있다. 처녀들이 성에 대해서 솔직한 아니 노골적인 담론을 구성하는 것을 보여줌으로써 한편으로는 성적 주체로서의 여성 정체성을 묘사하고 있으며, 한편으로는 여성의 입을 통해서 성기 중심적인 성문화에 대한 편견을 다시 한번 확인시켜주고 있다.

이 영화에서 처녀들은 그들만의 식사라는 제한된 공간 속에서 당당한 성적 주체로써 자신

그림 2 영화 〈처녀늘의 저녁식사〉

의 성적인 욕구에 솔직한 모습을 보여준다. 이러한 과정은 여성들을 지배하는 성 억압적인 이데올로기인 비성적인 혹은 무성적인 것이 여성답다라는 편견으로부터, 여성들 또한 성적인 욕망을 가진 존재임을 확인시켜 주는 기능을 한다. 그러나 그 다음의 이야기는 여성들에 대한 또 다른 편견을 조작하고 있다. 영화는 세 명의 등장인물을 통해서 성에 있어서 여성은 세 부류라고 말하고 있다.

첫째, 호정이다. 호정은 성관계는 단지 성적 욕구를 푸는 수단일 뿐

이며, 결혼에 대해 극단적으로 부정적인 입장을 가지고 있다. 호정은 능력이 있으며 사회적으로 성공하였다. 따라서 결혼을 하면 손해라는 논리를 전제로 하고 있다. 방탕한 성생활을 추구하고, 성관계를 통해서 남성을 성적으로 대상화한다.

외적으로 성에 대해 상당히 자유롭게 보이지만, 성으로부터 소외되어 있다. 사랑이 없는 성관계와 성의 파트너인 남성에 대한 조소가 결국 스스로에게로 되돌아오고 만다. 사회적인 지위와 경제적인 능력을 지녔기 때문에 당당하게 보여지지만 인간적이거나 행복한 모습은 찾아 볼 수 없다.

둘째, 연이다. 현실로부터 벗어나기 위한 욕구로써 결혼에 대한 기대를 가지고 있는 여성상이다. 이상적인 결혼을 꿈꾸면서 한편으로는 오르가즘에 대한 갈구를 보인다. 외모 이외에 변변한 사회적 자본이 없는 그녀에게 결혼은 현실로부터 탈출할 수 있는 유일한 통로로서의 역할을 할 것으로 기대된다. 하지만 몇 년간 사귄 애인은 결혼을 꿈꾸는 연이 부담스러워 결별을 선언한다.

머릿속이 온통 결혼이라는 연은 결혼을 위한 적극적인 노력보다는 성관계 속에서의 오르가즘에 더 관심이 많은 이중성을 보인다. 게다가 연이 하는 성관계에 대한 상상은 남성을 가야금에 비유하여 상호관계를 형성하는 대상으로 인정하는 것이 아니라 성적으로 대상화하고, 성을 통해서 상대와의 관계를 느끼는 것이 아니라 자신의 성적 욕구가 채워지는가 아닌가에 대한 관심에 집중한다. 구체적으로 말하면, 그녀는 오르가즘을 느꼈는가 아닌가에 초점을 맞춘다. 그녀는 사랑이 배제된 성관계를 자연스럽게 받아들이고 있다.

셋째, 순이다. 성경험은 없지만 성에 대해서 많은 관심을 가지고 있는 여성상이다. 순은 전문직을 가지고 있고 가장 효율적인 성욕을 해소하는 방법을 자위라고 생각한다. 순의 성격이나 사회적인 관계와 관계없이 은연중에 성적인 매력이 없는 외모가 순이 아직까지 성경험이 없는 원인 으로 설명된다.

순은 아기를 가지고 싶어하고 사랑과 관계없이 아기를 가지고 싶어 한다. 우연한 기회에 친구 연의 애인과 의도치 않은 성관계를 가지고 임신 하지만 산행 중에 유산을 하게 된다. 이러한 순의 선택은 여성들은 엄마가 되고 싶어한다는 사회적인 고정관념이 반영되어 있다.

영화의 처녀들은 어떻게 되었을까? 간통을 했다는 사실 때문에 사업 에 실패하고 외국으로 떠나게 되는 호정, 실직에도 불구하고 담담하게 오 르가즘을 갈구하는 연, 유산으로 병원 신세를 지게 된 순. 영화는 마지막까 지 처녀들에게 우호적이지는 않다. 저녁식사에서 자유롭게 성적인 담론 을 펼 수 있는 공간을 제공해 주기는 했지만, 그들이 직면하게 되는 현실은 따뜻하지만은 않은 것 같다. 그녀들이 직면한 현실이 우리사회가 가지고 있는 여성의 성에 대한 관념을 그대로 투영하고 있다고 하면 너무 피해의 식이 큰 것일까?

2) 여성, 욕망의 주체로의 인정과 대가

성의 관점으로 여성을 볼 때, 여성은 비성적인 존재 혹은 성에 무관 심한 존재로 규정되어 왔다. 우리는 성적 본능이 강한 남성과 비성적인 여 성이라는 신화를 받아들이고 있다. 이러한 신화에 대한 인정은 여성들을 순결과 정절의 이데올로기로 억압하게 하고, 남성의 성 통제 하에 예속되 게 한다. 그리고 가장 여성다운 것은 모성의 역할을 훌륭하게 수행하는 것 이며, 이러한 모성의 강조는 성의 영역에서 여성들의 입지를 약하게 하는 영향을 미친다.

케이트 밀레트(K. Millet)는 "부권제 사회가 여성의 성욕의 잠재 능력을 파괴하고 왜곡시켰으며, 여성이 남성에게 성욕의 배출구를 제공하는 수준의 성관계에 길들여 왔음을 강조한다."(한국여성연구회, 1997; 91 재인용) 이러한 성에 대한 인식은 남성과 여성의 성에 대해서 다른 성본능과 태도가 존재한다는 이데올로기를 형성하게 한다.

성에 대해서 무지하고 무관심한 것이 여성적이라는 성의식은 성담론에서 여성들을 소외시켰다. 그러나 그에 대한 반론으로 제기되고 있는 성적인 존재로서의 여성에 대한 이해는 과연 여성을 제대로 이해하는데 도움이 되는 것일까?

욕망의 주체가 되는 여성들이 어떻게 묘사되고 있는가에 대한 분석을 통해서 답을 찾을 수 있을 것이다. 이 영화에서 성적인 존재로서의 여성은 왜곡되어 있다. 그들에게 성적인 경험은 사랑과 무관하게 시도되어진다. 그러므로 성관계를 통해서 인간적인 관계가 경험되거나 풍부해지지 못한다.

그러므로 그들은 성의 주체가 되었다기 보다는 오히려 성에 종속된 삶을 살아가는 것 같다. '아랫도리'로 표현되는 성욕에 대한 관심은 그녀들의 일상으로 그려진다. 그녀들의 저녁식사에는 늘 성에 대한 이야기가 주제가 된다. 그녀들은 성에 대한 일상적인 기대와 상상을 자유롭게 쏟아 놓는다. 그 순간 그녀들은 성으로부터 자유로운 욕망의 주체로 그려진다.

하지만 그녀들의 경쾌한 웃음소리는 오래 울려 퍼지지 않는다. 그녀들은 여성의 성을 지배하는 소극성, 수동성, 순종성, 방어성 등의 강력한 성 이데올로기를 극복하고자 하지만, 그들이 경험하게 되는 성은 그녀들의 희망과는 달리 집착과 기대감으로 멍들어 있다. 성관계를 통한 남녀관계의 진정한 관계맺음에 대한 관심을 탈락시킨 성이 그녀들을 행복하게 만들지 못하는 것이다.

〈처녀들의 저녁식사〉에서 주인공들은 성의 주체로서 그려지기 위해서, 사랑과 결혼을 배제한 성에 대한 관심과 관계맺음을 추구한다. 사랑이 전제되지 않는 성욕구를 해소하기 위한 성에 대한 담론은 그들을 또 다른 방식으로 성에 얽매이게 만든다. 예를 들어, 성관계와 경험이 없는 순이는 여성적인 매력이 없는 존재로 묘사되고 있다. 이러한 성적 매력과 성경험 유무의 개연성에 대한 구도는 여성을 성의 이데올로기 속으로 밀어 넣는 또 다른 기제가 된다.

4. 〈생과부 위자료 청구소송〉 가부장적 구조에 대한 저항

1) 한국사회에서 남성으로 살기

이 영화는 현대사회를 지배하고 있는 성공신화, 출세주의, 경제주의라는 공적인 영역과 남녀 관계라는 사적인 영역이 어떻게 여성의 삶에 영향을 미칠 수 있는가에 대한 의문을 제기할 수 있게 해준다. 〈생과부 위자료

그림 3 영화 〈생과부 위자료 청구소송〉

청구소송〉이라는 영화의 제목은 여성이 이야기의 중심에 서 있는 것처럼 보여지지만, 영화의 전체적인 전개는 가부장제 사회를 살아가는 남성의 삶에 대한 통찰을 주로 보여주고 있다. 그러나 가부장제가 이미 남성과 여

성의 공존을 전제로 하고 있는 것처럼, 남성의 삶은 여성의 삶과 현실적으로 분리되어 있지 않다.

영화의 주인공인 추형도는 일 중독자로 회사와 직장상사 밖에 모른다. 성공과 일의 노예가 되어버린 그는 출세를 위해서 맹목적인 돌진을 한다. '경제성장'에 절대적인 가치를 부여하고 있는 우리사회의 전형적인 샐러리맨인 그는 '하면된다'라는 단순한 구호를 신조로 인간적인 삶을 포기한다. 선택적인 포기였다기 보다는 포기하는 것을 강요하는 사회적인 분위기에 잘 적응한다. 그러나 경제지상주의는 이윤이라는 기준이 비정하게 작동하는 것이다. 개인의 헌신이나 희생이 기준이 되지 못하고, 얼마나 기업에 많은 이윤을 남겨주는가가 그 사람을 평가하는 기준이 된다.

거대한 파도와 같이 사회를 지배하고 있는 세계관은 '경제주의'에 대한 절대적인 신봉으로 드러난다. 경제발전을 위해서 개인의 희생은 당연시되어 왔으며, 감수해야만 하는 일련의 과정으로 치부되었다. 휴일도 없이 일터로 나가야 하는 남편들과 내조라는 미명 아래 그들의 삶을 물적·정신적으로 뒷받침해야 하는 아내의 삶이 이러한 상황에서 심각한 괴리를 안고 만나게 된다.

일하는 기계와 같은 생활을 해야만 하는 가장들은 가족들과 점점 멀어지고, 기업사회에서는 능력을 발휘하지 못하면 언제 해고될지 모르는 불안에 직면해 있다. 자연스럽게 부부관계는 소원해지고, 생존을 위한 공존만이 존재하는 형식적인 부부관계가 설정된다. 이쯤에서 대부분의 여성들은 남편의 지친 삶을 이해하고 수용하는 자세를 보임으로써 여성다운, 아내다운 선택을 할 것이다. 그러나 이 영화에서 주인공 이경자는 이러한 문제를 야기한 기업주를 고발한다.

행복하고 아름다운 사랑을 꿈꾸던 두 사람의 생활이 남편의 과중한 직장생활의 부담으로 인하여 파괴되었음을 주장한다. 영화에서 아내 이경자는 남편이 직장생활로 인하여 자신들의 성생활이 파괴되었다고 회사를 상대로 보상을 해달라는 법적 소송을 건다. 외적으로 주장되는 것은 여성의 성적 권리, 아내의 성욕이라는 공적인 영역에서 담론화 될 수 없었던 급진적인 이야기이다.

그러나 담론의 급진성에도 불구하고 영화가 중심 줄거리로 잡고 있는 것이 비인간적인 기업문화와 경제주의로부터 남편의 인간화를 주장하는 것으로 가시화됨으로써 급진성 자체는 문제시되지 않는다. 남편을 위해서 헌신적인 아내, 남편을 잘 내조하는 여성상이 설득력을 가졌기 때문일까? 영화에서 이경자의 '아내로써의 성적 권리에 대한 보장'이 비난의 대상이 되지는 않는 것 같다. 이쯤에서 영화는 현대사회를 살아가는 가장들의 삶의 고뇌와 현실에 대해서 생각해 보게 한다.

2) 성공신화와 사랑의 불가피한 조우

현대인들은 누구나 성공을 꿈꾸고 현실적으로 어떤 희생을 경험하더라도 성공하는 것에 절대적인 가치를 부여한다. 왜 성공해야 하는지에 대한 의문은 빠져있다. 성공신화를 무비판적으로 받아들이고 성공을 향해 달려갈 뿐이다. 그러나 현대사회를 지배하는 성공신화는 우리에게 무엇을 줄 수 있을까?

영화에서는 성공신화는 현대인들이 가지고 있는 하나의 허상에 불과함을 성공신화의 맹신자 추형도가 결국에는 아내 이경자와의 사랑으로 돌아오는 것을 통해서 답하고 있다. 이러한 문제제기와 해답은 〈생과부 위자료 청구소송〉이 상당히 사회비판적인 성격을 가지고 있음을 보여준다.

사적인 것으로 치부되었던 부부의 잠자리 문제와 성공신화가 지배하는 기업문화의 관계를 설명하고자 했던 것 또한 사회에 발을 딛고 영화 작업을 추구한 결과라고 평가해도 좋을 것 같다. 당연히 성공해야 하고, 성 공을 통해서 남성성을 확인 받고 싶어하는 사람들에게 이러한 결합은 어 색하게 보여진다. 그러나 회사 혹은 사회라는 공적인 영역과 남녀 혹은 성 이라는 사적인 영역이 분리되어 있을 수 없는 즉, 불가피한 조우를 하고 있 다는 것을 인식해야만 한다.

남성들의 삶의 목표가 되는 성공신화는 남성적인 삶을 비정상적으 로 강조한다. 성공을 위해서는 어떤 희생이라도 감수하고, 출세라는 희망 만 바라보고 달리기를 독려한다. 그러나 성공을 향해서 달리는 남성들은 달려 갈수록 성공의 노예가 되고, 생활은 긴장의 연속이다. 게다가 경제위 기와 구정조정에 밀려 암묵적으로 요구되는 명퇴, 40대 남성들의 과로사, 실직의 부담 등은 한국사회를 살아가는 남성들을 위축되게 한다.

남성들이 성공신화의 그늘에서 젊음을 바치고 있는 동안, 가족과 의 관계는 소원해지고 가족 내 가장의 자리는 상실된다. 대화가 통하지 않 는 아버지, 일찍 퇴근하면 귀찮은 남편이 되어버리고 만다. 이것은 성공신 화에 의해서 가족적인 삶의 가치를 등한시 할 수밖에 없었던 남성적인 삶 이 초래하는 결과이다.

이러한 남성적인 삶의 이면에는 가족을 지켜주는 여성, 즉 아내의 역할이 필연적으로 전제된다. 경제적인 부양의 책임을 남성에게, 정서적 이고 돌봄의 책임을 여성에게 규정하는 성별분업의 이분법적인 구조를 전 제로 하고 있는 것이다. 성별분업 구조는 공적인 영역과 사적인 영역을 남 성의 영역과 여성의 영역으로 나누고 있다.

성별분업 구조에 의해서 여성들이 노동시장에서 직업지위를 가지 게 되더라도 여성노동을 가계 보조적인 노동으로 규정하게 되고 임금, 승진, 취업기회 등에서 차별을 받게 된다. 그런가 하면 성별분업 구조는 남성의 삶에도 영향을 미치는데, 남성에게 가족부양에 대한 책임을 지우고, 경제적인 능력을 남성적인 삶의 기준으로 삼는다.

　이러한 남성과 여성의 삶에 대한 성역할 규범은 남성과 여성의 삶에 부정적인 영향을 미친다. 남성을 지배하고 있는 맹목적인 성공신화는 남성에게 인간다운 삶을 제공해 주지 못한다. 그리고 여성을 지배하고 있는 남성 의존적인 삶과 사랑이 스스로 주인이 되는 삶을 살아가는데 걸림돌이 된다.

　근대화와 발전론이 지배하는 사회에서 '성공신화' 와 '사랑' 은 불가피한 조우를 할 수밖에 없었다. 그러나 사회변화와 함께 우리가 추구해야 할 대안적인 남녀관계는 이러한 불가피한 만남을 탈피하는 것에서 시작해야 할 것이다.

5. 〈해피엔드〉, 흔들리는 부부관계

1) 한국사회에서 부부 되기

　부부관계의 위기가 사회적인 문제로 대두된 것은 최근의 현상이다. 이전에도 부부갈등이나 부부문제는 있었지만, 오늘날 그 상황은 간과할 수 없을 정도로 문제가 심각해지는 경향이 있다. 2003년에 한국은 미국에 이어 세계에서 이혼율 2위를 기록하였다(연합뉴스, 2003년 9월 21일자). 특히 결혼 3년 미만의 부부의 이혼 건수는 2002년 하루 평균 398쌍으로 총 145,324건이었다(통계청, 2003).

　영화는 부부관계의 위기에 대한 문제의식을 주제로 하고 있지는 않

그림 4 영화 〈해피엔드〉

지만, 〈해피엔드〉에서 우리는 한국사회에서 부부 되기의 일면을 엿볼 수 있다. 부부가 된다는 것은 한 사람의 남성과 여성으로 살아갈 때와 달리, 개인적인 삶에서 가족이라는 집단을 중심으로 하는 삶으로 무게 중심이 옮겨지는 것을 의미한다.

결혼제도는 남녀를 한 범주로 묶어주는 적극적인 기제이지만, 오늘날 부부관계는 제도적인 장치만으로 결속을 보장받을 수 없는 것이 현실이다. 요즈음의 부부관계에서는 전통적인 부부역할 수행에 대한 기대는 약화되고 있다. 남편에게 전통적인 생계 부양자로서의 역할을 기대하기보다 가족 구성원과의 친밀성을 충족시켜 주기를 기대하는 경향이 강하게 나타나고 있다. 즉 부부관계를 중심으로 본다면, 사랑이 관계에 더욱 중요한 요인으로 작용하고 있다(이현지; 2004a, 107).

오늘날 중산층의 주부들은 남편 출세와 자식 성공에 집착하는 자기 희생적인 모성을 가지고 있는 것으로 그려지고 있다. 이러한 경향은 가족 이기주의를 조장하는 경향으로 나타나기도 하고, 상업주의와 결탁하여 '프로 주부', '미시족'에 대한 선망으로 나타나기도 한다. 특히 상업주의 영향에 의해 주부들은 처녀같은 외모 가꾸기와 성적인 매력 유지에 투자하게 되고, 남편의 성공적인 출세에 대한 내조, 재산 증식 등 자기 억압적이고 자기 도취적인 슈퍼 우먼의 경쟁에 빠지게 된다(이영자; 1999, 97).

영화는 최보라가 실직해 버린 남편과 자신을 잊지 못하는 옛 애인의 사이를 오가면서 겪는 심리적인 갈등을 잘 묘사하고 있다. 외도에 대한 도덕적인 반성은 없지만 이미 내면적으로 끝없는 죄의식을 가지고 수렁으로 빠져드는 자신 때문에 절규한다. 그녀는 반복적인 일상 속에서 아내로 엄마로 살아가는 것에 의미를 부여하지 못한다.

그녀는 어떤 부부관계를 원했던 것일까? 부부관계의 문제가 외도의 발단이었는지, 옛 애인과의 재회가 발단이었는지를 알 수는 없지만 그들은 소외되어 있다. 결혼을 통해서 무엇을 추구하고자 했던 것일까? 현대사회에서 사람들이 기대하는 부부관계는 어떤 것일까?

영화는 실직자 남편과 경제적 능력이 있는 아내라는 구도를 설정함으로써 부부관계에서 남녀의 성역할이 가지는 의미를 암시적으로 드러내고 있다. 실직해 버린 남편으로부터 성적 · 인간적 매력을 느낄 수 없을 것이라는 고정관념과 여성의 사회 · 경제적 활동이 외도라는 일탈로 이어지는 것처럼 각본화 되어있다. 그러나 이러한 환경적인 조건보다 더욱 중요한 것은 현대인들이 가지고 있는 결혼 속에서의 부부관계에 대한 가치관이라고 할 수 있다.

현대사회에서는 애인과 같은 부부관계를 이상으로 설정한다. 그러나 현실 속에서 형성하게 되는 부부관계를 통해서 현대의 부부들이 희망하는 애인같은 감정이나 관계를 유지할 수 있을까?

이와 같은 부부관계에 대한 욕구를 충족시켜 줄 수 있는 부부는 극소수일 것이다. 아무리 성적으로 매력적인 남녀가 만나서 결혼을 하였다고 하더라도 정열적인 사랑은 그리 오랫동안 지속되지 않는다. 부부간의 사랑에는 세월의 흐름에 따라서 쇠퇴하는 부분도 있고, 커지는 부분도 있다.

오늘날의 부부들은 정열적인 사랑을 지나치게 중시한다. 결혼생활을 통해서도 그들은 정열적인 사랑을 유지하고 확인하려고 함으로써 결국에는 관계의 파탄에 이르는 경우가 많다. 이렇듯 정열적인 사랑을 부부관계의 배타적인 목적으로 삼게 되었을 때, 부부갈등은 피할 수 없는 일이라고 본다.

한국사회를 살아가는 부부들은 가족과 결혼이라는 구조 속에서 실현될 수 없는 비현실적인 부부관계에 대한 이상을 설정하고 실현되지 않는 이상을 준거로 불만에 찬 삶을 살아가고 있다. 동시에 변화된 사회구조를 직시하지 못하고, 구태의연한 남녀관계에 대한 모델을 통해서 남성적, 여성적 역할을 서로에게 요구하기도 한다. 좋은 부부관계를 유지하기 위해서 사회변화를 통찰해야 하고, 변화된 구조 속에서 남녀의 관계 및 역할도 자연스럽게 변화한다는 것을 인식해야 한다.

2) 여성이 삶의 주인으로 살아간다는 의미

〈해피엔드〉의 마지막 장면은 해피하지 못한 결말을 뒤로하고 아내를 살해 해버린 남편 서민기가 일상으로 돌아가는 것이다. 아내의 불륜을 눈치채고 간곡히 딸에게 좋은 엄마가 되어줄 것을 바랐지만, 아내의 불륜을 그는 참아내지 못한다. 엄마답지 못한 여자에 대한 응징을 말하기라도 하는 것처럼 잔인하게 아내를 살해한다.

수면제를 넣은 우유로 아이를 떼어놓을 수 있다는 발상은 현대사회의 모성이데올로기의 약화가 가져다준 위험한 상상력인 것 같다. 여성이 자신의 삶의 주인으로 살아간다는 것은 무엇을 말하는 것일까? 자신의 욕망에 솔직해지는 것과 모성을 발휘하는 것은 공존할 수 없는 영역일까? 여주인공 최보라는 거침없이 나가는 자신의 감정이 조절되지 않을 때, 자신이 아이도 있고 남편도 있는 유부녀라는 것을 정부 최일범에게 확인시키려 한다. 아무 것도 잃지 않고 욕망을 채우려했던 그녀의 잘못된 계산 때문이었을까? 그렇지 않다면, 바람난 남편이 아닌 바람난 아내였기 때문일까? 그녀는 처절한 살인극의 피해자가 된다.

한국사회에서 남성의 외도는 일시적이고 심각하지 않은 것으로 여겨져 왔다. 실제로 여성들은 남편의 간통사실을 알았다고 하더라도 고소하지 않겠다는 입장이 대부분이다. 그래서인지, 남성들은 혼외관계에 대해서 별로 죄의식을 가지지 않지만, 아내의 외도에 대해서는 엄격한 태도를 보이는 것으로 나타난다(한국여성연구회; 1997, 91). 한국의 외도영화에 대한 임인숙(2003, 8~9)의 연구에서도 남성들의 외도에 대한 이러한 입장이 분석되고 있다. 여기에는 은밀하게 성규범의 이중기준이 작동하고 있다.

아내의 성은 남편의 소유물로 다루어지고, 가문계승을 위한 생식 기능이 부부관계의 핵심적인 기능이 되면서 아내의 정절을 통해서 혈통의 순수성을 유지하려고 한다. 그러므로 여성에게 순결과 정절은 절대적인 의무로 요구된다. 이러한 엄격한 성윤리는 남성에게 적용될 때는 상당히 느슨해져서 혼외의 성의 자유가 암묵적으로 용인되기도 한다(한국여성연구회; 1997, 90~92).

그러나 최근들어 남성적인 것으로만 다루어지던 외도가 여성들에게도 빈번하게 일어남으로써 이제 더 이상 외도는 남성적인 영역이 아니다. 2003년 『한겨레21』과 〈바람난 가족〉을 제작한 "명필름"이 여론 조사한 결과, 남성의 42.2%, 여성의 19.9%가 "배우자 이외의 애인을 사귀어본 적이 있었다"고 응답했다. 연령별로는 특히 50대 이상 남성의 50.9%, 40대 이상 여성의 23.4%가 "애인을 사귄 적이 있었다"고 답했다. 또 "혼외 성경험이 있느냐'는 질문에는 남성의 67.7%, 여성의 12.3%가 있었다고 응답했다(한겨레21, 2003년 7월 17일자).

조사 결과에서 보여주듯이 양적인 차이는 있지만, 이제 외도는 남성들만의 성역은 아닌 것 같다. 일단 성에 대해 억압적인 삶을 강요받았던 여성의 입장에서 해방감을 느낄 수도 있는 변화의 추세이기는 하다. 그러나 여성이 외도한다는 것과 스스로가 삶의 주인으로 살아간다는 것은 거리가 있는 개념이다.

자신의 삶의 주인으로 살아간다면 욕구를 충족시키기 위한 방법의 선택이 달라져야 할 것 같다. 물론 그에 따르는 책임 또한 달라질 것이다. 억누를 수 없는 성애와 잘 지켜야 하는 가정이라는 양극을 설정하고 위험한 줄타기를 하는 것은 선택에 따르는 책임을 가볍게 하고 싶은 이기적인 발상에 지나지 않는 것이다. 치밀하게 계산된 선택처럼 보여지지만 결국 삶의 주인이 되기보다는 빠져 나올 수 없는 수렁으로 자신을 밀어 넣는 결과를 초래하게 된다. 주인 된 삶은 책임에 충실해야 한다. 책임없는 자유는 남성과 여성, 모두에게 있을 수 없는 현실이다.

6. 한국영화에서의 여성

영화제작의 목적과 영화의 사회적인 파급효과는 상관성을 가지지 않는다. 따라서 영화에 대한 비판적 해석의 출발은 영화가 개봉되고 난 후에는 영화감독을 비롯한 제작자의 의도와 관계없이 관객들에 의해서 완전히 재해석된다는 것이 전제되어 있다. 본 연구에서도 성의 관점에서 네 편의 영화를 새롭게 사회학적으로 재해석해 보았다.

첫째, 네 편의 영화는 여성이 주인공이기는 했지만, 여성의 삶을 진지하게 고민하고 재해석하는 여성영화는 아니라고 평가할 수 있다. 영화에서 여성들의 이야기가 다루어지지만 여성주의의 관점에서 문제를 바라보고 대안을 가져오는 것은 아니었기 때문이다.

〈산부인과〉에서 여성의 임신·출산 경험은 남성적인 호기심에 가득 찬 시각으로 관찰되고 있다. 〈처녀들의 저녁식사〉에서는 성적 주체로서의 여성의 삶을 대상으로 하고자 하지만 진정한 성의 해방이 아닌 성적 자유를 목표로 설정하는 한계를 보이고 있다. 〈생과부 위자료 청구소송〉은 아내의 성적 권리라는 터부시하던 담론을 제시하지만, 여전히 남편에게 헌신하는 아내라는 가부장적 도식을 벗어나지 못하고 있다. 〈해피엔드〉에서는 섬세한 관찰력으로 유부녀의 금지된 사랑을 다루고 있지만, 성에 대한 이중규범이 작용하고 있다.

둘째, 영화에 등장하는 여성들의 여성적 정체성은 비현실적인 경향이 있다. 영화적인 흥미를 위해서 설정되는 여성상은 일반적인 여성들이 가지고 있는 여성성의 한가지 측면을 지나치게 과장하여 부각시킨다.

〈산부인과〉에서는 모성과 출산의 고통을 미화함으로써 가장 여성적인 것이 그곳에서 확인되고, 모든 여성이 그러한 경험을 선망하는 것처럼 그리고 있다. 〈처녀들의 저녁식사〉에서는 여성들은 모두 강한 성적 욕구를 가지고 있고, 여성들끼리의 성적 담론을 늘 공유하고 있으며, 성적 쾌락을 추구하기 위해서 적극적이라고 설정한다. 〈생과부 위자료 청구소송〉에서는 남성은 성공신화를 꿈꾸고, 여성은 경제적·성적으로 남성 의존적인 삶을 추구하는 것으로 각본이 되어있다. 〈해피엔드〉에서는 바람이 나면 아무 것도 보이지 않는다는 것을 보여주려는 의도 때문인지, 아기의 젖병에 수면제를 넣어 먹이는 도발적인 엄마를 묘사하고 있다.

셋째, 영화에서 여성의 성적 본능을 이해하는 관점은 남성적인 편견
이 영향을 미치고 있다. 성·사랑·결혼을 바라보는 시선이 이미 남성 중
심적, 성기 중심적이다. 그러므로 영화에서 성·사랑·결혼의 경험을 통
해서 여성이 직면하게 되는 여성적 고민과 만날 수 없다.

〈산부인과〉에서는 성관련 문제들을 병렬적으로 다루지만, 임신을
섹스의 분비물로 묘사한다던가, 남성들의 성욕해소와 그에 따른 결과물로
임신·낙태를 연결하는 구조는 상당히 남성 중심적인 이해이다. 〈처녀들
의 저녁식사〉에서도 여성들끼리의 성담론을 형성하고 성적 만족을 추구
하지만, 능력있는 호정이 성적 편력을 가지고 즐기기 위한 성관계를 추구
하는 모습은 남성적인 방식을 답습하는 것처럼 보여진다. 〈생과부 위자료
청구소송〉에서 여성은 성·사랑·결혼에서도 상당히 남성 의존적인 경향
을 보이고 있다. 〈해피엔드〉는 도발적인 엄마라는 존재를 설정함으로써
관객들로부터 모성이데올로기를 다시 한번 각인시킨다.

위의 분석을 통해서 알 수 있듯이, 우리는 영화에서 만나는 여성상
과 현실 속의 여성들이 일정한 괴리감이 있다는 것을 느끼게 된다. 영화의
상업성을 고려한다면, 영화 속에서 현실 속의 일상적인 여성의 삶을 기대
하는 것은 비현실적인 희망일지도 모른다. 그러나 여성의 삶이 소재가 되
고 여성들이 주인공이 되는 영화라면 적어도 현실 속의 여성을 왜곡해서
는 안될 것이다.

나아가서 여성 정체성에 대한 진지한 고민을 시도해야 할 것이다.
첫째, 어머니, 아내로써의 여성 정체성으로부터 자유로워질 필요가 있다.
이것은 어머니 혹은 아내로써의 삶이 무의미하다는 것을 주장하고자 하는
것이 아니다. 모든 여성에게 어머니 혹은 아내로써의 삶만이 여성적인 삶
이라고 강요하는 것으로부터 자유로워져야 한다는 것이다. 여성 스스로의

선택과 판단에 의해서 여성의 삶이 구성되어야 할 것이다.

둘째, 현대사회를 지배하는 슈퍼우먼형의 여성 정체성은 거부되어야 한다. 현대사회의 특징은 경쟁적이고 성취 지향적이다. 그러므로 오늘날 이상적으로 추구되는 여성상도 사회에서 성공하고 능력을 인정받은 여성이다. 동시에 가정에서도 사랑스러운 아내와 좋은 엄마가 되어야 한다. 현대사회와 같이 여성의 사회활동이 증가하는 구조에서 여성에게 전업주부와 같은 수준의 아내와 엄마 역할을 기대한다는 것은 불합리하다. 삶의 구조가 변화되었으므로 역할기대도 변화되어야 한다.

셋째, 성·사랑·결혼에 대한 이데올로기로부터 벗어나야 한다. 지금까지 여성의 삶은 성·사랑·결혼에 대한 강한 이데올로기가 지배하여 왔다. 어느 정도 나이가 차면 결혼을 하고, 순결과 정절을 지켜야 하고, 사랑 받기 좋은 조건의 여성이 되어야 한다는 것이다. 그러나 성·사랑·결혼은 전형적인 모델을 제시할 수 없는 선택적인 것이다. 여성이 주인이 되어 선택하고 가꾸어 갈 수 있어야 한다.

이 글에서는 여성 정체성을 중심으로 분석을 시도하였다. 그러나 현실 속에서 남성과 여성의 삶이 분리되어 있지 않기 때문에 여성 정체성이 변화하는 것은 결국 남성의 삶의 변화를 반영하고 있다. 여성이 자신의 삶에서 건강한 여성성을 드러낼 수 있을 때, 남성 또한 진정한 여성과의 만남을 실현할 수 있다. 이 글이 그러한 진정한 만남을 위한 초석이 될 수 있기를 바라는 바이다.

이 글은 한국영화의 여성에 대한 시선에 관심을 가지면서 출발하였다. 영화에서 그려지는 여성의 모습은 여성의 성정체성 형성에 직접적인 영향을 미친다. 그리고 우리가 여성을 바라보고 이해하는데, 영화를 통해서 형성된 여성 정체성이 영향을 미칠 것이다. 그러므로 한국영화 속의 여성 정체성을 이해하는 것은 많은 의미를 가지고 있다. 이러한 연구에 대한 이해를 돕기 위해서 다음과 같은 더 읽을거리를 소개한다.

주유신의 「1950년대 근대성과 매혹의 기표로서의 여성 섹슈얼리티」, 김선아의 「1960년대 한국영화, 젠더 그리고 국가권력 담론」, 변재란의 「'노동'을 통한 근대적 여성주체의 구성」, 곽현자의 「미망인과 양공주: 최은희를 통해 본 한국 근대여성의 꿈과 짐」, 박현선의 「밀실에서 거리로 : 1960년대 한국영화의 공간과 여성」 등의 영화와 여성에 대한 이야기들이 『한국영화의 근대성』(소도, 2001)이라는 한 권의 책으로 출판되었다. 이 책은 한국영화 속에서 여성이 어떻게 그려지고 있으며, 어떤 성정체성을 형성하게 되는지에 대한 논의를 이해하는데 도움이 될 것이다. 그리고 성정체성에 대한 논의에 좀더 관심이 있다면, 유지나의 『한국영화 섹슈얼리티를 만나다』(생각의 나무, 2004)를 참고하는 것도 좋을 것이다. 장세진은 『한국영화 째려보기』(신아출판사, 2004)에서 최근에 개봉한 영화들을 장르별로 구분하여 분석하면서, 그 가운데 한 부분을 성과 관련된 주제를 다루는 장으로 할애하고 있다. 김소영의 『근대성의 유령들』(씨앗을 뿌리는 사람, 2000)에도 여성영화에 대한 논의가 포함되어 있다. 학위논문으로 한국영화의 여성상에 대한 연구가 이루어진 것은 1990년 신창희의 「김기영 영화에 나타난 여성이미지 연구」와 이명희의 「한국영화의 여성상에 관한 연구: 70·80년대 영화를 중심으로」가 대표적이다. 이 논문들은 구체적인 영화에 대한 분석을 시도함으로써 영화 속에서 여성이 어떻게 묘사되고 있는지에 대한 이해를 도울 것이다. 이 글의 주요한 논지를 이해하기 위해서는 이러한 영화와 여성의 관계에 이해를 도울 수 있는 책 외에도 성과 관련한 다양한 논의들을 참고할 수 있다. 기본적인 관점을 형성하는 데는 이현지의 「음양론의 여성학적 함

의」와 「장자 평등사상의 여성학적 함의」를 참고하기 바란다. 그리고 여성 정체성에 대한 직접

적인 논의는 이현지의 「몸의 제자리 찾기」, 「유교적 가족관계관, 현대 가족위기의 대안인가」,

「지식사회, 새로운 가족문화 읽기」, 「중학생들의 여성 정체성에 관한 연구」가 있다.

▌참고문헌 ▌

낸시 쵸도로우(Nancy Chodrorow) · 수잔 콘트라토(Susan Contratto), 1991, 완벽한 어머니의
　　　　환상, 『페미니즘의 시각에서 본 가족』, 한울.
린다 고든(Linda Gordon), 1991, 왜 19세기 페미니스트들은 '출산통제' 에 반대하고 20세기
　　　　페미니스트들은 찬성하는가, 『페미니즘의 시각에서 본 가족』, 한울.
우리사회문화학회, 2003, 『현대사회와 여성』, 정림사.
이명희, 1990, 「한국영화의 여성상에 관한 연구: 70 · 80년대 영화를 중심으로」 한양대학교
　　　　석사학위논문(미간행).
이영자, 1999, 한국사회의 가족주의와 페미니즘, 『현상과 인식』, 제23권 3호, 한국 인문사회
　　　　과학원.
이현지, 2003, 몸의 제자리 찾기, 『몸과 몸짓 문화의 리얼리티』, 소명출판.
　　　　2004, 유교적 가족관계관, 현대 가족위기의 대안인가, 『유교사상연구』: 20집.
임인숙, 2003, 외도영화에 재현된 여성의 욕구와 선택의 변화, 『가족과 문화』 제15집 1호, 한국
　　　　가족사회학회.
최외선 외, 2003, 『결혼과 가족』, 정림사.
통계청, 2003, 『인구동태 통계연보(혼인, 이혼편)』, 통계청.
　　　　2003, 『한국의 사회지표』, 통계청.
한국보건사회연구원, 2003, http://www.kihasa.re.kr
한국여성연구회, 1997, 성과 사랑, 『여성학 강의』, 동녘.
국민일보, 2004년 1월 19일자.
연합뉴스, 2003년 9월 21일자.
조선일보, 2003년 12월 9일자.
한겨레21, 2003년 7월 17일자.

10

미국교과서, 그 곳에 그려진 한국 역사

김선미

학교에서 활용되는 전형적인 교육 매체로 교과서를 둘 수 있다. 외국 학생들에게 한국을 전달할 수 있는 매체인 사회과 교과서는 한국의 역사, 사회, 지리와 관련된 내용을 선정, 축약하여 담고 있다. 외국의 학교 교육 매체를 통해서 한국의 이미지가 어떻게 다루어지고 있는가를 이해하는 것은 세계화가 활발히 진행되어져 가는 현시점에서 대외적으로 우리나라의 이미지를 제고를 위해서도 중요한 사항이다. 다른 인쇄 매체와 달리 교과서는 교육적 목적을 담고 있는 매체이며, 학습 정리, 탐구 과제등을 함께 제시함으로써 그 목표에 효과적으로 도달하기 위한 학습 방법도 매개하는 특성이 있다. '무엇을 알게 되었는가' 의 문제는 '무엇에 의해 어떻게 전달되었는가' 와 관계가 깊다. 외국 학생들이 학교 교육을 통해 어떠한 한국의 이미지를 형성하는지를 이해하려면 교과서에 선정된 내용은 물론 내용 구성의 관점 및 제시된 보조 학습자료 등, 교육 매체에 담고 있는 내용 및 학습방식을 아울러 이해하여야 할 것이다. 본 글에서는 미국의 중등 세계사 교과서들에 실린 한국사의 서술 관점과 내용, 구성방식 등을 비판적으로 분석함으로써, 미국 학생들이 한국에 대해 어떠한 역사적 이미지를 형성하는지 살펴보게 될 것이다.

1. 한국, 현미경으로 찾아라

미국 교과서에 제시된 한국사를 통해 기대하는 교육적 목적은 미국 학생들이 세계의 다양한 삶의 방식의 하나로써 한국의 역사와 문화를 이해하고, 동아시아 속에서 혹은 세계 속에서 역사적으로 다른 나라들과 어떻게 관계를 맺어 왔는지를 이해하는 것이라고 할 수 있다. 세계의 시공을 넘나드는 인류의 부유하는 이야기들 속에 빠져 들어가, 그 중 희미하게 시선을 끄는 "한국"이라는 한 지점에 확대 망원경 렌즈를 대고 유심히 들여다보고자 할 때, 미국의 중고등학교 학생들은 교과서에 극히 압축된 한국사를 통해서 한국에 대해 어떤 이미지를 형성하게 될 것인가? 교과서의 내용은 미국학생들이 한국의 역사를 올바르게 이해할 수 있도록 제시되어 있는가? 한국사는 미국학생들이 학습하도록 기대되어지는 교육목적에 합당하게 제시되어 있는가? 이러한 것들은 학생들을 위한 교과서에 한국의 역사를 제시해 주고자 할 때 고려되어야 할 점들이다.

미국 세계사 교과서에 나타난 한국에 관한 내용 연구는 한국의 역사교육학계에서 지속적인 관심을 보여 왔던 부분이다. 한국이 세계화를 지향해 나가는 과정에서 외국에 한국을 올바로 알려야 하는 필요성을 절감하면서, 그 실천적 작업의 일환으로 미국 중등학교 교육에서 한국을 어떻게 다루고 있는가에 대한 일련의 연구가 진행되어 왔었다. 연구의 초점은 주로 사회과 교과서들에 서술된 한국에 관한 내용 면에서 어떤 사실들이 왜곡되어 있고 문제점들로 지적되고 있는가를 분석, 평가하는데 있었다. 미국 사회과 교과서에 실린 한국 관련 내용은 극히 한정되고 짧은 것이었음에도 불구하고, 많은 오류들과 문제점들이 지적되어 왔다(이찬희 외, 1993). 이러한 연구를 통해 왜곡된 내용들에 대한 시정의 요구가 있어왔고 최근의 미국 교과서들은 과거의 교과서들에 비해 많은 부분들이 긍정적으로 시정되어 오고 있는 면들이 보여진다.

하지만 미국 중등학교 세계사 속의 한국사에 관해서는 아직도 상당 부분 재고되어져야 할 점들을 안고 있고, 보다 다각적인 관점에서 재검토와 서술의 과정을 거쳐야 할 것이 요청되고 있다. 이것은 여전히 존재하는 한국 역사 왜곡의 문제 때문만이 아니라, 역사란 다양한 관점에서 재조명되어지고 새로운 사실의 발견과 해석을 거치면서, 끊임없이 생성과 발전, 수정의 과정을 통과하는 생명력을 지닌 대상이기 때문이다. 세계사는 각 지 역사를 한곳에 모아 진열해 놓은 단순한 전시장 이상으로, 시대와 지역에 따라 인류가 어떤 다양한 모습으로 서로 유사한 혹은 상이한 문화를 영위하면서 관계를 형성해 나갔는가 하는 점을 이해할 수 있도록 인류의 삶의 모습을 종합적으로 설명해 줄 수 있는 것이어야 한다. 한국사가 세계사의 한 메뉴로서 압축적으로 나열된 한 부분 이상이기 위해서, 시대 변화와 인식의 전환에 따른 세계사 속의 한국사의 의미와 이를 보는 다양한 관점들은 지속적으로 재발견, 구성해 나가야 할 것이다. 특히, 교육을 목적으로 하는 교과서 속의 한국사는 학생들이 한국사를 이해하기에 적절한 방식으로 효과적으로 제시되어 있는가 하는 측면에서도 반드시 검토되어야만 하는 사항인 것이다. 그러나 지금까지의 연구는 교과서에 제시된 내용의 부정확성에 대한 지적이 중심이 되었으며 이러한 점에 대한 관심과 연구는 아직까지 미흡한 실정이다.

교과서는 학생들과 가르치는 교사들에게 학습과 교수의 과정을 돕기 위해 제시되어지는 가장 핵심적인 교육의 매개체 중의 하나이다. 따라서 교육적인 목표와 그 목표에 도달하기 위한 학습과정을 매개하는 방식으로서의 내용의 선정과 구성이 중요시된다. 즉, 지식적인 내용으로서의 한국사 선정 뿐 만 아니라, 독자들이 이해하기 쉽도록 간략하고 명확하게 표현하는 내용의 기술 방식도 교과서를 집필할 때 고려를 해야 하는 것이다. 특히, 중고등학생 용 교과서가 다른 일반 세계사 개론서와 다르게, 예습, 복습용 질문과 학습용어를 제시하고, 삽화, 연대기 등을 삽입하도록 구성되어 있는 것은 학생들이 학습 목표에 효과적으로 도달할 수 있도록 매개하기 위한 노력을 보여주는 것이라 할 수 있다. 따라서 이러한 학습을 돕기 위한 부가적인 자료들이 학습 목적이나 서술된 내용과도 부합되도록 적절히 제시되었는지를 점검해 보고 개선 방안을 모색해 볼 필요가 있다.

본문에서 분석의 대상이 된 교과서는 현재 미국 중등학교의 세계사 교과서 중에서 비교적 광범위하게 사용되는 네 가지 종류를 선정하여 한국과 관련된 단원에 대하여 다각적인 검토를 시도하였는데, 분석 대상 교과서들은 다음과 같다.

미국 세계사 교과서에 그려진 한국사를 검토하는 기준은 미국 교과서에 실린 미국사를 점검하는 기준이나 한국 교과서에서 제시된 한국사 내용에 대한

A. World history today(1999), Prentice Hall - 이하 A교과서로 칭함.
B. World history: Perspectives on the past (1990), D.C. Heath and Company - B 교과서.
C. World history: the human experience(1997), Glencoe/Mcgraw Hill- C교과서.
D. The Pageant of World history(1990), Teacher's edition, Prentice Hall- D교과서.

검토 기준과 동일하게 적용하기는 어렵다. 왜냐하면 미국 교과서 속에 실린 한국사는 그 내용이 기껏해야 몇 쪽에 해당될 뿐이고, 더욱이 한국사를 보는 관점의 차이를 보일 뿐만 아니라 한국사 전공자가 교과서의 저자인 것이 아니어서 한국사에 대한 이해가 많이 부족한 상태에서 저술되었기 때문이다. 이러한 점을 고려하여 본 글에서는 한국사를 검토하기 위한 기

준으로써 첫째, 교과서에 무엇이 쓰였는가를 살펴보는 단원에서는 '내용의 대표성' 과 '학습 도움 글의 적절성' 을 들었다. 내용의 대표성이란 서술된 내용이 한국사의 시대별 특징을 정확히 전달하고 학생들이 한국의 역사를 전반적으로 올바르게 이해할 수 있도록 제시되었는가 하는 문제에 관한 것이다. 이와 더불어 내용의 도입문, 질문, 용어, 삽화, 지도 등이 학생들이 한국의 역사를 이해하도록 돕기에 적절하게 제시되어 있는가를 묻는 학습 지침사항들의 적절성을 검토하였다. 두 번째로는 선정된 한국사 내용과 학습도움 글들이 교과서에서 어떤 방식으로 구성되었나 하는 문제로 (1)내용의 포괄성과 구체성, (2)내용과 내용, 학습도움 글과 내용들과의 연계성, (3)서술된 내용들의 정확성 등의 측면에서 살펴보았다. 마지막으로, 지금까지 다양한 각도에서 상세하게 분석한 결과를 바탕으로, 한국의 이미지를 전달하는데 있어서 미국 교과서라는 매체에 어떠한 편향적인 관점들이 두드러지게 매개되어 있는지를 비판적으로 서술는 것으로 본문의 내용을 구성하였다.

그림 1 미국 교과서 표지들

2. 부풀리고, 왜곡되고, 감춰지고

1) 내용의 대표성

세계사 교과서에서 한국사에 할애된 분량은 약 천 쪽에 달하는 전체 교과서의 분량 중에 교과서마다 약 2~5 쪽 정도에 해당된다. 한정된 짧은 지면에 한국의 오랜 역사를 다룬다는 것은 어려운 작업이 아닐 수 없다. 역사를 축약적으로 다루다보면 많은 내용이 생략될 수밖에 없고, 그렇기 때문에 한 부분에 치우쳐 서술하게 되면 그것이 한국사 전체의 모습인 것으로 왜곡될 수도 있기 때문이다. 따라서 미국학생들에게 한국사를 올바르게 전달시키기 위해서는 한국을 전체적으로 가장 잘 대변할 수 있는 핵심

그림2 미국 교과서에 실린 한국사 관련 페이지들 1

적인 내용들이 주의 깊게 선정되어야 하며, 상세히 설명된 역사 서술보다
훨씬 함축적이면서도 전체를 포괄할 수 있도록 기술하려는 세심한 배려가
요청된다.

　　먼저 각 교과서에서 어떤 내용들을 다루고 있는지 살펴보기로 하자.
한국의 지리적 위치에 관해서는 두 교과서에서만 밝히고 있는데 공통된
점은 한국이 지리적 위치로 인해 중국과 일본의 가교 역할을 했다고 서술
하였다. 대체로 이 두 교과서에는 한반도의 지리적 위치와 환경이 한민족
의 문화와 생활에 미친 영향보다는, 한국을 동아시아 국제관계 속에서의
역할로 그 위치를 파악하는데 초점을 두고 있었다. 한국 고대사는 세 교과
서에서 1/2~1/3쪽 정도의 분량으로 간략히 서술되었는데, 한민족의 기원,

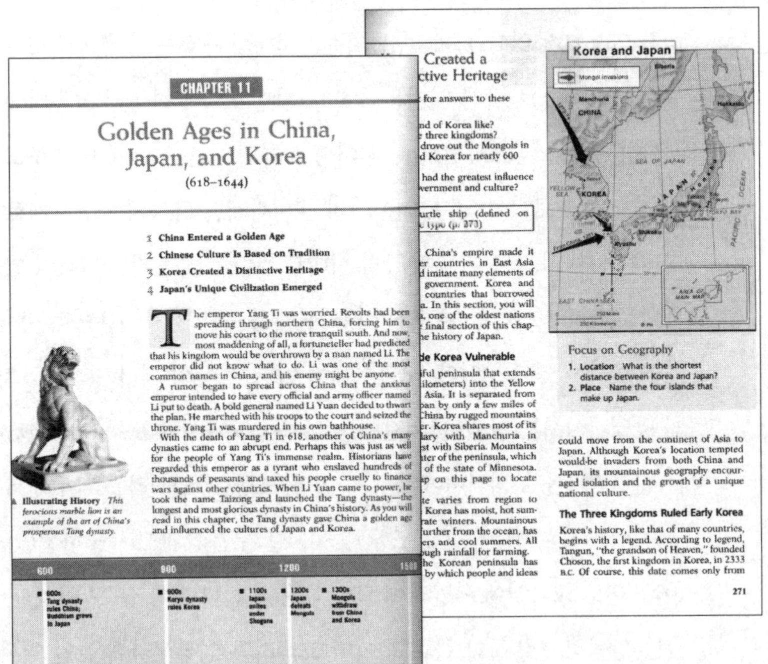

그림 3 미국 교과서에 실린 한국사 관련 페이지들 2

샤머니즘, 단군신화 등에 대한 언급과 세계에서 가장 긴 역사를 지닌 민족 중의 하나라고 서술함으로써 한국의 오랜 역사에 상당한 관심을 나타내고 있었다. 삼국시대는 동아시아 국가들의 활발한 접촉과 중국으로부터의 문물의 수입시기로 특징지으면서 삼국의 이름만 제시하는 정도에 그치고 있는데, 미국학생들에게 한국 역사 속에 등장하는 고유명사만을 접해 보게 하는 정도는 역사학습의 진정한 의미와 거리가 먼 것으로 한국사를 이해 시키는 바람직한 형태로 보기 어렵다. 삼국을 바르게 이해시키기 위해 국가적 형태의 형성과정으로써의 삼국과 삼국의 문화적 특징을 비교 견주어서 드러내 주는 간략한 설명을 덧붙임으로써, 한국 고대시대의 생활상과 역사적 발전과정을 이해시키는 것이 바람직하다.

고대시대는 주로 통일신라시기에 초점이 맞추어 서술되었고 네 교과서 모두 이시기를 중국과의 관계와 당시 문화의 소개라는 두 가지 측면에서 다루고 있었다. 대체로, 통일신라시대의 문화는 중국에서 도입된 문화를 한국적으로 발전 시켜온 것으로 밝힘으로써 한국적 고유의 문화에 대한 자부심을 강조하면서 이 시대의 사회적 특징도 함께 보여 주고자 하는 시도가 엿보이고 있다. 이시기의 대외관계는 당과의 조공관계로만 설명되어 있는데, 이시기를 조공의 시대로 보아야 하는지는 이견이 있는 부분으로(Yun, 1998), 통일신라의 대외관계를 특징짓는 내용으로 서술되기에는 무리가 있어 보인다. 교과서에는 어느 한 쪽의 역사해석만을 치우치게 반영시켜서는 안되며, 엇갈리는 견해는 교과서에 모두 반영되거나 또는 실리기가 유보되어져야 할 사항이다. 또한, 통일신라를 다루면서 발해사는 반드시 우리 역사에 포함되어야 할 부분임에도 불구하고(임상선, 1996) 어느 교과서에도 발해에 관한 내용은 전혀 찾아 볼 수 없었다. 발해사는 명백히 한국사의 한 부분이며 고구려의 연장선상에 놓인 역사로써 반드시 한국 고대사에서 다루어져야 할 내용인 것이다.

고려시대는 한국 역사의 약 450년이라는 긴 세월을 차지하고 있음에도 불구하고 다루어지고 있지 않거나 연도만 간단히 제시하고 곧바로 조선시대로 이어지고 있어서, 이 시기 전후의 변화와 흐름을 이해하는데 어려움이 있다. 조선시대는 세 교과서에서 분량 면에서 모두 비중 있게 다루고 있는데, '가장 긴 왕조 조선' 또는 '이씨 왕조 500년 이상 통치' 라는 단원의 소제목에서 보여주듯이 오랜 역사를 지닌 안정된 왕조였음을 강조하였다. 조선시대의 신유학의 영향으로 인한 사회적 특징이 다루어졌고, 조선의 문화적인 유산과 기술의 발전에 대해 세 교과서에서 공통적으로 다루고 있었다. 또한 한글 창제, 거북선, 측우기, 수레 등의 발명 등과 함께, 예술과 문학의 발달, 왕실 오케스트라의 설립 등 구체적인 문화 발전의 사례들을 다양하게 담고 있다. 다른 어느 시대보다도 조선시대의 특징을 비교적 분명하고 구체적으로 제시된 경향이 있으며, 정치적인 관점보다 사회 문화적인 특징에 초점을 두고 있었다. 그러나 조선후기 사회의 상업, 농업 등 내부적 변화는 어느 교과서에서도 다루고 있지 않아 한국의 근대사회로의 이행, 발전과정을 이해하는데 어려움이 있는 것으로 보인다.

세 교과서에서 공통적으로 다루고 있는 대외 관계에 관한 내용은 조선이 몽고의 지배에서 벗어나 건립된 왕조라는 것과, 거북선의 발명으로 임진왜란 때 일본을 물리쳤다는 사실 등이다. 조선시대에 명나라와의 조공관계는 두드러지게 밝혀 있지 않은 반면, 임진왜란의 영향으로 일본과 동아시아에 한국이 대외적 고립정책을 취해왔으므로 은둔의 나라로 알려졌다는 내용이 모든 교과서에 공통적으로 서술되어 있었다. 그러나 조선 후기를 은둔의 나라로 특징짓는 것은 그 시대를 올바르게 표현한 것으로 보기 어려우며, 조선 후기 대외 관계는 서양 세력과의 충돌에 따른 동아시아 여러 나라들의 대응과 그 이유, 결과 등의 연결선상에서 서술되어져야 할 내용이지 임진왜란의 결과로 해석하는 데에는 문제가 있다.

현대사 부분에서는 모든 교과서에서 두드러지게 다루고 있는 부분이 한국전쟁에 관한 것이다. 특히 한국전쟁에서의 미군과 UN의 역할, 맥아더의 활약상 등이 강조되어져 있고, 당시 미국, 소련, 중공 등 강대국의 한반도에 대한 관여를 중심으로 서술된 것이 특징이다. 각 교과서에는 공통적으로 한국전쟁에 대한 한반도의 미소 이해 관계가 전반적인 흐름을 이루고 있는데, 한국전쟁은 냉전의 세계사적인 의미를 지니는 한편, 한민족 현대사에서 중대한 의미를 지닌 역사적 사건인 것으로 학생들에게 전달되어야 할 것이나 한국전쟁이 한민족사에 가져다준 영향과 의의 등에 관한 내용은 거의 찾아볼 수 없다. 한국전쟁 이후의 현대사 부분에는 주로 남한의 급속한 경제발전에 초점을 두고 있으며, 이와 함께 한국 사회가 겪은 정치 사회적 민주주의의 발전 과정에서 겪는 진통에 대해 간략히 서술하였는데, 전체를 포괄적으로 설명하면서 사회의 변화와 발전과정을 특징 있게 다루고 있다.

대체로 네 교과서에서 전근대사 부분은 전통 문화 유산의 발전과 그 문화를 소개하는데 초점이 맞추어진 반면, 전체적인 사회, 문화, 정치, 경제적인 측면의 내용들은 소홀히 다룬 경향이 있어, 각 시대적 특성과 변화, 역사적 흐름을 이해하기에는 제시된 내용이 거의 없거나 왜곡된 사실들을 제시하고 있는 경우가 흔히 보이고 있다. 대외 관계사 부분은 시대별로 비교적 그 내용을 빠짐없이 제시하고 있었으나 그 내용들은 왜곡된 사실과 편견, 한국사에 대한 잘못된 이해에서 오는 오류 등을 드러내고 있는데, 이러한 점에 대해 뒤에서 상세히 논의될 것이다. 미국 세계사 교과서에서 동아시아의 다른 나라 역사에 비해 한국사가 지나치게 짧게 서술된 점

도 극복되어야 할 일이지만 그 보다 더 문제가 되는 것은 '한국사를 대표
할 만한 내용의 선정과 비중'에 관한 것이다.

삼국시대나 고려시대를 유난히 생략하는 것이 할애된 지면의 한정성
에서 온 것이라면 고대사의 식민통치, 전쟁 등에 관한 내용은 빠짐없이 서
술한다든지, 한국전쟁에 관해서는 지나치게 구체적으로 전쟁의 상황과 경
위 등을 장황하게 서술하는 것 등은 한국의 부정적인 이미지를 부각시키게
되는 문제점으로 지적되지 않을 수 없다. 미국이 한국전쟁에 대한 관심이
한국의 다른 어느 시대의 역사보다 관심의 대상이 되기 때문이라고 반박한
다면, 한국의 전체 역사의 이미지를 왜곡시킬 가능성이 있을 만큼의 선택
적인 역사서술이라든지, 한국전쟁의 5월, 11월의 전쟁 상황의 비교, 영토
확장과 점령의 진행 상황 등을 장황하게 서술한 다는 것은 내용의 균형성
면에서 볼 때 짧은 지면에 비해 지나치게 편향적인 내용선정과 서술이라고
지적될 수 있다. 한쪽은 부풀리고 다른 한쪽은 그림자도 찾기 힘들게 상당
한 불균형을 가져오는 서술은 한국사 전체의 이미지를 왜곡시켜 전달하게
된다. 한국사 전체의 모습을 미국 학생들에게 올바르게 전달하기 위해서는
먼저 한정된 지면에 각 시대의 전체 속의 비중과 균형을 고려한 다음, 각 시
대를 대표해서 보여 줄 수 있을 만한 특징적인 개념과 역사적 사실들을 제
시하도록 하는 일관성 있고 계획성 있는 한국사 서술이 요청된다.

2) 삽화와 학습 문제의 적절성

세계사 속에서 각 나라의 역사가 다루어 질 때, 무엇을 도입 문구로
넣었는지, 무엇이 학습해야 할 핵심 용어로서 제시하고 있는지, 학습을 위
한 질문 사항으로 어떤 내용을 묻고 있는지 등은 각 나라에 대한 학습의 초
점을 어디에 맞추고 있는지를 파악할 수 있는, 본문의 내용 못지 않게 중요

한 부분이다. 또한 간간이 삽입되어 있는 삽화와 지도는 학생들에게 그 나라에 대한 관심을 끌고 이미지를 형성하게 하는 데 중대한 역할을 하므로 무엇이 선정되어야 하는지는 신중히 고려되어 져야 할 부분이다.

한국사 단원의 도입 부분은 짤막한 문구로 제시되었는데, 예를 들면, "중국이 주변국에 영향을 미쳤다", "한국이 남북으로 갈리다", "중국과 일본의 가교역할", 그리고 "고래들 사이의 새우", "탁월한 문화 유산을 창조한 한국", "가장 오래된 나라 한국" 등 교과서마다 다양한 관점에서 제시하고 있었다. 도입 부분 다음에 제시된 학습할 용어들 역시 다양한데, 주로 시대별 나라 이름과 영웅의 이름, 발명품 제시되었다. 도입 부분을 위한 내용의 개념적 서술과 단원의 학습 용어에 차이를 보이고 있는 것은 교과서마다 어느 시대를 더 많이 다루고 있는지, 한국사가 독립적인 단원으로 다루어지고 있는지, 또는 중국과 일본 역사 중심의 단원 속에 한국사가 삽입된 형식으로 서술되고 있는지에 따라 다르게 나타나고 있다. 그런데 '교착 상태' 나 '세뇌' '맥아더' 등과 같은 단어가 어떻게 한국을 이해하는 데 학습되어져야 할 핵심 용어로 등장하는지는 이해하기 어렵다. 압축된 역사 서술 일수록 몇 개 안되는 학습 용어를 선정할 때는 한국을 가장 잘 반영하고 이해하기에 적합한 것이어야 함은 말할 나위도 없는 것이다.

각 단원의 도입과 복습 부분에 제시된 질문은 학생들이 어디에 초점을 두고 한국사에 대해 학습하게 하기를 기대하는지를 제시하는 길잡이가 되기 때문에 내용 못지않게 중요하다고 볼 수 있다. 공통적으로 제시된 질문은 중국과의 문화적 관계와 한국의 독자적인 문화 발전에 관한 질문, 현대사 부분에서는 한국전쟁과 한국 경제 발전, 사회의 변화 등에 관한 질문이다. 이 질문들은 대체로 한국사 전반을 포괄적으로 이해하고 있는지를 묻는 질문으로 바람직한 것으로 여겨지나, 각 단원에는 지나치게 지엽적이거나 핵심을 벗어나는 질문, 편견이 드러나는 질문들이 상당수 발견된다. 예를 들면, "한국전쟁에서 5월과 11월에 남북 어디가 더 이겼나?", "맥아더의 인천상륙작전이 왜 효과적이었나?" 등의 질문은 한국사 전체를 이해하기 위한 적절한 질문으로 보기 어렵다. 그밖에 "삼국은 무엇을 말하는가"라는 질문은 문제의 핵심이 모호할 뿐 아니라, "삼국통일의 영역"을 묻는 문제 등은 교과서나 교사용 지침서에 제시되어 있지 않은 내용으로, 미국 교사가 수업 시간에 보충할 수 있을만한 부분인지도 의문시된다.

네 권의 교과서에 삽입되어 있는 그림들은 총23개인데, 그 중 지도가 모두 10개로 가장 많은 비중을 지닌다. 지도는 한국전쟁 당시 남북의 영토 점령 상황을 표시한 똑같은 지도가 네 교과서에 모두 실려 있다는 것이 특징적이고, 한 교과서에 38선이 표시된 똑같은 지도가 중복되어 실리는 비효율적이고 부주의한 교과서 구성의 면모가 보인다. 그밖에 중국의 만리장성이 한반도 북쪽까지 잘못 표시된 지도가 실려 있기도 하였으며, 제주도는 거의 대부분 지도에서 표시되어 있지 않았다. 지도는 역사를 이해하는데 중요한 자료이나, 한정된 지면에 특별히 서로 다른 정보를 제공하지 않고 있는 지도가 중복되거나 잘못 제시된 점은 반드시 시정되어야 할 부분이다. 한편, 전근대사와 관련된 삽화들로써는 고려자기, 첨성대, 금속활자 등 교과서마다 각각 한 개씩 실음으로써 한국 전근대사 문화를 이해시키려는 노력이 엿보이고 있다. 어느 교과서에는 '용비어천가', 박지원의 '호질'과 같은 작품들의 일부를 실어서 한국의 사료접근을 통해 한국에 대한 이해를 도우려고 했으며, 현대사 부분에서는 한국의 교육 예산과 교육 열을 집중적으로 다룸으로서 한국 현대 사회의 한 면모를 보이려는 시도가 엿보인다.

3. 역사를 다루는 방식

앞서 논의된 한국사의 "무엇"이 다루어졌는가 하는 문제와 더불어 고려해 보아야 할 점은 그것이 "어떻게" 다루어졌는가 하는 것이다. 즉, 한국사의 서술방식과 내용의 구성 면에서 어떤 특징을 보이고 있는가 하는 점이다. 한국의 역사를 알릴 때 체계적이고 최적의 형태로 서술되고 구성되어져서, 미국 학생들이 그 전달하고자 하는 내용을 올바로 이해하고 학습할 수 있도록 돕는 것은 내용의 선정만큼이나 중요하다. 지식적 이해의 깊이는 내용의 서술 체제와 관계가 있으며 서술 체제와 내용 구성 방식은 개인의 지식과 정보의 습득에 영향을 미치기 때문이다(McKeown, 1994: 2-3). 적절한 내용을 선정했다 하더라도 그것이 혼동을 불러일으키도록 구성되어 있다면 학생들이 그 내용을 올바르게 이해하기를 기대하기 어렵다. 미국 세계사 교과서 속에서 짧게 다루어 질 수밖에 없는 한국사 관련 내용들과 그 구성 체제에 대하여 학습효과 면에서 고려해야 할 점을 든다면, 첫째, 내용의 포괄성과 구체성, 둘째, 연계성, 셋째, 정확성을 들 수 있다.

1) 포괄성과 구체성

각 나라의 장대한 역사를 만족할 만큼 서술하기 어려운 세계사 교과서에서 각 지역사는 역사적 사건들이 구체적으로 모두 열거되기 어렵기 때문에 보다 포괄적이고 일반화된 서술을 하는 경향을 띠게 된다. 그러나 사건들의 설명보다는 개념적으로 만 서술하게 되면 역사적 현장감과 실제성을 느끼게 하기 어려울 뿐 아니라 역사를 추상적으로 접하게 되어서 학생 스스로가 역사적 사고력을 발휘하고 판단하기 어려운 점이 있다. 따라서 세계사 교과서 속의 각 나라의 역사는 특정 역사적 사건이나 시대를 개념화할 수 있는 진술과 아울러 이에 대한 구체적이면서도 시대를 특징짓는 역사적 사례를 적절히 제시하는 방식으로 구성되어져야 할 것이다(Woyach, 1989). 특히 역사의 흐름을 포괄적으로 설명하려는 일반화된 서술은 전체를 왜곡시키지 않는 핵심적인 진술로서 적절한 것인지에 대해 특별한 주의가 요청되는 것이다.

분석의 대상이 되었던 교과서들은 대체로 개념적인 진술과 이에 대한 구체적인 역사적 사실을 제시하는 형태로 쓰여져 있었다. "오랜 역사의 한국"을 단원의 소제목으로 시작하면서 민족의 기원, 단군신화, 고조선 등에 대해 간략히 소개하고 있고, 한국의 독창적인 문화 발달을 개념화하면서 첨성대, 팔만대장경 등을 예로 들고 있다. 특히 조선의 건국과 발전을 이야기하면서 용비어천가와 같은 구체적 사료에 대한 접근까지 시도하고 있는 것이 보인다. 그런데 한국전쟁에 관한 서술에서는 전쟁의 시작과 과정, 종결을 중심으로 구체적으로 서술되어 있으면서 한국전쟁의 세계사적 의의와 한민족에의 영향 등을 학생들이 이해하도록 이끄는 내용은 부족한 것으로 보인다.

현대사 부분에서는 남북한의 차이를 비교하면서 한국의 경제 발전상을 설명하는데 초점을 두었다. 여기서는 구체적인 사례보다는 현대의 한국을 설명하기 위한 일반화된 개념을 포괄적으로 제시하고 있는 경향을 보이면서도 올림픽게임의 유치, 한국의 교육 열을 들어 현대 한국사회의 특징을 단적인 사례를 통해 보여주려는 시도가 엿보인다. 한편, 한국사에 대해 일반화된 서술은 한 시대의 역사적 사건에 대한 개념적 정의로써 사실들과 부합된 내용인지의 여부는 다소 긍정하기 어려운 요소들이 보인다. 이러한 점은 한국사가 전공이 아닌 교과서 저자들의 한국 전근대사의 대한 이해의 부족을 단적으로 나타내는 것으로, 통일신라를 유교사회로만 규정짓고 있다든지, 고대 한국의 중국과 일본에 대한 관계를 '고래들 사이의 새우'로 표현한 것 등을 그 예로 들 수 있는데 후자에 대해서는 서술 관점의 문제라는 측면에서 뒤에서 구체적으로 논의되어질 것이다.

2) 연계성

세계사 속에 각국사를 서술할 때 주의해야 할 또 다른 것 중의 하나는 내용과 내용의 연계성, 그리고 전체 구성상 부분과의 연계성이다. 내용상의 연계성이란 어떤 사건의 전후 관계 설명을 통하여 연속적 관계가 분명히 나타나고 다른 사건과의 관계가 명백하게 밝혀져 있는지의 여부를 말하는 것으로, 서술된 내용은 독자들의 전체적인 역사의 흐름에 대한 이해를 돕기 위해 연계성을 높이도록 서술되어야 한다(McKeown, 1994: 3). 그런데 한국사와 같이 기껏해야 세계사 속에서 몇 쪽의 분량을 차지하면서 5000년의 역사를 기록하다 보면 많은 부분이 생략될 수밖에 없게 되어서, 내용상 전후가 연결되지 않아 전체적인 역사의 흐름을 파악하기 어렵게 되거나 한 나라의 시대적 변화와 연속성을 이해하도록 서술하기가 어렵게 되므로, 이러한 점에 특히 유의해서 한국사 전체를 구성해야 할 필요가 있다.

또한, 교과서 단원의 내용과 그것을 뒷받침하는 학습 도움 글과의 연계성은 학습 효과를 최대화라는 목적을 달성하기 위해 역시 간과될 수 없는 부분이다. 그런데, 내용과 내용사이의 연계성의 결여 뿐 만 아니라, 한국사의 학습단원 구성에 있어서 단원의 도입에서 제시하고 있는 초점과 본문 내용, 학습 목표, 예습, 복습용 질문들, 삽화 등이 상호 연계성이 결여된 채 형식적으로 나열되는 경우가 흔히 지적되어지고 있다. 이것은 학생들이 한국사에서 이해하여야 하는 핵심을 흐리게 하여 혼동을 가져올 뿐 아니라, 적절하지 않은 학습 도움 글과 그림들이 한국 역사의 기본 줄기를 명확하게 이해하는데 오히려 장애가 되는 결과를 초래하게 되는 것이다.

한국사에 있어서 연계성 결여의 문제는 여러 곳에서 발견이 된다. 교과서 A는 비교적 균형 있게 내용을 다루었고 시대의 전환도 원만하게 연결시켜가고 있음을 볼 수 있다. '독자적인 문화 창조'라는 도입 문구에 걸맞게 한국 문화의 발달 내용을 담고 있으며, 한국이 중국의 문물을 수용 발달시켜온 예를 들도록 질문하는 등 도입과 내용, 질문 사이의 연계성을 보이고 있다. 또한 삽화로써 고려자기를 실었고, 용비어천가의 한 대목을 싣고 있는 등 전체 구성상의 조화를 보이고 있다. 그러나 질문과 본문 내용과의 연계성의 문제점이 지적되는데, 통일신라의 통일 영역에 대한 질문은 있으나 이와 관련된 내용이나 그림이 없어 질문과 연계성 있게 구성되고 있지 않음을 보여주고 있으며, 교과서 D에서는 '한국은 탁월한 문화를 창조하였다'는 구절이 단원의 학습내용을 암시하는 것으로 보이나 실제로 내용상에는 이와 관련한 내용은 찾아 볼 수 없다.

내용 전개 면에 있어서도 연계성의 문제가 지적된다. 교과서 C에는 고대 한사군 설치 내용 이후 삼국에 관한 언급이 거의 없다. 게다가 통일신라에서 곧바로 조선으로 넘어가고 있어 학생들이 시대의 변화를 파악하기 어렵게 되어 있다. 조선 후기의 역사는 임진왜란과 곧바로 일제 통치, 한국전쟁으로 넘어가면서 기술되었다. 한사군 설치나 여기서 제시되고 있는 내용만을 연계시켜 나타내는 한국사의 모습은 식민지, 침략, 전쟁으로 일관된 모습으로 드러나 한국사가 마치 식민지 시대와 침략, 전쟁으로 일관된 듯한 역사 인식을 자연스럽게 심어주게 된다. 생략되고 연계성이 결여된 단절적인 역사적 사실의 기술은 한국사 전체를 왜곡시켜 반영하게 되는 것이다.

3) 정확성

세계사 속의 지역사를 서술함에 있어서 학문적으로 검증된 역사적 사실만을 정확하게 기술해야 함은 말할 나위도 없다. 그러나, 지엽적인 것으로부터 전체에 이르기까지 많은 부분이 잘못 쓰였거나 논쟁의 소지가 있는 내용을 한 가지 측면에서 그대로 단정지어 서술되는 예가 많이 드러나고 있다. 중국 한나라 때 한반도의 한사군 설치의 영역은 북쪽에 한정되어 있었고 그 정확한 위치는 아직도 논란의 여지를 남겨두고 있다. 그러나 교과서 D를 제외하고는 그 당시 한반도 전체가 마치 식민지였던 것으로 서술되어져 있다. 그밖에 고조선을 조선으로 잘못 명명해 조선시대와 혼동을 일으키는 점, 팔만대장경이 통일신라에 만들어 진 것으로 잘못된 제시된 경우, 앞서 지적된 바와 같이 중국 만리장성이 한반도까지 걸쳐 잇는 것으로 그린 지도, 거의 모든 지도에 제주도가 표기되지 않은 점 등이 발견된다.

교과서 A와 C에서는 신라가 유교사회였던 것으로, 교과서 D는 신라가 중국과 달리 귀족사회였다고 규정짓고 있다. 교과서 A와 C에서는 신라의 삼국 통일이 중국의 힘으로 이루어진 것이고 신라는 조공 관계를 통해 당에 지속적인 종속 관계에 있었던 것으로 서술되어 있다. 또한 과거제는 통일신라시대에 중국에서 들여온 것으로 설명하는 등의 오류를 보이고 있는데, 이러한 문제점들은 미국 세계사 교과서의 저자가 한국사를 전공한 학자가 아니어서 한국사에 대한 이해와 관심이 부족한 탓으로 보인다. 그러나, 중국으로부터 과거제가 도입됐지만 한국적인 체제로 발전시켜 나갔다든지, 팔만대장경은 세계에서 가장 큰 목판 불경이라는 설명을 덧붙임으로써 한민족 문화의 자부심과 긍지를 부각시키려는 노력이 엿보인다. 요컨대 과거의 미국 세계사 교과서에 비해 전반적으로 분량과 내용 면에서 한국사를 보다 자세하고 긍정적으로 서술한 점이 엿보이지만 전체적으로 아직까지도 상당 부분 시정되어져야 할 점들이 남아있는 것을 알 수 있다.

4. 고래들 사이의 새우

세계사는 어떻게 쓰여 져야 하는 것일까? 그 속에 한국사의 위치는 어떠해야 할 것인가? 세계사는 각국의 역사를 대변하여야 함에 덧붙여 인간사를 종합적으로 보고 이해할 수 있는 근거를 제공하는 것이어야 한다. 세계사는 서양 또는 동양의 어느 특정 지역이나 민족의 역사가 확산 지배적인 형태로 제시되어서는 안되며, 전체 인류의 역사를 균형 있게 반영하는 것이어야만 한다. Ralph Turnner는 세계사를 기술하는 것은 인간을 전반적으로 이해하기 위한 자료를 만들어 가는 것이며, Allardyce는 모든 민족이 세계사 속에서 동등한 기여를 한 것으로 서술되어야 한다고 강조하였다(Allardyce, 1990: 23-75). 하지만 어떻게 각국의 역사가 균형 있게 반영되면서 서로 단절됨이 없이, 세계사로서 종합적이고 전체적으로 그려질 수 있을 것인가? McNeill은 우리가 여기에 대해 더욱더 생각할수록 더욱 문제는 복잡함 속에 빠져들 뿐이고 그 해답은 열려진 상태로 있어야 한다고 주장하였다(McNeill, 1992). McNeill 은 세계사에 대한 어떤 비전을 제시하기를 포기하고 독자 스스로에게 맡기었다. 즉, 세계사적 시각이란 선택과 대안이 열려진 채로 어떤 고정된 관점을 제시하는 데서 벗어나, 독자 스스로 관점을 채택 형성시켜나갈 수 있도록 다양한 시각이 열려진 상태로 제시되어져야 함을 의미한다.

그러면 과연 미국의 교과서에 등장하는 세계사 속에서 한국은 어떤 연결 고리로서 놓여져 있는 것일까? 미국 학생들이 한국사를 보다 객관적이고 한국사 그대로 이해할 수 있도록 제시되어 있는 것일까? 역사를 객관적으로 보는 문제에 관한 논쟁은 실천적인 측면에서 최대한 유보되어진다 하더라도, 적어도 편향적인 시각만큼은 어느 학자라도 공격의 대상으로 삼는 것을 포기하지 않을 것이다. Buultjens는 제3세계의 풍성한 역사적 경험과 이 지역들은 대체로 세계사에서 무시되어 오고 있음을 지적한 바 있으며, 동양사의 서양 중심적 역사서술과 시각은 여러 학자들에 의해 비판되어 왔다(Buultijens, 1993). 세계사에서 어떤 특정 지역이나 나라의 문화 현상과 정치 경제적 영향력으로 인해 다른 나라의 역사가 축소, 또는 왜곡되어져서는 안될 것이며, 지배적인 문화권 아래 다른 나라의 고유한 모습이 상실되어져서도 안 될 것이다. 이러한 시각에서, 미국의 세계사 교과서에서 한국의 자리 매김은 정당한 것인지 점검해 볼 필요가 있다.

앞서 살펴본 바와 같이, 먼저 전통 문화의 독자성을 강조하려는 경향이 한국을 묘사하는 두드러진 관점의 하나로 들 수 있다. 즉, 한국의 전근대사의 서술은 주로 문화와 예술에 초점을 두었으며, 외부 문화가 수용되고 이것이 내부의 문화적 요소와 결합, 변형해 나가면서 독자적인 고유의 문화로 발전되어 나간다는 주제로 쓰어 있었다. 일부 교과서에서는 문화 발달의 외부적 영향보다는 내적인 창조적 문화 유산을 더욱 강조하는 경향이 있어 특정 국가 문화 유산의 고유의 가치를 인정하고 존중하려는 긍정적인 시각을 엿볼 수 있다. 그럼에도 불구하고, 그밖에 한국 역사를 보는 지나치게 편향적인 시각이 두드러지게 나타나기도 하는데, 다음과 같이 점들이 지적된다.

첫째, 전쟁과 침략, 식민지의 역사가 지나치게 강조되고 있다. 어느 나라이든지 주변국과의 접촉, 마찰은 빠질 수는 없는 역사의 한 부분인 것이다. 그런데, 한국의 오천년의 역사에서 한반도 역사의 특정 기간에 불과했던 식민통치, 침략, 조공의 역사는 모든 교과서에 빠짐없이 다루고 있으나 광개토대왕의 북방 개척의 업적, 여진 정벌, 장보고 해상 활동 등과 같은 한국의 적극적인 대외 활동에 관한 역사적 사실은 전혀 다루어지지 않았다. 따라서 식민지 기간이나 침략을 받았던 기간이 오랜 역사의 거의 대부분이 될 수 없음에도 불구하고, 한국사는 전반적으로 마치 침략당하고 전쟁 속에 휩싸였던 역사인 것으로 비춰지게 된다. 짧게 쓰인 역사에서 한 가지 측면만이 강조됨으로써 교과서의 독자들인 미국 중고등학생들이 한국의 전반적인 동아시아 대외 관계사를 중국의 식민지, 조공국, 일본 통치, 한국 전쟁이라는 연결선 상에서 치우쳐 파악할 수밖에 없도록 하는 것이다.

둘째, 강대국 중심 시각에서 오는 편향성이다. 오늘날의 정치, 경제적 강대국을 중심으로 한 대외 관계사의 서술은 용어의 선택과 단원의 구성 면에서 현저히 나타나고 있다. 한국의 지리적 위치와 고대 한국의 대외 관계를 설명하면서 "고래들 사이의 새우"라는 표현은 고대 한국을 특징짓는 표현으로 적절하지 못한 것으로, 한국에 대한 편견에서 나온 표현으로 보인다. 일본은 고대시대에 동아시아 무대에서 정치적으로 경제적으로도 또는 문화적으로도 '고래'에 해당되지 못하였으며, 오히려 한국으로부터 문화를 수입하는 입장이였음에도 불구하고, 각 나라를 특별한 준거 없이 '고래', '새우' 들로 비하시키거나 과대 비유하여 표현하는 것은 바람직하지 않다. 또한, 한국전쟁에 관한 내용은 검토 대상이 되었던 모든 교과서에서 한민족의 역사로서 보다는 미소관계, 미국의 활약상을 설명하는 장으로서 다루어진 경향을 강하게 띠게 되는 것도 강대국 중심의 지역사 서술의 일례라 할 것이다.

또한, 세 종류의 교과서에서 한국을 '동아시아' 라는 명칭의 단원이 아닌 '중국' , '일본' 으로 명명된 단원에 끼워 넣기 식으로 구성하였다. 동아시아에서 두 나라에 대한 역사의 분량 면에서 한국과 압도적인 차이를 보이고 있는 것은 물론이고, 고대사 부분에서는 "일본과 중국의 황금기", 현대사에서는 "중국이 공산 국가가 되다"라는 단원에 한국사를 포함시키고 있다. 세계사 교과서에 각국사가 단순 나열식으로 구성되는 점은 지양되어야 할 일이겠지만, 특정국의 역사를 부연하기 위해 다른 나라 고유의 역사가 쓰이는 것은 더욱 문제시되지 않을 수 없다. 한 단원의 제목은 그 속에 속해 있는 모든 나라의 역사를 동등하게 대변할 수 있는 용어로 표현되어야 할 것이다. 또한, 교과서에 실린 모든 한국 지도에 '일본해' 로 표기되어 있는 것은 현재 한국과 일본 양측의 주장이 엇갈리고 있는 부분을 일본의 주장만 반영된 대로 표기한 것으로, 적어도 '동해' 또는 '일본해' 로 양측이 주장하는 두 가지로 동시에 표기되어야 한다.

셋째, 서구 중심적 시각에서 오는 편향성이다. 조공과 같은 문제는 서양과 동양이 그 정의와 개념에 있어서 시각의 차이를 나타낼 수 있는 부분이다. 한국을 중국의 조공국으로 보는 시기와 아시아적 조공의 대외 외교적 의미 등은 논란의 여지를 남기고 있다. 아시아에서의 조공은 전근대사 속의 한국뿐만 아니라 베트남 등 아시아에서 중국 주변의 대부분 나라들에게 해당되었던 것이나 한국의 지리적 근접성과 유교적 질서의 영향으로 가장 모범적으로 행해진 경우로 보는 견해가 있다(Yun, 1998). 서양의 대외 외교관계 방식과 동양의 대외관계의 형식은 서양적인 시각에서 해석되어 질 수 없으며, 그 개념은 더욱 구체화되어야 할 여지를 남기고 있다. 서구적 시각에서 한국을 고대로부터 조공국이었던 것으로 서술함으로서 한국을 마치 역사적으로 종속국이었던 것으로 한국 역사의 틀을 왜곡시킬 수 있는 것이다. 현재 학자들 간의 개념상의 일치를 보고 있지 않은 점, 논쟁거리가 되고 있는 각국의 역사적 사실들은 그 나라의 입장과 시각을 최대한 반영하는 것이어야 하거나, 적어도 상반된 관점을 모두 수용하는 입장이나 열려있는 채로 다루어져야만 할 것이다.

서구 중심적인 시각은 조선 후기를 서술하는 데서도 단적으로 드러나고 있다. 조선 후기의 역사를 서술한 모든 교과서가 이시기의 한국을 특징짓는 용어로써 공통적으로 '은둔의 나라' 라는 개념을 사용하였다. 당시의 서구세력에 대한 개방을 꺼려했던 현상은 한 때 중국과 일본의 경우에도 해당되는 공통된 현상이었다. 또한 한국은 한 때 서양세력에 대한 무역을 거부하는 입장을 취했지만 다른 동아시아국과의 관계에서 볼 때 한국은 은둔의 나라가 아니었다. 이러한 오류는 Gluck가 지적한 바 있는 "아시아란 이름은 시대착오적인 이름이다. 아시아는 19세기까지 자신을 아시아라고 부르지 않았다. 서구에 의해서 즉, 외부 인으로부터 붙여진 이름이다 (Gluck, 1997: 203)" 라는 지적과 맥을 같이 하는 것이다. 이러한 사실과 관련하여 Allardyce(1990)는 세계사는 서구적 관점을 극복하는 방식으로 쓰여야 할 것을 피력하였던 것이며, Robinson(1997)은 '서양이 한국을 규정짓고 있음' 을 지적하고, 세계사는 서구 문명사로 대변되어서는 안되며, 서구적인 것도, 비서구적인 것이어서도 안되며 전체를 드러내는 것이어야 한다고 주장하였던 것이다. 로빈슨은 서구사회에서의 한국사에 대한 왜곡된 인식을 지적하면서 다음과 같이 밝힌 바 있다.

한국 역사의 대부분이 정치적 문화적 독립을 유지해왔던 것을 기억하는 것은 중요하다. 한국의 ”은둔의 나라“라는 표현은 오직 서구와 접촉하기 시작했던 한 때에 불과하다. … (중략) 한국은 중국 황제에게 예우의 의식을 해왔지만 중국은 한국에 어떤 내정간섭도 하지 않았다"
... (중략) 중국과 긴밀하고 신중한 외교관계를 유지해오면서 약100년
간의 몽고 지배기를 제외하고는 현실적으로 전근대사에서 한국은 성
공적으로 독립을 유지해 왔다 (Robinson, 1997: 775).

한국전쟁은 세계사에서 뿐 만 아니라 당연히 한민족사적인 의의를
지닌 역사적인 사건이다. 그럼에도 불구하고 한국전쟁에 대한 많은 분량의
내용은 냉전의 갈등, 미국의 역할, 미국의 활약상으로만 일관된 경향이 있
으며, 한민족 현대사의 내부적 입장을 반영하는 시각은 찾아보기 힘들다.
이러한 점을 들어 미국의 동양사학자 Gluck은 다음과 같이 표현하고 있다.

미국의 저술에서, 자아도취적인 렌즈를 통해서, 아시아는 서양이 보는
그대로에 초점이 맞추어 있다. 일본 고등학교 교과서에 마르코 폴로가
영웅시되며, 페리제독은 그 나라를 상업으로 처음 개방시킨 나라이며,
그리고 마지막으로, 맥아더 장군은 민주주의를 선물로 가져다준 것으
로...... (Gluck, 1997: 200).

지역사는 그 민족의 이해 관계와 그들의 활동을 우선적으로 반영하
는 것이어야 한다. 한국전쟁은 한국사의 세계사적 의의와 더불어, 이념의
대립과 냉전체제로부터 빚어진 한민족의 역사로서 그 모습을 드러내야 할
것이다.

Foucault는 지식의 형성에 있어서 권력과의 결합 형태를 예리하게
파악한 바 있다. 그는 지식이 권력과 연합되어 생산되고 있음을 주목하고
그 구체적인 내용은 역사를 통해 드러나고 있다고 밝혔다(Dreyfus, 1982).

한국사가 편향성을 드러내는 형태로 서술되고 구성되는 문제는 푸코가 간파했던 사실과 결코 무관하지 않을 것이다. 세계사의 무대에 포함된 나라들의 역사는 정치적 경제적 우월함에 종속됨이 없이 각각의 역사가 동등하게 존중되는 입장에서 제시되어져야만 함은 McNeill(1992), Allrdyce(1990), Hodson(1993)과 같은 유럽 중심적 역사관에서 벗어날 것을 외치는 많은 서구학자들에 의해 주장되어 왔던 바이다. 한편, 학교 교육 속에서 이념과 지식의 재생산 과정을 거침없이 드러내고 있는 Apple(1990)은 특정 집단의 이해를 반영하도록 선정된 지식과 그 전달과정이 학교 교육과정에 어떻게 반영되어 있는지를 비판적으로 분석하고 시정하려는 노력이 학교교육의 중요한 부분임을 강조한 바 있다. 그의 주장은 현재 미국의 중등학교 세계사 속의 한국사가 기존의 편견에서 벗어나도록 재 고찰되어야 하고 한국인의 내부적 관점과 다양한 시각을 반영할 수 있도록 조정되어져야 한다는 과제를 대변한 것이라고 하겠다.

5. 한국 역사, 한국인이 나서야 한다

앞서 살펴본 바와 같이 미국 세계사 교과서 속의 한국사는 미국학생들이 한국의 고유의 역사적 이미지를 이해하는데 장애가 되는 극복해야 할 많은 문제점을 안고 것으로 지적되었다. 미국 세계사 교과서의 저자가 한국사의 전시대에 걸쳐 전통하기를 기대하는 것은 현실적으로 어려운 일이다. 미국 교과서 출판사는 대체로 각각 지역별 전문가를 고문으로 두고 교과서 내용을 재검토하려는 나름대로의 조정체제를 갖고 있으나 모든 나라 역사에 세심한 주의를 기울일 것을 기대하기는 어렵다. 따라서 교과서의 저자나 출판사에게 한국 측은 기존 한국사의 역사서술에 대한 문제점을 지적하는 자료를 배부할 뿐 아니라, 한국을 가장 잘 대변할 수 있는 한국사를 외국의 교과서에 소개할 만한 내용과 삽화 등을 자료로 만들어 배부할 필요가 있다. 교과서 저자들과 출판사 편집자들이 한국을 올바르게 알리고자 해도 미국 내 자료가 부족할 뿐 아니라 그들이 한국을 포함한 모든 세계 각국의 역사자료들을 성의있게 수집하여 참고한다는 것이 현실적으로 어려울 수 있기 때문이다. 한국 측의 시각을 강요할 수는 없는 일이지만 최소한 한국사에 대한 이해 부족과 무관심에서 오는 편견을 줄이고, 한국사에 대한 한국 측의 입장을 최대한 반영시키도록 하기 위해 이것은 반드시 필요하다. 교과서 내용의 시정에 관한 한국 측의 노력과 한국과 미국의 한국학 관련 학자의 교류는 지금까지 많은 성과를 보이고 있지만 미국에서의 한국에 대한 관심과 이해의 증대를 위해 앞으로도 더욱 더 활성화되어야 할 부분이다.

그런데 문제는 미국의 교실 수업에서 실제로 한국이 어떻게 다루어지고 있는가 하는 것이다. 한국에 관한 내용이 실제로 교실에서 전혀 다루어지지 않고 있는지, 어느 정도 다루어지고 있는지, 그리고 어떻게 다루어지고 있는지, 교과서에 실린 한국사 내용을 활용하고 있는지, 어떤 다른 한국에 대한 정보원을 활용하고 있는지에 대해서는 거의 알려진 바가 없다. 세계의 수많은 나라들의 역사가 미국 세계사 수업에서 모두 균형 있게 등장하기를 기대하는 것도, 많은 나라들 중 한국에 대한 관심이 집중되어 있기를 기대하는 것도 어려운 일일 것이다. 그러나 한 연구에 따르면(김선미, 1998) 미국 교실 수업에서 다루는 구체적인 내용과 수업의 방향은 주정부에서 제공하는 교육과정 지침서보다는 대체로 교사들이 스스로 더 잘 이해하고 있는 내용을 선정하고 가르치며, 자신이 보유하고 있거나 구할

수 있는 학습 자료에 더 의존하는 경향을 보이고 있다. 따라서, 미국의 세
계사 교사들이 한국사를 더욱 잘 이해하고 한국에 대한 관심을 높일 수 있
도록 많은 한국에 관한 자료의 보급에 우리 측에서 적극적인 활동을 하는
것이 미국 역사 교실에서의 효과적인 한국의 전통적 이미지를 올바로 전
달하는데 필수적인 것으로 여겨진다.

본 글에서는 미국 학생들에게 한국 역사의 이미지를 전달하는 교육
매체를 점검해 보는 일환으로 미국 세계사 교과서의 한국사 텍스트에 대
한 비판적 분석을 시도하였으나 이밖에도 미국교사와 학생들의 현장 교육
과 학습 감각에 맞는 다양한 방법 또한 모색되어야 할 것으로 생각된다. 이
를 위해 무엇보다 먼저, 현재 미국 교실에서의 한국 교육에 관련한 현장 조
사가 실시되어져야 할 것이다. 미국 교사들과 학생들이 한국에 대해 무엇
을 알고 있으며 어떻게 알고 있는지, 무엇에 관심을 두고 있는지, 관심은
어느 정도인지, 실제로 한국사를 가르치고 있는지, 무슨 교육 매체를 가장
많이 활용하는지 등에 대한 조사 연구가 이루어져 앞으로 미국에서의 한
국의 이미지에 관한 교육의 방향을 어떻게 확대시켜 나가야 할 것인지에
대한 참고 자료로서 활용되도록 해야 할 것이다.

둘째, 이러한 조사 연구를 바탕으로, 미국 중고등학교 교사들이 교
과서 외의 보조자료로써 수업 시간에 활용할 수 있을 만한 유용한 많은 교
육적 매체들을 제작하여 중고등학교 교사들에게 보급해야 하는 것이 필요
하다. 교사들이 학생들의 관심을 끌 수 있고 수업에 효과적으로 이용될 수
있는 자료를 쉽게 얻을 수 있다면 그에 관련된 수업을 더욱 적극 실천해 나
갈 가능성이 높기 때문이다. 사회과 교실 자료실에 비치해 둘 수 있을 만한
것으로 서적이나 교과서와 같은 인쇄 매체 보다는 미국식 교육 상황에 맞
게 교사와 학생들의 흥미를 불러일으킬 만하고 학습 효과를 극대화시킬

수 있도록 제작된 비디오, 사진, OHP자료, 포스터, 설명서, 민속 음악 테이프, 거북선, 측우기 등과 같은 전통 발명품 모형 등과 같은 다양한 교육적 매체를 활용할 뿐만 아니라, 아울러 활동 중심의 다양한 한국사 교실수업 프로그램 등이 함께 보급되어야 할 것이다.

셋째, 인터넷 사이트는 보급성이 가장 높은 매체 중의 하나로 특히 외국 거주자들을 대상으로 교육적 목적으로 사용하기에 유용하다. 한국사에 관한 이해를 돕기 위해 인터넷에 미국 교사들과 학생들을 대상으로 한국 관련 자료들의 콘텐츠를 풍부하게 제작하여 올리는 것이다. 그러나 그들이 그 사이트를 찾아 들어가지 않고서는 어렵게 제작된 인터넷사이트들이 그 효과를 보기가 쉽지 않을 것이므로 한국 인터넷 사이트에 대한 홍보와 광고, 또는 교사들이 한국사이트에 관심을 기울일 수 있는 효과적인 방안이 함께 모색되어야 할 것이다.

▌ 더 읽을거리 ▌

지금까지 미국의 교육 매체인 교과서를 통해서 외국 학생들에게 한국의 이미지가 어떻게 전달되고 있는지를 살펴보았다. 한국의 역사에 대해서는 아시아 단원에 고대부터 현대까지를 담고 있었으나 그 내용의 선정과 정확성, 역사의 전개 과정을 이해시키는데 있어서 상당히 편향적인 시각이 강하게 내재되어 있음을 알 수 있다.

미국 교과서에 실린 한국사는 내용의 부정확성과 선정된 내용의 대표성의 문제 뿐 아니라, 교육 목적으로 제시된 한국사 단원 전개의 연계성, 포괄성과 구체성 등 여러 가지 문제점을 내포하고 있었다. 한국사에 대한 편향된 시각으로 지적될 수 있는 것은 첫째, 한국사를 지나치게 전쟁과 침략, 식민지의 역사의 측면만 부각시키고 있다는 사실이다. 둘째, 오늘날의 강대국의 관점에서 과거의 한국사를 보는 경향이 있다. 셋째, 동양의 대외관계에 대한 해석을 서양사적인 관점에서 설명하고 있는 점 등은 한국에 대한 올바른 이미지 형성에 부정적인 요인으로 작용하고 있음을 알 수 있다.

한국을 전달하는 시각과 관련하여 우리 나라의 도서 중에서는 강상중(1997)의 『오리엔탈리즘을 넘어서』를, 외국 서적이나 번역서로는 Said(1979)의 *Orientalism*이 참고할 만 하다. 그밖에 참고 문헌에 제시되어 있고 미국 콜롬비아대학에서 출판한 *Aisa in Western and world history*를 참고할 수 있으면 좋다. 외국 교과서가 아닌 우리나라 교과서 분석에 대해서는 김선미(2003)의 연구 논문 중에서 '중등 사회과 교과서에 나타난 한·중·일 관계 분석'을 참고할 수 있다.

▌참고 문헌 ▌

강상중, 1997, 『오리엔탈리즘을 넘어서』, 도서출판 이산.

김선미, 2003, 중등 사회과 교과서에 나타난 한중일 관계 분석: 다문화교육의 관점에서, 사회과 교육, 42(1), 사회과 교육 연구학회.

이규태, 2000, "38선은 왜 그어졌는가?, 『내일을 여는 역사』, 도서출판 신서원.

이찬희, 김복영, 손용택, 1993, 『미국 중등학교 사회과 교과서에 나타난 한국관련내용 평가』, 한국교육개발원.

임상선 편역, 1996, 『발해사의 이해』, 도서출판 신서원.

최석진, 이명희, 박선미, 1999, 『미국 사회과 교과서의 한국관련내용 분석』, 한국교육과정평가원.

Allardyce, 1990, *Toward world history: American historians and the coming of the world history course*, Journal of World History, Vol.1.

Apple, Michael W, 1990, *Ideology and curriculum*, New York: Routledge.

Buultjens, Ralph, 1993, Global history and the third world, *Conceptualizing global history*, Bruce Mazlish & Ralph Buultjens (eds.), Oxford: West view Press.

Dreyfus, Herbert L. & Rainbow, Paul, 1982, *Michel Foucault: Beyond structuralism and Hermenewtics*, Chicago: The University of Chicago press.

Embree, Ainslie T, 1997, Asia in Western history, *Aisia in Western and world history*, Embree, Ainslie T. and Gluck, Carol, (eds), New York: M.E. Sharpe.

Gluck, Caro, 1997, Asia in the world history, *Asia in western and world history*, Embree, Ainslie T. & Gluck, Carol (eds.), New York: An East gate book.

Hodson, Marshall G, 1993, *Rethinking world history*, New York: Cambridge university press.

Kim, Seon-mee, 1998, *Social studies teachers: their perception and implementations of global multicultural education within their classroom*, Doctoral dissertation, Texas: The University of Texas at Austin.

McKeown G. Margaret & Beck, Isabel L, 1994, Making sense of account of history, *Teaching and learning of history*, Leinhardt, Beck L. Isabel, and Stainton Catherine (eds). (1994). New Jersersy: Lawrence Erlbaum Associates, Inc.

Mcneill, William H, 1992, *The global condition*, Princeton: Princeton University Press.

Woyach, Robert & Remy, Richard C, 1989, The need for alternative conceptual approaches to world studies, *Approaches to world studies*, Woyach and Remy (eds.), Boston: Allyn and Bacon.

11

북한문화, 수령을 위한 인민

전영선

북한 문화의 가장 큰 특징은 국가에 의해 공급된다는 점이다. 북한의 계획경제시스템은 경제적 차원의 문제가 아니라 북한 사회전체를 운영하는 운영방식을 의미한다. 북한 문화는 국가정책과 밀접하게 관련되어 있으며, 모든 표현매체들은 기관의 공식적 입장을 대변한다. 민간이나 시장, 개인의 개념을 적용할 수 없다. 방송이나 출판보도물은 충분한 사전계획과 집필과정의 검열, 완성본에 대한 검토를 통해 발표된다. 이처럼 엄격한 통제와 검열을 통하는 것은 발표된 모든 매체들이 그 자체로서 인민교양의 지침서가 되기 때문이다.

북한의 문화적 정체성은 수령관에 기초한다. 예술적 아름다움의 기준은 수령이다. 수령은 그 자체로서 위대하며, 아름답다. 수령의 절대성은 정치사상적 측면과 인간적 측면으로 나누어진다. 정치사상적으로 수령은 모든 인민대중의 이익을 대변하는 존재이며, 인간적 측면에서 수령은 사회주의 대가정의 어버이로서 절대사랑의 존재이다. 철학적 판단의 기준 역시 수령이다. 수령을 충실히 따르고 수령에 대한 충성으로 가득찬 '주체의 공산주의적 인간'이 최고의 가치이며, 덕목이다. 북한의 역사도 수령을 통해서 새롭게 열렸다. 북한에서 사용하는 주체연호는 김일성 주석의 탄생을 기준으로 한다. 미적·도덕적·역사적 모든 기준의 중심에 수령이 있다는 기본 원칙은 유일사상체계가 형성된 이래로 한 번도 바뀐 적이 없다. 대내외적인 상황 변화에 따라서 현상으로서 나타나는 구체적인 문화현상은 변화되어 보이지만 본질로서 수령관에서 벗어난 적은 한 번도 없었다.

1. 북한, 그리고 북한 문화 읽기

남북한의 가장 큰 차이는 사회주의 계획경제와 자본주의 시장경제 체제라는 점이다. 남북을 가장 크게 구별짓는 계획경제와 시장경제는 단순한 경제적인 문제가 아니다. 사회운영 체제 시스템의 방식 차이를 의미한다. 계획경제란 한마디로 국가에서 생산과 배급을 계획하고 그 계획에 맞추어 체제를 운영하는 것이다. 국가에서 계획하고 보급하는 것은 식량, 의복 같은 기본적인 생활물자 뿐만 아니라 사상, 가치, 문화가 모두 포함된다. 인민이 생각할 것, 보아야 할 것, 느껴야 할 것을 국가에서 계획하고 보급한다는 것을 의미한다.

문화의 경우도 마찬가지이다. 인민이 무엇을 보아야 할 것인지, 어떻게 보아야 할 것인지는 당에서 결정하고 공급한다. 민간들은 당에서 공급하는 미디어를 통해 영화를 보고, 드라마를 본다. 예술작품의 경우에도 창작계획에서부터 발표에 이르기까지 몇 번의 검열을 거치면서 당의 입장에 정당한 것인지를 검증 받는다. 모든 작가예술인들은 일정한 기관에 소속되어 있으며, 이들의 발표지면인 『조선문학』이나 『조선예술』, 『청년문학』 등의 잡지와 신문, 방송 등의 모든 매체가 기관을 대변하므로 개인적인 창작의 여지를 발견할 수 있는 길은 없다.

북한 문화의 정체성은 곧 북한의 정체성과 불가분의 관계에 있다. 북한 체제의 주요 변혁기마다 문화적 체제의 성격도 변화되어 왔다고 볼 수 있으며, 사회주의체제의 특성상 정치사회의 매체로 기능하는 문화체제에는 새로운 정책방향이 즉각 반영되기도 하였다(이우영 · 임순희 · 전영선; 2003, 1).

현재 북한과 같은 체제가 형성된 것은 1970년대이다. 1970년대는 1950, 60년대의 반김일성파 세력을 완전히 축출하고 김일성 중심의 '유일사상' 체계를 굳건히 형성한 시기이다. 유일이라는 의미는 정체성에 대한 다양한 논의에서 여타의 것을 배제하고 오직 하나의 사상만을 정통으로 인정하고 이를 국가사상으로 체계화 한다는 것이다. 여기서 유일사상체계는 김일성 주석(이하 직책생략)의 사상체계였다.

김일성의 유일체계로 정립된 것은 역설적 김일성에 대한 비판과 제거 사건인 '8월 종파사건' 이 계기가 되었다. 8월 종파사건이란 1956년 8월 30일 전원회의에서 연안파와 소련파를 중심으로 김일성을 제거하려던 사건을 말한다. 당시 북한은 6 · 25 전쟁 직후의 경제 재건을 위한 경제 계획을 수립하고 추진하던 시기였다. 김일성은 경제 재건을 위하 소련과 동구의 지원을 얻기 위하여 소련과 동구를 방문하였고, 연안파와 소련파는 이 기회를 이용하여 김일성을 축출을 계획하였다. 그러나 김일성 축출시도는 사전에 김일성에게 알려졌고, 군대를 동원한 반격에 의해 진압되었다. 이 사건 이후 최창익 · 박창옥 · 김두봉 · 한무 등이 숙청되면서 반대 세력들이 완전히 축출되었고, 김일성 일인의 지배체제를 더욱 강화시켜주게 되었다(고태우; 1996, 154-157).

이를 계기로 북한은 노력경쟁을 통한 복구건설 사업을 진행하면서 토지개혁을 통해 협동적 소유형태로 전환하는 등의 사회주의 개혁을 추진하면서 소련의 스탈린 격하운영의 영향을 우려한 전당적·전인민적 '반혁명분자와의 투쟁'을 선언하고 중앙당 집중사업을 전개하여 권력구조의 절대화를 추진한다. 반김일성파에 대한 숙청으로 빈 자리들은 빨치산파로 메우면서 김일성 중심 체제를 공고히 하였고, 마침내 1967년 12월 최고인민회의에서 '공화국정부의 10대 정강'을 발표하기에 이른다.

이후 형성된 유일사상체계 형성 작업은 김정일 국방위원장(이하 직책 생략)의 주도 하에 70, 80년대를 거치면서 불변의 가치로 자리매김하게 되었다. 유일사상 체계화는 간단히 말해 이전까지 해방을 위한 다양한 투쟁 경력을 인정하던 것에서 김일성의 항일무장혁명투쟁만을 정통을 인정하는 것이다. 유일사상체계가 형성됨에 따라서 북한 사회의 모든 시스템은 김일성을 중심으로 새롭게 시작되었다. 북한의 역사도 항일무장혁명투쟁에 나선 시기부터 새롭게 시작되었고, 문학예술에서도 사회주의적 사실주의와 카프의 전통이 배제되고 항일무장혁명투쟁 시절 김일성이 창조한 '불후의 고전적 명작'으로부터 기원이 인정되었다(이우영; 2003, 158). 나아가 김일성은 '사회주의 조선'을 건국한 건국자로서 숭상되며, 김정일의 권력 승계 역시 김일성의 혁명정신을 가장 잘 이해하고 '계속혁명'으로 이끌어 갈 수 있는 인물로서 정당성을 인정받았다.

본 연구에서는 북한의 정체성을 이해하기 위하여 북한 체제의 핵심으로서 수령관을 살펴보고, 북한 문학예술의 양 축으로서 혁명성과 역사성을 분석하고자 한다. 문화정체성을 이야기하면서 수령론을 검토해야 하는 것은 북한에서 정치, 사상 문제가 국가발전의 핵심이기 때문이다. 이 글에서는 북한 사회 전반에 작용하는 수령관에 대한 이해를 바탕으로 대내외적 상황 변화에 따른 변화양상을 살펴봄으로써, 북한 문화의 본질과 변화에 대한 방향을 가늠할 수 있도록 할 것이다.

2. 세계 노동계급의 선진적 지도자 수령

1) 유일사상으로서 주체사상

북한 사회를 이해하기 위해서는 먼저 수령을 이해해야 한다. 수령이
란 단순히 행정부의 수반이나 국가를 대표하는 통치자 등의 행정이나 법
적인 직책을 의미하는 용어가 아니다. 수령은 인류역사에서 노동계급의
이익을 대변하는 사상을 만들고 노동계급의 발전을 이끌어 온 위대한 사
상가와 실천가를 의미한다.

"로동계급의 혁명사상은 탁월한 수령들에 의하여 창시됩니다. 백수십
년의 공산주의운동력사는 로동계급의 수령들이 혁명사상을 창시하고
발전시켜온 력사이며 그것이 구현되여 세계를 변혁시켜온 력사라고
말할 수 있습니다. 19세기중엽에 맑스와 엥겔스는 맑스주의를 내놓음
으로써 투쟁무대에 등장한 로동계급의 력사적 사명과 해방의 앞길을
밝혀주고 자본을 반대하는 투쟁을 추동하였으며 국제공산주의운동의
시원을 열어놓았습니다. 레닌은 자본주의가 제국주의 단계에로 넘어
간 새로운 력사적 조건에 맞게 맑스주의를 발전시켜 레닌주의를 내놓
음으로써 로동계급과 인민들을 제국주의의 아성을 짓부시고 자유와
해방을 이룩하기 위한 투쟁에로 고무하였으며 자본주의로부터 사회주
의에로 이행하는 시초를 마련하였습니다. 수령님께서는 억압받고 천
대받던 인민대중이 자기 운명의 주인으로 등장하는 새로운 시대의 요
구를 깊이 통찰하시고 위대한 주체사상을 창시하심으로써 자주성을
위한 인민대중의 투쟁을 새로운 높은 단계에로 발전시키시였으며 인
류력사발전의 새 시대, 주체시대를 개척하시였습니다"(김정일; 1982).

이에 따르면 공산주의 운동의 역사는 노동계급의 수령들이 혁명사상을 창시하고 발전시켜 온 역사인데, 인류역사에서 새로운 혁명사상을 창시한 인물과 사상은 '맑스와 엥겔스'의 '맑스주의', '레닌'의 '레닌주의', '수령님(김일성)'의 '주체사상'이라는 것이다. 김일성의 주체사상은 북한에 국한되는 것이 아니라 인류 역사발전에서 특히 노동계급의 발전에서 혁명적 사상을 창시하였다는 점에서 위대성이 있다.

여기서 주목할 점은 '억압받고 천대받던 인민대중'이라는 점이다. 앞서 언급한 다른 수령들이 '노동계급과 인민'으로 표현하였던 것을 '인민대중'으로 표현하였다는 점이다. '노동계급'을 언급하지 않고 '억압받고 천대받던'이라는 단서를 달았지만 '인민대중'을 역사발전의 주체로 강조한 것은 북한 정권수립 당시의 특수성 때문이다.

사회주의 이론에 따르면 역사는 생산력과 생산관계에 의하여 변화 발전한다. 간단히 말해 생산력이 한계에 이르게 되면 생산관계가 달라지는 것이다. 이에 따르면 사회주의 단계로 가기위해서는 자본주의 단계를 거쳐야 한다. 자본주의 단계에서는 자본주의 제도의 모순으로 인하여 자본계급과 노동자계급 사이에서 갈등이 발생하고 노동계급에 의하여 사회주의 단계로 이입한다. 따라서 사회주의 혁명이 일어나기 위해서는 자본주의 단계를 거쳐야 한다. 그러나 광복 당시 북한 사회를 자본주의 사회라고 할 수 없으며, 이러한 상황에서 사회주의 혁명의 정당성을 설명한 논리적 당위성을 찾아야 했다.

북한의 사회주의 혁명을 설명하기 위해서는 사회주의 이론에 대한 수정이 불가피 했다. 이에 대해서 김일성은 역사발전의 주체로서 '노동계급' 대신 '인민대중(사람)'을 중심에 놓고 설명하였다. "수령님께서 가르치신바와 같이 주체사상은 사람이 모든 것의 주인이며 모든 것을 결정한다는 철학적 원리에 기초하고 있습니다(김정일; 1982)"는 표현은 사회주의 이론과 주체사상의 차이를 결정짓는 가장 큰 특징이라고 할 수 있다.

사람이 역사발전의 주인이 되는 것은 사람은 자주적, 창조성, 의식성을 본질적 존재로 하기 때문이다. 자주성은 세계와 역사의 주인으로서 자주적으로 살려는 본질이며, 창조성은 목적의식적으로 세계를 개조하고 자기 운명을 개척해 나가는 것이며, 의식성은 자신과 세계를 파악하고 발전시키기 위하여 활동을 규제하는 것을 말한다. 역사 발전은 이러한 사람의 본질에 의하여 발전되어 왔다는 것이다.

그러나 역사발전의 주체가 사람이라고 하여 그대로 역사발전의 주체가 되는 것은 아니다. 사람이 역사발전의 주체가 되기 위해서는 선진적인 사상으로 이끌어 주는 존재가 있어야 한다. 이 선진적 사상을 이끌어 주는 것이 바로 '로동계급의 수령' 이다. 수령은 사람들로 하여금 역사발전의 주체로서 나서게 하는 '수뇌' 이며, 당은 수령의 사상을 인민들에게 전달하는 신경과 같은 존재이다. 따라서 인민대중이 역사발전의 주체로서 역할을 하기 위해서는 수령과 수령의 현신인 당에 대한 절대적 신뢰가 뒷받침 되어야 한다. 이러한 사회주의 사상의 기초원리에 바탕으로 북한 현실을 창조적으로 접목한 결과 '수령님(김일성)께서는 억압받고 천대받던 인민대중이 자기 운명의 주인으로 등장하는 새로운 시대의 요구를 깊이 통찰하시고 위대한 주체사상을 창시' 함으로써 새로운 시대가 열리게 되었다는 것이다.

"자주적으로 나아가는 나라들은 오늘도 변함없이 로동계급의 혁명적 원칙을 지키고 사회주의 길로 나아가고 있습니다. 이런 나라들은 맑스-레닌주의를 적용하는 경우에도 자기 나라의 실정에 맞게 창조적으

로 적용하였으며 남이 어떻게 하든 그것을 맹목적으로 따라가지 않습
니다.…우리는 주체사상을 가지고 있음으로 하여 사회주의 사상적 기
초를 공고발전시키는 문제를 가장 빛나게 해결하였습니다. 우리가 주
체사상을 가지지 못하고 남이 하는대로 따라하였더라면 세상에서 가
장 우월한 우리 식의 독특한 사회주의를 건설할 수 없었을 것입니다."
(김정일; 1998, 1-2)

사회주의 사상을 기초로 하면서 현실에 맞게 창조적으로 적용한 주
체사상만이 정통성을 인정받게 되었다. 이에 따라 사회주의 건설의 핵심
체인 조선노동당의 성격 역시 '주체형의 혁명적 당'으로 규정되었고, 최
고 강령은 '온 사회의 주체사상화'로 설정되었다. '온 사회의 주체사상
화'라는 것은 '혁명과 건설에서 주체사상을 확고한 지도지침으로 삼고 주
체사상을 철저히 구현하여 공산주의 사회를 건설하는 것'으로 설명된다.
이것은 사회의 모든 성원을 주체사상으로 의식화하여 '주체형의 공산주
의 혁명가'로 만드는 것과 '사회생활의 모든 분야를 주체사상의 요구대로
개조하는 것'을 의미한다(김남식; 1991, 45).

1970년대 주체사상을 유일한 정통사상으로 한 유일사상체계는 김정
일에 의해 주도 되면서 현재에 이르기까지 수정이나 비판이 불가한 절대
원칙으로 북한 사회 모든 영역에서 수령을 중심에 두게 되었다. 이러한 작
업은 단순히 행정적 개편차원을 너머 북한 사회 시스템 자체를 수령 중심
으로 전환하는 작업이었다. 인식적인 측면에서 문학예술, 역사, 철학이 수
령을 중심으로 한 주체이론으로 다시 정립되었다.

문학예술에서 미적 대상과 기준은 수령의 아름다움이나 수령과 관
련한 아름다움이 대상이 되었다. 수령의 아름다움은 두 가지로 반영된다.

하나는 사상가로서 새로운 이론은 창조하여 인민대중의 시대를 열었다는 혁명사상의 아름이며, 다른 하나는 인간적 아름다움으로 인민을 돌보는 어버이로서 아름다움이 미적 형상화의 대상이 되었다.

수령과 관련하여서는 수령의 지도에 따라 사회주의 건설에 나선 인민들의 모습, 수령을 지키기 위하여 헌신을 다하는 당원이나 인민들의 모습이 아름다움의 기준이 되었다. 사회주의 건설 과정 자체가 자주적 인간으로서 역사발전의 주체로 나서는 과정이며, 이것이 투쟁과정인 것이다. 문학예술은 바로 '자주적 인간에 관한 문제, 인간의 자주성을 옹호하는 문제에 예술적으로 해답을 줌으로써 생활과 투쟁의 교과서' (채상우; 2003, 138)가 되는 것을 목표로 한다.

역사에서는 김일성이 곧 당과 일체가 되었다. '조선로동당' 의 역사가 김일성에 의해서 새롭게 창조되고 만들어진 당과 수령이 일체의 역사로 규정되었다.

"조선로동당의 력사는 곧 경애하는 김일성동지의 위대한 혁명활동력사이다. 우리 당이 걸어온 시련에 찬 투쟁의 길에도 역광에 넘친 승리의 길에도 김일성동지의 거룩한 자욱이 새겨져있으며 우리 당이 이룩한 위대한 업적도 우리 당이 지닌 불패의 위력과 높은 권위도 김일성동지의 존함과 결부되여있다. 조선로동당은 위대한 수령 김일성동지의 당이며 김일성동지의 위대한 존함과 업적으로하여 우리 당의 50년 력사가 빛나는 것이다. 김일성동지의 존함과 업적은 우리 당의 력사와 더불어 영원불멸할 것이다.…김일성동지께서는 혁명의 주체는 인민대중이라는 확고한 신념으로부터 인민대중을 조직동원하여 혁명투쟁을 벌리시였으며 당창건을 위한 사업도 인민대중 속에 들어가 대중 속에서 참다운 공산주의자들을 키워내고 기층당조직을 꾸리는 방법으로 아래에서부터 기초를 쌓아나가시였다"(김정일; 1995, 86-87)

철학적 체계에서는 앞서 언급한 대로 '주체형의 공산주의적 인간형' 이 최고의 가치로 규정되었다. 수령에 대한 충실성은 "주체형의 공산주의적 인간의 기본품성이고 성격의 핵이며 바로 여기에 사회정치적 생명체의 공고성을 담보하는 기본 요인이 있다"(최인경 ; 1993)는 것에서 수령을 위한 충실을 주체형의 공사주의적 인간으로서 최고 덕목으로 평가한다. 주체형의 공산주의적 인간이란 '정치사상적측면에서나 정신도덕적측면에서 주체사상의 요구를 투철하게 구현한 새형의 인간' 으로 공산주의적 인간이면서 동시에 당과 수령에 대한 충실성을 가지고 '수령님의 교시와 난관을 자체의 힘으로 뚫고나가면서 위대한 수령님의 교시와 당정책을 무조건 철저히 관철해 나가' 는 인간, 김일성과 김정일에게 자신의 운명을 전적으로 의탁하고 주체 혁명 위업의 완성을 위하여 모든 것을 다 바쳐 투쟁하는 혁명가이다(전영선; 2002a, 120-121).

그림 1 각종 문학예술 작품과 미디어를 통해 '수령님을 믿고 따르면 반드시 승리한다' 는 인식을 자연스럽게 형성하게 된다.

2) 주체사상의 민족성

혁명전통과 함께 북한 문화의 양축을 이루는 것은 민족문화이다. 주체사상이 계급적 입장에서 북한의 정체성을 형성하였다면 민족문화정책은 여타 민족의 문화정책과 구별짓는 핵심이다. 문화는 어느 계급의 이익을 반영하느냐에 따라서 필연적으로 계급성을 가지며, 문화는 민족을 기본 단위로 하여 민족 발전을 상징하는 표징으로 민족적 특성을 반영한다. 민족과 국가를 초월한 문화는 세계주의를 강조하는 현대 부르조아 이론가들의 반동적인 견해로서 제국주의자들이 "다른 나라들에 대한 사상문화적 침투를 통하여 인민들을 사상적으로 병들게 하고 그 나라들을 내부로부터 와해시켜 저들의 지배와 통제 밑에 얽어매려"(노동신문 · 근로자; 1999. 6. 1)는 책동이라는 것이다. 나라와 민족이 존재하고 나라마다 사람의 감정과 정서가 서로 다른 만큼 문화는 민족을 단위로 발전한다는 것이다.

> "문화는 사회생활의 어떤 령역을 반영하는가에 따라 물질문화와 정신문화로 구분된다. 매개 나라의 문화는 자기의 고유한 민족적 특성을 가지고 있으며 계급사회에서 문화는 계급적 성격을 띤다"(사회과학출판사, 1185)

우리 민족은 고대로부터 찬란한 문화를 창조하였으며, 동방문화를 꽃피운 민족으로 당시의 현실과 인민들의 생활감정, 풍속, 취미 등이 스며 있으며, 역사문화유물에서 민족적 특성을 뚜렷이 찾아볼 수 있다고 평가하면서 민족문화 전통의 계승과 발전을 강조한다. 민족문화 전통의 계승과 발전은 조건적이다. 수령은 '새 조국 건설 첫 시기' 부터 '민족문화유산을 옳게 계승 발전' 시키기 위한 정확한 정책을 제시하고 실현사업을 이끌었기에 그 현명한 지도를 따라야 한다.

　　아무리 훌륭한 문화유산도 과거라는 시대적 한계로 인해 일정한 한계를 갖고 있다. 민족문화유산 가운데서 주체성의 원칙, 당성·로동계급성의 원칙, 역사주의 원칙에 확고히 서서 민족적 특색을 지닌 우수한 민족문화를 현대 인민의 사상교양에 도움이 될 수 있도록 계승발전하는 것이 '사회주의적 민족문화' 건설의 요체이다. "민족문화유산을 시대의 요구에 맞게 비판적으로 계승하여 사회주의적 문학예술을 민족적 바탕에서 발전시키며 사회주의적 내용과 민족적 형식을 옳게 결합시키는 것을 문예정책에서 중요한 원칙의 하나로 내세우고 있다"(김정일; 1982)는 문화정책은 북한 정권수립과 함께 시작되었다. 이후 6·25를 지나면서 항일은 미국을 포함한 반외세, 자주의 문제로 바뀌기는 하였지만 민족문화 건설 정책의 기본 방향은 현재까지 변함없이 유지되고 있다. 1998년 9월 5일에 개정된 헌법(김일성 헌법) 제41조에는 '국가는 사회주의적민족문화건설에서 제국주의의 문화적침투와 복고주의적경향을 반대하며 민족문화유산을 보호하고 사회주의현실에 맞게 계승발전시킨다'고 규정함으로써 민족문화정책의 불변의 원칙임을 확인할 수 있다.

　　문학예술이 역사발전의 주체인 인민대중의 것이 되기 위해서는 인민대중의 정서에 맞아야 하고 인민대중의 계급이익을 반영하여야 한다. 착취사회나 자본주의 사회의 문화예술은 인민의 창조적 노동과 지혜, 기술에 의해 창조되기는 하였지만 전적으로 인민의 요구와 지향에 맞게 창조된 것은 아니었다. 착취사회가 철두철미하게 반인민적인 사회인만큼 이를 반영한 문화유산도 반인민적인 성격을 갖지 않을 수 없다는 것이다. 북한은 역사발전의 주체인 인민대중의 이익이 완전히 반영된 주체사회이므로, 문학예술이 인민대중의 정서에 맞고 이익을 반영하기 위해서는 근로 인민의 생활이 잘 반영되어야 한다. 각 민족 고유의 현실에 맞는 창조적 적용과정을 통하여 로동계급의 이익을 지킬 수 있다는 것이다. 더욱이 항일무장혁명으로 정통성을 강조한 정권이었기에 '인민교육과 문학예술 분야'에서 '일제의 사상잔재를 완전히 뿌리 빼는' 일은 문화정책의 중요한 축이었다(전영선; 2002b, 149-154).

'인민적이며 혁명문화 건설에 필요한' 문화는 사회발전의 주체인 인민대중에 의하여 창조되고 그들의 생활감정을 반영한 것이다. 주체의 시대가 바로 노동계급의 이익이 최고로 발휘된 시대이기에 주체시대의 문화가 바로 자주적인 민족문화를 계승한 발전한 문화가 되는 것이다. 이처럼 민족문화를 보장하기 위한 핵심 과제는 사상에서 주체를 세우는 것이다.

> "사상에서 주체를 세우기 위하여서는 높은 민족적 자존심과 혁명적 자부심을 가져야 합니다.…민족적 자존심과 혁명적 자부심이 강한 민족은 불패이지만 그렇지 못한 민족은 무력합니다. 오래동안 남의 압박을 받아온 작은 나라 인민일수록 높은 민족적 자존심과 혁명적 자부심을 가지는 것이 더욱 필요합니다."(김정일; 1982)

사상에서 주체를 세우는 것은 민족적 독립과 존엄을 지키는 것이며, 혁명투쟁에서 승리하는 것이기에 "조선민족으로서의 자존심, 특히 위대한 수령님을 모시고 혁명하는 인민으로서 긍지와 자부심을 깊이 간직"(김정일; 1982)하는 것이 중요하다. 문화에 있어서도 수령을 중심으로 한 민족문화를 철저히 건설해야 제국주의 사상문화적 침투를 배격하고 민족이 가지고 있는 우수한 민족성을 지켜나갈 수 있다는 것이다.

북한이 규정한 우수한 민족문화의 정서와 민족적 특성은 다음과 같다. 첫째, 향토를 사랑하고 나라를 사랑하는 애국주의 정신이 강하며, 외래침략자들을 물리치는 싸움에서 용맹스럽다는 것이다. 고전소설 가운데 「임진록」, 「박씨부인전」과 같은 작품들이 '반침략적 애국투쟁'을 주제로 하고 있으며, 이러한 투쟁 속에서 민족적 · 애국적으로 각성된 '인민의 미학적 요구'가 반영되어 있다는 것이다. 둘째, 진리에 대한 탐구심이 크고 정의를 사랑하는 마음이 강하며 자기 희생적인 고상한 도덕적 품성을 가장 훌륭한 미덕으로 알고 살아왔다는 것이다. 셋째, 노동을 사랑할 뿐만 아니라 풍부한 예술적 재능을 가지고 다양한 예술형식을 발전시켜 왔다. 민족적 정서가 반영된 예로는 유순하고 밝고 명랑한 민요에 표현된 조선식 장단과 리듬, 아름답고 율동적인 춤가락, 연하고 선명한 색깔을 좋아하는 미감을 꼽고 있다(전영선; 2004, 15-16).

　　이러한 민족문화의 특색을 현대적 미감에 맞게 잘 살려 인민의 정서에 맞는 민족적 형식에 인민들의 사회주의 교양에 도움이 되는 사회주의적 내용을 담은 민족적 형식을 훌륭히 구현함으로써 주체시대에 맞는 민족문화를 건설하였다는 것이다. 구체적으로는 현대화된 창법의 민요, '우리(북한)식 전자음악', '조선화의 기법 개발과 활용', '조선무용기본을 바탕으로 한 민요', '사회주의 민족교예' 형식의 계발 등의 성과를 이루었다고 평가한다(평양출판사; 1994, 262-267).

3. 김정일 시대의 새로운 패러다임

1) 사회주의 체제의 창조적 발전 - '우리(조선) 민족제일주의'

북한의 정체성을 이루는 핵심으로서 주체의 문제는 주체를 중심으로 하면서 시대의 변화에 따라, 대내외적 상황의 변화에 따라 세부적인 변화를 보여 왔다. 북한 정권 수립직후 문화정책의 목표는 정권의 정통성에 대한 문제로서 일제잔채 청산과 사회주의 교양의 문제가 중심이었다면 1960년대를 거치면서 막스레닌주의와는 구별되는 주체사상의 정당성과 당위성에 무게가 주어졌다. 1970년대 정립된 유일사상체계는 1980년대 중반 세계사회의 변화에 따라서 체제의 수호와 대응 논리로서 주체사상과 민족을 결합으로 나타났다. 사회주의 사상을 도입하고 체계화 하고 차별성을 찾았던 것에서 생활 속에서 주체사상이 구현되어지는 현상에 주목하게 되었다. 1970년대 이후 10여년간 지속된 유일사상체계의 확고한 뿌리를 확인하면서 생활 속에서 어떻게 실천되고 반영되었는가를 확인하는 작업이라고 할 수 있다.

1980년 1월 7일부터 10일까지 개최된 조선작가동맹 제3차 대회에서 위원장이었던 천세봉은 혁명적인 문학작품에서 새로운 앙양을 일으키자고 주장하였고, 이를 구체적으로 '숨은 영웅의 발견' 으로 이어졌다. 현실적인 문제를 중시하는 숨은 영웅 형상문학이 제기되면서 일상생활 속에서 자신의 일을 수행하는 '숨은 영웅 따라 배우기' 운동이 대중운동으로 전개되었고, 문화예술에서도 항일무장혁명 투쟁 일변도에서 생활문화 속의 숨은 영웅 이야기가 등장하면서 소재가 다양해졌다.

1980년대초에 진행된 북한 문화예술의 다양성은 북한의 문화정책 변화를 의미하는 것이 아니었다. 1986년 3월 개최된 조선문학예술총동맹 제6차 대회를 계기로 오히려 사상성이 한층 강화되었다. 조선문학예술총동맹 제6차 대회의 종합보고자인 문예총 제1부위원장 최영화는 "당의 유일사상 교양에 이바지하는 혁명적 문학예술작품들을 더 많이 창작하여야"하며 "동맹원들과 작가, 예술인들이 주체사상의 기치를 더욱 높이 추켜들고 창작에서 주체성의 원칙, 당성, 로동계급성, 인민성의 원칙을 철저히 고수"할 것을 강조하였다. 그리고 "작가, 예술인들의 사상예술적 준비에서 가장 중요한 것은 주체의 혁명적 세계관, 혁명적 수령관을 똑바로 세우는 것"이며 "위대한 수령님의 로작과 당문헌 학습을 강화하여야 한다"고 강조하였다. 또한 제6차 대회 앞으로 보낸 '조선로동당 중앙위원회 축하문'에서도 "조선문학예술총동맹은 작가, 예술인들을 우리 당의 혁명사상과 독창적인 문예방침, 불멸의 업적으로 튼튼히 무장시키며 그들을 혁명적으로 교양하여 모든 작가, 예술인들이 당의 방침을 무조건 철저히 옹호관철하며 당의 혁명이 요구하는 놓은 문학예술작품들을 창작하기 위하여 자기의 모든 지혜와 정력을 다바쳐 일하도록 하여야 한다"고 요구하였다. 이에 따라서 다시 김일성 주석 가계를 중심으로 한 대작품들이 창작되는 등 문학예술의 선전선동 기능이 강화되면서 혁명성과 인민성의 관계에서 혁명성이 우선하는 문화정책의 기본 구조가 확고하게 확립되었다.

이처럼 1980년대 초반의 생활문예는 새로운 흐름을 형성하지 못하고 오히려 1990년대로 접어들면서 북한의 대내외적 어려움과 맞물려 '고난의 행군'과 1970년대 '수령결사옹위' 주제로 경직되었고, 2000년대로 접어들면서 일정 정도 '인민성'의 원칙아래 허용 가능한 범주 안에서 다양성, 유연성을 상징하는 생활문예의 의미로 제한되었다.

그보다 시급한 문제는 오히려 사회주의의 우월성과 동구사회주의와는 다른 북한식 사회주의의 특색을 부각하는 일이었다. 전세계적인 개혁개방의 흐름에 직면하면서 북한으로서는 개혁개방이나 아니냐의 선택에 놓이게 되었다. 체제 개방에 따른 후유증을 우려한 북한으로서는 체제 유지를 선택하지 않을 수 없었다. 체제를 유지하기 위해서는 1960년대 막스-레닌주의와 주체사상의 차별논리를 만들어 냈듯이 '우리(북한)식 사회주의'가 여타 사회주의 국가와는 다르다는 논리가 필요하게 되었다.

이에 대해 북한은 내적 대응논리로서 '조선(우리)민족제일주의'를 적극 개발하였다. '우리(조선)민족제일주의'는 1986년 7월 김정일은 「주체사상에서 제기되는 몇가지 문제에 대하여」에서 처음 언급되었고, 1989년 12월 28일 「조선민족제일주의정신을 높이 발양시키자」를 통하여 '조선민족제일주의 정신은 세상에서 가장 우월한 사회주의제도에서 사는 긍지와 자부심'으로 규정하면서 "조선민족제일주의 정신으로 교양하는 것은 오늘 제국주의자들이 사회주의제도를 내부로부터 와해시키려고 더욱 악랄하게 책동하며 사회주의를 건설하던 일부 나라들에서 혁명에 대한 신심을 잃고 사회주의를 자본주의로 되돌려세우고있는 조건에서 더욱 절실하게 제기된다.…달리말하여 우리 민족은 인류력사상 처음으로 자주시대의 지도자상인 위대한 주체사상을 가지고있는 민족이며 한 세대에 두 제국주의를 타승한 영광스러운 혁명전통을 가지고있는 민족이며 반만면의 오랜 력사와 찬란한 문화를 가진 슬기로운 민족이라는 것을 생동하게 밝혀내야 한다(김정일; 1997, 326-327)"는 것을 강조한다.

이는 북한이 강조하는 '자기나라 실정에 맞게' 막스-레닌주의를 실현한 것이며, "우리가 주체사상을 가지지 못하고 남이 하는대로 따라하였더라면 세상에서 가장 우월한 우리 식의 독특한 사회주의를 건설할 수 없었을것(김정일; 1998, 2)"이라는 당위성을 확인시켜 주는 것이다.

대외적으로는 가장 어려운 시기가 동구의 민주화에 따라 체제의 위기였다면 대내적으로는 가장 큰 충격은 1994년의 김일성의 사망이었다. 김일성의 사망은 정치적 지도자의 사망으로서 인민들에게는 엄청한 정신적 충격이었다. 이후 당연하게도 북한의 가장 큰 문제는 김일성의 사망으로 인한 충격을 정비하고 새로운 지도자를 중심으로 체제 안정을 도모하는 것이었다. 김일성의 후계자로서 김정일의 위상은 1970년대부터 시작하여 단계적 과정을 거쳤고, 1990년에 최고사령관, 1993년에 국방위원회 위원장에 오르면서 '당과 인민의 수령'의 위치에 올랐고 문학예술 분야에서도 1990년 들어 '수령형상 창조'의 기본 원칙을 그대로 구현한 '수령의 후계자 형상 창조'를 공식화하였다. 따라서 김일성에서 김정일에 이르는 권력 승계의 과정은 당연하고도 자연스러운 일로 받아들여졌다. 그러나 김일성의 사망이후 3년간 지속된 자연재해와 경제적 어려움은 북한의 체제위기를 가중시켰다.

동구 사회주의와의 차별성을 민족에서 찾았던 북한은 '조선민족제일주의'를 체제유지와 관련하여 적극적으로 활용하면서 김일성의 민족신격화, 김정일의 민족지도자 과정으로 진행되었다. 1990년대부터 민족문화의 범주에 김일성의 혁명적 문화예술을 편입시킴으로써 민족 정통성에 가계의 정통성을 부여하기 시작하였고, 김일성의 사망 이후 수령의 상징적 가치를 극단적으로 높임으로써 후계자에 대한 도전을 곧 김일성에 대한 도전으로 등가화 하였다.

김일성 사망 이후 강화되었던 김일성 우상화 작업은 시간이 흐르면서 김정일과 김일성의 동일화 과정을 거쳐 김정일로 무게 중심이 옮겨지면서 김정일을 민족 지도자로 정립하는 방향으로 전개되었다. 김일성 3년상을 계기로 주체연호 및 '태양절'을 제정하고 '김일성 주석 영생탑' 건립 등의 상징물 제작·보고 사업을 전국적으로 확대하였으며, 우리 민족 자체를 '김일성 민족', '태양민족'으로 규정하고 '김일성 민족의 민족어'로 규정하였다.

김일성의 사망은 수령관의 변화로 이어졌다. 1982년 김정일의 「주체사상에 대하여」에서는 '수령님'이 김일성을 지칭하였으나 이제는 김일성과 김정일을 지칭하는 용어로 한정되어 사용되기 시작한다.

"인민과 혼연일체를 이룬 수령은 인류 력사에서 오로지 위대한 수령 김일성 동지와 경애하는 김정일 장군님뿐이시다.…오늘 우리 문학 앞에는 인류의 영원한 태양이신 위대한 수령 김일성 동지의 불멸의 형상 창조 사업을 항구적인 사업으로 힘있게 밀고 나가는 것과 함께 위인 중의 위인이신 경애하는 김정일 장군님의 불멸의 형상을 품위 있고 격이 높게 창조하는 사업을 주선으로, 첫째가는 과업으로 튼튼히 틀어쥐고 나가야 할 영예로운 과업이 나서고 있다"(김려숙; 1997)

민족지도자로서 김일성은 고구려, 조선과 같은 새로운 이념의 국가인 '사회주의 조선' 의 건국시조로 자리매김하면서 김정일은 건국이념을 받아들여 민족을 부흥시킨 인물, '민족 중흥' (부흥), '통일', '전민족 지도자상' 으로 부각되면서 위한 '통일조국의 영수', '통일의 구성', '통일대통령' 등의 호칭이 생겨났으며, 수령형상의 원칙들이 그대로 '수령의 계승자형상 창조' 로 이어졌다(임순희; 2001, 32). 이 과정을 통해 김일성은 '사회주의 조선의 건국', 김정일은 '사회주의 조선의 부흥' 으로 위상을 정립하면서 사회주의 조선의 혁명완성이라는 체제계승의 정당성을 만들어 갔다. '태양' 이라는 개념도 유사한다. 김일성 생존시에 '태양' 은 절대성과 유일성의 상징이었다. 김정일 시대에 이르면서 김정일과 김일성의 계속성을 상징하는 북한의 국체를 상징하는 용어로 이제는 국가정체성을 상징하는 용어로 사용되고 있다.

그림 2 북한 문화의 가장 큰 특징인 '우리' 식에서 우리는 수령을 정점으로 하기에 '수령식' 대로 살자는 말과 같은 맥락이다.

2) 총대에 모든 것을 걸고 - 고난의 행군과 선군정치

1994년의 김일성의 갑작스런 사망은 북한 지도부의 충격이었다. 이후 김정일 정권에 대한 평가는 조기붕괴론의 대두와 함께 북한체제의 불가피한 변화로 이어질 것으로 예상되었다. 그러나 김일성 사망 10년이 지난 현재 북한 체제는 당과 군을 효율적으로 통제하면서 권력승계를 마무리하고 정치권력의 기반을 안정적으로 운영하고 있다. 북한이 대내외적인 어려움에도 불구하고 정치적 안정을 하게 된 비결은 오늘날 북한 사회의 핵심담론을 자리잡은 '선군정치'에 있다.

선군정치(先軍政治)란 '군을 사회전면에 앞세우는 정치'를 의미한다. 북한이 군을 앞세우게 된 것은 '고난의 행군'으로 대표되는 대내외적인 어려움 때문이었다. 북한과의 정치적 혈맹관계였던 중국과 러시아의 개혁개방, 러시아의 경제위기, 김일성의 사망, 연이은 식량난은 북한 사회 통제 시스템의 한계를 초래했다. 농업생산성의 저하와 식량부족, 생산시설을 가동할 수 있는 에너지 부족, 해외로부터 물자를 구입할 수 있는 외화 부족으로 인해 사회체제를 통제시스템은 제기능을 발휘할 수 없었다. 일상적 통제시스템의 붕괴는 상대적으로 군의 역할이 강화되었다. 군 조직의 특성상 어느 조직보다 충성심과 조직성과 규율성이 강하고, 혁명적 수령관이 투철하며, 군사국가의 특성상 경제분야의 우선적 배려로 경제적인 어려움이 상대적으로 적었다.

군의 비중을 높여나가면서 1998년 헌법개정을 통해 김정일이 속해 있는 국방위원회를 '나라의 정치, 군사, 경제 력량의 총체를 통솔 지휘하며 조국방위와 나라의 부강 번영을 위한 전반사업을 조직 령도하는 국가의 최고 직책' 으로 격상되면서 국방위원회가 행정과 군부를 산하에 둔 최고 권력기구가 되었다. 여기에 북한 핵문제를 둘러싼 대외적인 압력은 대외적인 위기감을 고조시켰고 국가체제의 비상적인 운영으로 이어지게 되었다. 군 중시의 선군정치는 정권과 사회주의 체제 수호, 경제회생, 사회통제, 대외적인 체제 유지의 기능을 강화하면서 새로운 정치적 패러다임으로 사회전반에 걸쳐 시스템으로 작동하고 있다.

그것은 북미관계 악화에 따른 혁명주제의 강조이다. 북미관계의 악화는 북한의 체제와 직결된 것이었다. 동시에 북미관계의 악화는 북한 체제 내의 모든 문제를 해소할 수 있는 카드로 활용되었다. 김일성의 혁명적 지략가로서의 풍모는 항일혁명투쟁과 6·25를 배경으로 묘사되었다면 김정일은 비범한 예지와 담력을 지닌 탁월한 전략가로서 형상 소재를 '조미핵대결전' 에서 찾았다.

2000년말부터 북한 문학계에 등장한 '선군혁명문학' 도 이러한 차별화의 한 예라고 할 수 있다. 선군혁명문학은 "김일성 주석의 항일투쟁 시기에 창시되고 반세기가 넘는 오랜 기간에 자랑찬 노정을 걸어온 주체사실주의가 낳은 새 형의 문학" 이라고 규정함으로써 주체사실주의 전통, 혁명문예의 전통을 잇고 있다. 그러나 선군혁명문학은 선군정치를 이끌어

온 김정일 국방위원장의 '선군영도업적'을 반영한 문학, 김정일 국방위원장의 사상과 이념, 지도업적에 의해 규정되는 문학이라는 점에서 혁명문학과는 일정한 거기가 있다. 2002년 1월 20일 노동신문은 선군혁명 문학을 '고난의 행군 시대에 태어난 새로운 문학'으로 '개화, 발전하는 새로운 형태의 문학'으로 규정한 것도 김일성 주석 시대의 '혁명문학'과는 차별화되었음을 나타낸다.

북미관계의 악화에 따라 반미감정을 표현한 작품이 부각되었다. 2001년 공동사설을 통해 가요 「어디에 계십니까 그리운 장군님」이 21세기 영원히 불리울 작품으로 강조되었다. 「어디에 계십니까 그리운 장군님」는 1971년 조선인민군협주단에 의해 창작, 공연된 혁명가극 「당의 참된 딸」의 주제가이다. 「당의 참된 딸」은 3대 혁명가극 가운데 유일하게 '조국을 수호하기 위한 제국주의와의 판가리 싸움'으로 불리는 6·25를 소재로 하였다. 이는 북한 핵문제를 둘러싼 현 상황을 인민들에게 쉽게 각인시킬 수 있으며, 이를 통하여 반미사상을 고취하고, 대안으로서 김정일의 정치적 입지를 강화할 수 있는 작품이다. 또한 선군시대에 맞게 조선인민군협주단의 대표 작품이며, 김정일이 직접 작사·작곡한 작품으로 예술적 재능을 과시할 수 있다는 점, 온갖 고난과 시련속에서 최후를 맞이하면서도 수령을 믿고 따른다는 내용 등이 북한이 처한 상황 속에서 인민들의 행동양식의 귀감이 될만한 작품으로 더없이 좋은 작품이었다.

같은 맥락으로 정치적 어려움 속에서도 동지와 함께 한다는 '동지애' 주제의 문학작품을 '주체문학건설의 기본'으로 규정하면서 강조하고 있다. '동지애 문학작품'은 1990년대 이후에 발표된 일군의 작품들이다. 2001년 7월 「조선문학」에서는 '동지애 문학작품'을 "수령, 당, 대중의 일심단결의 사회정치적 생명체를 형상함에 있어서 동지애는 유일무이한 형

그림 3 북한은 항일무장혁명전통을 국가정체성의 근간으로 하기에 외세에 대한 모든 대응은 침략과 반침략으로 규정되는 군사적 성격을 갖고 있다.

상원천으로 되며 작품의 종자와 문제제기, 인간관계 설정과 이야기 줄거리 조직 등 형상과정의 모든 요소를 조건짓고 발전시켜 나가는 근본담보로 된다"고 평가하였다. 성과작으로 「영원한 우리 수령 김일성 동지」, 「영원하라 동지애의 력사여」, 「조국이여 청년들을 자랑하라」 등의 시와 장편소설 「열망」 등이 꼽히고 있다.

3) 새로운 통일의 코드 - '아리랑'

남북관계가 변화되면서 민족과 통일이 강조되었다. 2000년 6·15공동선언 이후 남북관계의 변화에 따라서 남한을 소재로 한 작품이 과거 부정적인 내용이 많았던 것에서 통일을 강조하는 것으로 바뀌었다. 통일을 강조한 대표적인 작품으로는 2002년에는 대집단체조와 예술공연 「아리랑」이 공연되었다. 2002년에 공연되었던 대집단체조와 예술공연 「아리랑」은 당시 최고의 작품으로 평가를 받았으며, 김일성상을 수상하였다.

「아리랑」의 개념은 고난과 어려움의 민족적 상징을 의미한다. 「아리랑」의 일차적 의미는 우리 민족이 수령을 중심으로 한 '아리랑' 민족이다. 민족의 노래인 민요 「아리랑」을 원천 소재로 김일성 주석 탄생 90돌을 맞아 '아리랑 민족의 생애' 라고 말할 수 있는 '수령님의 생애' 와 '우리 인민을 구원해 주시고 나라를 지켜 주시고 주체사상의 기치를 높이 드신 아리랑민족의 구세주' 인 '수령님' 의 '선군령도' 를 종자로 하고 있다(전영선; 2003c, 134). 동시에 김정일 시대의 '통일과 강성부흥' 을 상징한다. 김일성에서 김정일로 이어지는 '계속혁명' 의 정당성을 보여주는 "〈아리랑〉공연은 경애하는 김정일장군님의 선군정치 따라 강성대국건설에 힘차게 떨쳐 나서고 있는 우리 조국의 위상을 온 세상에 과시하며 북과 남, 해외의 우리 민족끼리 힘을 합쳐 조국통일의 결정적국면을 열어 나가는데서 획기적인 계기를 마련하" 기 위하여 제작된 것이다(조선신보; 2002. 3. 19)"라고 밝혔다. 이는 〈아리랑〉이 김정일 시대로 넘어가는 정치적 전환점에서 민족사의 고난을 주제로 한 작품을 통하여 김일성 시대의 본격적인 개막을 대내외에 상징적으로 부각한 작품임을 분명히 한 것이다.

> "36년간 왜놈의 구두발 아래서 우리 민족이 신음할 적에도 아리랑노래는 굽히지 않았다. 그때의 아리랑은 그야말로 분노와 눈물의 아리랑이였다. 그러나 오늘의 아리랑은 미래에 대한 락관을 안고 장군님두리에 일심단결된 우리 인민의 자랑을 온 세상에 소리높이 구가하고 있다"(조선신보; 2002. 4. 24)

〈아리랑〉을 통해 보여주려는 선군정치의 승리와 강성부흥의 메시지를 대외적으로 보여주면서 만수대창작사의 '다부작 연속편 대형 조선화' 〈아리랑〉 등 선군과 강성부흥의 정치적 이미지를 민족적 형식에 맞추어 제기하고 있다.

역시 2002년에 창작된 만수대창작사의 대형 조선화 〈아리랑〉은 '수령복 아리랑' 과 '선군 아리랑' 이라는 주제 하에서 창작이 진행되고 있다. '수령복 아리랑' 의 소주제에는 '피눈물의 아리랑', '광복민족 아리랑', '태양민족 아리랑' 등의 작품이 있으며, '선군아리랑' 의 소주제에는 '전승아리랑' 등의 작품이 포함되어 있다.

대집단체조와 예술공연 〈아리랑〉을 비롯한 일련의 문예작품으로는 '통일경축의 아리랑', '강성부흥 아리랑', '통일돈돌라리' 등이 있다. '통일경축의 아리랑' 은 2000년 6 · 15 남북공동선언 발표 이후 북한 방송에 자주 등장한 가요로 방송과 언론에서 소개되었던 곡이다. 2001년 2월 9일 평양방송은 '통일경축의 아리랑' 을 소개하면서 "우리는 경애하는 김일성 동지의 필생의 뜻이었고 민족의 사활적 요구인 조국통일 위업을 반드시 성취해야 한다"고 강조하였다. '통일돈돌라리' 는 2001년 2월에 나온 가요로 민요 전통민요 '돈돌라리' 가락에 통일내용을 담은 곡이다. '강성부흥 아리랑' 은 글자 그대로 인민들에게 '강성부흥' 의 신념과 낙관을 심어주는 민요로 TV와 라디오, 로동신문 등 각종 언론 매체를 통해 대대적으로 소개되었다. 특히 이 노래는 조선인민군협주단의 윤두근이 작사하고 보천보전자악단의 안정호가 곡을 붙였다는 점을 강조하면서 "군대가 가사를 쓰고 인민이 곡을 붙인 '강성부흥 아리랑' 은 군대가 부르면 무적의 힘이, 인민이 부르면 승리의 신심이 넘친다"고 평가하면서 '김정일 강성부흥의 찬가', '선군혁명시대의 민족적 재부(財富)', '장군님시대의 명곡, 민족의 긍지 넘치는 기념비적 작품' 으로 평가하였다.

4) '가는 길 험난해도 웃으면서 가자' - 생활문화의 다양화

북한이 1990년대 이후 지속된 경제난과 식량난이 1999년과 2000년에 이르러 다소 회복되면서 김정일 국방위원장의 정치적 권력의 안정 속에서 선군정치를 통한 강성대국 건설의 희망메시지를 전파하는 한편으로 생활문화의 폭을 넓혀가고 있다. 생활문화의 변화는 두 가지 이유로 설명된다.

하나는 사회구성원의 변화이다. 시간이 흐르면서 혁명세대가 퇴조하면서 전후세대가 등장하였고, 특히 1990년대 극심한 경제난을 지나면서 청년층으로 성장한 '새 세대' 들은 혁명세대와는 다른 실리적인 특성을 보여주었다. 만성적 경제난과 사회통제구조의 이완 속에서 사적 경제영역이 확대되면서 집단주의보다는 상대적으로 개인주의가 강하며, 대의명분보다는 실리적인 경향이 강한 특성을 보여준다. 새 세대들에게는 혁명의 당위성과 조직에 대한 충성의 문화로는 접근의 한계를 보일 수밖에 없었다. 다른 하나는 대외문화의 영향이었다. 남북관계는 크게 달라진 것이 없었으나 한중관계가 발전하면서 한국기업이 진출하였고, 인적 교류가 확대되면서 동북3성 지역에 한국문화가 소개되었고, 다양한 경로를 통해 북한 사회에 알려지게 되었다.

사회구성원의 변화에 대해 북한은 두 가지 방식으로 대응하였다. 하나는 변화된 시대상을 반영하면서 허용 가능한 범위 안에서 대중문화의 내용을 다양화 하고 생활문화의 폭을 넓히는 것이었다. 생활문화란 간단히 말해 생활 속에서 발견되는 이야기를 작품으로 옮기는 것이라 할 수 있다. 대중문화의 대중성과는 거리가 있으나 북한 문학예술의 창작원리로서 강조되는 '인민성' 의 측면이 부각된 작품에 해당한다. 인민성이란 사회주의 문학예술은 공산주의를 완성하는 데 이해관계를 가진 인민대중의 이익을 반영하고 인민들에게 복무해야 한다는 원칙이다.

인민의 입장에서 인민의 이해관계에 따라 인민의 해방과 행복한 미래의 건설에 복무하는 것을 뜻한다. 이를 위하여 문학예술 작품은 인민의 이해관계를 객관적으로 반영하여야 하며 인민대중이 알 수 있는 형식과 내용에 인민이 소망하는 바를 담아야 한다. 이런 점에서 인민성은 예술의 본질로서 당성 및 노동계급성과 연관되어 있으며, 인민대중에게 쉽게 이해되고 감동되는 작품을 만들어야 한다는 원칙으로서 통속예술론이나 군중예술론을 정립하는 근거가 된다. 보천보전악단의 음반에서 '대중가요'라는 용어가 사용되고 있지만 일상적으로 적립된 용어는 아니다.

이러한 생활문화가 반영된 예로는 2002년에 방송된 맞벌이 부부의 갈등과 남성의 권위적 태도를 비판하면서 남녀평등을 강조한 〈엄마를 깨우지 말아〉, 북한에서 부부간의 갈등과 이혼을 소재로 한 작품으로는 2001년 10월 조선중앙TV가 방영한 〈가정〉, 옥류관 총각요리사 무한기와 처녀 빙상무용수(아이스댄서)인 류순애의 사랑을 소재로 2001년 제작되어 큰 인기를 모았던 드라마 〈옥류풍경〉 등의 드라마나 일상생활을 소재로 한 '경희극', 생활가요 등이 이러한 세태를 반영한 것이다. 또한 전자오락에 대한 장려, 바둑이나 낚시 등의 장려, 요리사협회, 우표애호가동맹, 프로권투협회, 요술협회 등의 결성이나 활동을 통하여 다양한 취미생활을 장려를 통하여 생활문화를 다양화 하고 있다.

다른 한편으로 청년들의 도덕적 해이와 기강확립을 위한 문화정책이 추진되었다. 청년을 비롯한 북한 인민들의 도덕성 고취와 '혁명의 수뇌부 결사옹위'로 표현되는 지도자에 대한 충성심을 강조하고 있다. 청년들을 대상으로 발행되는 김일성사회주의청년동맹 기관지 '청년전위' 같은 매체를 통하여 '공산주의적 기풍'을 강조하는 한편으로 1970년대 불려지거나 공연되었던 '수령옹위' 주제 작품을 다시 방영하는 것으로서 정신적

인 무장을 강조하는 작품을 통하여 사상교육을 강조하고 있다(한국문화
정책개발원, 1998; 임순희, 2000).

북한 문화의 이 양극단적인 현상—전쟁을 소재로 한 수령옹위 주제
의 작품과 생활현실의 가벼운 주제를 통한 생활문화를 보여준 작품이 공
존하는 문화적 양각화 현상은 체제유지를 선행으로 하면서 인민들의 생활
을 반영할 수밖에 없는 대안없는 선택인 것이다.

4. 다시 북한의 문화를 생각하며

남북한의 문화는 기본 이념과 존재에 있어 지형 자체가 다르다. 이
처럼 판이하게 다른 지형을 두고서 어느 한편이 옳고 그르다는 시각을 견
지하는 한에서는 북한 문화를 이해할 수 없다. 북한 문화에 대한 이해는 왜
그래야 한다는 당위성부터 접근하지 말고 무엇인지를 점검하는 일부터 시
작되어야 한다. 남북문화의 차이는 그 자체로서 비판의 종착지가 아니라
상호 이해의 출발지이기 때문이다.

북한의 스스로 정치강국, 사상강국이라고 강조하듯 사상과 정치가
일상생활 영역에 작용한다. 따라서 북한의 정체성 역시 정치사상적 맥락
에서 이해되어야 한다. 이는 다양한 사상의 흐름 가운데 선택하거나 변화
되는 우리와는 기본적인 출발부터 차이가 나는 점이다. 국가에 의해서 사
상이 만들어 지고 국가에 의해서 공급되어 진다. 사상의 구체적인 구현으
로서 문학예술은 인민들로 하여금 보다 쉽게 사상을 이해하고 당 정책에
따르게 하는 사상교양을 존재 목적으로 한다.

북한 사회의 정체성의 핵심은 수령에 있다. 수령은 단순한 북한 체

제를 대표하는 직책이나 직위의 의미가 아니다. 수령은 세계 노동자계급을 이끌어가는 선진적인 사상을 만들고 혁명을 이끈 사상가들을 의미한다. 주체사상은 인류역사에서 역사발전의 법칙과 인민대중이 역사발전의 주인임을 밝힌 가장 선진적인 사상으로 강조되고 있다. 수령의 개념이 김일성을 의미하던 것에서 이제는 김일성과 김정일을 아우르는 개념으로 확대되었고, 태양의 개념 역시 중첩의 의미로 사용되고 있다. 김정일 체제의 새로운 지도자적 이미지를 강조하는 과정의 불가피한 변화일 것이다.

북한의 문화 정체성을 이루는 수령관은 북한을 낯설게 보이게 하는 핵심적인 요소이다. 생활 속에서 보이는 북한은 친숙하면서도 순간순간 참 이상하다는 느낌을 받게 된다. 반만년의 역사와 문화를 공유하고 있으면서도 정서적으로 낯설게 느껴질 때가 적지 않다. 대구 유니버시아드 대회에서 응원단이 보여준 행동은 많은 남측 사람들에게는 적지 않은 문화적 충격을 주었다. 장군님의 사진이 비에 젖는다고 뛰어 내려가 우산을 받쳐들고 정성껏 거두어 가는 모습이며, 장군님 사진이 비에 젖는다고 우는 모습은 상상하기 힘들 풍경이었음은 분명하였다.

그러나 가만히 기억을 더듬어 보자. 예전에는 비오는 날에는 태극기를 걸지 않았다. 비가오면 접어두었다가 해가 나면 다시 걸었던 기억이 있다. 그래서인지 태극기를 그리면 항상 맑은 하늘을 배경으로 그렸고, 노래를 불러도 "태극기가 바람에 펄럭입니다"고 불렀다. 그런 태극기가 오는 비를 다 맞으면서 밤새 내걸리게 된 것이 얼마나 오래된 일인가. 또 월드컵 대회가 없었다면 어떻게 자연스럽게 신성한 태극기를 가지고 머리띠로 가슴가리개로 치마로 입을 수 있었을까. 태극기는 국기로서 신성 그 자체였다. 국기는 엄중한 곳에 가지런히 정돈되어 있었으며, 국기하강식에는 뛰어가던 발걸음도 멈추고 태극기를 바라보면서 가슴에 손을 모으고 국기에 대한 맹세를 되새겼다. 어쩌다 열리는 큰 국제대회에서 자기네 나라 국기를 가지고 운동복을 해 입을 것을 보면 천박하기 그지없어 보였다.

태극기는 태극기고 장군님 사진은 장군님 사진이라고 말할 수 있다. 태극기는 한 나라를 상징하는 상징물이지만 장군님은 통치자이고 한 개인에 불과하다고 할 수 있다. 그러나 '장군님'은 북한의 안위와 인민의 생명을 지키는존재이다. 우리에게 더없이 태극기가 중요하듯이 북한 응원단에게는 장군님의 사진이 더없이 중요하다. 북한 인민들에게 있어 장군님보다 소중한 존재는 없을 것이다.

북한에서 지도자는 행정부의 수반이라는 정치적 위상, 행정상의 직위나 직책을 의미하는 것이 아니다. 북한에서 지도자란 곧 당의 영도하는 지도자로 각인된다. 북한에도 입법기관인 최고인민회의가 있으며, 임기도 5년이 있지만 지도자의 선출이 국민에 의한 선거로 결정되는 것은 아니다. 당의 결정에 의해 인민이 추대하는 형식이다. 인민으로부터 절대권력을 위임받은 지도자로서 혁명을 이끌어 간다. 혁명이란 총칼에 의한 무력혁명만을 의미하는 것이 아니라. 사회주의 체제를 붕괴시키려는 외부세력과의 투쟁, 사회주의 건설을 위한 건설과정, 사상·문화를 비롯한 제 분양에서 노동계급의 이익을 대변하고 이들의 사상을 보다 높은 단계로 교양하는 일체의 사업을 의미한다. 이런 혁명사업의 수뇌부인 것이다.

인간이며, 동물이며 두뇌가 없다면 어찌 살아갈 수 있겠는가. 살아도 살아있지 않은 존재, 죽은 것이나 다름없는 존재가 될 것이다. 뇌의 생각을 인민들에게 전달하는 조직이 당이며 인민은 몸인 것이다. 육체의 생명력은 뇌가 있을 때 정상적으로 작동한다. 뇌가 없다면 식물인간이나 다름없다. 생각도 못하고 활동도 할 수 없다. 이처럼 정치와 생명체의 유기적 구조를 같은 것으로 보는 것, 이것이 바로 '정치 생명체론'이다. 또한 사회주의 안에서 모든 인민은 하나의 큰 가정(사회주의 대가정)을 이루면 살아가는 식구들이다. 그 속에서 수령은 인민을 보살피는 '친애하는 어버이'이다. 우리의 뇌이며, 어버이인 수령이 어찌 소중하지 않겠는가.

수령에 대한 이미지, 형상화는 '수령형상창조'의 원칙에 따라 이루어지기에 북한의 어떤 작품, 어떤 방송을 보아도 수령 모습은 비슷하다. 언제나 인민을 위하여 근심하느라 제대로 밤잠도 이루지 못하고 천리길을 마다않고 찾아와 인민들의 어려움을 친히 해결해 주신다. 그런 장군님을 생각한다면 장군님이란 말만 들어도 가슴이 뛰고, 먼 발치서 장군님 계신 곳만 보아도 눈물이 흘러내리는 것은 당연하다. 내 한 몸 장군님을 위하여 바칠 수 있다면 그보다 큰 영광은 없을 것이다. 북한의 많은 인민들이 생각하는 수령에 대한 생각이다.

북한을 대할 때 느끼는 정치적 생경함은 같은 민족으로서 정서적 친숙함을 낯설게 만들고 거리감을 느끼게 한다. 그러나 북한에 대한 편견의 상당 부분은 북한에 대한 정보의 부재로부터 비롯되는 것이다. 잘 알고 있는 것 같으면서도 수십년 동안 접촉과 교류가 없었으니 이러한 편견은 일견 당연한 결과라고 할 수 있을 것이다. 그러나 정보 부재로 인한 편견 못지 않게 중요한 문제는 북한을 북한 식으로 이해하지 않고 우리 식으로만 이해하려는 태도이다. 예컨대, '창작의 자유가 있느냐', '종교의 자유가 있느냐'는 질문 같이 북한과 관련된 문제에 있어 '있느냐', '없느냐'의 이분법적인 사고는 북한을 바라보는 보편적 인식태도가 되었다.

비단 북한에 대한 문제만은 아니다. 우리 일상생활에서도 다르다는 문제는 곧잘 틀린다는 말로 대치되곤 한다. 그러나 옳고 그름을 의미하는 '맞다', '틀리다'는 말과 차이를 의미하는 '다르다'는 말은 분명 구분된다. 그럼에도 불구하고 나와는 다른 것을 틀린 것으로 인식하려는 배타적

태도가 보편화되었기 때문일 것이다. 남북한 문제에서도 이제는 '맞다, 틀리다' 에서 '다르다' 의 문제로 전환되어야 할 것이다. 그래서 남북이 '어떻게' 다르며, '얼마나' 달라졌는 지, 왜 그런 차이가 생겼는 지를 고민하고 실마리를 풀어가야 할 것이다. 남북한의 이질화는 남북한 함께 가야할 출발지이지 목적지는 아니기 때문이다.

▍더 읽을 거리 ▍

북한 문화의 핵심은 수령의 영도를 정점으로 하는 주체사상에 있다. 주체사상은 모든 것을 수령에 맞추어 생각하고 행동하고 느끼는 것이다. 주체사상의 정당성은 인민대중이 역사발전의 주체임을 자각하도록 정치사상적으로 인민대중을 이끌었으며, 막스-레닌주의의 원칙에 입각하여 '조선' 의 현실에 맞도록 창조 발전시킨 수령의 사상이라는 것으로 확인된다. 주체사상은 역사발전의 주체로서 인민대중의 이익에 기초하면서도 국가의 구체적 현실에 맞게 창조 발전시킬 것을 강조하기에 민족주의적 특징을 나타낸다. 북한에서 민족문화의 전통과 창조적 계승 발전을 강조하고 김일성과 김정일이 민족지도자로서 부각되는 것도 주체사상의 이러한 특징 때문이다.

　　북한의 문화, 북한의 정체성에 대한 내면적 탐구는 그리 많지 않다. 북한 연구 자체가 국가 정책적 차원의 필요성으로부터 출발하였기에 기본적으로 현실정책과 밀접한 연관을 맺고 있다. 북한 사회문화에 대한 연구자는 얼마 되지 않은 반면 사회문화 영역은 정치 · 군사 · 아보, 경제분야를 제외한 모든 영역을 포괄한다. 구체적으로 제반 사회현상, 종교, 체육, 건축, 생활문화, 인권, 순수예술, 대중예술, 북한이탈주민 정착, 여성, 방송 · 언론, 전통문화, 통일교육, 청소년, 의학 및 과학분야, NGO 등등이 모두 포함된다. 그 속을 세분하면 더욱 복잡해진다. 한 분야에서 다른 분야로 넘어가기가 쉽지 않은 전문성을 필요로 한다. 이런 이유로 연구자들은 자신의 영역에서 쉽게 나아가지 못한다. 문학은 음악을 넘지 않고, 음악은 미술과 거리를 둔다.

북한에 대한 접근을 꺼리게 하는 이유는 사회문화 분야에 대한 정치적 절대 영향 때문이다.

다음에 소개하는 책들은 북한에 대한 이해의 폭을 넓히는 좋은 지침서가 될 수 있을 것이다. 북한의 정체성에 대해서는 서보혁의 『북한 정체성의 두 얼굴』(책세상, 2003), 김영수의 『북한의 정치문화: 주체문화와 전통문화』(서강대, 1992), 김병로의 『북한사회의 종교성: 주체사상과 기독교의 종교양식 비교』(통일연구원, 2000), 전미영의 『김일성의 담화분석을 통해 본 북한체제의 정당화 전략』(한국정신문화연구원, 2000), 선우현의 『우리 시대의 북한철학』(책세상, 2000)이 있다. 전미영의 연구는 문학과 정치학을 전공한 연구자가 유일지도체제에서 설득담론으로서 언어를 통한 정당화 작업을 분석하였으며, 선우현은 철학적 체계로서 접근하였다는 점에서 인문학도들에게 도움이 될 것이다.

문화예술 분야에서는 이우영의 『김정일 문예정책의 지속과 변화』(민족통일연구원, 1998) · 『북한사회의 상징체계 연구 ; 혁명구호의 변화를 중심으로』(통일연구원, 2002)는 북한의 문화적 특성과 남북문화의 갈등, 북한 사회의 패러다임의 변화에 대해 살필 수 있다. 전영선의 『북한의 문학과 예술』(역락, 2004)과 『북한의 문학예술 운영체계와 문예이론』(역락, 2002), 임순희의 『북한의 대중문화 : 실태와 변화전망』(통일연구원, 2000)과 『북한문학의 김정일 '형상화' 연구』(통일연구원, 2003)는 북한 문학예술에 대한 본격적인 연구로서 북한 문학예술에 대한 이해와 접근 시각을 열어줄 것이다.

부담없이 북한 현실에 대한 접근을 원한다면 『북녘사람들은 어떻게 살고 있을까?』(선인, 2004)나 『북한 365일』(북한문제연구소, 2004)를 권하고 싶다. 북한의 일상생활을 다양한 사진자료와 해석을 중심으로 풀어냄으로써 북한에 대한 전반적인 이해를 높일 수 있는 책이다.

참고문헌

고태우, 1996, 『북한사 100장면』, 가람기획.

김남식, 1991, 주체사관은 유물사관의 발전적 계승이다, 『역사비평』계관14호(가을), 역사비평사.

김정일, 1982. 3. 31, 「주체사상에 대하여」, 위대한 수령 김일성동지 탄생 70돎기념 전국주체
　　　　사상토론회에 보낸 론문.

김정일, 1986. 7. 15, 「주체사상에서 제기되는 몇가지 문제에 대하여」, 조선로동당 중앙위원
　　　　회 책임일군들과 한 담화.

김정일, 1989. 12. 28, 「조선민족제일주의정신을 높이 발양시키자」, 조선로동당 중앙위
　　　　책임일군들 앞에서 한 연설.

김정일, 1995. 10, 「조선로동당은 위대한 수령 김일성동지의 당이다」『김정일 선집』, 조선로
　　　　동당출판사, 2000. 8.

김정일, 1997, 「주체문학론」(1992. 4), 『김정일선집12』, 로동당출판사.

김정일, 1998, 『사회주의의 사상적기초에 관한 몇가지 문제에 대하여』, 조선로동당출판사.

로동신문 · 근로자, 1999. 6. 1, 제국주의의 사상문화적침투를 배격하자, 공동논설.

이우영, 2003, 문학예술을 통해서 본 김정일 시대의 북한, 『북한의 문학과 문예이론』
　　　　(동국대학교 한국문화연구소편), 동국대학교출판부.

이우영 · 임순희 · 전영선, 2003. 9, 『최근 북한에서 나타나고 있는 대중문화 다양화 실상 및
　　　　전개방향』, 통일연구원.

임순희, 2000, 『북한의 대중문화 실태와 변화전망』, 통일연구원.

임순희, 2001, 『북한문학의 김정일 '형상화' 연구』, 통일연구원.

전영선, 2002a, 『북한의 문학예술 운영체계와 문예이론』, 도서출판 역락.

전영선, 2002b, 북한의 민족문화정책 기본과 사적 흐름, 『한국문화연구』6집, 경희대학교
　　　　민속학 연구소.

전영선, 2002c, 북한의 대집단체조와 예술공연 '아리랑'의 정치사회적 · 문학예술적 의미,
　　　　『중소연구』, 한양대 아태지역연구센터.

전영선, 2004, 북한의 사회주의적 민족문화 건설과 '우리 식' 고전문학 『한국문학논총』36집,
　　　　한국문학회.

조선신보, 2002. 3. 19 ; 2002. 4. 24.

채상우, 2003, 북한의 주체문예이론 , 『북한의 문학과 문예이론』(동국대학교 한국문화
　　　　연구소편), 동국대학교출판부.

최인경, 1993. 5. 7, 주체형의 공산주의적 인간전형 창조에 대한 완벽한 이론적 해명, 「문학신문」.

현종호, 1990, 『조선문화사-고대중세편』, 김일성종합대학출판사.

3부

한류, 미디어 문화로 만나다

12

시각문화, 스펙터클의 사회

김상숙

이 글은 미디어의 접근과 정체성에 대하여 대단히 원론적인 입장을 취한다. 구체적으로 미디어의 산출물이 앞서고 그리고 유물적인 결과물로서 분석하는 것이 아니다. 미디어로 형성된 현실에 대하여 읽어내는 총체적인 '눈'에 대한 것이다. 그런 현실이란 다름아닌 스펙터클화 현실이며, 스펙터클은 곧 멀티미디어의 시청각적 산출물이다. 결국 이러한 미디어에 대한 연구는 시각문화의 스펙터클적 특성으로서 접근을 한다.

1. 우리는 삶을 시청한다

현재, 동남 동북아시아에서 파도처럼 일어나고 있는 한류[1], 현대 한국대중문화의 스펙터클은 우리의 시

1 한류(韓流)의 명칭에 대해서, 일부 특히 중국에서는 찬기운의 한(寒) 혹은 중국 한나라 한(漢) 자로서 한국문화인 외국문화에 대해 자국에 편리하도록 쓰이는 명칭으로서가 아닌, 해방 이후 특히 1990년대 후반부터 아시아권에 진출한 한국대중문화의 총칭으로서 문화의 흐름을 말한다.

각문화를 전반적으로 이해할 수 있는 중요한 소재이다. 이러한 소재로 이야기하려는 논의는 여러 가지가 있을 수 있을 것이다. 예를 들어서 왜, 유독 아시아 지역에서 이러한 열풍이 일어나고 있는가, 혹은 문화의 세계화에 대한 질문으로 그 이유와 배경이 주요한 논객으로 될 수 있을 것이다. 이미지들의 대량 유포의 기술로서, 다양한 생산성과 그에 따른 변용과 활용 방안으로서 한류에 대한 질문은 현실적인 논객으로 될 수 있을 것이다. 더욱 우리의 산업적 혹은 외교적인[2] 국익을 위해서 무엇이 필요한가 하는 모색 연구도 필요하다. 물결과도 같은 이러한 주제는, 많은 흥미와 당면한 현상으로서 이미 여러 담론과 연구가 진행중인 것으로 본다. 본 연구에서는 과연 주된 관심이 무엇일까? 이미 현실적인 것으로 드러나고 물질적으로 번역된 세계에 대한 '매개' 그 자체에 문제를 삼고 있다. 매개에 대한 질문이란, 다름 아닌 이미지의 속성 스펙터클화된 시청각적인 세계에 대한 연구이다. 즉 스펙터클 사회에 관한 질문이다. 스펙터클의 이름으로 그러한 사회의 속성을 들추어 보려는 것이며, 다름 아닌 이미지들에 의해 매개된 사회의 내적인 문제들을 한류라는 소재로서 연구하려는 것이다. 연구 소재로서 한류와 함께 본 연구는, 기 드보르[3]의 『스펙터클의 사회』에서 10가지의 발제를 선택한다. 발제 자체는 소문단 형식이다. 흔히 연구를 위해 각각의 문장에 참고나 주석을 필요로 하는 경우와는 다르게, 연구의 결과에 이르도록 선제문으로 사용했다. 현대사회의 비평적인 국면과 한국대중문화의 시각적 스펙터클을 대상화하여 현대사회의 이미지 매개를 연구하려는 것이다.

2 한국외교통상부의 중단기 외교 전략 세미나에서 이와 같은 주제로 발표한 바 있다. 2004년 6월 25일.

3 Guy Debord(1931-1994)의 *Society of the Spectacle*은 프랑스에서 1967년 첫 출판. 이 후 프랑스에서 본인의 의도 하에 그리고 미국에서도 여러 번의 개정본이 있었다. 한국에서는 이경숙 번역을 참고 했다. 본 연구의 '이미지의 매개로서 스펙터클' 이라는 방향설정 후, 책 중에서 총 10개의 발제문을 선택했다. 기 드보르는 시인, 영화감독, 저널리스트, 민중운동가 등 1968년 프랑스 68학생운동의 급진적인 영향 역할.

기 드보르에 따르면, 스펙터클이란 '대상화된 세계관' 이며, 현대 우리의 삶은 디자인된 이미지에 의해 매개되었다는 것이다. 그리고 우리의 존재는 항상 도처에서 수동적으로 소비를 하도록 요구되고 있다는 것이다. 결국에는 우리의 삶으로 부터 직접적인 경험, 정서, 그리고 그러한 관계를 박탈하도록 전도되어 있다는 것으로 풀이한다. 이러한 풀이는 동남 동북아시아에서, 모든 현대사회의 디자인된 이미지들에 의해 생산되어진 스펙터클로 인하여 그러한 스펙터클의 열정에서 한류는 합류하고 있기 때문이다. 아마도 이것은 동 서양할 것 없이 현대인의 삶에 치명적으로 가까이 와있는 이미지 매개사회에 대하여 더욱 원론적으로 말할 수 있는 것이 아닌가. 이러한 질문에 해답을 구하며, 아마도 '우리는 삶을 산다' 고 말하기 보다는 오히려 스펙터클 사회에서 ' 우리는 삶을 시청한다' 라고 전도된 이미지의 매개사회를 드러내려고 할 것이다. 현대문화 예술전반에 걸친 시청각적인 참고자료와 한류라는 아시아 도처의 현상으로 이 시대의 이미지 사회를 연구하고자 한다.

2. 흥분과 열광의 스펙터클 현장

1) 지금부터

5000년 전 해동왕국인 우리 옛 조상의 문화흐름을 신화와 고대역사 속에 있다고 해도, 2000년 전 가야국의 수로왕 일곱 아들에 대한 이야기는 한국문화의 유구한 흐름에 대하여 진일보 유추해 낼 수 있을 것이다. 예를 들어, 전남 구례 쌍계사 옆 칠보사에 가보자. 거기에는 전설처럼 7개의 큰 바위가 있다. 예로부터 사찰의 유래와 밀접히 관련지어 7개의 바위에 대한 이야기가 있는데, 수로왕의 일곱 아들이 여기서 하늘로 올라간 자리라고 전해진다. 하늘에 올라갔다 승천했다 라는 이야기가 곧 어디론가 사라진 것으로 또 다른 곳으로 가버린, 신기하게도 장소와 공간적인 이동에 관한 이야기이다. 이런 이야기의 맥락을 뒷 받침하는 또 다른 현장인 대마도에 가 보자. 현재 대마도에는 일본인 전통종교의 사찰인 신사가 있는데, 거기에는 수로왕의 일곱 아들이 이곳에서 살았다고 전하며, 지금까지 매년 축제를 열고 있다. 일곱 아들의 삶을 통해, 한국에서 대마도로 그 후 본토인 교토로 우리 문화의 이동 경유를 유추해 보는 근거있는 생각이 아닌가. 어디 그것 뿐인가, 역사의 흐름에서 급히 내려오면서, 조선시대 초기에서 그리고 무엇보다도 조선 후반부의 조선 통신사 활약은 임진왜란 후 조선과 일본의 정치외교 채널이었다. 조선통신사의 행차는 보통 6~8개월로 500여 명으로 구성되었다 하니 물자 이외에 참여 인원 기간 행로 등을 보더라도 양국 간의 교류의 물꼬를 튼 공식 문화교류로서 그 여정과 영향을 짐작할 수 있을 것이다. 과거의 역사 속에서도 한국문화의 흐름 즉 지금의 유행 언어로 풀이하면 한류가 있었다. 현대, 오늘 부는 바람은 과거의 조선 통신사와는 어떻게 다른지, 지금의 한류 모습에서 그 때의 열기가 얼마나 했던가 짐작해 본다. 최근에 한류에 대한 일간 소식통을 보자.

한국TV 드라마(배용준 주역, 후유노 소나타-겨울연가)가 일본의 여성과 중장년의 정서를 얼마나 강타했는지 알 수 있는 뉴스였다. 한류에 대한 현대판 소식이다. 오키야마시에서 자민당의 800여명 여성지지자 앞에선 고이즈미 준이치로 일본총리는 집회연설 도중에, 욘 사마(배용준의 일본 애칭)를 빌려 표심에 호소하는 전략적인 발언이었는데, 사실인 즉, '욘사마 본받아 준사마 되겠다' 는 것이다. 일본에서 한류스타와 드라마의 인기가 총리의 정치적인 호소에도 쓰이고 있다는 점 에 주목해야 된다(2004년 6월21일, 도꾜, 연합통신).

확실히, 현재 일본열도를 휩쓰는 한국 드라마에 대한 강도는 일본인 저마다 조금씩은 다르겠지만, 한국어를 배운다든지 상기 드라마와 연관된 문화상품의 호조, 그리고 가요, 영화 등으로 인해 한류가 크게 달아 오르고 있는 것이 분명하다. 그것 뿐인가, 연이은 대만, 중국, 베트남 등지에서 한국의 영화나 가수들 연예스타들의 활동 호조는 산업 마케팅의 현장에서 활약이 엄청나게 부각된 연예소식을 접한다. 이러한 통신 중에서 최근의 대중잡지 소식란을 예로 들어보자.

후유노 소나타가 2001년 4월부터 NHK-BS2 위성방송을 탄 후에(처음에는 케이블 TV 였었고, 사실상 3번째 재방영), 집계된 것인데 겨울연가 메인 스틸에 따른 TV, 서점용, 인터넷에서 매일 청취하고 한국어 공부와 피아노렛슨, 촬영장소 현지 투어 등 여러 분야를 집계한 결과를 본다. 관련상품 DVD, 비디오,가 약 25억엔(한화 250억원), 잡지 출판물은 약 10억엔(한화 100억원) 등 모두 합해서 35억엔(한화 350억원)으로 잠정적인 숫자로 집계하고 있다(우먼센스 192호, 서울, 2004년 7월).

문화산업적인 면에서 커다란 이익을 차지하고 있으면서 아직도 전체적인 문화산업 대외 마케팅의 전략이 상품의 인기상승 만큼 실질적으로 이익을 추구하지 못하더라도 한 종목에 위와 같은 수치는 대단한 것으로 보여진다. 아시아 각국 중국과 대만, 태국과 필리핀 그리고 인도에서, 일본에서, 한류는 국가적인 혹은 산업 투자자들에 의해서가 아닌, 연예계 젊은 스타들의 개인적인 성과로서, 문화산업을 바탕으로 한 스펙터클이다. 1990년대 말부터 불기 시작한 아시아 동남북을 휩쓸고 있는 뜨거운 한국의 대중문화 바람이다. 주된 시청각적인 스펙터클은 경쟁력 있게 아시아 각국에서 대중문화의 중심으로 자리를 잡아가고 있는 문화적인 현상이다. 한류란, 정말 한낱 유행으로서 몇몇의 인기비결로서 지나가는 것이 아닌가 하는 질문과 함께, 달아오른 우리 대중문화의 열풍이고 그리고 사건이다. 중국을 위시하여 일본 대만 홍콩 베트남 그리고 최근에는 인도와 멀리 멕시코까지 위세가 대단하다. 아시아 각국의 청소년들 사이에서 번지고 있는 한국의 대중문화가 현지에서 향유와 소비를 동반한 막강한 영향력을 말한다(베트남 등지에서는 과소비를 조장하는 청소년의 문제로 안티한류 조짐이 있다고 함. 하나포 뉴스, 하노이 연합, 2004년 6월 6일).

한류 스펙터클은, 아시아 청소년들 사이에서 부는 열기로서 한국 댄스 음악을 가장 먼저 그리고 중심에 놓고, 젊은 한국의 연예 스타들이 사랑을 받고 한국 대중문화의 붐을 일으키고 있는 문화적인 이벤트인 것이다. 동시에, 한류 스펙터클은 현대사회의 표면에서 그리고 소비를 지향하고 삶의 일상을 열광시키는 이미지들에 의해 사람들과 사회에서 암암리에 결속된 그들의 취향과 기호이다. 세부적으로 보면, 한류 스펙터클은 일본의 경우 TV와 영화, 한국문화 애호, 문화상품 기호로서, 중국에서는 북경의 디스코텍, 공연장, 인터넷 사이트, 팬클럽의 열성, 스포츠 룩, 한국 드라마, 음식 등 이다. 대만과 베트남 동남아시아의 경우에는 한류스타들의 공연과 드라마, 패션, 성형, 인기클럽, 등 대중문화의 장르가 다양하다. 청소년들 젊은이들의 현존하는 영향력있는 양식과 그들의 정서에 전적으로 호소하는 것이다. 댄스뮤직과 공연에 열광하는 중국의 젊은이들은 한류에 대하여 어떻게 말하고 있는가, 잘생기고 젊고 감각적이고 그리고 어떤 압축된 에

너지를 발견한다고 인기를 말하고 있다. 다음과 같은 기사에서 그 인기에 대한 한 예를 알 수 있다.

> 정치 일번지인 중국 인민대회당을 처음 대중문화에 공개 한중 우호의 밤을 열었다. 초대형 옴니버스 형태로 인기가수, 패션쇼, 노래와 춤으로 이루어졌다. 정치 일번지서 외국대중문화를 첫 공개하고… 팬 6000여명 환호 100여개의 언론사 몰려… 이 날 공연을 통해 새로운 가능성을 확인했다. 한국고전무용과 현대재즈 음악 등으로 열풍이 다양하게 확산될 수 있다는 것이다. 한국관광공사는 이것을 가장 큰 수확으로 꼽았다(중앙일보, 2004년 7월17일).

한류는 특히 시각매체 공연을 중심으로 한 스펙터클로서 아시아에서 한국 대중문화의 붐을 일으키면서, 국가의 이미지를 새롭게 하고 있다. 경제적으로도 홍보매체로도 증가시키는 산업 전령사로서, 여러 모로 주목을 받고있는 문화산업이다. 이러한 활약상에 대해 무엇보다도 국내에서 담론의 열기 역시 뜨거웠는데, 언론, 학술, 연예통신, 사이버 공간 등 각종 매체에서 한류에 대한 분석과 지속적인 대책 마련을 위해 다양한 담론이 산출되는 등 단연 주목받는 관심거리로 부상한다. 그러하면서도, 예상치 못했던 콘텐츠의 부족이나 전략의 부재 그리고 문화산업적인 기획력을 더욱 보강해야 한다는 목소리가 높다.

한류 스펙터클은 한국의 전통문화가 아니다. 이는, 한국의 젊은 연예인들의 국외에서의 활약상이다. 그들의 영향은 바로 동남북 아시아의 신세대의 기호로서 접목된 신자유주의적인 표상이라고 볼 수 있을 것이다. 신세대와 호흡을 하는 스펙터클은 다름 아닌 자본주의에 접속된 코드로서 각국 문화의 호흡을 같이하는 것으로 풀이하고 있다. 한편으로는, 한류와 같은 이러한 일련의 문화적인 사건은 바로 현대 산업문화의 속성과 함께하는 아시아 각지역 사회의 전통적인 삶의 형태 변화 즉 새로운 가치관 대두로 보는 것이다. 현대사회의 변화와 욕구의 충족으로서 시각적인 이러한 스펙터클은, 다름 아닌 우리는 삶을 시청한다라는 언표처럼 삶의 형태와 의식의 변화로서 이는 곧 아시아 사회의 변화를 말한다. 한류의 대상이 바로 젊은세대로서 그들의 국경과 민족의 문제가 아닌 인간으로서 보편적이고 현대적인 속성으로서 스펙터클적 문화향유로 보는 것이다.

2) 한류에 대한 담론들

대중문화가 돈이 되고, 국가의 이미지도 바꾸고, 산업을 앞장서서 홍보도 하는 이러한 현상에 대해 국내외에서 흥미있고 분주한 담론의 주제로 떠 올랐다. 한류, 정말 문화 맞니(문화일보, 2001. 9. 8.), 한류 뒤집어 보기(한겨레 신문, 2001. 9. 26.), 전략의 부재, 콘텐츠가 모자란다, 애국적인 흥분들, 수출과 직결해야 한다, 새로운 묘안에 대한 담론, 문화시장론 등 한류 현지 만큼이나 뜨거운 행보였다고 본다. 많은 신문지상 담론 중에서 하나를 떠 올리면 얼마나 한류의 물결이 뜨겁고 위풍 당당한지 아래 사설 속에 잘 드러난다. '1965년 비틀즈가 영국황실에서 작위를 받았다. 만약 오늘 한국에서 그러한 상을 주려면 그 상이 제일 먼저 돌아갈 사람은 누구인가… 한국에 관한 열기는 현지에 있는 기업들에 의해 의도적인 마케팅의 결과이기도 하다 …한국서 만든 TV드라마를 더빙 비용과 함께 기부하였는데, 이러한 전략이 한국 붐을 일으키는 데 공헌을 했다. 한국의 노래를 듣고 한국의 TV 드라마를 보면서… 소비성향 그리고 성형수술에 이르기까지 한국적인 스타일을 따라하기 시작했다(코리아 해럴드, 2001. 8.

31.). 한류에 대한 국내의 담론은, TV 좌담형태, 신문기사, 잡지기고, 학술 논문, 문화전문지, 뉴 음반과 TV 연예잡지 등 적어도 한류를 본격적으로 다루던 2001년부터 엄청난 회수로 이슈화 되었다. 전문가들의 글과 인터 넷 사이트의 뉴스를 모아보면 약 1000여 건 수에 이른다. 물론 한류스타들 의 개인 사이트를 뺀 수치이며 또한 질문과 응답 등을 생략한 대략의 수치 를 보이고 있다.

한류의 뜨거움은 특히 동남아시아가 현대사회의 지향으로서 시각 이미지들에 의해 매개된 사람들과 사회적인 관계로서 한류 스펙터클의 열 정적인 문화현상을 낳았다고 보는 것이다. 새삼 질문을 다시 해보자. 정말 로 우리문화 유독 우리 대중문화의 접전으로서 동남 동북아시아에서 가능 했던 이유는 무엇인가. 비평가, 분석가, 학자 마다 언어는 조금씩 달리해 도 요약을 해보면, 이것은 아시아의 문화적 역사적인 배경과 그 특성 속에 서 풀이를 하고 있다.

첫째로, 탈 제국주의와 서구문화 식민지의 역사적 배경 탈출구 역활 로서 한류의 열정을 말한다. 서구 특히 미국문화 지배와 문화 정치 역사의 제국주의에서 탈피한 아시아에서 탄생한 아시아적인 문화로서의 대상인 것이다. 이러한 이유로 동남아시아에서 일본문화 즉 반일 감정과는 달리 한국문화의 접근 용이한 점으로 들 수 있겠다(조한혜정의 견해 참고).[4]

둘째로, 서구 타문화의 오랜 지배는 오히려 아 시아 스스로의 정체성을 요구하는 사회저변의 문화 코드에 따른 접목으로 풀이한다. 한국 역시 이러한 지배 속에서 민족문화 의 정체성에 대한 오랜 염원을 숙원하였다. 서구의 문화 식민지 문화제국 주의적인 양태 속에서 우리문화의 특성을 찾기가 쉽지가 않았다. 아시아 각국 역시 그들의 문화적인 정체성 찾기 위해서 사회 저변 문화운동이 있

[4] 조한혜정, 글로벌 지각 변동의 징후 로 읽는 한류 열풍, 『한류와 아시아의 대중문화』, 연세대학출판부, 2003

을 수 있다. 한류의 접목이 가능한 점은 이러한 지배적인 서구문화에서 탈 피하려는 암암리의 요구에 부응하는 각국의 정서 감각일 것이다. 특히, 대 만에서 한국 대중문화에 대한 분석을 보면, 주변국 아시아국가들끼리 대 중문화교류에 한류가 주도적인 역할을 하고 있다는 것, 그 속에서 아시아 상호 간의 문화를 보는 계기로 들 수 있을 것이다(김현미 견해 참고).[5]

[5] 김현미, 대만 속의 한국 대중문화, 위의 책

셋째로, 신자유주의적인 삶의 가치변화 때문으로, 전통 유교사회에서 신조류 즉 신자본주의적인 변화 일변도의 풍토라고 본다. 아시아의 상업자본주의 소비문화, 신세대의 동일 감각과 기호성, 대중문화 급부상 등으로 볼 수 있을 것이다.

총체적으로 한류의 접목이 동남 북아시아, 그 지역의 사회 정서와 밀착된 것으로 '신세대의 대중문화 공감대' 로 풀이할 수 있을 것이다. 이 러한 신세대의 소비상품으로서 대중문화산업은 경제상품으로서 절대적 인 가치가 가장 중요했던 변수로 보인다. 현재는, 이러한 한류 현상에 대해 얼마나 현상이 지속될까? 지속을 시키기 위해서 어떻게 해야 될까? 새로운 콘텐츠와 새로운 전략으로 담론이 모아지는 경향이다. 한편으로는 이러한 담론이 한국문화의 정체성 찾기라는 방향으로 전환하기도 하고, 그리고 아시아 상호 문화교류의 밑거름이라는 주장이 크게 이슈화하는 담론의 여 지를 남겨 놓고있는 실정이다.

결국, 소비문화의 이름으로 한 한류열풍은, 여러 문화예술 분야 중 에서 특히 시청각적 스타 이미지에 의한 대중매체의 군집 즉, 스펙터클 문 화다. 기 드보르에 의하면, 스펙터클이란 사회적으로 지배적인 삶의 현존 하는 모델로 보여지는 것이라고 풀이하고 있다. 한류문화는 우리 사회의 지배적인 삶의 현존 모델이다. 다름 아닌 흥분과 열광 즉 쏠리고 몰리고 우 상화하고 선망의 대상으로 놓아두는 대중의 취향과 대중의 속성에 부합된 문화적 코드이다. 보고 즐기고 대상화되는 모델로서 존재한다. 이러한 것은 대중의 선호도, 그리고 집착과 소비양상 산업자본의 산출에 의한 것이고, 동시에 대중적인 삶의 속성과 사회 문화적인 코드가 서로 맞물리는 가운데 산출하는 그런 표상이다. 그러하기에 특화되어진 대중의 우상으로서 표상되고, 모델이 될 수밖에 없는 형태로서 스펙터클의 전형으로 한류를 말할 수 있을 것이다.

3. 한류라는 스펙터클에 대한 10가지 생각

우리는 한류문화의 아시아에서 파급 효과를 이미 주시한 바 있다. 한류는 시각문화로서 스펙터클 사회에서 흐름을 타고, 또한 그러한 현대 대중문화의 시각적 표상이라고 보는 것이다. 이에 한류를 중요한 예로 들면서 발제에 따른 분석을 시도하며, 시각적 세계관으로서 스펙터클 사회의 속성을 알아 본다.

> **발제 1**
>
> 현대적 생산 조건들이 지배하는 모든 사회들에서, 삶 전체는 스펙터클의 거대한 축적물로 나타난다. 직접적으로 삶에 속했던 모든 것은 표상으로 물러난다.

현대적인 생산 조건을 지배하는 사회란, 다름 아닌 산업 자본주의적인 속성에 지배 받는 사회이다. 산업자본에 지배를 받는 삶이란, 다름 아닌 소비적인 삶이다. 이런 소비의 표상은 삶의 도처에서 관계한다. 한류 스펙터클은 아시아의 문화교류로서 동시대적인 변화에 관계하는 것이다. 이 시대의 문화체험은 다름 아닌 소비사회 산업적인 전략의 선두로 보이는 삶의 방식과 형성인 것이다. 한류 스펙터클은 바로 이러한 소비의 표상으로 국가의 경계를 넘어선 세속적이고 물적인 대중의 욕망과 충족으로 다시 말하면, 오늘날 문화의 보편성으로 보아진다. 이는, 모든 문화에 공통적으로 나타나게 되는 인간의 활동과 기본이다. 즉 시대적인 변화 속에 드러나는 삶의 공통적인 속성으로 말할 수 있을 것이다. 탐닉과 향유 소비 생산 그리고 자본주의적 속성 속에서 산출되는 갖가지의 형상들의 결과라는 것, 이 모든 것이 집결된 이미지로서 표상이 되어 스펙터클화 한다. 궁국적으로 이러한 문화의 양상이 자본주의 시스템과 매 마찬가지로 하나의 순환과정에 있다는 것이다. 즉 한류란 스펙터클화 된 이미지의 재생산과 소비의 카테고리 속에서 삶의 축적된 하나의 현상이라고 말할 수 있을 것이다.

발제 2

스펙터클은 동시에 사회 전체로서, 사회의 부분으로서, 그리고 통일의 도구로서 나타난다. 사회의 부분으로서 그것은 특히 일체의 의식이 집중되는 영역이다.

한류의 주 대상은 신세대 청소년들이다. 물론 매체의 특성에 따라 이십대에서 사오십대의 폭넓은 대상이 있다.(특히, 일본에서 인기있는 한류TV와 음반과 영화방영물은 주로 인간의 감수성을 자극하고 서정성과 순수성을 돋보이는 맬로드라마가 많기 때문이다) 한류의 소비 주체인 신세대는 사회구성원의 일부분이다. 예를 들어, 온라인 게임 개발국인 한국의 주요 이용자는 거의 청소년이 차지하고 있는 것을 보면, 신세대의 문화

산업 소비로는 부분 세대이지만, 문화산업에 영향력을 주는 대상으로서 대중문화 흐름의 전체를 겨냥한다. 사회 부분이지만 일체의 의식이 집중 된다는 것은 문화의 영향력에 관한 문제이다. 온라인 게임공간에서, 아시 아의 청소년들에 대한 이해 그리고 그들의 놀이 공간에서 상호교류할 수 있고, 사회에서 이루어지는 인간관계가 어떤 의미가 있는지를 탐색할 수 있을 것이다. 따라서 온라인 게임을 중심으로 한 청소년 문화에 대한 연구 와 아시아 각국 간의 비교는 단순히 게임 활동에 대한 비교 뿐 만 아니라, 새롭게 등장하는 사이버 세상을 두고 새로운 문화활동을 탐색하는 일이기 도하다. 문화의 커다란 영향력은 일체의 의식이 집중이 된다. 이것은 다름 아닌 새로운 문화적인 코드의 활약상과 향후 문화의 새로운 탐색과 밀접 한 관련이 있기 때문이다.

발제 3

스펙터클은 이미지들의 집합이 아니라 이미지들에 의해 매개된 사람 들 간의 사회적인 관계다.

대중문화인 한류 스펙터클은 사람과 사람, 국경과 국가 등 여러 간 극과 소통에 적극적으로 관계한다. 한편의 TV 드라마에 심취하고, 스타의 웹 사이트에서 소통과 소통들, 북경의 대규모의 댄스음악 페스티발에서 흥분, 드라마에 심취해 그 속에 등장하는 촬영현장을 체험하기 위해 한국 을 여행하고, 이 모든 것에는 사실상 매개된 매력 때문이다. 공통의 음악적 인 언어, 드라마의 정서언어, 혹은 스타들의 젊고 잘생긴 매력적인 용모에 사로 잡힌 것이다.

한류는 문자와 장소에 상관 없이 공통의 감성으로 집단화된 흥미를 보이는 문화이다. 이는 문화와 문화의 접촉지역의 현상이며, 자본과 문화의 구성체가 이루어내는 신문화화에 관한 것이다. 인류학 문화연구자들은 이러한 개념에 대해 초문화화 탈문화화 현상으로 읽어 낸다. 한류란 다름 아닌 스펙터클의 초국가 초문화적인 현상이다. 이미지의 공유 현상이다. 인간의 보편적인 면, 그런 심상에 자극하고 신세대들의 스타 마니아 형성과 스타의 우상화 현상이 실은 그런 광경이 산출하는 이미지에 의해 매료된 것이다.

이미지의 매개에 의해 시지각적인 세계로의 몰입인 한류는, 접속되는 나라의 기질과도 관계가 크다. 특히 일본국에서는 일본인의 오타쿠 장인기질과 같은 특성이 한류와의 접속 결과가 오히려 크게 드러난다. 한 곳에 모이고 같은 취향의 구룹을 형성하고 심취한 것의 이모저모를 직접 찾아나서고 세세히 관찰하고 성실하게도 하나하나 수집하는 열성과 경험으로 탐색하는 것은, 다름 아닌 한류 이미지에 매료된 일본인의 속성과 함께 한 문화이다. 같은 취향이 모인다는 것은 이미 같은 이미지에 의해 정서적인 교류와 기호가 연관된 인간의 최적의 유대관계인 것이다.

발제 4

스펙터클을 시각세계의 남용이나, 이미지들의 대량유포 기술의 산물이라고 이해해서는 안된다. 오히려 그것은, 현실적인 것이 되고 물질적으로 번역된 세계관이다. 그것은 대상화된 세계관이다.

우리는 시각적인 소비에 빠져 있는 이미지의 중독자가 되어버렸다고 감히 말한다. 오직 이미지만이 삶의 전부처럼 중요해졌다. 모든 것이 보는 것으로 존재한다고 말할 수 있다. 마치 우리는 삶을 시청한다고 말하는 것이다. 그러하기에 보는 것은 보여지는 것으로, 시각정보의 흐름 속에 우리 스스로는 노출되어 있는 것이다. 갸리 힐(Gary Hill) (그림 1)은 우리가 보고 보이는 시각적 변증적인 상태를 작업으로 말하고 있다. 그의 작업 〈보는 자〉에서는 17명의 보통 남자들이 5대의 비디오 프로젝트에 투사되어 벽면에 비추어져 있다. 아메리칸과 인디언 혼혈, 멕시코계, 흑인들, 아프리카 난민, 중국계 이민후예 등 뉴욕의 거리 모퉁이에서 어디서든 만날 수 있는 그런 보통사람들이다. 컴컴한 방, 전시장 방문객은 무언가를 보고자 감상하고자 간 그 곳에서 바라보고 그리고 오히려 바라 보여지는 이중의 역설적 관계 속에 있음을 알 수 있게 된다. 벽면에 투사된 인물들은 비디오 촬영의 섬세하고 실제 인물의 크기와 살아있는 사람을 기록 투사하여 벽 앞에서 알 수 있는 것은, 지금 여기 현재의 모든 사람들에 의해 구경꾼으로 둘러쌓인 상황으로 설정되어 있다. 그런 벽 앞에서, 무언가 보고자 들어갔던 그 장소에서 관객은 오히려 누가 누구를 관찰하는가에 대해 애매한 관계 속에 놓인다. 본다는 것은 곧 보여지는 관계 속에서 보는 것에 따른 보여지는 것의 반응에 의한 이 세계의 관계를 시각적인 방법으로 드러내고 있다. 그러하기에 우리 스스로는 노출되면서 서로를 시청하는 산출의 역설적 관계 하에 있는 대상으로서 위상이다. 작업은 이러한 시각적 이중교차의 은유적인 메시지를 전달한다.

보는 것, 보여지는 것과의 사이에서 만약, 대중에게 가장 많이 보여지고 보여주는 그래서 영향력으로 우상화 된 것을 무엇이라 하는가, 이것은 스타이다. 대중매체 시대에 수많은 소비자가 상품을 소비하면서 가장 두드러지는 현상은 바로 스타의 출현 스타 시스템일 것이다. 대중들을 번역해 내고 대중들의 속성을 집약적으로 드러내는 것은 역시 대중 앞에 그들을 대신해서 우상화 되어 있는 그런 스타이다. 대중은 스타의 산출된 이미지를 받아들인다. 히로유끼(Hiroyuki Matsukage)의 작품을 보자(그림 2).

대중과 스타들, 스스로가 우상화되려는 현대인을 희화적으로 해석을 하고 있다. 관람객인 대중의 사진으로 둘러 쳐진 설치작업이 있다. 전시장 벽면 앞에 마이크가 세워져 있고 위에서는 스포트라이트가 비추고 있다. 그 앞에는 둘러 쳐진 사진으로 한 거대한 벽면이 있다. 벽면의 칼라 사진은 관객들의 환호성과 스타를 만나는 대중이며 크로즈업한 사진의 얼굴은 스타의 반응에 웃고 보고 즐기는 대중 그 자체이다. 히로유끼의 작품은 현대사회의 보고 보여지는 스펙터클 대상의 변증적인 관계를 제시한다. 전시장에 들어선 관람자로 하여금 스스로 그러한 상황에 놓여지게 유도한다. 마이크를 붙들고 스타처럼 노래라도 불러보자. 보여지는 것과 보는 것 사이에서 시각적인 이데올로기의 반향이 대중에게 전시회의 관람자인 개인에게 모두 소비되어 상호 산출된 이미지에 젖어 있게 된다. 스펙터클의 우상이 된 스타는 이미지의 산출자이다. 대중은 그런 스타를 동경하고 스타의 덕으로 산업을 홍보하는 것이다. 소비를 시키고 소비를 미덕으로 소비를 통해 의미 생산으로 대중과 스펙터클은 만난다. 또한 대중 스스로 스펙터클을 산출한다. 산업 자본주의 원동력은 바로 소비로 인하여 물질 상품을 소비하고 이미지 상품을 소비하고, 소비는 사회의 정체성을 드러내는 물질적 비물질적인 변수이다. 결국, 현실적으로 번역된 세계는 다름아닌 스펙터클이고, 스펙터클로서 번역된 이 세계에서 그런 세계를 바라보게끔하는 것이 역시 스펙터클로서이다. 스펙터클과 대중 그리고 스타 이 모든 것은 시각문화의 물질 혹은 비물질로 대상화된 우리 세기의 이 세상을 바라 보는 눈이라고 말할 수 있을 것이다.

현대문화의 트랜드는 현란할 정도로 속도화되어 있다. 진부함이란,
다름 아닌 삶의 가치가 속화되어 가는 것에 있다. 삶 스스로가 소비화되어
가면서 또한 스스로 상품화로 전락하는 상호욕구의 카테고리를 벗어나지
못하는 것에 있다. 이러한 시각은, 대중문화에 대한 시각을 순수 아니면 고
급문화 미학의 영역에 가두는 그러한 잣대에 있는 것이 아니다. 대중의 문
화적 소비가 이미지들의 소비 시간으로 전무한 스펙터클 시간이기 때문이
며, 이는 모든 문화적 매개체가 스펙터클의 각종 방법으로서만 힘을 쓰기
때문이다. 삶에 대한 통찰력의 진부함은, 다름 아닌 시간의 소비가 속화 물
화로 이어지는 방법과 관점에 있는 것이다.

왜 현대문화가 눈의 감각적 표상 전면에 놓여 있을까. 당연히 시각
의 육체적인 표상으로 촉각과 청각을 동시에 말하면서도, 눈으로 이미지

의 전적인 포획은 무엇 때문인가. 아마도 우리가 본다라는 것은 단지 한 사물 광경만을 보는 것이 아니라는 것, 다름 아닌 사물과 우리 자신의 관계를 보는 것이다. 볼 수 있다는 것은 곧 타인에 의해 보여지는 경우이다. 그래서 보는 행위란 관계 간의 밀도 그리고 시각행위의 구조와 내밀한 속성까지도 지니는 것이다. 그래서 시각적인 상호성이 인간관계의 존재적 측면을 소통의 구조로서 설명되고 있다. 타인의 눈 그리고 우리 자신의 눈, 양 시각적 측면은 우리가 살고 있는 세계가 철저히 가시적인 세계임을 그리고 그 속에서 행해지는 정경을 말한다. 스펙터클의 사회는 이러한 시지각의 특권화된 사회의 현상을 말한다. 시각의 특수성 시각으로 한 세계관 시각 즉 가시적인 세계의 특질이 다름 아닌 현대 사회이기 때문이다. 자연히 감각기관은 눈을 위한 그리고 동시에 가시적인 측면이 전면 돌출한 이미지의 세계에 노출된 것을 말하는 것이다.

발제 7

스펙터클은 어떤 특정한 형태를 취하든지 간에, 즉 그것이 정보든 선전이든 혹은 광고든 직접적인 오락이든 소비든지를 불문하고, 사회적으로 지배적인 삶의 현존하는 모델이다. 스펙터클은 생산과 그 당연한 결과인 소비에서 이미 이루어진 선택에 대한, 도처에 편재하는 긍정적인 것이다.

스펙터클을 단편적으로 생각하면 무대화된 장면성인데 한 편의 광고에서도 얼마든지 스펙터클을 찾을 수 있다. 얼마나 깊숙히 우리의 삶이 스펙터클적인 요소와 관련하고 도처에 편재하는지를, 그리고 스펙터클 속성 속에서 얼마나 우리 스스로의 삶을 스스로 시청하고 있는가를 알 수 있을 것이다. 광고 한 편을 보자(그림 3). 산업자본주의 사회에서 스타로 인해 현존하는 현실적인 삶의 존재가 단면적으로 드러난다. 이미 한류로 잘 알려진 한 배우가 있다. 기업의 상품 이미지는 스타에 의해 그의 이미지 때문에 상품을 더욱 대중에게 접근하게 한다. 인기 있는 스타의 덕에 상품은 인기로, 부드러운 감성의 소유자로서 스타의 이미지 덕에 상품인 에어컨은 더욱 고품격 이미지를 지닌 직간접 체험을 조장한다. 다양한 상품 내역은 스타 취향으로서 소비자에게 같은 호흡을 요구하고 있다.

기업이 스타와 함께 상품 마케팅에 참여하는 것은, 이미 고전화된 것으로 스타와 스타 시스템에 기반한 상업자본주의 문화는 대중문화 전면에 등장한 필연적인 결과물이다. 대중은 스타에 관한 텍스트의 전면 그물짜기로서 상품과 결부된다. 현존하는 우리의 삶은 스타와 소비에 의한 그러한 광고와도 같은 장면을 산출한다. 결국, 스펙터클로서 우리의 삶을 말한다. 왜냐하면 인간은 욕구를 지니고 태어났는데, 이 욕구는 인간에게 만족을 주는 사물로 이끈다. 인간의 욕구는 경제와 인간 심리에서 가장 알려지지 않은 신비와도 같이 풀이하고 있다.[6] 욕구란, 사물 그 자체에 대한 것으로 보다는 본능적인 면으로(심리학자들), 욕구를 불명확하지만 일종의 필연적인 동기를 지닌 것으로(사회학자들) 사회적 역학으로 파악하고 있다. 스펙터클은 현대 삶의 도처에 등장하는 생득적인 필연으로 여겨진다.

6 장 보드리야르, 『소비의 사회』, 이상률 역, 문예출판사, 1991, 소비의 이론을 위하여 참고, pp. 85-87

프랑스는 1982년 이후 경제성있는 문화정책 추구는 문화산업 및 문화제작소에 대한 활발한 정책으로 1989년에 이르러 경제 추진의 진일보에 이른다.[7] 문화가 곧 돈이 된다는 생각, 문화발전이 경제와의 성공고리로 들 수 있다. 문화정책의 경제적 성공은 문화시장의 확대에 따른 문화 경쟁력을 향상시키는 결과에 의한 것이었다. 현대산업에서 문화산업은 상품과 서비스의 관계가 근본적으로 변하고 있는 형태로서 산업의 문화적인 체험을 파는 시장, 다르게 말하면 문화산업의 시장으로 변화하는 우리시대의 산업의 형태이다. 이러한 것을 경제학자들은 체험경제로서 산업자본주의의 새로운 프론티어가 변하고 있다고 말한다. 즉 지배경제의 판도가 바뀌어 가는 것이다. 이벤트(Event)는 'Development' 즉 개발이다. 전략이란 사람의 마음을 움직이는 것이다. 한류의 열풍은 한국으로 마음을 부분적으로 혹은 전체적으로 움직이는 문화현상이다. 이것은 감동을 바탕으로 한 산업 비즈니스를 위한 전략적인 물결로 볼 수 있다. 박람회를 열거나 이벤트를 현지에서 개최하는 것은 그 나라를 움직이는 것이다. 한류의 스타들은 그들의 마음을 열정적으로 움직이고 그러한 계기로 박람회는 교류와 산업으로 성사되는

7 유재건 편저, 『21세기 한국의 외교정책』(나남출판, 1999), 김명섭의 문화경제 동시 발전론 참고, pp. 458-460

것이다. 한류에 의해 자국민이 포착되었다는 것은 엄청난 구경거리, 스펙터클로서 흡수한 상태라는 것이다. 이러한 상황은 스타의 덕이다. 스타는 문화상품의 중요 구성요소이다. 또한 상품의 전면에 출연하여 상품을 대외 홍보하는, 결국 스타라는 상품을 둘러 싸고 있는 자원에 대한 의존관계이다. 한류열풍은 산업의 역할을 수행하는, 스타를 동반하여 각국에서 우리 산업의 흥행을 주도하는 일종의 전진 기지 역활이다. 이러한 생각 밑변에는, 문화와 경제는 동시 발전에 해당하며 상호 의존도가 긴밀함을 말하는 것이다. 우리 세기의 지배경제의 모습에서 한류 역시, 스펙터클적 소통과 관계에서 산업의 역할이 부과되는 그런 형태인 것이다.

발제 9

오늘날 생산되는 물건들에 붙는 필요 불가결한 장식물로서, 체제의 합리성에 대한 보편적인 진술로서, 엄청나게 증가하는 이미지들을 직접 만들어내는 선진 경제부문으로서, 스펙터클은 오늘날 사회의 주요 생산물이다.

한류 스펙터클의 주역으로 상영된 TV드라마, 영화, 비디오 현장 촬영지와 한국문화 원형과 결집화된 내용으로 된 체험문화, 액션 프로그램 등 직접 방문하는 프로그램이 있다. 아주 정밀하게 유도 행동할 수 있는 그런 기획이 돋보이는 다양한 프로그램을 말한다. 즉 체험상품화 방법으로 한류문화에 대한 한국으로 피드백을 위한 것이다. 이미지 산업으로, 600년 전통 안동지역의 고택을 활용한 전통문화와 관광을 접목한 프로그램을 보자. 퇴락해가는 옛종가집을 지금은 경제로 자리잡은 것을 보면, 이는 전통이라는 코드와 맞물려 예술촌으로 차별화하고 있다. 그래서 전통과 감성을 증진하는 프로그램으로 이 곳을 방문하는 사람들은 손수 불을 지피고 한복을 입고 양반댁 옛집에서 숙식하며 음식과 제사 예절 등을 배운다. 전통문화가 이처럼 현장체험으로서 관광과 접목을 한 점에서, 국제적으로 한류는 우리나라에게로 한국문화의 전통과 함께 할 수 있는 기회를 감각적으로 유도하고 제공하고 있다.

직접체험 경험이란, 상품으로 문화적인 자본주의를 향한 최후의 변신이다. 살아있는 체험화된 것을 상품으로 구체화시킨다는 것은 산업의 최종단계에 이르는 것으로 생각한다.[8] 불과 몇 년 전까지 존재하지 않았던 이러한 체험상품들은 연예활동들과 여행을 그리고 다양한 문화활동을 아우르는 체험산업이 글로벌 경제의 지배적인 현상임이 틀림없다. 한류현상의 이미지들은 한국적인 이미지의 변화와 소유에 이른다. 한류현상은 그들이 지금까지 가지지 못했던 체험하지 못했던 세계를 이끄는 힘으로 전환하게 되는 것으로, 열정적으로 좋아했던 드라마의 주인공들의 스토리텔링이 있던 현장과 그곳에서 머물고 싶고 지내고 싶은 그런 장소로 체험유도하는 것이다. 그 속에서 한국의 원형과 함께 새로운 체험, 기억할 만한 가치가 있는 것들을 소비의 대상으로 찾고 있다. 이러한 소비는 문화를 향유하는 21세기의 공통분모이다. 특히 문화수준이 향상될 수록 체험으로 한 삶의 소비는 어디에서 든 같은 생각이다. 비약해서 말하면, 한류는 동남아시아의 현대적인 삶의 양식 변화에 따른 스펙터클적 소비상품이다.

> **발제 10**
>
> 스펙터클이란, 총체적으로 파악하자면 현존하는 생산양식의 결과이자 또한 그 기획이다.

8 제레미 리프킨, 『소유의 종말』, 이희재 역, 민음사, 2001, 접속의 시대가 오고 있다 참고, pp. 9-27

스펙터클의 양상은 매우 다양한 겉으로 드러나는 상을, 모든 현상들을 통합하고 설명해 주는 것으로 스펙터클이 세상을 바라보는 세계관으로서 물질적인 대상의 숭배와 그에 따른 가치체계를 말한다. 스펙터클은 현재의 삶의 모습, 현재의 가치관 세계관을 드러내고 있는 것이다. 드러나는 형상 즉 외양인 진상으로 그 자체로 인식되는 것이다. 이는 사회적으로 조직된 외양의 외양들이다. 사실 스펙터클이라는 용어에서 잘 알 수 있듯이 외양의 지배를 선언하며 모든 인간적인 삶, 즉 사회적인 삶이 한갓된 외양이라고 단언하는 것이다. 외양을 외양에 의해 꾸며내고 외양적으로 드러 낸다는 것은 사회적인 가치 체계와 맞물리는 관점으로 생각되어지는 총체적인 기획 발상이다.

고르던 마타 클라크(Gordon Matta-Clark) (그림 4)의 작품에서 삶의 외양과 내양을 전적으로 드러내는 행위 작업을 보자. 작업의 주된 테마는 삶에 대한 표상의 이중성이다. 소재는 건물 주거공간의 전형인 집이다. 집을 자르는 위험한 파괴적인 실험임에도 불구하고 구축된 집을 이등분하여 삶의 일상에서 이율배반적인 감각의 모든 표상을 드러낸다. 건물에 구멍을 내고, 건물의 이면 저면을 드러내어 보여주는 구축물과 함께 한 퍼포먼스 행각은 삶의 모든 외 내양의 광경에 대한 시각적이고 장면적인 충격요법이다. 사건화된 장면성, 스펙터클의 총체적인 시지각의 은유와 함께 마타 클라크의 작업에서 삶의 허상과 일상의 전복이 하나의 광경으로 스펙터클화 되어 있다.

삶의 외양과 내양은 장면화, 드러난, 보여주는, 그 자체가 되었다. 동시에 삶을 보는 눈으로서 스펙터클화해서 말한다. 병치적으로 나열하면서 드러내고도 객관화된 시각이다. 결국 스펙터클은 이 시대의 삶을 드러내는 방편이고 또한 속성이다.

4. 한국에서 부는 매력적인 바람

한류라는 스펙터클에 대한 10가지 발제와 더불어 생각할 수 있는 것은, 스펙터클이란 현존하는 삶의 생산양식의 결과라는 것이다. 그리고 현대적인 삶의 형태, 문화 사회에 대한 소비적 특성에 대해 피력할 수 있다. 기 드보르의 말대로 스펙터클은 시각세계에 범람하는 이미지들의 대량유포에 의한 기술적인 산물이라기 보다는, 이것은 현실적으로 그리고 물질적으로 번역되는 세계를 바라보는 '눈', 즉 세계관이다. 다시 말하면 대상화된 오늘날의 가치관으로 풀이하고 있다. 현대사회를 가시적일 뿐 아니라 사람들이 보는 모든 세계는 사실은 상품의 세계이며 이미지 소비의 세계라고 말할 수 있을 것이다. 스펙터클적인 사회의 현상에 대해 근본적으로 도달하는 점은, 삶에 대한 가시적 표상적인 시각이라는 것이다. 동시에 이러한 현상이 오늘날 삶에서 전반적으로 지배적이라는 점을 드러내고 있다. 그리고 현대 삶에 대해 시각적인 세계관의 현상임을 폭로한다.

아시아에서 현대한국의 대중문화 한류는 뜨거운 스펙터클이다. 동남 동북아시아에 널리 전파되고 있는 것으로 이제는 어떤 이유이든 간에 이쪽과 저쪽을 넘나들며 문화 상호교류로서 자리를 매김하고 있다. 이는, 국가와 국가간의 교류에서, 상업과 산업의 교류로서 문화는 그 중심에서 채널을 조정하고 있는 것이다. '스펙터클은 상품이다' 라는 기 드보르의 말대로 한류는, 다름 아닌 뜨거운 상품, 체험으로 유도할 수 있는 전환 상품, 그리고 문화를 동반한 산업을 활성화 교류를 위한 상품, 아시아 문화권을 스스로 블록화할 수 있는 열풍이라고 본다. 이러한 한류열풍은 아시아에서 곧 스펙터클 사회로서의 위력이며 바람이다. 동시에 아시아 사회 전반의 대중문화의 전적인 부상으로 보아지며, 시각문화가 삶의 전반적인 지배 성향을 드러내는 결과로 보아지는 것이다.

결국, 스펙터클 한류문화가 초국가적이다, 혹은 탈문화적이다 등 문화현상에 대한 공간적인 흐름으로서 뿐 만 아니라 현대 아시아 문화의 보편성으로 보아진다. 특히 동시대적인 삶의 경향 그리고 방법과 인간활동의 필수적인 요건처럼 생각되어지는 것이다. 바로 현대문화의 보편적이고 그러한 특성에 따른 이유로서 말할 수 있다. 어떠한 이데올로기로도 지배할 수 없는 삶의 대상화, 물질화, 시각화 즉, 시각문화의 전복형처럼 아시아 사회는 스펙터클 사회로 전격 도래했음을 말한다. 그런데 그런 스펙터클 사회의 강한 요소가 한국에서 매력적인 바람으로 불었던 것이다. 현대의 시각적 문화가 우세함으로 인해서 한류는 더욱 세계에 부는 열풍으로 결국, 이러한 바람은 다름 아닌 이미지에 전복된 사회적 흐름으로 여겨지는 것이다.

▎더 읽을 거리 ▎

현대 시각문화의 특성을 더욱 연구하기 위해, 제러미 리프킨의 『소유의 종말』에서 제1부 자본주의의 새로운 프론티어와 기 드보르의 『스펙터클의 사회』 제8장을 비교 참고할 필요가 있다고 본다.

▎참고문헌 ▎

쟝 피에르 바르니에, 주형일 역, 2000, 『문화의 세계화』, 한울.

쟝 보드리야르, 이상률 역, 1991, 『소비의 사회』, 문예출판사.

제러미 리프킨, 이희재 역, 2001, 『소유의 종말』, 민음사.

김호석, 1998, 『스타 시스템』, 삼인.

기 드보르, 이경숙 역, 1996, 『스펙터클의 사회』, 현실문화연구.

조재경, 2003, 『하이터치문화』, 이화여자대학출판부.

문화연구 03, 2003, 『한류와 아시아의 대중문화』, 연세대학교 출판부.

유재건 편저, 1999, 『21세기 한국의 외교정책』, 나남출판.

Edward Lucie-Smith, 2002, *Art Tomorrow*, TERRAIL.

Francoise Parfait, 2001, *VIDEO*, Regard.

Dan Graham, 1993, *Rock My Religion*, Vol II, le nouveau musee.

한류마케팅, 네이버뉴스, 네이버 2004년 5월 20일.

일본인의 마음을 바꾼 배용준의 겨울연가, 「중앙일보」, 2004년 5월 31일.

하나포 뉴스, 「하노이 연합」, 2004년 6월6일.

맥시코에 한류열풍 대단해요, Yahoo뉴스, 2004년 6월 7일.

지방이 경쟁력이다, 「중앙일보」, 2004년 6월 18일.

사명당은 한·일 평화외교 선구자, 「중앙일보」, 2004년 6월 18일.

욘사마 본받아 준사마 되겠다, 「도쿄 연합통신」, 2004년 6월 21일.

한류, 중국인민대회당을 뒤흔든다, 「중앙일보」, 2004년 7월 17일.

그림 1
갸리 힐(Gary Hill), Viewer,
1996년 첫 전시는 뉴욕의 도날드 영 갤러리,
같은 해 베니스 비엔나레에서 전시.
17명의 실물크기 남자 벽면 투사, 칼라, 5대의 비디오 프로젝트 사용

그림 2 히로유끼(Hiroyuki Matsukage), Star, 2000년
벽면 사진 칼라 설치, 마이크, 조명

그림 3
한류 스타와 에어컨 광고
2004년

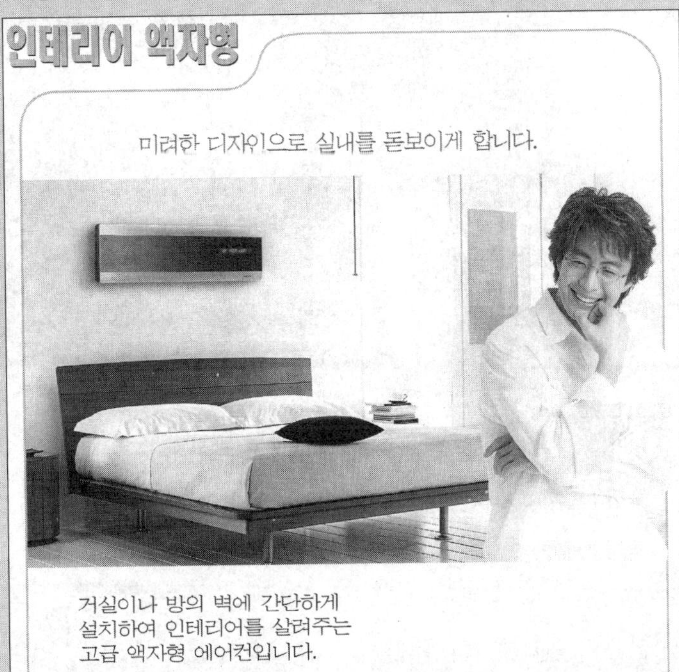
인테리어 액자형
미려한 디자인으로 실내를 돋보이게 합니다.
거실이나 방의 벽에 간단하게
설치하여 인테리어를 살려주는
고급 액자형 에어컨입니다.

그림 4 고르던 마타 클라크(Gordon Matta-Clark), Splitting, 1974년
이층 목조 건축물을 수직으로 중심을 절단 퍼포먼스와 사진 기록

13

미디어, 아시아 문화교류의 다리

김규원

기존의 문화교류에 관한 논의는 문화침탈 등 문화제국주의 논쟁과 함께 문화다양화 및 심층화를 중심으로 한 신자유주의적 접근 등이 가능하지만 문화가 갖는 산업적 측면은 물론 정치적 영향력 등 다양한 관점에서 논의되어야 한다. 한류현상은 기존의 서구 및 자국의 주류 문화에 대한 반발적 성격이 있다는 점 및 현지국의 계층, 집단내 의사소통의 단절 등에 따른 대안을 찾고자 하는 노력 그리고 멀티미디어 멀티채널이라는 미디어 환경의 변화에서 발생한 현상이라고 할 수 있다. 따라서 이 글에서는 한류라는 현상을 전파시키는 미디어에 대해 기존 수용자들의 수동성보다는 능동성을 근거로 하여 발생한 현상이라는 점에 주목하면서 아시아 각국에서의 한류의 발생원인 및 한류를 문화소비행태로 보아 이에 대한 미디어의 영향 및 수용자 개념의 변화, 팬덤 및 미디어를 통한 문화네트워크 형성의 가능성을 알아본다. 동시에 한류라는 유행 혹은 대중적 소비 속에서 문화적 다양성을 어떻게 담보할 수 있을 것인가에 대해서 고민하고자 한다.

1. 한국을 동경하는 아시아

한국산 휴대폰으로 친구의 전화를 받고 한국 영화 포스터로 도배된 버스 정류장의 광고판 앞에서 버스를 타고 시내로 향한다. 창너머로 보이는 각종 건물 위로는 요즘 잘 나가는 한국 모델들이 제각기 자신의 이미지를 선전하며 눈길을 당긴다. 친구와 만나 한국 음식점에서 조선랭면 한그릇씩 해치우고, 한국 물건이 많다는 쇼핑몰로 발길을 돌린다. 한국 상표 혹은 한국상표를 가장한 옷이며, 신발이며, 장신구들이 눈을 현혹한다. 장내에 한국 가요가 시끄럽게 울려퍼지는 가운데 잡지에서 본 최신 한국 영화와 드라마가 나왔는지 확인하러 음반점에 들어선다. 한국과 동시에 출시된 한국영화 DVD 몇장을 구입하고, 친구가 열광하는 '한류' 스타가 출연하는 영화를 영화관에서 볼것인가, 이곳에서 캠코더판 DVD로 구입할 것인가로 망설이다가 그 한국배우가 영화관으로 온다는 친구의 말에 솔깃해 영화관으로 향한다. 중국어로도 더빙된 대사를 발음하는 '한류' 스타의 영화를 영화관에서 관람하고 친구와 헤어져 한국산 승용차 택시를 타고 귀가한다. 온가족이 모여앉아 한국 드라마를 보며 하루를 마감한다(이홍대; 2004).

위의 얘기는 최근 발간된 국내 시사잡지에 실린 것으로 작자가 이러저런 상황을 조합하여 가공한 기사이지만 한국 대중문화산업의 아시아에서의 선전 즉 한류현상을 잘 설명해주고 있다. 한국대중문화에 대해 팬 즉 한류를 좋아하는 사람들이 연일 각국의 미디어에 소개되면서 수용자의 정의에 대한 논의 역시 새롭게 전개되고 있다.

사실 한류를 일시적인 현상으로 폄하하고 싶은 좌파적 냉소나 생산성에 대한 무조건적인 찬양으로 일관하는 경제제일주의의 입장들은 한국 내에서는 유효한 담론이지만 국가의 경계를 벗어나면 그러한 주장들은 의미를 잃어버린다. 한국 대중문화를 소비하고 있는 다른 아시아 사람들의 해석과 국가의 경계를 넘어 '유통' 되고 있는 한국 대중문화의 사회문화적 조건들에 대해서는 아무것도 설명해주고 있지 못하고 있기 때문이다(김현미; 157).

지난 6월 17일, 일본 참의원 선거 운동을 벌리던 고이즈미 준 이치로 일본 총리가 '욘사마(배용준을 지칭하는 일본어)가 나보다 인기가 높은데 열심히 노력해서 나도 준사가 되도록 하겠다' 고 했다(2004. 6. 18. 연합통신). 그런데 한류와 관련하여 일본 총리 뿐만 아니라 베트남의 판 반 카이 총리, 미얀마의 킨 윤 총리 등도 한국 드라마나 영화의 팬들임을 공공연하게 표명하고 있다. 최근 중동을 여행하고 돌아온 어떤 이는 아랍 전통복장을 입은 현지 젊은이가 우리 대중가수 강타의 음악을 들으면서 흥얼거리는 장면도 봤다고 전한다.

불과 십여년 전에 정치권에서 스티븐 스필버그의 영화 〈쥬라기 공원〉한 편이 전세계에서 벌어들인 수익이 현대자동차 150만대를 수출해서 번 돈과 같다는 비유를 중심으로 문화가 곧 돈이라는 논리가 유령처럼 우리 사회를 배회한 적이 있다. 사실 이 비유는 단순명료한 만큼의 함정을 가지고 있지만 문화산업이 지니고 있는 잠재적 가치나 효과 등에 관해서 어느 정도의 설명은 하고 있다고 할 수 있다.

2003년 문화산업통계조사에 따르면 2002년 우리나라 출판, 영화, 방송, 광고, 음반, 게임, 애니메이션, 캐릭터, 공예 등 9개 문화산업부분의 시장규모는 39조 2,037억원으로 조사되었다고 한다. 이는 같은 해 GDP 596 조원의 6.57%에 해당하는 수치라고 한다(문화관광부, 2003).

이 같은 시장규모는 전년도에 비해 21.8%의 성
장률을 보였다고 한다. 한편 문화산업의 세계시장규
모는 〈Entertainment and Media Outlook: 2003-2007〉
에 따르면 1조 890억달러로 전년대비 3.3% 정도 성장
하였다고 한다. 이러한 문화산업은 테러, 전쟁 등 국
제 정세의 불안정으로 경제적 전망이 불투명한 상태
에서도 디지털테크놀로지의 발전에 힘입어 지속적
인 성장을 보일 것으로 전망된다. 분석가들은 2010년
무렵이 되면 거의 모든 문화산업 소비는 디지털형식
(digital format)이 될 것으로 예상한다. 이렇게 본다면
우리는 문화산업을 어느 한쪽에서 또는 너무 좁게만
바라보고 있는 것이 아닌가 싶다.

표 1	2002 우리나라 문화산업 시장 규모
산업	금액
출판	107,153
방송영상	95,233
광고	64,784
영화	12,119
애니메이션	2,149
음반	11,093
게임	34,026
캐릭터	52,772
공 예	12,708
합 계	392,037

출처
2003 문화산업백서, 문화관광부

이러한 논의와 관련, 문화는 물론 현대 매스 미디어 중심 사회의 산
물인 문화산업이라는 것이 수익이라는 측면에서만 접근할 수 없다는 문
화민족주의 혹은 탈식민 상업주의 등과 관련한 논리도 최근 많이 부각 되
고 있다.

한편 산업적인 측면에서 90년대 후반 이후에는 문화콘텐츠에 대한
투자가 상당히 진행되었으며 이러한 산업적인 투자 및 개인적인 관심 확
산 및 기술적 발전 등에 의해서 한류라고 하는, 아시아 지역에서 한국 대중
문화소비가 촉진되는 현상이 발생하였다고 할 수 있다. 여기서 한류는 중
국 등 아시아 국가 사람들이 한국 대중문화에 노출되는 현상으로 정의할
수 있다. 보다 상세히 말하면 한류는 90년대 소비에트연방의 붕괴 및 통독
등 탈냉전 이후 아시아 각국이 개방과 개혁 등을 통해 무엇보다 우선적으
로 경제적 번영 추구와 맞물려서 발생하게 된다. 즉 이러한 경제적 번영추

구는 당시 미디어 관련 기술적 동향이었던 멀티미디어 멀티채널이라는, 지상파 중심의 방송 패턴이 위성을 이용한 공중파와 케이블, 인터넷 등으로 확산되면서 각국이 콘텐츠의 부족 현상이 심화되었으며 동시에 획일화된 정치적, 이념적 패러다임 중심의 가치에서 문화적 다양성을 추구하는 양태를 띠게 된다. 이러한 문화적 다양성이란 결국 기존에 자신들이 접하고 향유하던 주류문화의 익숙함과는 일정 거리를 띠게 되는바 한국 대중문화 콘텐츠가 이러한 패러다임의 변화에 걸맞는 새로움과 다양성을 지니게 되면서 아시아 각국에 전파되게 된다. 물론 여기에는 우연적인 요소도 있는데 즉 외국에 거주하는 한국인들을 위해 한, 두 개의 비디오 테이프를 통해 한국 드라마를 녹화해서 판매하던 보따리 장사들을 통해 한국 드라마가 외국에 소개되었으며 이러한 비디오테이프가 현지 유선방송망을 통해서 부분적으로 방송되는 것을 통해서 한류의 싹이 시작되었다는 주장도 있다. 또한 동남아시아 방송시장에서 창구역할을 하던 대만이 다매체 다채널 상황이 전개되자 부족한 콘텐츠를 일본 드라마와 비슷하면서도 가격이 상대적으로 저렴한 한국쪽으로 시선을 돌리게 된바 당시 대만의 케이블 방송사 웨이라이(偉來)에서 〈불꽃〉을 제작사인 삼화프로덕션 경영진과의 친분을 통해 구매하게 된다. 그런데 차인표, 이영애 주연의 〈불꽃〉이 빅스매쉬를 하면서 한국 드라마에 본격적인 관심을 갖게 되고 상대적으로 영세한 시장 때문에 편당 1,000USD정도가 소요되는 중국어 더빙을 엄두내지 못하던 홍콩, 싱가폴, 말레이시아, 베트남 등에서 대만에서 한국 드라마를 재수입하게 되는 현상이 전개되었다고 한다.

한편 동 아시아 지역에서는 수천년 동안 유교적 가치관아래 유사한 양식과 관습을 가지고 삶을 지탱해오는 등 문화적 할인율이 낮다는 특성이 있어서 정서적 공감대 및 가치관의 유사성이 있음으로 외래 문화임에도 불구하고 비교적 서구의 그것에 비해서 익숙하게 받아 들일 수 있는 토양이 마련되어 있는 상황에서 70·80년대 아시아 영상시장을 이끌던 홍콩이 한국언론에서 일컫는 홍콩 느와르라는 장르의 반복 혹은 베끼기를 통해 아시아 시장에서 더 이상의 약진을 못한 채 식상해지는, 시장과의 괴리 현상이 발생하게 된다. 이렇게 발생한 공백기를 앞서 얘기한 몇 가지 상황과 맞물려 우리 문화콘텐츠가 대체하는 현상으로서 한류가 발생하게 되었다는 주장도 있다.

2. 틀을 깨는 문화, 틀을 넓히는 문화

그렇다면 한류라고 불리워지는 우리 대중문화 콘텐츠가 외국인들에게 인기를 끄는 이유는 무엇일까. 대중가요의 경우 보아, 비, 베이비복스, 강타 등의 예에서 보듯이 역동적 춤과 의상, 음향, 카리스마 넘치는 무대 매너 등이 상당한 소구력을 갖고 있다고 평가된다. 특히 보아가 갖고 있는 탈국적성 및 여성 그룹임에도 남성적인 과격한 댄스를 구가하는 베이비복스의 경우 등은 현지 가수들과 경쟁이 되지 않는다. 이러한 대중가요 가수들의 기존의 틀 깨기 현상은 한류의 시작이라고 할 수 있는 H.O.T 에게서 찾을 수가 있다. 기존 서구 대중 음악 중심의 형식을 차용하면서도 독창적인 흥을 삽입하여 새로운 한국 형식을 도출해낸 이들을 아시아 각국의 젊은이들이 반응한 것이다. 이러한 H.O.T는 보아나 베이비복스 등의 여성성의 탈피 및 탈국적성과도 맥을 같이 하는 것이다. 즉 여성은 여성스러워야 한다는 논리를 의상 등을 통해서는 따르면서도 실제 춤이나 가사 등에서는 이러한 정형성을 벗어나버리는 것이 주류 혹은 기존 문화에 식상해 있던 아시아의 젊은이들 특히 중국의 젊은이들에게서 어필하고 있는 것이다.

방송드라마의 경우 먼저 소재에 있어 경쟁력을 확보하고 있다고 할 수 있다. 즉 추억을 불러오거나 순수하고 참신한 사랑을 주제로 한 트렌디 드라마(겨울연가, 여름향기, 가을동화), 흥미위주의 대가족제의 이러저런 에피소드(목욕탕집 남자들, 사랑이 뭐길래), 역사적 배경을 주제로 한 드라마(명성황후) 등 소재적 측면과 함께 스피드한 전개 및 감성적 화면구성, 안정된 편집 등이 세련된 외모의 스타들의 상품성이 현지인들에게 감성적 소구하고 있다고 볼 수 있다. 추억이라는 인간의 보편적 감성을 미국과 일본 드라마의 영향을 받으면서도 동시에 독창성을 확보하려는 노력이 인기를 얻는 것으로 생각된다.

영화의 경우도 80년대 이후 영화아카데미 및 해외 유학파 등 우수인력들이 영화계에 진출함과 동시에 큰 액수의 금액을 적자로 남기며 문을 닫기는 했지만 대기업이 하이리스크 하이리턴이라는 문화콘텐츠 분야에 첫진출이라는 사례와 의미를 남긴 삼성영상사업단을 필두로 CJ, 일신창투 등 대기업 및 창업투자 등 대규모의 자본의 유입 및 헐리우드식 블록버스터식 제작의 영화(쉬리, 실미도, 태극기 휘날리며)가 있음으로서 가능해졌다고 할 수 있다. 이러한 한류는 사회문화적으로 한국이라는 국가가 문화의 변방에서 중심으로 위치시키는 의미를 갖으며 경제적 및 산업적 측면에서 이윤창출 및 부가가치를 산출해내는 등의 역할을 하고 있다.

현재 일본에서 인기를 얻고 있는 〈겨울연가〉를 NHK에 처음 기획편성한 책임 PD 오가와 준코(小川俊子)에 의하면 NHK의 '해외 드라마 홈페이지' 중에서 〈겨울연가〉에 접속하는 수는 단연 으뜸으로 프로그램에 보내는 메일과 편지, 엽서는 현재 2만여건에 이르며 연령층은 6세부터 90세까지로 폭넓은 연대에 어필하는듯 하지만 특히 지지하는 연령층은 30-50

대의 여성층이라고 한다. 메일, 편지의 내용은 '배우의 분위기, 연기의 뛰어남', '영상의 아름다움', '대사의 아름다움', '음악의 아름다움', '한국문화에 접해본 신선함' 등에 서술하는 경우가 많다고 한다. 또한 '왠지 옛날의 추억이 떠오른다. 일본인이 잊고 있던 순수함을 표현해준다', '내일을 살아갈 힘이 솟아났다', '가족의 소중함, 부부의 정을 뒤돌아보게 한다' 등의 얘기도 많다고 한다. 그 외 이 드라마를 기회로 '한국이라는 나라를 처음으로 가깝게 느꼈다', '한국말을 공부하기 시작했다', '한국유학생을 홈스테이에 초대하고 싶다' 라는 문화교류까지 발전하는 반향도 있다고 한다. 아사히, 요미우리, 닛케이, 마이니찌 등 전국신문을 비롯하여 지방신문, 각종 잡지에서 소개기사가 게재되었다. 또한 올해의 종합 TV방송이 시작되고 난 뒤 배우가 일본을 방문하거나 한국영화상영을 계기로 다시 많은 기사가 게재되고 있다(오가와 준코; 2004).

중국에서 한류는 드라마의 경우 중장년층의 대가족제에 대한 향수, 스피드하면서도 아기자기한 전개 및 구성, 동시에 현실적 결론, 장편 시리즈물의 매력, 댄스가수들의 수려한 외모 및 춤실력, 한국 디지털 관련 기업 등의 경쟁력 및 상대적으로 일본 대중문화에 대한 반감 등이 원인이라고 할 수 있다. 2004년 5월 24일부터 CCTV 채널 8로 프라임타임에 드라마 〈명성황후〉가 방영되고 있는데 평균 시청율이 10%대를 상회하며 길림, 흑룡강 등 동북3성의 경우에는 47%라는 경이적인 시청율을 기록하고 있다. 이 인기를 여파로 해서 아시아문화산업교류재단과 북한의 조선중앙영화수출입사는 드라마 명성황후(정보관계자에 의하면 최근 북한에서는 이전 부정적으로 평가했던 명성황후를 복권, 조선을 구하기 위하여 노력한 인물로 평가한다고 한다)를 북한 조선중앙TV을 통해 북한 전역에 방영토록하는 협상을 지난 6월부터 홍콩에서 진행한 결과 가을 이후에 방영될 전망이다. 중국 CCTV는 7월 이후 〈노란손수건〉, 〈인어아가씨〉, 〈애정의 조건〉 등 총 80여편 한국 드라마를 CCTV를 통해 방영될 예정이라고 한다. 미얀마의 경우에 MRTV, MWD 등 2개 방송사 모두 프라임타임대에 한국 드라마 소개(미얀마 인구의 80%가 저녁시간대 드라마 시청)되고 있는데 특히 킨 윤 총리총리가 국 드라마 열렬 시청하고 있다고 알려져 있으며 이러한 한류 열기는 한국어 교습, 한국음식 시식 등 한국 문화알기로 연결되고 있다.

한류를 문화교류 현상이라는측면에서 가치를 부여할 경우에 다양한 문화적 취향을 현지인들에게 제공함으로서 문화적 다양성과 심층성을 확보할 수 있다는 점이 있으며 현지인들과 마찬가지로 우리도 현지 문화에 대해서 관심을 갖는 기회를 제공한다는 측면이 있다. 경제적 측면에서 봤을 때 단기적으로는 관련 상품의 매출증대와 함께 기업이나 국가의 브랜드 이미지가 고양된다는 측면이 있을 것이고 장기적으로는 지한파 등이 증가할 수 있다는 국익적 측면이 있다.

한편 문화적 측면에서 한류라는 용어의 어감 문제로 한류는 중국 언론들이 처음 사용한 말로 중국어로 찬바람(寒流)과 발음이 똑같으며 일방적 진출이라는 어감을 강하게 내포하고 있어 정서적 반발이 있다는 주장도 있으며 또한 일본의 경우 역사왜곡 및 독도 문제 등과 일본내 한류와 연계함으로 인한 부담감 존재하는바 한류와 무관한 상태에 위치한 재일동포들의 정체성문제도 제기되고 있는 편이다. 또한 한, 중, 일 삼국간 서로 문화적 할인율이 비교적 낮지만 그럼에도 PK, 남녀차별, 가부장제, 호화의상 등 선정성과 폭력성에 있어서 문제가 있다. 또한 문화교류가 갖는 의미나 효과 등에 대한 이해부족으로 현지인들의 반발을 자초하는 사례가 있는데 대표적인 사례가 CCTV 8채널에서 〈인어아가씨〉 방영을 앞두고 사전 프로모션으로 드라마상의 여주인공을 초청했지만 개런티 문제로 무산 됨으로서 현지 방송연예관계자들의 자존심을 상하게 한 적이 있다(이 경 우 통상 무료로 초청된다). 또한 지난 5월 중순 잠실체조경기장에서 열린 일본의 대표적인 가수 아무로 나미에 공연이 한국측 대행사가 일본측에 대금 지불 등을 깔끔하게 처리 하지 못함 등으로 인하여 공연이 무산될 뻔 했으나 한일양국의 관련업계 인사들의 우려와 배려 덕분에 공연은 진행이 되었다. 또 6월 12일 심양에서 열린 안재욱 콘서트의 경우 최초로 심양시 인민정부측에 안재욱의 중국내 공연대행사를 자처하며 공연허가를 신청 한 회사가 5개사가 되었다는 점은 엔터테인먼트산업이 갖는 불확실성 혹 은 사기성을 단적으로 드러내준다.

3. 대상으로서, 취향으로서 한류

한국대중문화에 대한 선호인 한류현상에 대하여 국내학자들의 시각 은 문화민족주의적 입장, 신자유주의적 입장, 탈식민주의적 입장 등 크게 3가지로 나눌 수 있다. 첫 번째로 문화민족주의적 입장은 '상업자본주의를 거부하고 한국적인 대중문화를 만들자' 는 말로 요약될 수 있다. 즉 현대 대 중문화 생산물을 전지구적 미국 문화의 수입품으로 보는 임진모(2001, 7 조한혜정; 2003, 20)는 '베끼기,' '하청기지' , '문화역조현상' 이라는 개념 을 중심으로 한류현상을 풀어낸다. 즉 한류현상은 중국 젊은이들이 한국판 서구대중음악을 받아들이는 현상이며 중국은 한국판 서양문물을 받아들 이면서 조만간 중국적 글로벌 문화센터가 되려 한다는 것이고 다른 하나는 한국은 이 현상을 단순히 시장 확대로 보지 말고 아이덴티티 정립의 기회로 삼아야 한다는 것이다. 그는 '우리' 만의 문법과 코드가 있는 '진정한 우리 것' 을 만들어냄으로서 문화식민지에서 벗어나기를 바라고 있고 동시에 우리 대중문화가 중국에서 유통되는 '호기' 를 통해 한국이 지구촌 문화의 중심지로 떠오를 기회를 갖게 되기를 내심 바라고 있다. 한국 혼자서는 해내기 어렵다면 한중문화연합을 통해 실현하자고 암시한다. 신자유주의적 입장은 경쟁력있는 상품을 길러 수출함으로서 무한경쟁시대에 살아남자는 입장이다. 그러나 조한혜정은 이러한 신자유주의적 입장에 대한 논의가 시장논리와 그 세상을 보다 포괄적으로 읽어내는 논의로 이어질 필요가 있다는 점을 지적하고 있다(조한혜정; 2003, 24-25). 세 번째로 탈상업주의, 탈식민주의적 입장은 한류를 탈식민주의, 탈서구중심주의의 계기로 보는 시각으로 한류열풍을 몇세기에 걸친 전지구적 자본주의화 과정이자 근대화과정의 산물로 보고 있다. 이와 관련 이동연 등은 문화인프라를 구축할 것을 주장한다(이동연; 2001). 이러한 한류에 대한 관점을 요약하면서 한류의 발생과정에서 미디어 및 수용자들의 모습은 어떠했는가에 대해서 살펴보면 이들 입장에 대한 정리가 될 것으로 생각된다.

"통계는 예술에 관해서 별 의미가 없다는 의견이 있으며 동시에 예술에 관해서 숫자는 아무것도 전달하지 못할지도 모른다. 그렇지만 통계숫자는 그 사회에 대한 정보를 알려준다. 그래서 예술은 결국 예술가와 그 사회 사이에 존재하는 것이다. 이런 사실의 중요성을 부정하는 사람들은 양적인 변화가 질적인 면에 변화를 준다는 것을 잘 모르고 있다. 기존의 양적인 변화는 모든 일의 질적인 상황을 변하게 한다. 무기의 화력의 양적 증가는 전쟁이나 국가의 생존에 질적 변화를 준다(Toffler; 1997, 29).

한류는 현지인들의 적극적인 수용이 있으므로 가능해진 사회문화적 현상이다. 이는 기존의 미디어 수용자에 대한 논의에 있어서 중요한 함의를 갖는다. 즉 한류는 이 이전 아시아 국가의 사람들이 부분적으로 그리고 제한된 범위의 사람들만이 한국 대중문화를 접했지만 최근 일본과 중국 등지에서 보여지는 모습은 소수의 사람들만이 자신들만의 정체성과 관련된 모습으로 우리 대중문화를 접하는 것은 아닌 것으로 보인다. 즉 인터넷이나 DVD 등을 통해서 또한 한국관광을 통해서 한국 대중문화를 양적으로도 그렇고 질적으로도 다양한 수준으로 접하고 있다.

　　문화를 흔히 외교와 결부시켜서 생각하는 경향이 있다. 이와 관련, 이와부치(2001)는 일본의 피식민지였던 아시아 각국에서 일본의 대중문화는 '문화외교(Cultural diplomacy)' 로서의 성격을 가진다는 점을 지적한다. 즉 일본 정부는 일본 대중문화를 일본국제교류기금(Japan Foundation)이나 외무부 산하의 관련 기관을 통해 정책적으로 아시아 지역에 배포함으로서 일본의 외교정책의 하나로 활용해 왔다는 것이다. 이렇듯이 일본 대중문화의 아시아 진출에는 일본 정부의 사전의 치밀한 계획에 의거해서 진행된 점이 많지만 한류의 경우에는 이와는 다른 측면 즉 한국의 기업 그리고 현지인들의 취향에 의해서 확산되었다는 점에서 차이가 있으며 동시에 한국은 일본과 같이 해외 식민지 진출이라는 역사적 사실이 없음에 따라서 아시아 각국의 정책결정자들의 문화침략이라는 우려를 많이 자아내지는 않는다는 것이 다. 즉 몇몇 새로운 콘텐츠를 물색하던 미디어 관계자들에 의해 선택된 한국 대중문화가 여론지도층(opinion leader)에 의해 채택이 되고 이후 확산되는 모습을 갖고 있는 것이다. 그런데 이러한 여론지도층이 장르별로 다르다는 점은 추후 연구과제로 삼을 수 있을 것이다.

　　앞서 논의했듯이 아시아 각국에 한류라는 문화현상이 발생한 이유 중 하나는 멀티미디어 멀티채널이라는 방송통신환경의 변화에 따른 콘텐츠의 부족현상이었다. 그러한 점에서 한국 드라마 등 콘텐츠가 문화적 잡

종성을 보여주었다고 할 수 있다. 즉 한국 문화콘텐츠에는 미국적 요소와 일본적 특성들이 폭넓게 '표절' 혹은 '차용' 이라는 형태로 이용되고 있으며 이러한 혼성화는 친근감이라는 형태로 아시아 각국의 기성세대에 전달되었다는 점도 간과할 수 없다. 그럼에도 불구하고 10대 등 새롭게 부상하는 세대들에게 한국 대중문화는 하나의 새로운 가치와 행태로 자리잡고 있다. 중국이나 베트남 등이 경제개방과 개혁을 하기 전에 한국의 대중문화는 불법적인 형태로 소규모로 진출을 할 수 밖에 없었지만 경제개방 이후 합법적인 형태로 진출할 수 있는 길이 열리자 현지인들의 정체성 확립에 일정 부분 기여하게 된다. 이러한 점에서 한국대중문화는 일정한 연령, 일정한 계층의 사람들을 팬덤(fandom)을 구성하고 있다고 할 수 있다. 이와 관련 김현미(2003)는 일본대중문화를 받아들이는 한국인들 역시 이러한 팬덤을 구성하고 있다고 지적하고 있다. 피스크(Fiske; 1996)는 대중문화의 팬덤을 '대량생산되고 분배된 대중문화를 사람들이 자발적으로 자신들의 문화에 수용하는 현상' 으로 정의하고 있다. 또한 루이스(Lewis 2000)는 미디어 스타, 공연자, 공연 혹은 텍스트에 대해 극단적으로 열광하는 추종자들의 집단으로 정의한다. 이들은 주로 매력대상에 대한 지나친 집착을 보이고 있다. 그들은 종종 강한 자의식과 다른 팬들과의 공감대를 보이고 있다. 팬이 된다는 것은 의상, 담화, 다른 미디어 이용, 소비 등과 같은 행위유형까지도 포함한다(McQuail; 2000). 젠킨스(H. Jenkins; 1929)는 팬은 다섯가지 의미에서 능동적이라고 강조한다. 즉 팬은 그들의 특정수용양식에 능동적으로 그는 이를 '감정적 근접성(emotional proximity)과 비판적 거리(critical distance)라고 했다. 두 번째로 팬은 비판적 그리고 해석적 실천의 특정 틀을 사용하기 때문에 능동적이며 세 번째로 팬덤은 소비자 액티비즘의 기반을 구성한다. 여기서 팬은 그들이 선호하는 텍스트의 프로듀서가 취하는 방향에 영향을 미치기 위하여 조작하기도 한다. 네 번째로 팬은 그들의 대안적인 텍스트를 생산하고 기존의 시리즈로부터 새로운 상황과 새로운 세계로 캐릭터를 위치시킴으로서 능동적이며 다섯 번째로 팬은 대안적인 사회적 공동체를 만든다는 점에서 능동적이다. 따라서 현대와 같은 대중미디어 사회가 폭넓게 수용된 아시아 국가들에서 발견되는 한국대중문화 콘텐츠에 대한 노출에 따른 현상들, 예컨대 하한쭈와 욘사마 운운하는 것은 이러한 맥락 즉 팬덤이라고 할 수 있을 것이다. 일본 대중문화가 한국사회에 끼친 여러 해악들 예컨대 선정성과 폭력성 등에 관한 논의가 일부 아시아 국가들에게서 확대 재생산되려는 조짐이 있다. 즉 한국드라마의 전체적인 흐름보다는 특정 장면 등을 문제 삼아서 한국드라마의 저급성, 예컨대 선정성과 폭력성을 부각시키려는 움직임이 사회주의 체제를 고수하고 있는 나라들에게서는 그리 어렵지 않게 발견할 수 있다. 그러나 우리가 간과해서는 안되는 것이 한류를 수용하고 전파하는 계층이 갖는 미디어 노출에 대한 심리적 태도 및 행동일 것이다. 이들 아시아의 수용자들은 기존의 수용자연구에서 수동적 수용자로 분리되었지만 최근의 능동적, 적극적인 미디어 노출을 기준으로 봤을 때 이들은 능동적 수용자로 보아야할 것이다. 기존의 수용자 연구에서도 미디어 효과에 관련한 연구들, 예컨대 대효과, 한정효과 이론 등에서는 수용자들이 수동적 수용자로 규정했지만 이용과 충족연구이후에는 수용자의 능동성을 더욱 강조하고 있다. 따라서 미디어에서 보여주는 한국대중문화에 적극노출되면서 동시에 한국 패션과 한국음식을 적극 선호하는 등의 행태를 보임은 능동적 수용자라고 할 수 있을 것이다.

4. 문화네트워크 구축과 미디어

한류라는 문화 교류 및 산업적 협력 부분에 있어서 가장 중요한 역할을 하는 것은 매스 미디어이다. 즉 기존의 아날로그 및 지상파 중심의 미디어 환경이 멀티미디어, 멀티채널이라는 기술적 환경의 변화에 따라 콘텐츠의 부족현상이 각국별로 심화되었으며 특히 대만이나 싱가폴, 홍콩과 같이 절대 인구수가 작은 나라의 경우 영상콘텐츠의 자체 제작보다는 수입을 하는 것이 미디어 경영상 유리했다. 따라서 일본에 비해 상대적으로 저렴한 가격으로 질적으로는 일본산에 비해 뒤지지 않는 한국의 영상콘텐츠가 동남아시아에 진출하게 되었다. 이러한 미디어 환경의 변화에 한국 영화 및 방송 영상계에 널리 퍼진 헐리우드식의 영상문법 등이 우리 영상의 경쟁력을 확보하게 된 것이다. 이렇듯이 한류가 확산하게 된 데에는 미디어가 결정적인 역할을 했으며 이 점은 문화전파에 있어서 미디어가 중심적 역할을 하고 있음에 이론의 여지가 없다.

이렇듯이 매스 미디어가 한 사회 내에서 사회문화적으로 행하는 역할로. 헤롤드 라스웰은 사회화와 문화유산의 전수 기능을, 찰스 라이트는 여기에 오락적 기능을 첨부한다. 즉 미디어는 사회의 가치, 규범, 그리고 사회가 보유하고 있는 각종정보를 한 세대에서 다음 세대로 혹은 그 사회로 편입된 새로운 사회 구성원들에게 전수하는 기능을 가진다. 사회의 규범을 내면화하는 매스미디어의 사회화 기능을 담당한다. 매스미디어의 사회화기능은 여러 계층의 사회구성원들을 위한 교육의 도구로 이용되고 있음을 의미하기도하며 일탈행위를 공개함으로써 기존의 규범을 강화하고 윤리를 재확인하는 역할을 한다는 의미에서 '사회윤리의 규범화 기능' 이라고 부른다. 역기능적인 부분은 매스미디어를 통해 제공되는 다소 규격화하고 획일화한 문화는 문화적 다양성을 상실케하고 창의성을 저해하기도 한다. 그리고 매스미디어의 사회화기능이 대상자의 지적수준을 고려하지 않을 경우 인간성이 침해될 수도 있다. 매스미디어는 뉴스나 논평을 전달하기도 하지만 흥미위주의 내용이나 프로그램으로 사람들의 기분전환이나 휴식을 돕는 오락적 기능도 갖고 있다. 특히 TV이 등장하여 시각적·청각적 효과를 내는 오락물이 시청자의 관심을 끌고 상업주의의 심화로 인한 시청율 경쟁으로 방송사들이 오락프로그램 편성율을 높이는 등 매스미디어의 오락적 기능은 날로 심화되고 있는 실정이다. 시청자의 오락적 욕구 충족에 치중하다보면 역기능적인 측면이 나타날 수 있다. 오락물에 지나치게 몰입하는 사람들은 사회적·정치적으로 무관심이 증가되며 문화적 순응주의가 야기되고 선정주의와 저질문화의 확산이 우려된다고 많은 학자들이 우려하기도 한다. 그런데 오락 혹은 즐거움은 후기산업사회에서 가장 중요한 특징으로 이 이전 시대의 대립적 의미들, 예컨대 유익성과 오락성을 기준으로 본다면 분명 대중문화의 저급성과 선정성은 논의할 가치가 없을 것이다. 그럼에도 대중문화가 혹은 문화산업이 갖는 이념적 혹은 도덕적 기준뿐만 아니라 경제, 산업적 측면과 함께 후기 전술한 오락성이 갖는 사회적 순기능 등을 고려할 필요가 있는 것이다.

문화는 사람들이 그 안에서 그들이 다양한 사회성과 정체성을 개발할 수 있는 고도의 참여적인 활동형태라고 할 수 있다. 문화는 말하고 행위하고 창조성을 발휘할 수 있는 개인들의 잠재적인 역량을 끌어내고 개발함으로서 개인을 형성한다. 미디어 문화는 이러한 광의의 문화적 과정 일반과 연관되어 있으며 동시에 인류 역사에서 새로운 어떤 것이기도 하다. 개인들은 라디오를 청취하고, TV을 시청하고, 영화관에 가고, 음악을 듣고, 쇼핑하러가고, 잡지와 신문을 읽는 등 미디어 문화의 이러저러한 형식에 참여하는데 엄청난 시간을 소비한다. 따라서 미디어 문화는 때론 우리의 관심과 활동의 모든 곳에 편재하는 배경으로서, 때로는 매우 유혹적인 전경으로서 봉사하면서 일상생활을 지배하게 되었다(D. 캘너; 1997).

한류라고 하는 문화교류 현상, 미디어를 통해 전달된 이미지가 한 개인의 삶에 있어서 재미를 가져다주고 이를 통하여 보다 나은 매일 매일의 일상이 전개된다면 이는 분명 미디어의 순기능에 해당할 수가 있을 것이다. 따라서 기존의 사회학적 입장 혹은 문화인류학에서 바라보는 대중문화 비판론적 입장에서의 논의와 함께 문화교류를 진행하는 미디어의 순기능에 대한 이론적 접근도 필요할 것이다.

한편 한류와 같은 문화교류 현상을 이용하여 문화공동체를 형성하는 방안도 실천적, 이론적 측면에서 논의가 되어야 할 것이다. 사실 아시아라는 단어만큼 개념정의가 모호하면서도 광범위한 것도 없을 것이다. 아시아 약 40여개 국가 40억명의 인구에 터키나 그리스처럼 유럽과 아시아의 접경에 위치한 국가, 유럽과 아시아를 동시에 접하는 러시아와 같은 국가 등 지형적 특성도 모호하고 인종적으로, 인류학적으로도 현황과 기원을 범주화시키기가 쉽지 않은 것이 아시아일 것이다. 그럼에도 불구하고 디지털 콘텐츠를 중심으로 한 한류라고 하는 현상이 하나의 시발이 되어서 아시아인들의 정체성을 확보하려는 노력이 필요할 때인 것이다. 이러한 점에서 문화, 문화국가를 하나의 이상적 가치로 삼은 한국의 입장에서는 한류현상을 하나의 지렛대로 활용할 수가 있을 것이다. 이를 위해 공동의 장, 놀이마당이 되던 콘테스트가 되던, 사람이 살고, 숨쉬고 서로 나누는 장의 마련을 한국이던 중국이던 지원하고 육성하는 상설기구 등 네트워크를 형성할 수 있을 것이다. 따라서 이러한 인적, 물적 네트워크가 중심이 되어서 아시아 문화공동체를 만들 수 있을 것이다(let's make Asianization). 이러한 아시아적 가치를 지향하는 문화공동체야 말로 서구 중심의 또 서구지향의 이론적, 실천적 프레임을 탈피하여 아시아인의, 아시아적 가치를 구현할 수 있지 않을까 싶다. 너무도 당연히 이러한 아시아적 가치와 문화는 아시아 외적으로는 물론이고 아시아 38개개 다양한 민족과 집단에 따라서 이러저런 다양한 모습과 지향점을 가짐으로 인하여 문화의 다양성과 심층성을 더욱 확보할 수 있을 것이다.

이와부치에 의하면 최근 새로운 형태의 미디어 소비와 지역문화산업 사이의 협력이라는 현상이 나타나고 있다고 한다. 동아시아내 문화흐름, 특히 일본, 대만 홍콩, 한국 사이의 문화흐름은 점차 활발해지고 그 움직임은 지속적으로 이루어지고 있다. 이 흐름은 점점 양면성을 갖게 되었고 현재 일본이 이 문화의 흐름에 중심에 있다고 한다(이와부치; 1988). 그러나 필자의 견해는 이와는 조금 다르다. 일본이 동아시아에 대한 식민지배의 잠재적 욕망을 문화산업협력이라는 틀로 접근하고 있다고 보지만 그럼에도 새로운 맥락에서의 문화상품이 생산되고 유통되기 시작했다는 것이다. 즉 문화적 다양성이 어느 정도 싹이 트고 있다고 할 수 있다. 이는 네트워크라는 오프라인와 온라인이라는 동시다발적 상황에서, 수용자의 능동성을 근거로 했을 때 어느 정도 가능하다는 말이다. 그럼에도 자본의 논리에 의해서 문화콘텐츠는 결정된다는 말은 아직 유효하다.

현대 사회에서 미디어 혹은 콘텐츠가 갖는 가장 큰 특성은 대량 생산과 유통, 전달이라고할 수 있을 것이다. 이러한 미디어 혹은 네트워크를 통해 전달되는 콘텐츠의 다양성은 인간이 필연적으로 갖게되는 개인적 특질이라는 점에 근거해야 한다는 이론적 근거가 마련되는 것이다. 그러면서도 매스커뮤니케이션의 가장 큰 특징인 대량의 메시지가 불특정 다수의

개인들에게 무작위로 전달된다는 점을 주목하면 딜레마가 아닐 수가 없
다. 현대와 같은 후기산업사회의 특질이 무한복제, 패러디 등과 같은 원본
이 갖는 의미가 복제됨으로서 확보되는 현실에서 문화의 다양성과 심층성
은 자칫 공염불일 수가 있을 것이다. 그럼에도 불구하고 인간이 갖는 문화
적 다양성과 심층성이라는 보편적 가치를 추구한다면 이는 콘텐츠 개발에
있어 창의성이라는 측면에서만이 확보될 수가 있을 것이다. 문제는 창의
성을 고양시키기 위한 인큐베이터로서의 다양한 제도나 절차 등이 전혀
창의적이지 않다는 점이다. 문화교류라는 사회문화적 현상에서 결국 인간
이 빠지면 안된다는 것이 바로 문화적 다양성과 심층성과 관련된 논의에
서 중요한 논제가 아닌가 싶다.

▌더 읽을 거리 ▌

문화교류에 관해서 나온 책들로 주목해야 할 책은 우선 W. 프랑케가 쓰고 김원모가 번역한
『동서문화교류사』(단대출판부, 2002)가 있다. 이 책은 중국과 유럽을 중심으로 한 문화교류
특히 종교적, 상업적 측면을 상세히 정리하여 문화교류사에 관해서 개괄적으로 알게해준다.
중국 북경대학의 관스지에(關世杰)교수의 저서를 한인희가 옮긴 『이문화교류학』(건국대출판
부, 2004)는 이문화교류학의 기본개념과 인적, 조직, 국제커뮤니케이션 등에 관해서 다룬 책
이다. 한편 문화와 미디어, 미디어가 창출해내는 문화현상 등에 관해서 특히 문화에 관한 다양
한 이론적 논의 및 TV을 중심으로 한 후기산업사회의 현상들, 예컨대 보들리야르에서 사이버
펑크에 이르기 까지 다양한 미디어적 현상을 다룬 책으로 D. 캘러의 『미디어문화』(새물결,
2000)이 있다. 이 책에서는 다양한 사례를 중심으로 논리를 전개해 나감으로서 보다 다양한
문화적 현상을 엿볼 수 있다는 장점이 있다. 이 밖에 현대문화라는 현상은 소비라는 행태와

분리할 수가 없는데 그랜트 매크래켄의 『문화와 소비』(문예출판사, 1997)는 이러한 점에서 근대 이후 형성된 소비, 소비자, 소비재 및 이들과 문화적 의미에 관해서 비교적 상세히 설명해 주고 있다. 한편 부담없이, 너무도 부담없이 문화와 정치제도 및 경제가치 등에 기여하는 문화적 가치 등에 관해서 읽는다면 새뮤얼 헌팅턴의 『문화가 중요하다』(김영사, 2003)을 꼽을 수 있다.

▌참고 문헌 ▌

김현미, 2003, 대만속의 한국대중문화, 『한류와 아시아의 대중문화』, 연세대학교 출판부.

오가와준코, 2004, 겨울연가 등 한국 드라마의 반향, 『일본내 한국대중문화콘텐츠의 유통현황과 파급효과』, 한일대중문화포럼 외.

이강수, 2000, 『수용자론』, 한울아카데미.

이와부치 코이치, 2003, 일본대중문화의 이용가치, 한류열풍, 『한류와 아시아의 대중문화』, 연세대학교 출판부.

이홍대, 2004, 중국내 한류는 지금, 「시네21」, No.460.

조한혜정, 2003, 글로벌지각변동의 징후로 읽는 한류열풍, 『한류와 아시아의 대중문화』, 연세대학교 출판부.

문화관광부, 2003, 『2003 문화산업백서』.

Franke, W., *China und das Abendland*, 김원모 역, 2002, 『동서문화교류사』, 단국대 출판부.

Iwabuchi, Koichi, 2003, *Uses of Japanese Popular Culture: Trans/nationalism and Postcolonial Desire for Asia*, Emergences, 11(2).

Jenkins, H., 1992, *Textual Poachers*, London: Routledge.

Kellner, D., 1995, *Media Culutre: Culture Studies, Identity and politics between Modern and Post-modern*, Routledge, 김수정, 정종희 역, 1997, 『미디어 문화』, 새물결.

Lewis, L., 2000, *The Adoring Audience: Fan Culture and popular media*, London: Routledge & Kegan Paul; Mcquail, D.

McQuail, D., 박창희역, 1999, 『수용자분석』, 커뮤니케이션북스.

Toffler, A., 1997, *The Culture Consumer*, T-Com Corporation Ltd.

14

한류, 우리 문화콘텐츠의 힘

최 민 성

한류에 대한 의견이 분분하다. 한류가 단순히 압축적 자본주의를 구축한 아시아의 변방, 한국이 만들어 낸 우연적 현상으로 보는 사람도 많다. 너무 앞서간 일본의 복고를 자극하고, 아직 덜 나아간 중국의 앞날을 미리 보여준 데서 생긴 일시적 기회라는 것이다. 결국 한류는 아시아에서 일본의 추억이고 중국의 선망인, 한시적 성과일 뿐인가. 이 글은 한류가 주로 댄스음악, 트렌디 드라마, 블록버스터 영화 등 특정 장르에 집중된 점에 주목해, 한류의 진실을 분석한 것이다. 그 과정에서 대중장르에 대한 편견을 벗고, 그들 대중장르에 숨겨진 우리 민족의 변별성, 즉 아시아의 다른 나라·민족들이 발견한 우리의 정체성을 확인하고자 했다. 그 정체성의 비밀은 '열정'이라는 단어 속에 숨겨져 있다. 그리고 그 단어 속에 담긴 우리의 정체성에 기반을 두고 한류의 가치와 미래의 방향을 제시하고자 한다.

1. 아시아에 펼쳐진 한국 '판'

흔히 외국에 나가면 애국자가 된다고들 한다. 한국을 벗어나 다른 나라 사람들과 관계를 맺다보면, 그 관계 속에서 자신의 변별적 특질을 새삼 들여다보게 되고, 그로 인해 정체성을 고민하게 되기 때문이다. 외국 사람들과의 새로운 관계가 자신의 정체성의 문제를 두드러지게 한다는 것이다. 한국 문화의 바람인 한류가 생기고 중요한 화두가 된 데에도 비슷한 사정이 있었다.

한류가 1990년대 말부터 시작된 배경에는 서구 시장 중심의 한계를 벗어나기 위해 새롭게 아시아 시장을 개척한 초지구적 자본의 흐름이 존재한다. 이를테면 1994년에 MTV asia, chanel V 등의 뮤직비디오 위성 방송이 아시아 대중음악 시장을 노리고 생겨났고, 여기서 1995년부터 하루 저녁에 3~6시간씩 한국 대중음악이 방영되기 시작한 사례를 들 수 있다(조한혜정; 2003, 37). 이처럼 위성방송이나 케이블방송 등의 뉴미디어가 발달하면서 아시아의 국경이 사라지고 권역화 되었다는 것이 한국 문화콘텐츠가 하나의 실체로 등장하게 되는 중요한 요인이 된다. 아시아의 많은 대중들이 한국의 대중문화를 마치 자국의 것처럼 살필 수 있게 된 것이다. 아시아는 대중문화의 영역에서 하나의 '판' 을 형성하게 된 것이다.

아시아가 국가·민족별로 닫힌 공간에서, 미디어를 통해 열린 공간으로 변모하면서 각 국가·민족 별 대중문화의 실체가 보다 선명하게 드러나기 시작했다. 서로 교차하는 각 나라의 문화콘텐츠를 통해 아시아의 대중들은 자연스럽게 서로의 대중문화 사이에 존재하는 차이를 발견하기 시작했다. 한국의 문화콘텐츠에도 내용, 형식, 배급방식, 가격 등 다양한 측면에서 아시아의 다른 나라와 차별되는 무엇이 존재했다. 이런 와중에 한국의 대중문화가 하나의 변별적 실체로 아시아의 대중에게 각인되었고, 거기에 열렬한 호응이 뒤따른 것이 한류 현상이었다고 정리할 수 있다.

아시아 대중문화의 '판'에서 드러나는 한국 문화콘텐츠의 변별성은 결국 한국 문화의 정체성을 드러내준다. 사실 문화의 정체성이라는 것은 선험적으로 존재하는 것이 아니라, 다른 문화와의 관계 맺음 속에서 변별되어온 것이기 때문이다. 정체성이라는 가치개념은 다른 것과의 관계에서만 성립하는 위상의 개념이다(김형효; 1989, 66). 그러므로 우리의 대중문화는 다른 나라·민족과 무엇이 어떻게 다른가의 문제가 곧 우리 대중문화가 지닌 정체성을 분석하는 지름길이 될 것이다. 이 글은 그 변별성을 선입견에 치우치지 않고 고찰해보기 위한 시도이다. 그러기 위해 실제로 다른 아시아의 대중들은 우리 문화콘텐츠를 어떻게 바라보는지, 우리 문화를 어떻게 호명하는지를 객관적으로 검토하고자 한다. 특히 아시아 대중들, 즉 타자들이 선호하는 대중문화 장르의 특성에 집중하려고 한다. 결국 이 작업은 통속성과 욕망을 긍정하는 입장, 그것을 우리 민족성과 관련지어 보는 시각에서 우리 문화, 특히 대중문화를 분석하는 것이 되겠다.

2. 한류, 저급문화의 수출인가

한류가 주로 댄스음악과 트렌디 드라마, 블록버스터 영화 등의 매우 대중적인 장르로 형성되고 있다는 것은 자명한 사실이다. 이들 장르는 '하위 문화'라는 점에서 공통점을 가지고 있다. 세 장르 다 사회의 주류 계층에게 어필하는 장르가 아니다. 그래서 많은 논자들이 이들 장르가 주를 이루는 한류에 대해 한국 저급문화의 수출이라는 점에서 비판하고 있다. 비판의 입장은 두 가지 정도로 정리해 볼 수 있는데, 하나는 민족주의적 입장이고 다른 하나는 좌파적 입장이다.

　　민족주의적 입장에서는, 이들 대중문화의 장르들이 우리 고유의 문화를 담보하지 못한다는 점에서 비판적으로 바라본다. 박길성의 논평이 대표적인 사례가 될 수 있다. 그는 공연 '난타' 나 영화 '춘향뎐' 'JSA' 등 한국인의 심성을 담은 작품이 성공했음을 강조하면서 다음과 같이 이야기한다.

　　근자의 한류 열풍을 과대평가해서는 안 된다. 열풍의 내막을 자세히 들여다보면 그동안 자신들의 욕구를 분출시킬 만한 돌파구가 없었던 중국의 청소년들에게 한국 젊은 가수들의 세련된 외모와 멋진 춤, 그리고 신나고 속도감 있는 댄스 음악이 그들을 매혹시킨 것으로 보인다. 다시 말해 한국인의 심성에 대한 감동이라고 보기 어려운 점이 있다. 이는 한류 열풍을 지속시킬 수 있는 재생산 구조가 취약함을 의미하기도 한다(조한혜정; 2003, 14 재인용)

　　중국의 청소년들이 열광하는 댄스음악에는 우리의 것이 담겨 있지 못하고 그래서 우리 문화정체성의 전파가 되지 못한다는 것이다. 그러니 당연히 그런 한류는 재생산 구조가 취약할 수밖에 없다.

　　좌파적 입장에서는 그들 장르가 파행적 자본주의의 한계를 보여준다는 점에서 비판적이다. 이동연은 문화 인프라도 제대로 안 갖추어진 나라의 한류를 그 근거에서 비판하고 나선다.

　　한류는 지배적 문화 유행 형식이 생산해낸 또 하나의 오리엔탈리즘이

고, 천박한 B급 문화자본의 파생물이며, 문화를 정치외교장의 교두보
로 환원하고 문화적 콘텐츠를 화폐의 총량으로 환산하려는 산업적 국
가주의의 산물이다. 오, 한류, 너 정말 문화 맞니?(조한혜정; 2003, 27
재인용)

제대로 된 문화 상품이 형성될 수 없는 공간에서 만들어진 B급 문화
의 정통성을 인정할 수 없다는 것이다.

이들의 지적은 일면 옳다. 수준 있는 문화상품을 만들어서 수출해야
한다는 관점은 누가 뭐래도 맞는 말이다. 하지만 이들이 말하는 제대로 된
문화 상품이 무엇인지에 대해선 생각해볼 여지가 있다. 이들의 비판은 댄
스음악, 트렌디드라마, 블록버스터영화 등이 주를 이루는 한류 상품들이
한마디로 진지함이 결여된 소비적 · 대중적 · 통속적 저급문화라는 데 맞
추어져 있다. 공연 '난타' 와 댄스음악을 구분하는 태도나 댄스음악을 '천
박한 B급 문화자본의 파생물' 로 보는 태도에서 드러난다. 이들의 입장은
이처럼 문화의 우열을 가른다.

그런데 과연 소비적 · 대중적 · 통속적인 문화는 열등한 것이고 비
난받아야 하는 것일까. 재미있는 것은 이런 비판이 동양의 문화가 서양의
문화와 비교될 때의 부당한 비판과 관련되어 있다는 점이다. "동양적인 것
혹은 비서구적인 것이 서구적인 것과 관련될 때 그것은 항상 대중적이고
통속적이라는 범주로 구별지워지고 차별된다는 사실"(정재서; 1996, 73)
을 주목하자. 그래서 우리가 대중문화를 폄하할 때 "그 이면에서 비서구적
＝통속적이라는 등식이 은연중 작용하고 있음을 간과해서는 안된다."(정
재서; 1996, 75) 앞에서 살핀 박길성과 이동연의 경우, 한류의 통속적 장르
에 대비하여 상정한 좋은 문화란 진지하고 이성적인 문화에 다름 아니다.

결국 이들의 입장은 모더니티를 갖춘 문화를 정점으로 삼는 서양의 근대적 문화론을 견지한다. 이들의 주장이 일면 옳으면서도 한계를 보이는 것은 서양이 동양의 문화를 차별하듯이 우리 내부의 대중문화를 비슷한 시각에서 차별하고 있는 논리가 작동하고 있기 때문이다.

이런 한계는 한류의 주요 장르가 보여주는 솔직한 욕망의 체현, 그 통속적 솔직함의 가치를 정확히 해석할 수 있는 시야를 가린다. 대중문화에 대한 관념적 접근은 대중이 자신의 삶에서 대중문화를 만날 때 얻는 체험, 매혹 등을 적절히 다룰 수 없게 한다(박성봉; 1995, 190). 통속성은 그 속성상 속류 자본과 결합할 가능성이 높지만, 그것 자체가 열등한 것은 아니다. 통속성은 진지함의 결여가 아니다. 우리의 이상적인 문화, 다른 나라에 내세울 만한 문화가 반드시 진지하고 이성적인, 반자본적이고 저항적인 무엇이 될 필요는 없다. 사실 우리가 자랑스러워하는 판소리는 저잣거리에서 불리는 음악이었고, 산조는 술자리에서 연주되던 예술이었다. 그리고 그 뿌리는 가장 비이성적이고 원초적인 무교에 있다. 댄스음악과 트렌디드라마가 우리의 대표적 문화 장르가 되면 안 될 이유가 무엇인가.

또 한류의 주요 장르를 부정하는 태도는, 실제로 아시아의 '판' 에서 한국 문화로 변별되는 그들 장르 안에 녹아있을 우리의 정체성을 발견할 가능성을 놓치게 만든다. 우리의 정체성은 영화 '춘향뎐' 에 있지 않고 NRG의 댄스음악에 있을 수 있다. 우리가 부정해도 아시아의 타자들이 거기서 우리의 변별성을 본다면, 우리의 관념·선입견과는 달리 그 안에 현대 한국의 정체성이 담겨 있을 것이다.

반대로, 한류의 주요 장르를 긍정하는 신자유주의적 입장은 이들 장르가 가지는 함의를 읽어내지 못한다는 점에서 한계를 보인다. 이 입장에서는 '뜨는' 장르에 대한 맹목적 선호만이 있을 뿐, 그 안에 담긴 무엇이 진정 아시아의 관계에서 변별적 요소가 되고 우리의 정체성을 드러내는지에 대한 진지한 고민이 없다. 이런 관점은 한류에 대한 맹목성을 만들고, 문화와 시대에 대한 전략적 사고 없이 스테레오 타입을 양산하는 한계로 작용할 것이다.

결국 한류가 특정 장르를 통해 확산되고 있는 현실을 사실대로 인정하면서, 그들 장르의 특성을 선입견 없이 우리 문화의 특성과 연결 짓는 태도가 필요하다. 그런 장르들 속에서 아시아의 다른 국가·민족들은 어떤 변별성을 찾는지, 왜 특정한 장르에 매료되는지 그것을 실제적으로 살펴야 하겠다.

3. 일탈을 꿈꾸는 열정

댄스음악과 트렌디드라마, 블록버스터영화 등의 장르에서 주목할 것은 그들이 새로운 소비주체를 발굴했다는 점이다. 물론 새로운 소비주체를 찾아 마케팅 하는 문화자본의 역할이 컸을 것이다. 서태지에서 비롯된 댄스음악은 청년 계층을 시장의 주요 동력을 이끌었다. 그전까지 대중음악 분야에서 십대는 소비의 주체가 아니었다. 그런데 지금은 십대가 가장 중요한 대중음악의 소비주체가 되어있다. 이렇게 시장의 반전을 가져왔다는 점에서 삼성경제연구소는 서태지를 전후의 최고 히트 상품으로 꼽은 바 있다. 댄스음악이 청년 계층에게 관심을 끄는 중요한 이유 중의 하나는 그것을 기성세대가 따라하지 못한다는 데 있다. 오늘날의 청년들은 그들의 고유성을 지켜줄 장르로 댄스음악을 선택한 것이다. 이것은 록이 청년문화의 상징인 이유와 유사하다. 믹 재거가 "우리가 만드는 것은 소음 이상도 이하도 아니다."(패티슨; 1994, 121)라고 말했듯이, 락은 기성의 음악에 대해 분출하는 소음과도 같은, 기성세대와 문화의 주류계층이 근접하지 못하는 속성을 가지고 있다. 그것이 청년들의 정체성과 맞아떨어지기 때문에 늘 락은 청년문화의 상징이 된다. 주류문화에서 볼 때, 락이 유치하고 탈이성적인 것처럼, 요즘의 댄스음악도 주류문화에서 볼 때 유치하고 비절제적이고 통속적이다. 하지만 바로 그 점이 청소년들의 욕망을 자극하고, 그들을 변별시켜 댄스음악의 현장으로 불러들이는 것이다.

트렌디 드라마와 블록버스터 영화도 문화적 비주류들을 소비주체로 삼는다는 점에서 댄스음악과 동질성을 갖는다. 트렌디드라마는 신세대 여성들에게 주목을 받으면서 장르가 뿌리내리기 시작했다. 90년대 들어 탈이데올로기화 하고 경제적으로 세련돼진 신세대 여성들이 특화된 드라마로 트렌디드라마를 선택했던 것이다. 그들을 사로잡은 것은 새로운 영상기법, 소재, 배경, 음악 등이었다. 하지만 사랑의 스타일, 사랑에 대한 진정성 등은 기존 멜로드라마의 연장선상에 있다는 점이 우리나라 트렌디드라마의 특성이다. 새롭고 서양적인 성관념·결혼관념을 보여주는 일본의 트렌디드라마와 달리 우리의 그것은 여전히 보수적이고 낭만적인 성관념·결혼관념을 보여준다. 일본의 트렌디드라마가 결론에서 결혼을 전제로 하지 않고 동거 등의 성관계를 폭넓게 인정하는 반면, 우리 트렌디드라마는 대개 낭만적 결혼으로 결론 맺고, 혼전 순결이 지켜진다(이동후; 2003, 150-151). 이런 특성은 트렌디드라마가 신세대여성 뿐 아니라 기혼여성에게도 크게 공감을 줄 수 있는 측면이다. 기혼여성에게 트렌디드라마는 기존의 멜로드라마를 세련되게 발전시킨 것으로 다가올 수 있다.

블록버스터영화는 숨어있던 장년층 남성들을 영화관으로 끌어들였다. 장년층 남성들은 영화판에서 가장 멀리 있던 대상이며, 문화적으로도 소외된 계층이다. 천만 관객 시대를 열었던 '실미도'와 '태극기 휘날리며'의 경우, 전쟁과 분단이라는 역사적 소재를 선택하고 남성적 감성을 전면에 내세워서 변방의 소비주체를 중심으로 불러낼 수 있었다.

한류의 주축을 형성하는 이들 장르는 사회적인 비주류(즉 대중)들의 욕망을 채워준다는 점에서 공통점이 있다. 허긴 그런 점이 문화산업으로서 이들 장르에 자본이 몰려드는 근원적인 이유일 것이다. 어쨌든 백댄서를 꿈꾸는 청소년들은 댄스음악을 통해 몸의 열정으로 기성세대에 저항하고, 자신들의 정체성을 지키려는 욕망을 만족한다. 여성들은 '겨울연가'의 배용준을 보면서 현실에서 이룰 수 없는 사랑의 욕망을 채운다. 특히 기혼여성들은 좌절된 사랑의 노스탤지어를 불러낸다. 장년 남성들은 '실미도'에서 잃어버린 남성의 힘을 발견하고 자신을 투사한다.

이들은 모두 자신이 선 자리에서 대중문화를 통해 일탈을 욕망한다. 댄스음악과 트렌디드라마, 블록버스터영화는 대중들에게 일탈의 욕망을 투사하는 강력한 창구 역할을 한다. 익히 알듯이, 이들 장르는 주제의식과 형식의 측면 모두에서 매우 강렬하다. 댄스음악은 본토(미국)의 그것보다도 역동적이고 폭발적이다. 트렌디드라마의 주인공들은 사생결단하듯 사랑하고 음악과 미장센은 그 격렬한 사랑을 끝까지 밀어붙인다. 영화는 전쟁과 분단의 강렬한 테마를 다루고 그 안에 사랑, 우정, 우애 등의 원초적 감정을 끌어안는다. 우리 대중문화는 유독 이런 장르에 강점이 있다. 대중의 욕망을 잡아내는 뛰어난 능력이 우리 대중문화에 있다.

아시아 국가들이 우리 대중문화에 대해 내리는 판단도 크게 다르지 않다. 아시아의 다른 나라 대중들에게 우리 대중문화는 '열정'과 '자유', '강렬함'으로 비친다. 짜여진 틀로부터의 강력한 일탈을 만나고 느끼게 해준다는 것이다. 그것이 아시아권에서 유독 앞의 장르들이 사랑받는 이유 중의 하나다.

그 증거는 풍부하다. SBS 「그것이 알고 싶다」(176회), "아시아에 부는 한국대중문화 열풍(2001. 7. 21)"이 대표적인 사례이다. 중국에 간 취재진이 한국의 댄스음악을 연습하는 청년에게 묻는다.

취재진　HOT를 알기 전에 심하게 몸을 움직이고 이렇게 한 적이 있는지?

중국청년　없어요. 전혀 없었죠. 한국 댄스그룹은 일종의 반항의식을 담고 있는 것 같아요. 저희도 그런 의식이 있어서 그들을 따라 춤추고 노래하고 나면 스트레스가 풀리죠.

우리의 댄스음악은 중국의 청년들에게 그들의 독특한 정체성을 형성케 해주는 기제로 작동한다. 청년문화로서 댄스음악은 탈질서의 하위문화적 특성을 지닌다. 중국의 청년들에게도 댄스음악은 일탈의 욕망을 채울 수 있는 출구인 셈이다. 이는 다른 나라 대중들에게도 마찬가지다. 이 다큐멘터리는 일본, 중국, 베트남의 대중들이 우리 댄스음악과 트렌디드라마, 블록버스터영화에 대한 특성을 일관되게 지적하는 것을 밝혔다. 그들은 한결같이 우리의 대중문화콘텐츠가 "강한 테마", "격렬함", "남성적인 열정"을 담고 있다고 판단했다. 일본의 기혼 여성들에게 한국은 〈겨울연가〉의 격렬한 사랑이 존재할 수 있는 곳이다. 베트남의 젊은이들에겐 미래로 나아가는 열정을 지닌 사람들이 사는 곳이다. 한국 문화의 특징을 정리해달라는 물음에 대해 그들은 "열정", "젊음", "활력", "아시아의 라틴계", "다양성", "개성" 등이라고 답했다.

한국 문화콘텐츠가 지니는 이런 특성은 팬들의 태도에서도 변별성

을 만들어낸다. 다른 나라의 대중문화를 누리는 팬들에 비해 한국의 대중
문화를 누리는 사람들이 훨씬 열정적인 특성을 띤다.

> 대만에서 우리가 만난 10대와 20대들은 '하한족[哈韓族]' 이라 불릴
> 수 있는 한국 가수들의 팬들이었다. 그들은 일본 노래를 좋아하는 친
> 구들과 자신들과의 차이를 "일본 가수의 팬들은 숫자가 아주 많고 조
> 용한 반면, 한국 가수의 팬들은 숫자가 적어도 굉장히 열렬하고 열성
> 적이다" 라고 했다(김현미; 2003, 159-160).

한류의 팬들은 그래서 한국 드라마의 배경을 단지 드라마에 등장했
다는 이유만으로 중요한 관광 명소로 만들고 있다.

이런 사실은 한국의 대중문화가 그들의 일탈적 욕망을 훨씬 자극하
고 촉발시킨다는 점을 증명한다. 결국 아시아의 대중들은 한국 대중문화
에서 "열정: 일탈의 욕망" 을 발산하고 있으며, 이렇게 만드는 어떤 특성을
'한국적' 인 것으로 받아들인다.

그런데 왜 우리는 일탈의 욕망을 잘 다루는 것일까. 여기에 대한 해
석은 대개 문화사회학적으로 우리 자본주의 발전의 역사와 관련짓는 것이
보통이다. 조한혜정(2003; 24-25)은 "현재 중국 청소년들을 열광케 하는
댄스 음악은 한국의 압축적 근대화가 만들어낸, 열정적 춤으로 일상을 망
각하고 싶은 욕망을 가진 대중들이 만든, 더욱 정확하게 말하면, 그들로
하여금 망각의 대중이 되기를 '욕망' 케 한 거대한 시스템의 작품" 이라고
해석한다. 우리나라의 대중은 압축적 근대화의 이데올로기가 강하기 때문
에 잠재되어있는 일탈의 욕망 또한 크고 그것이 통속적 대중문화 장르의
발달로 이어졌다는 것이다.

과연 대중들의 일탈적 욕망을 긍정하고 극대화하는 이런 능력이 단지 압축적 자본주의 과정의 산물로 등장한 것일까. 그래서 한류는 일본은 이미 자본주의를 완성했고, 중국은 아직 못 미친 상황에서 벌어진 '판'에 운 좋게 우리의 대중문화가 일본에는 복고를 팔고, 중국에는 미래를 팔 수 있어서 생긴 일일까. 그렇다면 한류는 이 과도기를 지나면 사라질 신기루와 같은 '한때 장사'에 불과할 것이다.

일본의 많은 언론들은 한류를 지나간 과거에 대한 향수로 설명하고 한때의 유행일 뿐이라고 폄하한다. 중국의 관변언론들도 한류를 일시적인 현상으로 치부하려고 한다. 이런 해석은 그들의 '바람'이 개입한 해석일 가능성이 높다. 실제로 우리나라의 문화콘텐츠가 일본의 과거와 유사하다 해도, 유사성만으로는 이 정도의 유행을 만들 수 없기 때문이다. 비슷하긴 해도 다른 무엇이 분명이 있기 때문에 일본의 대중이 환호하는 것이다. 중국의 한류도 미·일의 발전된 대중문화 앞에서 단지 미·일과는 다른 친밀감(전쟁의 상대였던 두 나라에 대비되는)만으로 형성된 것은 아닐 것이다. 사실 일본의 과거나 중국의 친밀한 미래로 한류를 파악하는 것에는 중·일 중심의 편견이 담겨있다. 그들의 중심주의가 한류 속에 담긴 한국의 변별적 장점을 일부러 숨기려 한다는 것이다. 그런 점에서 중·일의 한류에 대한 판단은 주류 언론의 반응보다는, 한국의 정체성을 '열정: 일탈적 욕망'에서 찾아내는 그 나라 대중들의 판단에 귀 기울여야 한다.

웃음거리에 불과하던 한국형 블록버스터영화의 야심이 수년 만에 〈쉬리〉 등을 통해 빛을 발하고, 〈올드보이〉라는 명백한 웰메이드 상업영화가 칸을 점령한 현실, 서태지가 등장한 지 몇 년 만에 '보아'와 같은 다국적 거물 댄스 가수를 양성할 수 있는 저력 등을 압축적 자본주의 과정의 산물로만 보기에는 어렵다. 체계가 잡히지 않은 열악한 상황에서 자생적으로 그만큼의 성과를 만들었다는 것은 다른 나라에서 할 수 없는 우리의 변별적 능력이 있다는 것을 증명한다.

우리 대중문화가 일탈적 욕망, 그 환상과 감성을 잘 다루는 데는 압축적 자본주의라는 역사적 상황 말고 또 다른 요소로 우리 민족의 특성이 작동하고 있다고 본다. '열정: 일탈적 욕망'을 긍정하는 문화와 삶의 양식이 우리에게 있었고, 그것이 대중문화의 발달, 문화산업의 진작 등의 계기를 만나서 특화되었다고 보는 것이다. 전통적으로 다른 아시아 나라들과 변별되어 오던 민족적 정체성이 뉴미디어 시대의 '판'을 만나 대중문화의 정체성을 이루게 되었다고 이해한다. 그럼, 그 '열정'의 정체는 무엇인가.

4. 음주가무의 힘

중국 연변에서 조선족의 민속을 연구해서 박사를 받은 친구에게 재미있는 이야기를 들었다. 북경이나 연길에서 몸을 못 가눌 정도로 술을 먹은 사람을 보면 십중팔구 조선족이라는 것이다. 중국에서 대대로 살아온 조선족이라도 만취할 때까지 먹는 습성은 다르지 않더란다. 그 이야기를 들으면서 헤어져 산 지 수 세대가 지나도 기본적 민족성이 유지되는 것이 참 신기했다. 적어도 이 삼 세대를 중국에서 살아온 조선족도 술을 통한 일탈적 욕망을 숨기지 않는다는 점에서는 한국의 동포와 다를 바 없었다.

주변 나라 사람들이 한국 민족의 특성을 파악하는 것도 비슷하다. 한류 열풍이 자리 잡아 갈 때의 뉴스위크 기사는 다른 나라 사람들이 우리를 어떻게 이해하는가를 잘 드러내준다. 우리도 몰랐던 우리의 정체성이 거기 담겨있다.

일본의 광고회사 직원 오쿠하라 스구루(奧原選 · 25)의 성장 배경에서 한국을 좋아하게 될 만한 요인은 찾아볼 수 없다. 황군(皇軍) 출신의 할아버지는 한국인들을 멸시했으며 샤워할 때면 '조센징들은 돼지처럼 꿀꿀거린다'는 가사의 노래를 불렀다. 6년 전 가족 전체가 한국으로 여행을 떠날 때 그는 아버지의 강요로 어쩔 수 없이 따라나섰을 뿐이었다. 그러나 막상 가보니 한국이 '아름다운 나라'라는 생각이 들었다. 그가 만난 사람들은 감정 표현에 솔직했으며 자신감에 차 있었다. 재래시장의 떠들썩한 먹자 골목도 마음에 들었다. "식욕을 감출 필요가 없는 문화다. 매우 인간적인 것 같다"고 그는 말했다. 오쿠하라는 귀국하자마자 한국어를 배우기 시작했고 1997년에는 '한국 선망 증후군'에 대한 웹사이트를 만들었다. 그 사이트에는 한국에 대한 일본인들의 고정관념을 비웃고 한국의 특성을 찬양하는 수필과 기행문들이 오른다. 그는 한국 음악과 영화에 대한 논평을 하기도 하며 일본의 잔인한 식민통치에 대한 한국인의 견해를 소개하는 섹션도 마련했다. 일본인들에게는 한국인들의 자신감과 정열, 친절이 결여돼 있다는 것이 그의 일관된 주제다. 그는 "그런 것들이 매우 중요한 것 같다. 그렇지 않다면 내가 그렇게 감동을 받지 않았을 것이다. 나는 일본의 한국화(韓國化)를 바란다"고 말했다(뉴스위크, 2001. 4. 11).

스구루의 발언 중에서 한국의 문화를 "식욕을 감출 필요가 없는 문화"로 지적한 부분에 주목할 필요가 있다. 중국과 일본 사람들이 한결같이 지적하는 우리의 특성은 솔직하다는 것이다. 우리는 속내를 아주 쉽게 잘 드러낸다. 감정도 잘 표현하는 편이다. 그만큼 욕망도 잘 드러난다. 개인의 욕망이 뭉쳐 하나의 목표가 설정되면 거기에 '올인' 하는 문화이기도 하다. 이런 특성이 잘 드러난 것이 2002년 월드컵 때의 길거리 응원이다. '길거리' 라는 공공의 장소임에도 불구하고 욕망은 다스려지지 않는다. 전 국민이 붉은 옷으로 '올인' 하고 모여들었다.

또 우리 민족은 틀에 박힌 것을 매우 싫어한다. 일을 할 때도 매뉴얼에 따르기보다는 새로운 방법을 만드는 편이다. 말레이시아 수도 쿠알라룸푸르에 세워진 쌍둥이 초고층 빌딩 페트로나스 타워를 한국과 일본이 함께 건설할 때의 사례는 좋은 참고가 된다. 서로 완벽하게 빨리 지으려고 경쟁할 때, 한국 기술진은 일본보다 30여일이나 늦게 시작한 공사를 일주일 먼저 끝냈다. 말레이시아 당국이 깜짝 놀랄 결과였다. 그럴 수 있었던 것은 일본이 건설기술의 매뉴얼을 따르는데 반해, 한국 기술진은 새로운 공법을 도전적으로 시도했기 때문이다. 당시 기술공무과장은 이렇게 말한다.

일본 사람들이 한국보다 기술이 모자라서 못한 게 아니에요. 한국 사람의 특징이 있다고 봐요. 한국 사람은 새로운 방법을 자꾸 찾는 거예요(KBS, 〈신화창조의 비밀〉, 2004년 6월 18일 방송에서).

공기를 단축하고 새로운 기술을 자꾸 찾아 나서는 것도 열정, 새로운 질서에 대한 갈망이 없이는 불가능한 것이다. 우리가 미국이나 일본에 비해 대중문화의 체계가 제대로 갖추어지지 않은 상태에서 이만큼의 성공을 거둔 것은 이런 특성에서 비롯한다고 본다.

그래서 최준식 같은 학자는 우리 문화의 특성을 '자유분방함' 이라고 규정한다. 그는 한국인의 예술을 중심으로 한국인은 "자유분방하고 거칠며 힘을 중시하는 성향" (최준식; 2002, 41)을 가지고 있다고 설명한다.

또 그런 자유분방함이 우리 문화의 무교적(샤먼) 특성에서 비롯된다고 지적한다. 동양 3국 중에서 무교적 특성이 가장 강력하게 살아남은 나라라는 것이다. 이 장의 서두에서 언급했던 우리의 술문화는 무교의 영향을 쉽게 확인할 수 있는 사례가 된다.

한국인들이 술을 좋아한다는 것은 전세계가 알아준다. 그런데 한국인들은 술을 그냥 좋아하는 게 아니라 짧은 시간 안에 가능한 한 빨리 취하기 위해 별의별 방법을 다 생각해냈다. …(중략)… 추운 지방에 사는 것도 아닌 한국인들이 왜 이렇게 미친 듯이 술을 마셔댈까? 여기에는 물론 여러 가지 설명이 가능할 테지만 좋은 설명 가운데 하나는 한국인들이 일상적인 질서의 세계를 가능한 한 빨리 탈피해서 자유로운 무질서 상태로 내빼려고 한다는 것이다. 그래서 술을 마셔도 적당히 마시지 않고, 인사불성이 될 정도로 마셔서 너도 없고 나도 없는 망아경 상태까지 가야 술 잘 마셨다고 한다. 또 술판은 난장판이 되어 끝나는 때가 많다. 망아경과 난장판. 한국인의 술판에는 다시 굿판이 반복되는 것이다. 한국인들은 매일 밤 굿판을 벌이고 있는 것이다(최준식; 2002, 39-40).

한국인이 술을 좋아하는 것을 무교의 영향 말고, 역시 압축적 자본주의에서 오는 일탈의 욕망이라고 말할 수 있겠지만, 그 과한 음주의 전통이 매우 오래 된 것을 보면 민족성의 일부로 보아도 무방하다. 고대 문헌인 『삼국지』「위지동이전」에도 한민족의 제천행사를 설명하면서 우리 민족은 며칠 밤낮으로 술 마시고 노래하는 것으로 적고 있다.[1] 당시의 중국인의 눈에도 우리

[1] 夫餘 以殷正月祭天 國中大會 連日飲酒歌舞 名曰迎鼓 濊 賞用十月祭天 晝夜飲酒歌舞 名之儛天(조윤제; 1987, 23 재인용)

민족의 술 먹는 모습이 가장 눈에 띄었던 것이다. 이 제천행사가 무교와 연관된 것이니 우리의 거친 술문화와 무교를 연결하는 것은 설득력이 있다. 술문화 뿐 아니라 우리 문화의 광범위한 분야에서 무교적인 일탈, 파격, 난장(카오스)적 특성이 나타난다.

대체로 학자들은 동북아시아의 시베리아에 있던 샤머니즘을 한국 무교의 연원으로 삼는다(최길성; 1994, 11-38). 동북아시아의 샤머니즘 구조와 우리 무교의 구조가 큰 차이를 보이지 않기 때문이다. 이처럼 우리의 문화는 동북아시아 초원의 문화를 많이 내재하고 있다. 샤머니즘은 중국 사상과 문화만큼이나, 아니 그보다 더 우리 문화에 커다란 영향을 끼치고 있다. 그래서 우실하 같은 이는 "한국의 '문화 정신'에 있어서 다른 사상 요인들을 선택하여 '용납' 또는 '도태' 시키고, '문화 정신의 방향을 대표' 할 수 있는 주동성을 지닌 사상 요인"으로 "북방 샤머니즘의 3수 분화의 세계관에 토대한 삼재론"(우실하; 1998, 69)을 들고 있다. 이는 중국과 일본이 음양오행을 기반으로 하는 2수 분화의 문화정신을 가진 것과 대비되는 점이다. 이런 차이는 전통 음악의 경우에 명백하게 드러난다. 예를 들어 중국과 일본의 전통 음악이 음양사상의 영향으로 거의 대부분 2박자로 구성된 반면, 우리 음악은 삼재사상에 의거해 3박자로 구성되어 있는 것이다. 이와 관련해 최준식은 다음의 이야기를 들려준다.

우리 시대 가야금의 최고 명인인 황병기 선생은 "가장 비서양적인 것을 동양적이라 한다면 한국의 전통음악은 가장 동양적인 음악"이라고 말한 적이 있다. 그 이유는 이렇다. 중국이나 일본의 음악에서 주로 쓰는 박자는 2박자 계통이어서 서양 음악과 합주하는 데 별문제가 없는 반면 한국 것은 주로 3박자라 서양 것과 잘 맞지 않는다. 이렇게 비서

양적이니 가장 동양적이라는 논리가 성립한다는 것이다. 확실히 우리

나라 예술은 중국이나 일본의 예술과 참 다르다(최준식; 2000, 14).

그뿐 아니라, 태극을 쓸 때도 중 · 일이 주로 이태극을 쓰는 반면, 부

채에서 보듯이 우리는 주로 삼태극을 쓴다. 여기에도 북방 수렵문화의 삼

재론이 개입하고 있다. 하다못해 중국의 영향을 가장 많이 받았던 조선시

대에도 삼재론의 영향은 막강했다. 한글 모음 창제의 원리가 삼재사상에

서 비롯된 것은 상식에 속한다. 또 중국 남방 문화에서 비롯된 주작의 그림

이 조선시대에 세 개의 다리로 그려져 있다. 삼재사상을 대표하는 삼족오

의 변형이 조선시대까지 이어진 것이다.[2] 결국 음양론을 바

탕으로 하는 합리적 농경문화 중심의 중 · 일과 달리, 우리

에겐 농경을 생업으로 하면서도 삼재론을 바탕으로 하는 수렵문화 중심의

문화가 강렬히 남아있음을 알 수 있다. 비정착적인 수렵문화가 자유, 열

정, 거친 성정 등과 연관된다는 사실은 보편적인 지식이다. 그러니까 우리

대중문화를 통해 아시아의 다른 나라 · 민족에게 비쳐지는 열정적 특질은

그 뿌리가 깊은 것이다. 댄스음악 · 트렌디드라마 · 블록버스터영화 등의

장르 속에 내용과 형식 모두에서 이런 열정적 특질이 내재되고, 그것을 아

시아의 타자들이 변별적 요소로 읽어내고 있다고 본다.

주목해야할 또 다른 사실은, 이런 수렵문화적 · 무교적 특성이 유교

적 합리주의가 약화되던 조선 후기에 꽃피면서 자유분방한 우리 문화의

전통으로 자리 잡았다는 점이다. 특히 이 시기에 민속화, 탈춤, 판소리, 살

풀이 등 여러 장르의 대중문화가 발흥했다. 유교 이데올로기의 압박이 약

해진 것과 함께 계급의 질서 체계가 약해져 하층민, 즉 대중들의 경제적 ·

사회적 신분 상승이 두드러지면서 그 문화가 힘을 얻었기 때문이다. 또 조

2 이상은 우실하(1998)의
여러 사례를 살핀 것임.

선 후기에 발달한 상업은 문화의 상품으로서의 유통을 촉진하고 결국 당대의 문화콘텐츠를 발전시켰다. 사실 우리가 지금 전통이라고 말하는 대부분은 조선 후기의 문화에 기반을 둔다(최준식; 2000, 46). 가장 가까이 우리와 연결된 전통이기 때문이다. 당시의 문화가 전통으로 자리 잡았기 때문에 우리는 거칠고 자유분방한 문화 양식을 우리의 것으로 간직하게 되었다. 유네스코가 세계무형유산으로 선정한 판소리의 거칠고 강인한 음색이 대표적인 실례가 될 것이다.

그러나 이후 이런 특성은 일제침략, 전쟁 등 폭압의 근대사를 거치는 동안, 문화의 끈이 이어지지 못하면서 잠복하게 된다. 특히 일제의 집요한 민족문화 말살 정책으로 문화 전통이 온전히 계승되지 못 했다. 해방 이후에도 근대화 이데올로기 때문에 열정적 수렵문화가 드러날 수 있는 조건이 되지 못했다. 당시의 근대화라는 것은 억압적 합리주의의 강요였기 때문이다. 여기에 질서를 넘어서려는 수렵문화·무교적 특성은 어울리지 않았다. 그런 점에서 박정희 정권이 새마을 운동을 통해 무교를 탄압하고, 무교의 영향 아래 있는 동제 등 마을 축제를 미신으로 몰아 금지한 것은 매우 관련 있는 사태가 아닐 수 없다. 근대화 이데올로기에 저항하는 이데올로기도 무교적 열정을 긍정하지 않기는 마찬가지였다. 개발 독재의 압박이 너무 심했기 때문에 자율적 열정을 인정하지 못하는 분위기가 90년대 초반까지 팽배했다. 잠재되어있던 수렵문화적·무교적 특성은 90년대 중반 이후 이데올로기의 압박에서 벗어난 문화환경이 조성되면서, 일탈적 욕망을 강조하는 대중문화 부분에서 그 특성이 강하게 드러나게 되었다고 해석할 수 있다. 더구나 90년대 중반부터 뿌리내리기 시작한 뉴미디어는 대중들의 사회·경제적 역할을 증대시켰고, 대중문화 부분의 활성화를 낳았기 때문에 이 부분에서 그 특성이 잘 드러났다고 말할 수 있다.

조선 후기와 90년대 이후 현대의 상황을 비교하면 왜 우리 문화에서 대중문화가 차지하는 비중이 커지게 되었고, 어떻게 잠재되었던 수렵문화적·무교적 특성이 등장하게 되는지 쉽게 이해할 수 있다.

조선 후기와 90년대 이후 현대의 문화배경 비교	
조선 후기	90년대 이후 현재
유교 이데올로기의 약화	근대화 이데올로기와 저항 이데올로기의 약화
신분제도의 와해	뉴 미디어로 인한 대중의 부상
상업의 발달	문화 산업의 발달

이런 90년대 중반 이후의 시대 배경 속에서, 댄스음악·트렌디드라마·블록버스터영화 등의 장르는 우리의 열정적 자질이 가장 먼저 드러날 수 있었던 문화의 돌출점이 되었던 것이다. 이런 역동성은 사회가 안정되어 있고 변화가 적은 일본·대만이나, 자유주의적 열정을 아직 사회적으로 인정치 않는 사회주의 이데올로기가 여전한 중국·베트남 등에서 나타날 수 없는 것이다.

결국 한류를 구성하고 있는 대중문화의 장르들 속에 내재된 열정의 정체는 근대화에 성공한 다른 아시아 국가에서 볼 수 없는 수렵문화적·무교적 특성에서 비롯된 셈이다. 그것이 아시아의 다른 나라에서 변별적 요소로 작동하면서 우리의 정체성을 형성하고 있는 중이다.

5. 한류의 전망

지금까지 한류의 주축이 왜 댄스음악과 트렌디드라마, 블록버스터

영화의 장르로 구성되었는지, 아시아의 다른 나라·민족들은 왜 그 안에서 한민족의 변별성을 발견하는지를 일탈적 욕망을 긍정하는 수렵문화적·무교적 열정에서 찾아보았다. 아시아의 관계 속에서 드러나듯이 가장 대중적인 장르에서부터 나타나는 우리의 정체성은 바로 수렵문화적·무교적 특성이다. 우리의 문화콘텐츠는 의식하지 못한 채, 이런 우리의 정체성을 아시아에 실어 나르고 있었다. 그것이 뉴미디어의 발달을 통해 아시아의 지역적-세계화(Global-Localization)를 만나면서 우리 문화콘텐츠의 상품성으로 인정받고 있는 것이다. 그러므로 우리는 우리 문화콘텐츠의 경쟁력을 고려할 때, 이 특성을 어떻게 지속적으로 발전시키고 특화할 것인가를 고민해야 한다. 이런 고민은 아시아의 문화 다양성을 추구한다는 점에서도 지향되어야 할 방향이라고 생각한다. 이와 관련해서 2001년 한류를 다루었던 SBS 〈그것이 알고 싶다〉의 결말에 귀 기울일 필요가 있다.

오늘 우리가 한류를 보면서 가장 소중하게 얻은 것은 그동안 잊고 있었던 우리 자신의 모습을 다시 본 것입니다. 전쟁의 상처를 딛고 경제 발전을 이룩한 힘. 그리고 금 모으기로 아시아에서 가장 먼저 IMF를 헤쳐나가던 열정. 아시아는 한국의, 한국 사람들의 그런 힘과 열정에 매력을 느끼고 있었습니다. 이제 전세계적으로 국가이미지란 매우 중요한 전략입니다. 프랑스는 세련됨이란 이미지로 패션을 팔고, 일본은 치밀함이란 이미지로 전자제품을 팝니다. 미국은 풍요로움이란 이미지로 경쟁력을 높이고 있습니다. 지금 아시아에 부는 한류는 우리가 이제 우리의 어떤 이미지를 강화시켜서 세계에 내놓을 수 있을 것인지 그 가능성을 보여주고 있는 것입니다.

　　한류의 전망을 생각할 때 또 중요한 것은 무교에서 비롯된 열정적 특성이 동양 대중문화의 뿌리였다는 점이다. 중국에서 소설이 탄생할 때도 유교적 합리주의에 반하는 도교적 일탈성이 그 배경으로 작동했다. 중국의 도교라는 것은 바로 인본주의를 지배이데올로기로 채택한 주나라 이전의 하·은 샤먼문화가 체계적으로 구축된 것이다. 도교는 유교라는 지배이데올로기에 대한 회의에 기반을 두고 그것에 대해 강력히 반대했던 종교이다(정재서; 1996, 55). 이런 도교적 일탈성은 현대 서양에서 논의되는 탈현대적 가치(post modernity)와 많은 친연성을 가지고 있다. 포스트모더니티라는 것이 설명의 궁극적 배경이나 거대 서사를 부정하고, 단일한 구조·객관성·이성·진리에 대한 고전적 관념을 회의하는 것이기 때문이다(Eagleton; 1996, vii). 이런 사실은 탈현대를 추구하는 세계사적 흐름에서 우리의 수렵문화적·무교적 특성이 주목받을 가능성을 반증해주는 것이다. 우리가 탈현대적 가치에 전통적으로 익숙한 상황이기 때문이다. 이번 칸 영화제에서 〈올드 보이〉가 그랑프리를 차지한 사실도 이와 관련이 있다. 원작과 달리 비이성적인 환상성과 폭력성, 감상성 등 대중문화의 일탈적 욕망을 더 열정적으로 수렴했던 점이 쿠엔틴 타란티노 등 탈현대적 세계관을 옹호하는 심사위원들의 주목을 끌었다고 이해할 수 있기 때문이다.

　　결국 우리는 21세기를 맞이하면서 문화의 측면에서 매우 좋은 기회를 맞이하고 있다는 생각이다. 그 기회가 성과로 나타나려면, 문화의 우열을 가리지 않고 잘 할 수 있는 것을 긍정하고, 정체성에 대한 고정관념을 넘어서 현재의 대중문화에서 그것을 찾아내는 활발한 움직임이 필요하다. 그렇게 노력한다면 문화콘텐츠 산업의 발전을 꾀할 수 있을 뿐 아니라, 우리의 독특한 문화를 통해 세계에 기여할 수 있는 길이 열릴 것으로 기대해 본다.

한류가 댄스음악과 트렌디드라마, 블록버스터영화 등 가장 대중적인 장르로 구성되어있는 데는 그만한 이유가 있다. 우리 민족에 내재된 수렵문화적 · 무교적 열정이 새로운 문화상황에서 그런 대중장르를 통해 분출되었기 때문이다. 아시아의 다른 나라 · 민족들은 바로 그점에서 우리 문화의 장점을 발견하고 있었다. 이런 문화적 정체성 때문에 한류는 더욱 힘을 발휘할 가능성을 갖고 있으며, 세계 문화에 우리의 특성으로 기여할 기회가 된다.

한류에 대한 담론들이 잘 정리된 책으로 조한혜정 외 여러 사람이 쓴 『'한류'와 아시아의 대중문화』(연세대학교 출판부, 2003) 를 꼽을 수 있다. 이 책을 통해 한류에 대한 기본적인 관점을 가질 수 있다. 대중 문화를 편견 없이 읽는데 도움을 주는 책으로는 박성봉이 편역한 『대중예술의 이론들』(동연, 1994)을 들 수 있다. 이 책에 소개된 여러 논문들은 대중문화를 바라보는 균형 잡힌 시각이 어떤 것인지 짐작케 한다. 대중문화에 대해 더 깊이 이해하기 위해서는 강현두가 편한 『현대사회와 대중문화』를 읽는 게 좋다. 대중문화에 깃든 계급적 취향과 왜곡의 문제를 쉽게 이해하기 위해서는 트롯의 문제를 계급적 취향의 문제로 다룬 필자의 『'뽕짝'의 세 가지 표정』(《문학마을》 2003년 겨울)이 괜찮고, 깊이 있는 이해를 위해서는 현택수가 펴한 『문화와 권력-부르디외 사회학의 이해』(나남출판, 1998)을 읽어보면 좋겠다. 한국 문화의 특성에 대해 쉽게 접근할 수 있는 책은 최준식의 『한국미, 그 자유분방함의 미학』(효형출판, 2000)이 있고, 문화정신의 면에서 그 점을 다룬 책으로 우실하의 『전통 문화의 구성 원리』(소나무, 1998)가 있다. 이 책은 매우 풍부한 사례와 역사적 고증을 동반하고 있다는 점에서 주목할 만 하다. 사상적으로 이 문제에 접근하기 위해서는 이도흠의 『화쟁기호학』(한양대 출판부, 1999)이 좋다. 우리 고문화에 대한 논쟁적인 저술로는 최남선의 『불함문화론』을 들 수 있다. 수렵 · 무교적 문화의 원류에 대해 알기 위해서 한 번쯤 읽을 필요가 있다. 이 글은 『육당 최남선 전집 2』(현암사, 1973)에 실려 있다. 그 밖에 빼놓을 수 없는 책이 동양의 문화를 오리엔탈리즘 극복의 입장에서 재조명한 정재서의 『동양적인 것의 슬픔』(살림, 1996)이다. 이

책은 동양의 문화, 우리의 문화를 중심주의에서 벗어나 바라볼 수 있는 매우 유력한 시점을 제

공한다.

▌참고 문헌 ▌

김현미, 2003, 대만 속의 한국 대중문화, 『'한류' 와 아시아의 대중문화』 연세대 출판부.

김형효, 1989, 『구조주의의 사유체계와 사상』 인간사랑.

도광순, 1994, 『도가사상과 도교』 범우사.

박성봉, 1995, 『대중예술의 미학』 동연.

우실하, 1998, 『전통 문화의 구성 원리』 소나무.

이도흠, 1999, 『화쟁기호학』 한양대학교 출판부.

이동후, 2003, 한국 트렌디 드라마의 문화적 형성, 『'한류' 와 아시아의 대중문화』 연세대 출
    판부.

정재서, 1996, 『동양적인 것의 슬픔』, 살림.

조윤제, 1987, 『한국문학사』, 탐구당.

조한혜정, 2003, 글로벌 지각 변동의 징후로 읽는 '한류 열풍', 『'한류' 와 아시아의 대중문
    화』, 연세대 출판부.

최길성, 1994, 『한국 무속의 이해』, 예전사.

최민성, 2003, 뽕짝의 세 가지 표정, 「문학마을」, 2003년 겨울.

최준식, 2000, 『한국미, 그 자유분방함의 미학』, 효형출판.
    2002, 『한국인은 왜 틀을 거부하는가?』, 소나무.

발터 벤야민/반성완 편역, 1988, 『발터 벤야민의 문예이론』, 민음사.

패티슨, R, 1994, 통속성, 낭만주의, 그리고 범신론, 『대중예술의 이론들』, 동연.

Eagleton, T, 1996, *The Illusions of Postmodernism*, Blackwell Publishers.

Carroll, N, 1998, *A Philosophy of Mass Art*, Oxford.

Madoff, S, H, 1997, *Pop Art*, University of California Press.

Kellner, D, 1999, The X-Files and the Aesthetics and Politics of Postmodern Pop, *The
    Journal of Aesthetics and Art Criticism* (Vol.57 No.2 spring).

15
〈겨울연가〉, 한류인가, 일류인가

권연수

이 글의 출발은 과연 일본에 '한류'가 있는가? 라는 의문에서 비롯되었다. 지금까지 '한류'는 대만, 중국, 베트남을 중심으로 한 중화권 한류를 말하는 것이었다. 한류를 통해 우리의 민족주의적 자부심의 고취와 수출역군으로서의 문화콘텐츠에 대한 기대에 부풀었던 2000년 전후 상황을 기억해 보자. 그러나 그 때의 흥분은 이미 가라앉았고 작금의 상황은 방송매체의 환경 변화와 초국적 미디어 자본이 빚어낸 대중문화 콘텐츠의 초국적 유통현상으로 파악되면서 민족주의적 시각에서 한국문화의 우수성과 한류를 직결시키는 단락적 논의는 어느새 설득력을 잃었다.

그런데 2003년 후반기부터 시작된 일본 속 '한류' 논의는 시계를 다시 돌려놓은 듯 2000년에서 2001년까지 초기에 일던 논의와 다를 바가 없이 한껏 들뜬 모습이다. 거기에 중화권 한류와는 다른 차원의 자부심이 덧붙여졌다. 베끼기의 대상이었던 일본에서 한국 대중문화가 인정을 받고 한국 스타에 열광하는 일본인의 모습을 보면서 표절시비로 얼룩진 일본 대중문화에 대한 열등의식을 단번에 극복하고자 하는 듯 보인다.

우리는 여기서 의문을 던져 볼 필요가 있다. 과연 일본 속 '한류'의 도화선이 된 〈겨울연가〉는 한국 드라마의 우월성을 일본에 널리 알리고 한민족과 한국문화의 우수성으로 일본인들을 열광케 한 것인가? 〈겨울연가〉는 드라마의 질적 우수성을 인정받아 이제는 일본 드라마 베끼기에 급급하다는 오명을 벗고 일본 드라마보다 우위를 점한 것인가? 일본에 인정받은 우리의 문화콘텐츠는 이제 당당히 일본 진출의 성공 가도를 달릴 일만 남은 것인가?

여기서의 '일류(日流)'는 90년대 동 아시아와 동남 아시아를 강타했던 일본산 문화콘텐츠의 유통이라는 뜻의 '일류'는 물론 아니다. '〈겨울연가〉를 비롯한 일본 속 '한류', 과연 일본에서 부는 바람의 실체가 무엇인가?' 라는 질문에서 비롯된 '일류'이다.

일본에서 부는 〈겨울연가〉의 뜨거운 바람, 먼저 그 속을 들여다보는 것부터 시작해보자.

1. 욘사마가 떴다

〈겨울연가〉, 한류인가, 일류인가

중국, 대만, 베트남을 중심으로 한 '한류 열풍'은 이제 더 이상 우리에게 새로운 이슈로 다가오지 않을 정도로 자연스러운 현상으로 일반화되고 있다. 중화권 한류에 대한 이슈가 신선함을 잃어 가는 요즘 일본에서의 '한류'라는 화두가 미디어를 흥분케 하고 있다. 가수 보아, 탤런트 윤손하의 성공과 〈쉬리〉부터 이어져 온 한국 영화 붐, 그리고 무엇보다 드라마 〈겨울연가〉의 성공을 한국 언론은 한류 열풍의 일본 상륙이라 대서특필하고 있다. 가수 보아는 앨범 100만장 돌파, 오리콘 차트 1위 랭크, NHK 가

요홍백전(紅白歌合戰) 2년 연속 출전, 일본 전국 투어 등 화려한 행진을 계속하고 있다. 윤손하도 퀴즈 프로그램 MC를 맡을 정도로 일본에서 자신의 자리를 확고히 다져 나가고 있다. 한국 영화도 쉬리만큼 공전의 히트를 기록하지는 못하고 있지만 꾸준히 인기를 얻고 있으며, 한국 드라마도 일본 방송국을 통해 다수 방영 중에 있다. 그 중에서도 〈겨울연가〉의 인기는 가히 폭발적이다.

〈겨울연가〉는 KBS 2TV에서 방영됐던 월·화 드라마로 2002년 1월 4일부터 3월 19일까지 총 20회에 걸쳐 방송되면서 한국에서도 많은 화제를 불러일으켰다. 이듬해 2003년 4월 일본 공영방송 NHK의 위성방송 BS2 채널에서 방영되면서 일본에 소개되었다. 일본판 〈겨울연가〉는 제목을 〈겨울소나타〉(冬のソナタ)로 번역하고 일본 배우를 성우로 기용하여 총 20회 방영되었고, NHK는 이 과정에서 방송시간을 1시간으로 줄여 한국과는 다른 편집으로 각 회수마다 소제목을 붙였

1 제1편 만남(出会い), 제2편 덧없는 풋사랑(はかない恋), 제3편 운명의 사람(運命の人), 제4편 잊지 못할 사랑(忘れえぬ恋), 제5편 덫(罠), 제6편 망각(忘却), 제7편 겨울 폭풍(冬の嵐), 제8편 의혹(疑惑), 제9편 흔들리는 마음(搖れる心), 제10편 결단(決斷), 제11편 거짓(偽り), 제12편 10년 전의 진실(10年前の真実), 제13편 추억(追憶), 제14편 두 번째 사고(二度目の事故), 제15편 과거로 떠나는 여행(過去への旅路), 제16편 아버지의 그림자(父の影), 제17편 장애물(障害), 제18편 운명의 장난(運命のいたずら), 제19편 아버지와 아들(父と子), 제20편 겨울의 끝(冬の終り)

그림1 일본 속 '한류'

다.[1] 첫 방송이 나간 후 선풍적 인기를 끌었던 〈겨울연가〉는 같은 해 크리스마스를 전후한 프라임 시간대에 재방송으로 이어졌고, 2004년 4월 3일부터는 NHK 지상파 방송에서 다시 재방영됐다. 일본의 경우 케이블 TV나 위성방송을 시청하지 않는 시청자가 많아, 지상파 방송에서 방영된다는 것은 일본의 안방극장을 완전 공략한 것으로서 상당히 큰 의미를 갖는다. 또한 이미 DVD가 출시된 상황에서 지상파 재방송을 하는 것은 일본 방송국에서도 이례적인 일 중의 이례적인 일이다.

또한 〈겨울연가〉가 인기를 얻으면서 많은 약어와 신조어들이 생겨났다. 〈겨울연가〉를 뜻하는 〈후유노 소나타(冬のソナタ)〉가 '후유소나'로 줄여서 쓰이게 되고, 한국 드라마도 〈칸도라(韓ドゥ)〉로 불린다. 〈겨울연가〉와 관련하여 여러 증상들도 나타났다. 〈겨울연가〉 수용자들은 스스로를 '후유소나병'에 걸렸다고 하고, '후유소나 몰두증', '만성 수면부족증', '마약적 증상'과 같은 증상을 호소한다. 이러한 현상을 일본 언론에서도 '후유소나 신드롬' 또는 '후유소나 현상', '후유소나 붐'이라고 부르며 관심 있게 다루고 있다.

그림 2 NHK 홈페이지 〈겨울연가〉 메인 화면

　　한편 NHK 지상파 방영에 앞서 일본을 방문한 〈겨울연가〉의 남자 주인공 배용준은 그야말로 '겨울연가 태풍'을 몰고 갔다. 배용준은 호텔, 공항, 경비태세 등의 면에서 국가 원수급 대우를 받으며 일본을 방문했고 일본 언론은 '욘사마'[2] 방일을 대대적으로 보도했다. 공항에 마중 나온 인파가 7000명(공항로비 5000명, 공항주변 2000명)으로 추산, 해외 연예인 마중 인파 신기록을 달성했다. 다음 날 팬 미팅에서도 6만명 이상의 응모자 중 추첨에 당첨된 2000명이 참석했고 당첨에서 떨어진 2000명 이상의 팬들이 바깥 도로에서 자리를 지켰다. 배용준이 잠시 들른 카페는 도쿄의 신명소가 되었다.

　　〈겨울연가〉 관련 상품들도 활황을 보이고 있다. 〈겨울연가〉를 사진집 형식으로 엮은 〈겨울연가〉 특별판, '〈겨울연가〉로 시작하는 한국어'라는 한국어 학습교재가 날개 돋친 듯 팔려 나가고, DVD부분에서도 〈겨울연

2 배용준의 일본에서의 애칭. 욘은 배용준의 용, 사마(樣)는 님을 뜻하는 극존칭이다. 이제 '욘사마'는 미디어를 통해 전국적으로 알려져 있으며, 그칠 줄 모르는 '욘사마' 인기에 일본 수상마저 "'욘사마'와 같이 '준사마(고이즈미 수상의 이름은 준이치로)'라 불리도록 열심히 하겠다"라고 말할 정도가 되었다. '사마'라는 호칭은 일본에서 신화가 된 축구스타 데이비드 베컴에게도 붙여진 바 있다.

그림 3 한국드라마 관련사이트

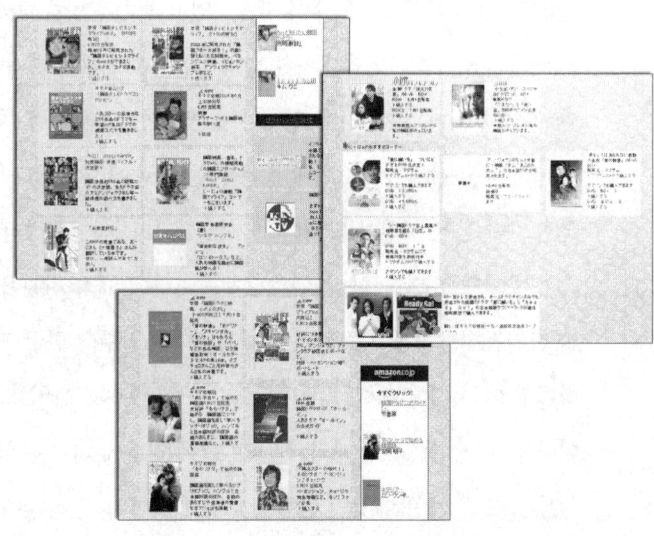

가〉 DVD 세트 2개가 나란히 1, 2위를 기록했으며 발매 전에 무려 2만 5000
세트가 예약되는 기염을 토했다. 일본에서 1만 세트 판매되면 빅히트로 간
주하는 DVD가 16만세트의 판매고를 올리고 있는 것이다(닛케이 BP사).
서적부문에서도 소설 〈겨울연가〉는 상하권 86만부가, 〈겨울연가〉 공식 가
이드 북은 29만부 팔려나갔다(2004년 4월 현재). 음반 부문에서도 '겨울연
가'의 OST가 1위를 기록하면서 총 20만장의 판매고를 올렸다. 한편 드라마
촬영지인 강원도 춘천 남이섬, 용평스키장, 춘천시내 명동거리를 찾는 일
본인 관광객도 날로 증가하고 있으며 출연 배우와의 팬 미팅 투어가 새로
운 관광 상품으로 주목받고 있다. 또한 '와이드 쇼'라고 하는 정보 버라이
어티 프로그램에서도 한국 드라마에 대한 특집이 다루어질 정도로 '겨울
연가'는 하나의 문화현상으로 일본열도를 활보하고 있는 것이 사실이다.

　　이러한 〈겨울연가〉의 후광으로 비디오 대여점에서는 아예 한국 드라
마 코너를 마련하고 있고 이용자도 날로 늘어나고 있다. 한국 드라마에 대
한 관심도 높아져 4월초 현재 NHK 위성방송에서는 〈올인〉, 〈여름향기(5월
1일 예정)〉, 〈비밀〉, 〈사랑〉이 방송되었고 케이블 방송에서는 한국방송 전
문 채널인 KNTV를 제외한 다른 방송국에서 〈그 햇살이 내게〉 〈진실〉, 〈비
밀〉, 〈가을동화〉, 〈우리가 정말 사랑했을까〉, 〈해피 투게더〉, 〈로망스〉,
〈신귀공자〉, 〈보디가드〉가 방송중 또는 방송예정에 있다. 또한 이러한 한
국 드라마 붐을 시청자 확대의 계기로 삼고자 하는 움직임도 보이고 있다.
스카이 퍼펙트 TV는 한국 드라마에 출자하여 제작 지원을 함으로써 최초
의 한일동시방송을 시도한다고 발표했다. 6월부터 한국 드라마 캠페인을
벌이며 여성 시청자 획득을 도모한다는 계산이다. 한국 드라마 관련 서적
이나 잡지도 꾸준히 판매되고 있다. 한국 영화에 대한 관심도 높아져 올해
개봉 중 또는 개봉 예정인 영화도 14편에 달한다. 일본 열도의 '한국 붐'이

분명 과거와는 다른 기류를 타고 있음에 틀림없다.

2. 사랑하고 싶어지는 드라마

〈겨울연가〉는 2004년 지상파 방송이 결정되면서 인기 과열 현상을 보였다.『닛케이 엔터테인먼트』(2004. 5)의 인지도 조사에서 〈겨울소나타〉를 시청한 적이 있는 응답자를 대상으로 드라마의 '어디가 좋았는가' 라는 질문을 한 결과 여성은 스토리(62.8%), 주연 남자 배우(배용준)(56.5%), 음악(53.2%) 순서였고, 남성은 주연 여배우(최지우)(59.3%), 스토리(55.7%), 음악(36.9%) 순서였다. 드라마의 스토리와 출연 배우, 그리고 음악을 〈겨울연가〉의 성공요인으로 들고 있다. 또한 이 잡지에서는 배용준 독점 인터뷰 기사와 함께 '한류' 가이드 결정판을 특집기사로 싣고 작금의 한국 붐에 대한 분석을 제시하고 있다. 이에 따르면 한국 드라마 붐의 원동력은 인기 스타, 그 중에서도 남자 배우를 꼽고 있으며 한국 영화 인기의 원인으로는 소재의 다양함을 꼽고 있다. 한국의 남자 배우들은 일본 및 헐리웃 스타와는 다른 외모와 분위기를 갖고 있어 지금까지 없었던 새로운 스타로서 일본 여성들의 마음을 사로잡고 있는 것이라고 분석하고 있다. 영화의 경우도 마찬가지로 일본 및 헐리웃 영화에서 볼 수 없는 타입의 액션 영화 또는 멜로 영화로서 관객들에게 지지

그림 4 『닛케이엔터테인먼트』(2004. 5) 표지

를 받고 있는 것이라 보고 있다. 일본 내에서도 이른바 〈겨울연가〉현상을 분석하려는 시도가 다양하게 이루어지고 있는 가운데, 여기에서는 네티즌들의 자발적인 글쓰기를 통해 수용자의 솔직한 반응을 알아볼 수 있다는 점에서 인터넷상에서의 여러 논의들을 통해 〈겨울연가〉의 인기 요인을 분석해 보기로 한다. 분석은 NHK 〈겨울연가〉 공식 홈페이지, 배용준 일본 공식 홈페이지, Yahoo Japan 게시판, 〈겨울연가〉관련 개인 홈페이지 및 블로그를 대상으로 하였다.

1) 네티즌의 반응을 통해 본 〈겨울연가〉의 인기 요인

네티즌들은 저마다 〈겨울연가〉에 대한 자신의 소감을 피력하고 남의 글에 대해 공감을 표하기도, 문제제기를 하기도 한다. 때로는 게시판에서, 때로는 자신의 블로그에서 〈겨울연가〉에 대한 자신의 마음을 전한 글에서 드러난 〈겨울연가〉의 인기 요인을 정리해 보면 다음과 같다.

표 1　〈겨울연가〉의 인기 요인

	주요내용
스토리	사랑이 하고 싶어지는 드라마다. 따뜻한 사랑을 베풀고 싶어지는 드라마다. 첫사랑이 생각난다. 유진의 첫사랑을 향한 그리움을 자신의 인생과 오버랩시키며 본다. 헤어진 연인을 생각나게 한다. 결혼은 했지만 사랑이 하고 싶다.
출연진	배우들이 미남미녀다. 배우들이 매력적이다. 연기력이 뛰어나다.
연출	한국의 풍경이 아름답다. 영상미가 뛰어나다. 대사가 아름답다. 장면과 매치되는 음악이 최고다. 제작진의 진지함과 파워를 느낀다.

스토리─첫사랑, 순수한 사랑

앞서 설문조사에서도 스토리가 좋았다는 의견이 여성의 경우 1위, 남성의 경우 2위를 차지한 바와 같이 〈겨울연가〉 수용자들은 드라마의 스토리에 많은 점수를 주고 있다. 특히 지고지순한 첫사랑, 순수한 사랑에 대한 자신들의 추억을 오버랩시킴으로써 드라마에 빠져들게 되었다고 한다.

그런데 스토리가 훌륭하다는 의견은 우리에게는 의아한 칭찬이다. 한국에서는 한국 드라마의 비현실성과 스토리 전개의 진부함을 비판하는 소리가 높고 색다른 소재와 주제 개발의 필요성이 강조되고 있는 것은 주지의 사실이다.

출연진─수려한 용모와 탄탄한 연기

남녀 주인공에 대한 칭찬이 많은 가운데 배용준은 연기와 더불어 성실함, 배려심등 인간성에 대해서도 칭송을 받고 있다. 그가 보여주는 겸손함과 따뜻함, 부드러운 미소 등이 〈겨울연가〉 수용자들에게 어필하고 있었다. 또한 아이돌 스타 중심의 캐스팅으로 연기력 저하를 가져오고 있다는 일본 드라마에 대한 비판과 함께 한국 연기자들의 연기력을 높이 평가하고 있다. 연기력이 강한 흡인력으로 작용하고 있음을 알 수 있고 두 주인공의 수려한 외모에 대해서도 많은 네티즌이 〈겨울연가〉에 빠져들게 하는 요인으로 지적하고 있다.

연출─영상, 음악, 대사, 제작진의 파워

〈겨울연가〉 수용자는 드라마의 연출에도 후한 점수를 주고 있다. 영상과 음악이 어우러진 세련된 연출에서 한국 드라마의 수준을 평가하고 있다. 또한 영상의 아름다움을 통해서 기존에 갖고 있었던 한국의 이미지와 너무나 다른 아름다운 풍경과 함께 새롭게 한국이라는 나라에 관심을 갖게 되는 배경이 되기도 했다. 한편으로 드라마를 이끌어가는 힘을 느낀다는 의견도 다수 제시되고 있는 것을 볼 수 있다. 모든 일이 짜여 진 시스템 속에서 이루어지는 일본 드라마 제작과정에서는 느껴져 오지 않는 '힘'을 느낀다는 것이다. 이 점은 오히려 한국에서는 '고무줄 편성'이라는 비판을 듣고 무리한 진행으로 인한 완성도 저하가 지적되고 있는 부분이다. 일본식의 전작제를 도입해야 한다는 자성의 목소리가 높은 가운데 한국에서는 비판의 대상이 되고 있는 부분에서 일본인들은 짜여지지 않은 가운데 드라마를 이끌어 가는 힘을 느낀다고 한다.

2) 〈겨울연가〉의 수용 기반

신선함―공감대 기반 위의 신선함

〈겨울연가〉의 수용자들은 〈겨울연가〉에서 '새로움', '신선함'을 느낀다는 의견이 많았다. 일본에는 없는 배우 타입, 일본에서는 볼 수 없었던 드라마라는 점에서 '새로움'을 느끼고, 자신이 잊고 있었던 아득한 옛시절이 그리움과 반가움으로 다가오고 사랑이나 가족에 대해 잊고 있었던 감정들을 상기시켜 준다는 점에서 '신선함'을 느끼는 것이다. 첫사랑에 대한 기억이나 순수한 사랑에 대한 동경이 드라마와 공감대를 형성하면서 드라마 수용 기반으로 작용한 것이다. 또한 국적이 달라도 같은 드라마를 보고 눈물을 흘리는 사람들이라는 동질감을 느끼면서도 사소한 문화차이가 신선함으로 다가오기도 한다. 예를 들어 남녀관계, 가족관계에서 문화적 근접성을 느끼면서도 일본과는 사뭇 다르게 보여지는 문화적 차이들을 신선하게 받아들이고 있다. 이러한 수용태도는 드라마 수용을 넘어 한국어와 한국문화에 대한 관심으로 확장되고 있다.

NHK판 편집과 일본인 배우에 의한 일본어 더빙

수용자 의견 중에는 특히 '대사가 아름답다' 라는 의견이 상당히 많았다. 이는 물론 원작 대사의 영향도 있겠지만 번역과 일본어 배우에 의한 더빙이 효과적으로 작용한 것이라고 볼 수 있다. 일본어의 아름다움을 재발견했다는 의견이 많은 것이 이를 입증하고 있다. 이 번역과 일본어 더빙은 NHK측에서도 상당히 신경을 쓴 부분이고, 또 결과적으로 NHK 의도가 적중하여 한국 드라마라는 생소함을 감소시켜 초기 시청자를 끌어들이는 데 성공했다. 특히 여주인공 유진의 더빙을 맡은 다나카 미사토(田中美里)의 목소리는 오히려 최지우 본인의 목소리보다 일본인에게 선호되고 있는 것으로 나타났다. 한편 배용준의 경우는 더빙보다 배용준의 목소리가 선호되어 배용준의 목소리로 드라마를 보고 싶다는 의견이 다수 제시되고 있다. 또한 NHK는 편집도 일본인에게 맞게 여주인공을 중심으로 편집방향을 잡았고 이 또한 초기에 시청자를 끌어들일 수 있는 요인이 되었다. 그러나 드라마 방영이 중반으로 넘어서면서 상대적으로 남자 주인공의 비중이 적은 점이 신비성을 자극하여 편집된 부분에 대한 궁금증을 불러일으키며 드라마의 인기를 더해 가는 재미있는 결과도 나타나고 있다.

이러한 사실은 향후 한국의 문화콘텐츠가 일본진출을 꾀할 때 더빙 여부와 일본판 편집을 상당히 중요한 요소로 고려해야 할 점이라는 것을 말해 주고 있다. 일본어 더빙으로 할 것이냐, 자막으로 할 것이냐, 더빙으로 한다면 누구를 기용할 것이냐, 편집은 어떻게 할 것인가가 콘텐츠의 내용 못지않게 중요한 것이다. 무엇을 어떻게 만드느냐도 중요하지만 어떻게 전달할 것이냐도 간과해서는 안 될 요소이다.

순정만화적 구성과 인물조형

또한 〈겨울연가〉의 수용이 용이했던 것은 드라마의 순정만화적 구성과 인물 조형에 기인하는 바가 크다. 특히 등장인물의 순정만화적 캐릭터는 출연진에 대한 몰입을 용이하게 하였으며 청년 CEO, 인테리어 디자이너, 패션 디자이너 등 일본에서도 익숙하고 동경의 대상인 직업설정, 그리고 남자 주인공 '이민형'이 일본 여성들에게도 이상형이 될 수 있는 재력과 능력을 갖춘 재미교포라는 점도 수용자들이 캐릭터에 빠져들 수 있는 결정적인 역할을 했다고 볼 수 있다.

순정만화의 인물 조형은 남자 주인공은 어딘지 모르게 그늘이 있는 고독한 이미지, 한편으로는 밝고 쾌활하면서 모든 것을 갖춘 완벽한 왕자 이미지가 주를 이룬다. 전자는 〈겨울연가〉의 강준상, 후자는 이민형의 이미지 그대로이다. 배용준은 이 두 인물을 완벽히 연기해 냄으로써 극중 두 주인공의 이미지로 많은 인기를 누리고 있는 것이다. 실제로 〈겨울연가〉의 배용준은 좋아하지만 영화 〈스캔들〉의 배용준은 좋아하지 않는다는 팬도 많은 것을 볼 수 있다.

순정만화의 여주인공은 밝고 약간은 덤벙거리지만 귀염성이 있는 이미지로 남자 주인공의 사랑을 한 몸에 받는다. 극중 유진도 이와 같은 이미지이다. 일본인 중에서 성장기에 만화를 보지 않았던 사람을 찾기가 어려울 정도로 일본인은 만화에 길들여져 있다. 순정만화도 여자들만의 장르가 아니다. 따라서 〈겨울연가〉가 보여주는 전형적인 순정만화적 구성과 인물 조형은 일본인들이 성장기에 빠져들었던 만화적 감성을 자극했고, 일본인들은 일종의 반가움과 함께 〈겨울연가〉에 몰입하게 된 것이다.

3. 한국의 폐인, 일본의 소나터

〈겨울연가〉의 여자 주인공 최지우 방일 기념 특집방송으로 2004년 3월 27일 방송된 NHK 〈겨울연가에 어서오세요(冬のソナタへようこそ)〉에서 진행을 맡은 NHK의 여성 아나운서는 자신을 포함해서 〈겨울연가〉 팬을 'sonata'와 'er'을 합성한 '소나터(ソナター)'라는 신조어를 사용해서 표현했다. NHK 겨울연가 홈페이지와 인터넷 상에서는 소나티언(sonata+ian)이라는 용어도 사용되고 있다. '소나터', '소나티언'이라 호명되는 그들은 누구인가?

1) 〈겨울연가〉의 수용자 층

〈겨울연가〉의 수용자 층은 초기에는 40~50대 여성이 압도적으로 많았으나 점차적으로 40~50대 남성, 20~30대 여성으로, 다양한 연령층으로 확대되었다. 〈겨울연가〉가 방영된 후 NHK에는 10대에서 80대에 이르는 다양한 연령층의 시청자가 전화, 메일을 통해 소감이나 요망사항을 보내 왔다고 한다. 그 수는 2만 통이 넘는다고 하며 지상파 방송을 원하는 의견이 가장 많았다고 한다. 그 중에는 함께 손녀딸과 시청하고 있다는 80대 여성, 딸과 〈겨울연가〉에 푹 빠져 있다는 50대 남성 등 다양한 세대의 수용자들이 확인되고 있다. 〈겨울연가〉가 계기가 되어 한국으로 가족여행을 떠난다는 사연도 있어 〈겨울연가〉의 수용자 층이 상당히 다양한 세대에 걸쳐 있다는 사실을 나타내주고 있다. 이와 같은 결과는 연령층뿐만 아니라 성별에서도 나타난다. 월간 잡지인 『닛케이 엔터테인먼트』(2004.5)가 실시한 〈겨울소나타〉 인지도 조사에 의하면 성별에 관계없이 고른 인지도를 나타내고 있다. 9791명(2월 5~12일 조사, 남성 6379명, 여성 3412명)

을 대상으로 한 인터넷 설문조사에서 남성의 72.1%, 여성의 89.3%가 〈겨울소나타〉를 알고 있다고 응답하여 상당히 높은 인지도를 보이고 있다.

그러나 〈겨울연가〉 신드롬의 중심은 일본에서 마담(マダム)라고 불리는 중년 여성들이다. 이들은 대부분 기혼자이며 자녀가 있는 여성들로 비교적 안정된 생활을 영위하고 있는 여성들이 많은 것으로 알려져 있다. 남성 팬들의 경우는 사회적으로 높은 지위에 있는 남성들이 〈겨울연가〉 팬임을 밝히고 있다.[4]

이에 비해 10대의 인기는 저조한 편이다. 10대 이하의 어린아이들은 어머니의 영향으로 함께 좋아하는 경우는 많지만 10대 청소년들에게는 〈겨울연가〉 및 출연진들은 어필하지 못하고 있음을 알 수 있다. 이러한 점은 향유 계층 면에 있어서 중화권 한류와 대비되는 부분이다.

2) 〈겨울연가〉의 수용자 유형

〈겨울연가〉는 3회에 걸친 재방송을 통해 일본의 안방극장을 완전 공략하면서 아름다운 영상과 음악으로 일본인의 묻어두었던 감정을 되살아나게 했다. 또한 〈겨울연가〉로 촉발된 일본인들의 감정은 인터넷을 통해 확장되고 커뮤니티를 형성해 가고 있다.

Yahoo Japan 게시판 '외국 드라마' 편에는 4월 15일 현재 〈겨울연가〉를 비롯한 한국 드라마 관련 토픽이 총 85개 중 32개에 달하고 있다. 각각의 토픽이 하나의 주제가 되어 그 주제에 관한 글이 올려지므로 현재 일본 네티즌 사이에서 한국 드라마가 상당한 관심사임을 보여주고 있다. 그 중에서도 〈겨울연가〉(冬のそなた)라는 토픽에는 무려 5820개의 게시 글이

---

4 〈아에라〉는 5월 31일 호에서 일본의 유명 재계 인사나 성공한 남성들 중에 〈겨울연가〉 및 유진 역의 최지우 팬이 많다는 것을 특집기사로 게재한 바 있으며, 5월 24일 호에서는 능력있는 캐리어 우먼을 비롯 도쿄대 출신 여성들 중에 배용준 팬이 많으며, 주부들 중에서는 가정을 중시하는 우등생 주부들 중에 〈겨울연가〉 및 배용준 팬이 많다는 것을 특집기사로 게재한 바 있다.

올라와 있으며 매일 매일 추가되고 있는 실정이다. 그 이외에도 배용준, 최지우에 관한 토픽, 또는 〈겨울연가〉 옥의 티 잡기 등의 토픽에 많은 네티즌들의 글이 올라와 있다. 또한 배용준 일본 공식 홈페이지는 물론 〈겨울연가〉 관련 블로그, 홈페이지를 통해 드라마에 대한 감상과 나름대로의 분석, 정보교환 등이 활발히 이루어지고 있다. 이러한 〈겨울연가〉를 매개로 한 사이버 상에서의 만남을 통해 다양한 담론이 형성되고 있다.

Yahoo Japan 게시판의 〈겨울연가(冬のソナタ)〉라는 토픽에 올라온 5820건의 글을 살펴보면 대체로 다음과 같은 주제로 정리된다.

이 밖에도 〈겨울연가〉에 몰입하기 시작한지 3개월 미만인 사람들이 모이는 〈겨울연가 경력 3개월 미만용(冬のソナタ~冬ソナ歷3ケ月未満用)〉라는 토픽, 〈겨울연가〉의 모순점을 발견해 지적하는 〈겨울연가 옥에 티 잡기 부대(冬のソナタ『つっこみ隊』)〉라는 토픽 등 다양한 토픽에서 〈겨울연가〉 및 한국 대중문화에 대한 논의가 활발히 진행되고 있다.

표 2	Yahoo Japan 의 〈겨울연가(冬のソナタ)〉게시판 분석
① 〈겨울연가〉에 대한 정보 및 열광 정도 (1593건)	
② 관련 상품에 관한 글 (1480건)	
③ 〈겨울연가〉 드라마 내용에 대한 글 (1157건)	
④ 스타에 대한 글 (822건)	
⑤ 한국 및 한국문화에 대한 관심에 관한 글(336건)	
⑥ 한국드라마 및 한국영화에 대한 글 (306건)	
⑦ 게시판에 대한 글 (126건)	

이러한 네티즌들의 글쓰기를 통해 그들은 〈겨울연가〉를 다음과 같은 형태로 수용하고 있는 것으로 분석된다.

〈겨울연가〉에 몰입하기

〈겨울연가〉에 몰입하는 유형은 드라마를 보면서 꿈같은 사랑을 꿈꾸고 함께 눈물을 흘리며 감동하면서 자신의 감정을 드라마에 개입시킨

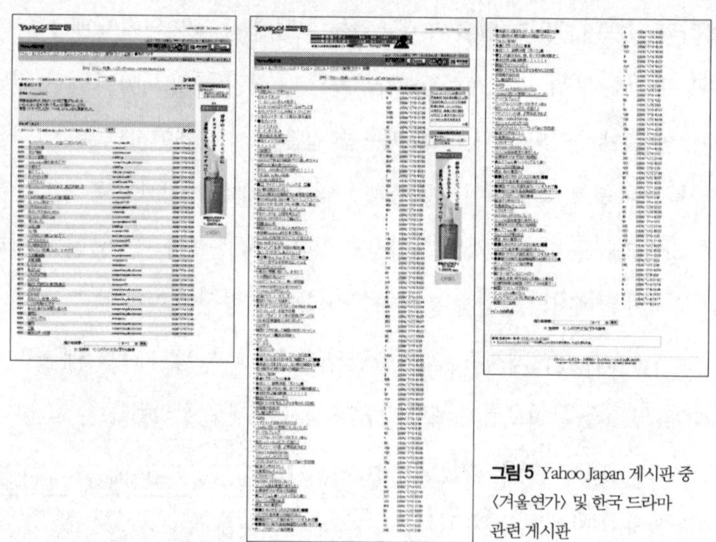

그림 5 Yahoo Japan 게시판 중
〈겨울연가〉 및 한국 드라마
관련 게시판

다. 드라마 방영시간에 맞춰 귀가하거나 집안일을 마치고 TV 앞에 앉는다. 그 시간에 귀가할 수 없는 경우는 비디오 예약 녹화를 해서라도 놓치지 않고 시청하려고 한다. 이러한 사람들은 스스로를 '후유소나 몰두증', '후유소나병', '만성 수면 부족증' 이라고 부른다. 드라마 시청에 관한 정보는 물론 드라마 스토리나 구성에 관한 글, 드라마를 시청한 개인적 소감, 자신이 좋아하는 부분과 감동적이었던 부분, 일본에서 〈겨울연가〉를 리메이크한다면 누가 좋겠는가 등에 대해서 인터넷에 글을 올리거나 직장동료, 이웃끼리 이야기를 나누는 것이 생활이 되었다고 하는 유형이다. 또한 드라마를 보기 위해서 컴퓨터를 구입했다거나 관련 상품을 구입하느라 생활이 궁핍해졌다는 사람들도 많아졌다. 일명 '후유소나 거지' 라 불린다.

〈겨울연가〉 확장하기

이 유형은 〈겨울연가〉 시청에 그치지 않고 〈겨울연가〉의 세계를 확장하는 유형이다. 인터넷에서는 관련 상품에 대한 정보교환, 자신이 구입한 상품에 대한 글들이 올라와 있다. 야후 게시판에서 가장 화제가 되고 있는 관련 상품은 〈겨울연가〉 DVD 세트가 585건으로 가장 많았고 그 다음이 음악(452건) 순이었다. 게시판을 통해 화제가 되고 있는 관련 상품은 DVD세트와 OST CD 이외에도 책, 소설 〈겨울연가〉, 잡지, 포스터, 비디오, 사진집, 사진, NG집, 목도리, 목걸이, 터틀넥 스웨터, 바탕화면, 스크린세이버에 이르기까지 〈겨울연가〉의 세계를 확장시키는 도구들이 다양하다.

〈겨울연가〉 세계의 확장은 주인공인 배용준, 최지우를 비롯하여 한국 연예인 전반, 또는 영화나 드라마를 통해 일본에 소개된 연예인들에 대한 관심으로 이어지고 있다. 또한 한국에서 활동하고 있는 일본인 연예인에 대한 관심도 커지고 있다. 야후 게시판에서의 비율로는 배용준이 548건으로 압도적으로 많았고 여주인공 최지우는 133건에 그쳤다. 〈겨울연가〉 붐이 배용준이라는 스타의 인기가 하나의 큰 축을 이루고 있다는 것을 알 수 있다.

또한 일본에 소개됐거나 소개될 예정인 한국 드라마를 중심으로 많은 글들이 올라와 상호간의 정보교환을 하고 있었고, 아직 일본에 소개되지 않은 드라마에 대한 글도 다수 볼 수 있었다. 〈겨울연가〉를 통해 한국 드라마 전반에 관심을 갖게 된 것을 볼 수 있으며 한국 영화에 대한 관심도 높아지고 있음을 볼 수 있다. 〈겨울연가〉라는 드라마를 통해 한국 드라마 전반, 영화 및 대중문화 전반으로 관심 영역을 확장시켜 나가고 있는 것을 볼 수 있다.

〈겨울연가〉로 세상보기

〈겨울연가〉라는 드라마를 통해 지금까지 보지 못했던 세계를 보는 유형이다. 〈겨울연가〉를 보면서 한국문화에 대해 관심을 가지게 되고 한국과 일본 문화를 비교하기도 하며 한일교류에 대해서도 나름대로 고민해본다. 이러한 유형은 드라마라는 매체가 문화이해에 큰 도움을 줄 수 있다는 가능성을 여실히 보여주고 있다. 야후 게시판에도 지금까지 한국에 관심이 없었거나 싫어했는데 드라마를 통해 한국을 더 알고 싶다거나, 한국에 가보고 싶다, 한국음식을 먹고 싶다는 글이 상당히 많았다. 한국어를 배우고 싶다, 혹은 배우고 있다는 글도 많아 현재 일본에서 일고 있는 한국어 붐을 실감할 수 있다. 〈겨울연가〉를 통해 열린 마음이 한국과 일본을 바라보는 시선으로 이어지고 있다는 점은 〈겨울연가〉 인기의 큰 의미가 아닐 수 없다.

〈겨울연가〉에 딴지걸기

〈겨울연가〉, 혹은 〈겨울연가〉 신드롬을 비판적으로 바라보는 유형이다. 이 유형은 비판을 위한 비판을 하는 유형과 긍정적인 시각에서 비판하는 유형으로 나눌 수 있다.

전자는 〈겨울연가〉에 열광하는 팬들을 보며 일본인으로서 부끄럽다는 식의 비판이나 독도 문제나 북한 문제와 같은 양국의 민감한 사안과 결부시키며 비판하는 시각이 주류를 이루고 있다. 야후 게시판의 경우 〈겨울연가〉 토픽에 올라와 있는 5820건에 달하는 글들이 처음에는 호의적인 내용으로 채워졌지만 4000건이 넘어가면서는 한국에 대한 터무니없는 비방이나 〈겨울연가〉 팬에 대한 비판, 인신공격성 글도 올라오기 시작하는 것을 볼 수 있다. 그러나 이러한 현상은 오히려 그만큼 〈겨울연가〉가 일부에서의 붐이 아니라 전국적으로 많이 알려지기 시작했다는 것을 의미한다.

후자의 경우는 애정을 가지고 드라마 수용의 즐거움의 하나로 비판적 시각을 갖는 유형이다. 스토리 전개의 모순, 장면이 바뀌었을 때의 시선 처리, 심지어는 의학적 지식의 모순까지 드라마의 옥의 티를 찾아내는 데에서 발견의 즐거움을 느낀다. 모순을 인식하지만 연기자의 연기력, 아름다운 풍경, 장면과 매치되는 음악 등이 그 모순을 용납할 수 있게 한다. 드라마의 옥의 티가 오히려 수용의 즐거움을 배가시켜주고 있는 것이다. 이들은 다른 사람보다 먼저 옥의 티를 발견하고 그것을 함께 공유하고 싶어 한다. 그러나 이러한 수용형태는 〈겨울연가〉가 한국 드라마, 즉 외국 드라마이기에 가능한 것이라고 한다. 일본 드라마라면 도저히 용납될 수 없지만 외국 드라마니까 그 모순이 발견의 재미로 느껴질 수 있는 것이다.[5]

따라서 〈겨울연가〉는 결코 오로지 드라마의 완성도와 질적 평가에 의해 인기를 누리고 있는 것이 아니라는 점을 알 수 있다. 물론 스토리와 영상, 음악 면에서는 세련미가 평가되고 있지만 작품의 구성이나 완성도 면에서는 평가받지 못하고 있는 것이다. 인물조형의 일관성 결여, 모순덩어리의 스토리 전개에 대해 일본 수용자들은 비판적인 시각을 가지고 있지만 외국 드라마라는 점에서 용납되고 있는 것이다.

[5] 드라마를 볼 때는 〈겨울연가〉 세계로 빠져들지만 보고 나면 옥의 티를 지적하며 비판형이 되었다가 다시 배용준 씨의 미소를 생각하면 다시 꿈의 나라로 떠난다—마키베. 모순이 허용되는 것은 주인공 두 사람의 연기력과 분위기, 아름다운 풍경, 장면과 너무나 잘 매치되는 음악이 있기 때문이다. —스맙피. 각본, 구성, 스피드와 드라마 제작 면에서는 일본 드라마가 단연 우세하다—아토무. 스토리에 모순이 너무나 많기 때문에 일본에서 〈겨울연가〉를 리메이크할 수는 없을 것이다—아야 등.

4. 그 옛날로 돌아가고 싶은 마음

〈겨울연가〉가 평소에 한국에 대해 관심이 없었던 수용자 층까지 확보하며 하나의 문화현상을 낳은 것은 단순히 〈겨울연가〉라는 콘텐츠만의 힘이라고는 할 수 없다. 〈겨울연가〉는 현대 일본의 사회상황이 생성하는 담화의 실현이기 때문이다. 따라서 우리는 수용자의 이해를 위해 그들이 위치하는 사회상황을 관찰해 볼 필요가 있다. 여기서는 일본 속 '한류'의 배경 및 의미를 살펴보기 위해 일본의 사회상황과 한국과의 관계 속에서의 사회상황으로 나누어 생각해 보자.

1) 일본의 사회 상황 읽기

한 시대를 풍미하는 스타성은 그 사회가 갈망하는 그 무엇인가를 체현하고 있기 마련이다. 사회현상으로까지 진화한 〈겨울연가〉 또한 일본 사회가 갈망하는 그 무엇인가를 지니고 있다고 볼 수 있는 것이다. 그 실마리는 '일본의 옛날 드라마와 같은 느낌이다', '젊었을 시절을 떠올리게 한다'는 〈겨울연가〉 수용자의 소감에서 찾을 수 있다.

그러한 '좋았던 옛 시절에 대한 동경. 그 옛날로 돌아가고 싶은 마음'이 현재 일본에서는 '70년대 인기'로 표출되고 있는 상황이다. 70년대에 히트한 팝송을 모은 옴니버스 음반의 타이틀이 'Beautiful Days'라는 것도 옛 시절을 아름다운 날들로 기억하려는 의도를 상징적으로 보여주고 있다. 이러한 사회상을 반영하며 요즘 일본에서는 영화, 음악, TV 분야에서 70년대를 새롭게 주목하며 70년대 붐이 일고 있다. 70년대에 인기를 얻었던 드라마나 TV 애니메이션이 새롭게 리메이크되어 높은 시청률을 얻기도 하고 퀸이나 야마구치 모모에(山口百惠), 캔디즈(キャンディーズ)와

같은 70년대 음반업계를 선도했던 가수들의 기념 음반이 대단한 인기를 얻고 있다.

일본의 70년대는 고도성장과 함께 TV, 애니메이션, 음악 프로그램의 유행을 선도했던 시대로 일본 대중가요의 멜로디는 70년대에 이미 완성되었다고 할 정도로 대중문화의 활황기였다. 또한 그러한 70년대에 청소년 시절을 보낸 사람들이 현재 제작자로서 발언권을 갖는 위치에 있다는 것도 70년대 붐의 원인이기도 하다. 이와 함께 디지털 기술의 발전으로 당시 LP로 소유했거나 혹은 지난 날 소유하지 못했던 음원을 DVD나 CD로 다시 소장할 수 있게 된 것도 70년대 붐을 일으키는 원인이 되었다. 음반업계의 부진과 TV드라마 부진 등 일본의 엔터테인먼트계의 정체감을 타계하기 위해 제작자들이 70년대에 힌트를 얻고자 하고 있다는 분석이 나오고 있지만(닛케이 엔터테인먼트, 2004년 5월호) 이러한 현상은 단순히 연예산업의 제작자들에 의한 불황 타개책이 아니라 시청자 혹은 소비자가 70년대적인 것을 원하고 있다는 것을 여실히 나타내주고 있는 것이다.

그렇다면 여기에는 어떤 사회상황이 있는가? 일본인들은 왜 옛 시절로 돌아가고 싶어 하는가? 여기서 우리는 현대 일본 사회가 잃어버린 시간을 되찾고자 하는 사회적 갈망이 〈겨울연가〉에 투영된 것임을 읽을 수 있다. 현대 일본사회는 아동학대, 히키코모리(방안에 틀어박혀 외부와 차단된 생활을 하는 사람을 일컫는 말), 소년범죄 등으로 대표되는 출구 없는 사회문제에 직면해 있다. 지나친 개인주의 중시로 인해 가족 간의 사랑이나 친구와의 우정, 순수한 사랑을 솔직하게 표현하는 것은 어느새 쑥스럽고 낯간지러운 일이 되어버렸고 그 시절을 추억조차 하지 않게 되었던 것이다. 가정, 학교, 사회가 출구가 보이지 않는 불안감에 쌓여있는 것이다. 이러한 사회상황에서 순수한 사랑을 진솔하게 펼쳐 내고 감정을 솔직히 표현한 〈겨울연가〉가 일본인들에게 지지를 받게 된 것이라고 볼 수 있다.

또 하나의 사회상황으로서 일본 TV드라마의 부진을 들 수 있다. 일본의 TV드라마는 철저한 전작제로 주 1회 방송으로 보통 12회로 작품이 마무리된다. 각 방송사마다 저녁 9시, 10시 타임을 드라마에 할당하고 각각의 개성 있는 드라마를 제작 방영하고 있다. 그러나 어느 드라마나 형식이 같다보니 스토리 전개가 뻔히 보여 점차 수용자들의 관심이 멀어져 갔다. 또한 정교하게 수용자 타깃에 맞춘 드라마 제작으로 다양한 세대가 함께 볼 수 있는 드라마 제작은 전무하다시피 하다. 개인의 취향에 민감한 나머지 온 가족이 함께 모여 볼 수 있는 보편성을 갖는 드라마는 거의 제작되지 않았던 것이다.

요미우리(読売)신문은 일본 TV드라마의 시청률 저조의 원인으로 시청자의 라이프 스타일의 변화와 내용, 캐스팅의 3가지 요인을 들어 지적하고 있는데(2003년 9월 30일자) 이 이외에도 소재의 고갈, 장기 불황에 따른 광고 수입 감소로 인한 제작비 감소 등 일본 TV드라마는 한계에 직면해 있는 상황이다. 특히 인터넷, 휴대전화와 같은 새로운 매체 등장에 발 빠르게 대응하지 못하고 있는 상황도 일본 TV드라마 외면으로 이어지고 있다. 이러한 틈새를 타고 〈겨울연가〉는 옛 추억의 그리움을 자극하고 세련된 영상과 장면에 매치되는 아름다운 음악, 배우들의 탄탄한 연기력, 그리고 다양한 세대가 함께 볼 수 있는 드라마로서 일본 수용자들의 마음을 사로잡게 된 것이다. 특히 애정표현이 노골적인 일본 드라마에 비해 〈겨울연가〉는 노골적인 장면이 없고 풋풋하고 애틋한 사랑이야기로 그려져 아이들과 함께 보아도 안심하고 볼 수 있고 오히려 교육적으로 좋다는 점이 큰 장점으로 꼽히고 있다.

2) 한일관계 속에서의 사회 상황

중국, 대만, 베트남을 중심으로 일고 있는 중화권 한류 열풍과 현재 일본에서 보여 지는 한국문화의 열풍을 같은 선상에서 보기는 어렵다. 요컨대 〈겨울연가〉의 인기는 한국에 대한 이미지 변화 및 한국 문화 수용의 점차적 확대라는 토대가 있었기에 가능했기 때문이다.

식민지 통치를 거치면서 역전된 한국에 대한 인식은 현대까지 이어져 내려왔다. 일본이 고도성장에 박차를 가하던 70년대에 한국은 '기생파티의 나라'라는 이미지로 인식되고 있었고 화염병이 난무하는 위험하고 무서운 나라라는 이미지로 굳어져 있었다. 이러한 부정적 인식을 불식시키기 위해 80년대 범 정부차원에서 국가 이미지 개선에 대한 노력이 이루어지기 시작하였고, 그 착실한 노력이 싹이 되어 한국에 대한 이미지도 조금씩 변화되기 시작하였다. 김치를 매개로 한국요리강좌를 통해 주부들의 관심을 끌어들이고 수학여행 시장 개척을 통해 청소년교류의 물꼬를 트기 시작했다. 그러나 광주사태 등 한국내의 정치적 혼란으로 여전히 한국은 특별한 사람만 가는 곳으로 인식되고 있었다.

그러한 가운데 정부차원의 지속적인 노력과 더불어 88 서울 올림픽 개최는 일본의 한국에 대한 관심을 증폭시켰다. 한국을 알려는 움직임이 활발해 지면서 한국 음식과 관광을 매개로 한국은 80년대 후반에 전후 처음으로 일본 여성들에게도 관심의 대상이 되었다. 이후 90년대에 걸쳐 고춧가루 다이어트, 김치 붐, 한국식 피부관리, 먹거리 등 작은 한국 붐이 형성되었다. 그러나 1990년대까지만 해도 여전히 일본에서 한국어를 공부하는 사람이나 한국을 좋아하는 사람들은 특이한 사람으로 인식되던 시대였다. 한국영화도 아시아영화제와 같은 영화제나 특별 기획에 의해 상영될 뿐이었고 관객 또한 한국 혹은 아시아영화를 좋아하는 사람들에 국한되었다.

또 하나의 계기는 김대중 전대통령의 방일, 그리고 한국의 대중문화 개방의 움직임이다. 한국이 일본 대중문화를 단계적으로 개방하면서 한일 양국의 대중문화 교류가 새로운 국면에 접어들게 되었다. 이러한 한일관계의 변화를 상징적으로 보여준 것이 영화 〈쉬리〉였다. 2000년에 일반극장에서 개봉된 〈쉬리〉는 관객 120만 명을 돌파하며 한국영화의 존재를 일본대중들에게 각인시켰다. 한국영화가 허리우드 영화 수준의 주목을 받은 첫 쾌거였다. 〈쉬리〉에 의해 촉발된 한국영화에 대한 관심은 〈8월의 크리

표 3 월드컵 전후 한일교류의 흐름

연도	계기	이슈
2000년	한국에서 일본영화개방 1년후	쉬리 일본 내 36개 극장에서 개봉, 120만 관객 기록. 이후 한국영화 붐
2001년	월드컵 1년 전	Korea Envy Syndrome, 한국을 배워야 한다는 논의(정치개혁, IT) 활발. 한국음식, 영화, 정보통신, 한국어 등 다방면에 걸친 한국 붐. 탤런트 윤손하 NHK 드라마로 일본 데뷔. 2002학년도부터 도쿄대학을 비롯한 국·공립 대학에서 입시 외국어 선택 과목에 한국어 포함시킬 것이라고 발표.
2002년	월드컵 축구대회 개최	한국의 4강 진출로 한국의 저력에 놀람. 한일합작드라마 〈프렌즈〉 한일 양국에서 방영. 한국전문방송국 KNTV 가입자(2만 5000명) 중 일본인이 60%이상 차지.
2003년	NHK 〈겨울연가〉방영	〈겨울연가〉 인기가 기폭제가 되어 영화, 드라마, 한국어, 서적 등 한국대중 문화 전반에 대한 관심 증폭. '팬미팅 투어', '촬영지 관광 투어' 등 〈겨울연가〉 관련 새로운 관광상품 개발. 4월, 도쿄대학원 '한국조선문화연구 전공' 석사과정 개설→2004년 박사과정 개설.
2004년	〈겨울연가〉지상파 방송. 4차 일본문화 개방.	배용준 신드롬 한류 스타, 한국 드라마에 대한 인기

스마스〉, 〈JSA〉로 이어지면서 한국영화 붐을 일으켰다.

2002년 월드컵 축구대회를 한일 공동으로 개최하게 되면서 한국에 대한 이미지는 획기적인 변화를 가져왔다. 교통수단의 확충과 관광객에 대한 NO VISA 추진 등 인프라적 개선과 함께 한국에 대한 관심도 다방면에 이르렀고 한국 붐은 가속화되어 갔다. 정치개혁이나 IT 부분에서 한국을 배워야 한다는 논의가 일면서 한국음식은 물론 한국 영화, 한국어 등 다방면에 걸친 한국 붐이 조성되었다. 한국을 흠모하는 젊은이들 사이에서 보이는 Korea Envy Syndrome이 화제가 되기도 했다. 월드컵을 계기로 방송계의 교류도 활발해 지면서 한일 합작 드라마 〈프랜즈〉로 탤런트 원빈이 일본에서 많은 인기를 얻었고, 일본 지상파 방송국 TV아사히가 TV드라마 〈이브의 모든 것〉을 방영하면서 한국 드라마가 일본 안방의 문을 두드렸다.

이렇게 일본대중문화 개방과 한일 월드컵 공동개최를 통해 한국과 일본은 서로의 얼굴을 마주보게 되었고, 한국의 월드컵 4강의 저력과 IT강국의 이미지를 통해 기존의 일본이 가졌던 한국에 대한 후진국 이미지가 상당히 희석되었다. 한국문화를 향유하는 토대가 점차 조성되었던 것이다. 이러한 토대 위에 〈겨울연가〉는 한국 드라마 붐의 기폭제가 되어 2003년과 2004년을 대표하는 일본 속 한국 대중문화의 코드가 될 수 있었던 것이다.

3) 일본 속 '한류' − 〈겨울연가〉를 넘어서

결과적으로 〈겨울연가〉의 선풍적 인기는 한국과의 관계 속에서 〈겨울연가〉라는 문화콘텐츠를 수용할 수 있는 기반이 형성되었고, 그 위에 70년대 인기를 비롯한 일본의 사회상황이 맞물려 있음을 알 수 있다. 70년대를 보고 싶은 시청자들의 니드를 읽지 못한 일본 TV 드라마의 틈새를 〈겨울연가〉가 메울 수 있었던 것이다. 그리고 그 틈새는 일본인도 놀랄 만큼 큰 시장을 형성하면서 '바람'을 일으켰다.

이러한 상황을 볼 때 일본에서 일고 있는 〈겨울연가〉 열풍을 곧바로 일본에 '한류'가 상륙했다고 해석하기는 어렵다. 〈겨울연가〉가 온전히 작품의 완성도와 수준으로만 인정받은 것이 아니라는 점을 감안한다면 현재 상황은 그야말로 한바탕 불고 지나가는 '바람'일 수 있는 것이다. 이미 대만에서의 '한류'가 시들어짐이 전해지고 중국에서의 '한류'도 매력을 잃어 가는 상황을 목도하고 있는 우리는 그 '바람'이 지나간 후에 더더욱 관심을 가질 필요가 있다.

물론 작금의 〈겨울연가〉 신드롬은 국가 이미지 제고, 경제효과, 한국 문화 전반에 대한 관심 고조라는 점에서 상당히 의미 있는 문화적 사건으로 파악할 수 있다. 〈겨울연가〉를 통해 한국의 아름다움과 힘을 느꼈다는 일본인이 많았으며 〈겨울연가〉의 팬이 아니더라도 〈겨울연가〉 신드롬을 목도한 일본인들에게 한국의 국가 이미지는 상당히 제고되었다고 볼 수 있다. 이는 향후 일본에 문화산업 진출을 훨씬 수월하게 할 것이며 또한 타 대중문화에 미치는 파급효과도 상당히 클 것으로 예상된다. 또한 한국의 대중문화의 인기가 경제적 수익 창출로 이어진다는 것은 말할 나위가 없다. 〈겨울연가〉는 500억(약 50억엔)(04. 3. 3)의 수익을 냈으며 〈겨울연가〉 OST 음반 매출은 80억 원에 달했다. 〈겨울연가〉를 통해 한국 드라마, 한국 스타, 한국어, 음악에 관심을 갖게 되었고 한국은 꼭 가보고 싶은 나라가 되었다. 스타 팬 미팅 투어가 새로운 여행상품으로 부각되고 한국 음식에 대한 관심도 증가하고 있다. 그러나 '한국 대중문화의 일본 진출' 또는 그로 인해 발생하는 경제효과라는 눈에 보이는 실익만을 추구할 경우 오히려 일본 속 '한류'의 불씨는 힘없이 꺼져버릴 수도 있다.

엄밀히 말하면 일본 속 '한류'는 일부의 현상일 뿐이다. 일본은 이미

문화적 정교화가 이루어진 사회이며 개인의 취향은 상당히 세분화되어 있
다. 따라서 〈겨울연가〉가 빅히트를 기록했다 하더라도 그것은 일본열도
전체가 〈겨울연가〉 하나로 들썩이고 있다는 것은 아니다. 영화의 경우도
한국영화의 개봉편수가 증가추세에 있다고는 하나 일본 전체 흥행규모에
서 보면 아직도 미미한 수준이다. 〈쉬리〉의 흥행 수입이 19억 엔이지만 이
는 2003년 기준으로 본다면 일본의 연간 흥행수입 20위에 불과한 수치이
다. 〈겨울연가〉 붐을 침소봉대하기보다는 한국대중문화가 주변이 아닌
동등한 입장에 수용될 수 있는 계기가 된 것에 의미를 두어야 할 것이다.

　따라서 〈겨울연가〉 신드롬을 계기로 일고 있는 일본 속 '한류'는 한
일관계라는 틀에서 접근할 필요가 있다. 월드컵, IT, 〈겨울연가〉 열풍에서
비롯된 한국 붐 등을 통해서 군사정권시대의 무서운 나라라는 이미지와
후진국 이미지를 불식시키는 계기가 됐다. 이제는 편견에 의해 왜곡되는
일 없이 좋은 것은 좋은 것으로서 인정받을 수 있는 시대가 열린 것이다.

　또한 〈겨울연가〉 열풍은 한국에 대한 편견과 선입견을 깨고 한국에
대해 무관심했던 사람들이 이웃나라 '한국'이라는 나라를 인식하게 된 계
기가 되었다는 사실에 큰 의미를 두어야 할 것이다. 그렇기 때문에 우리는
〈겨울연가〉를 계기로 한국문화 전반에 걸친 관심이 고조된 요즘 상황을
한일관계의 바람직한 발전으로 이어질 수 있는 보다 더 귀한 의미로 받아
들여야 할 것이다. 일본에 부는 〈겨울연가〉 바람도 한일관계라는 여정의
또 하나의 이정표로 파악하고, '한류' 논의에서 선행되기 쉬운 경제효과라
는 근시안적 시각만을 강조하기보다 〈겨울연가〉가 하나의 문화콘텐츠를
넘어 진정한 한일 상호이해로 나아갈 수 있도록 지혜를 모아야 할 것이다.

┃ 더 읽을 거리 ┃

일본에서 불고 있는 〈겨울연가〉의 뜨거운 바람 속을 들여다보기 위해 이 글에서는 수용자 분석을 통해 〈겨울연가〉가 일본에서 어떤 수용자 층에 의해 어떻게 받아들여졌는가를 알아보았다. 그리고 그 수용자 층이 어떠한 사회상황 속에서 〈겨울연가〉를 수용하게 되었는지를 알아봄으로써 일본 속 '한류' 읽기를 시도했다.

여기서 다시 한번 의문을 던져 보자. 과연 일본 속 '한류'의 도화선이 된 〈겨울연가〉는 한국 드라마의 우월성을 일본에 널리 알리고 한민족과 한국문화의 우수성으로 일본인들을 열광케 한 것인가? 〈겨울연가〉는 드라마의 질적 우수성을 인정받아 이제는 일본 드라마 베끼기에 급급하다는 오명을 벗고 일본 드라마보다 우위를 점한 것인가? 일본에 인정받은 우리의 문화콘텐츠는 이제 당당히 일본 진출의 성공 가도를 달릴 일만 남은 것인가?

〈겨울연가〉는 〈겨울연가〉일 뿐이다. 〈겨울연가〉는 한국을 대표하지도, 지속적인 우리 문화콘텐츠의 성공을 담보하지도 않는다. 바람은 사회 상황적 맥락에서 일어난 것이다. 우리가 한일관계라는 시각에서 그 바람이 지나 간 후를 진지하게 고민해야 하는 이유가 여기에 있다.

한류에 관한 책은 이 책의 2부 '한류, 우리 문화콘텐츠의 힘'에 정리되어 있으므로 참조하기 바란다. 여기서는 중복을 피하고 한류에 대한 보다 넓은 시각을 키우기 위해 일본 대중문화의 아시아 진출에 관심을 가져보길 권한다. 한류보다 먼저 아시아에 진출한 일본 대중문화에 대한 이해와 비판적 시각을 읽을 수 있는 이와부치 고이치(岩渕 功一)의 『아시아를 잇는 대중문화』(또 하나의 문화, 2004)도 꼭 읽어볼 만한 책이다. 원서는 『トランスナショナル・ジャパン アジアをつなぐポピュラー文化』(岩波書店, 2001)이다. 이와부치의 다른 책으로 월경하는 문화를 통한 대화의 가능성을 진지하게 탐구하고 있는 『グローバル・プリズム〈アジアン・ドリーム〉としての日本のテレビドラマ』(글로벌 프리즘 〈ASIAN DREAM〉으로서의 일본 TV드라마)』(平凡社, 2003)와 『越える文化 交錯する境界(アジア理解講座)』(월경하는 문화, 교착하는 경계)』(山川出版社, 2004)를 추천한다. 또한 五十嵐曉郎(編)의 『変容するアジアと日本

ーアジア社會に浸透する日本のポピュラーカルチャー(변용하는 아시아와 일본 - 아시아 사회에 침투하는 일본의 대중문화)』(世織書房, 1998), 川崎賢一의「日本の發信するポピュラー文化とは(일본이 발신하는 대중문화란)」『世界』12月, 1993, 小林昭美의「テレビ番組の国際移動(TV 프로그램의 국제이동)」(『国際交流』64号, 1998), 水越伸「アジアのメディア`メディアのアジア(아시아의 미디어, 미디어의 아시아)」『情報社会の文化』(東大出版会, 1998) 등도 일본의 미디어와 대중문화, 그리고 아시아라는 관점에서 도움이 될 것이다.

▌참고문헌 ▌

김준희, 1998.12, TV 드라마 수용자의 시청행위 연구, 『주관성 연구』 제3호.

곽선영, 2001, 여성장르로서의 순정만화의 특성에 관한 연구 - 수용자 분석을 중심으로, 『만화애니메이션연구』제5호.

유세경, 이경숙, 2001.6, 동북아시아 3국의 TV 드라마에 나타난 문화적 근접성 - '별은 내가슴에', '진정고백', '동변일출서변우' 비교분석, 『한국언론학보』45-3.

정상철, 2002.1, 한국 대중문화산업의 해외진출을 위한 지원방안 연구 - 한류(韓流)의 지속화방안을 중심으로, 한국문화정책개발원.

조한혜정 외, 2003.4, 『한류와 아시아의 대중문화』, 연세대학교출판부.

한희정, 2002. 6, 인터넷 게시판 수용자의 드라마 해독 연구, 『한국방송학보』16-2.

허진, 2002. 3, 중국의 '한류(韓流)' 현상과 한국 TV 드라마 수용에 관한 연구, 『한국방송학보』16-1.

『NHKテレビ 안녕하십니까? ハングル講座』, 2004, 4월호, 日本放送出版協会.

『Yomiuri Weelky』, 2004, 4월호, 読売新聞東京本社.

『韓国TVドラマ』, 2003, 10월호, 共同通信社.

『韓国TVドラマ』, 2004, 3월호, 共同通信社.

『韓国ドラマ・ガイド-冬のソナタ』, 2003, 12월, NHK出版.

『韓国ドラマ&シネマ スターガイド』, 2004, 4월호, 宝島社.

『韓国ドラマNOW』, 2004, 5월호, 主婦と生活社.

『週刊新潮』, 2004, 4월호, 新潮社.

『週刊女性』, 2004, 4월호, 主婦と生活社

『週刊女性』, 2004, 6월호, 主婦と生活社

『日経 エンタテインメント』, 2004, 5월호, 日経 BP社.

일본어 디지털조선일보-문화예능면, http://japanese.chosun.com

일본 랜탈 게시판 OTD BBS, http://bbs3.otd.co.jp/251768/bbs_tree

일본 야후저팬, http://www.yahoo.co.jp

일본 야후저팬-뉴스, http://nsearch.yahoo.co.jp

일본 야후저팬-게시판, http://messages.yahoo.co.jp

일본 후지 TV, http://www.hujitv.co.jp

일본 日経 エンタテインメント, http://ent.nikkeibp.co.jp/ent/main.shtml

일본 週刊女性, http://www.shufu.co.jp

일본 TAMOA, http://www.tamoap.com

KBS 겨울연가 공식 홈페이지, http://drama.kbs.co.kr/winter/

NHK 겨울연가 홈페이지, http://www3.nhk.or.jp/kaigai/sonata

『冬のソナタ』앙케이트, http://cgi.eonet.ne.jp/cgi-bin/enquete/calc.cgi

ポラリスを探して, http://cgi.eonet.ne.jp/cgi-bin/enquete/calc.cg

강윤주(姜胤珠)   http://www.culternative.com/jedoch   jedoch@greenfestival.or.kr

독일 뮌스터대학에서 사회학, 정치학, 민속학 등을 수학하고 영화사회학으로 박사학위를 받았다. 현재 환경재단 서울환경영화제 프로그래머로 일하면서 감신대에 출강하고 있다. 대표 저서로『포스트모던 시대 정치적 영화』가 있고, 역서로『안티 텔레비전? 알렉산더 클루게의 텔레비전 프로그램』이 있으며, 공저로『교육학과 사회학적 관점에서 본 매체 교육』,『중심부적 현상으로서의 비디오』,『미디어교육과 사귐』,『지식의 사회, 문화의 시대』가 있다.

권연수(權姸秀)   ynsue@daum.net

고려대 일어일문학과 졸업, 일본 규슈대학 석·박사과정을 마치고 경희대에서 문학박사 학위를 취득했다. 현재 세명대 일어일문학과 교수로 재직중이며 일본의 언어와 문화연구가 주된 관심사이다. 저서로『헤안시대「女房」연구』,『일본어회화사전』, 공저로『미디어교육과 사귐』, 주요 논문으로「동경국제영화제와 부산국제영화제 비교분석 – 텍스트로서의 영화제/집행부/관객을 중심으로」,「平安時代 女房의 사회적 역할변동과 物語文學 변천사」등이 있다

김규원(金奎元)   won@ikoface.com

서강대에서 철학, 언론학 등을 수학하고 성균관대 대학원 신방과에서『텔레비전 뉴스의 폭력성 계발에 관한 실험연구』로 정치학박사 학위를 취득했다. 성균관대, 전남대, 동아대 등에서 강의를 했으며, 한국방송영상산업진흥원, PSB부산방송 사회팀, 광주여대 신방과 교수를 거쳐 현재 아시아문화산업교류재단 사무국장으로 재직중이다. 저서로『몸의 확장: 미디어, 섹슈얼리티, 폭력』,『디지털 방송 기획제작론』, 공저로『몸과 몸짓 문화의 리얼리티』등이 있으며, 대중문화이론 및 언론과 관련한 다수의 논문이 있다.

김기국(金起國)   ggkim@khu.ac.kr

프랑스 파리-소르본느대에서 시, 문학, 기호학 등을 수학하고 문학기호학박사 학위를 취득했다. 이후 경희대 프랑스어학과 교수로 재직 중이다. 한겨레 여름 기호학 학교, 철학아카데미 등에서 기호학 강의를 통해 기호학의 대중화를 위해 노력하고 있다. 저서로『기호학으로 세상읽기』,『대중문화 낯설게 읽기』,『몸과 몸짓 문화의 리얼리티』등이 있으며, 기호이론 및 대중문화 비평과 관련한 다수의 논문이 있다.

저자소개

김상숙(金尙淑)

parisk@korea.com

프랑스 파리 1대학 판테온 소르본에서 조형예술학, 미학, 예술철학 D.E.A 졸업. 동대학에서
시각이미지 예술학전공 작업과 논리로서, 조형예술학박사 학위를 취득했다. 작품활동으로
국내·외 건축공간과 환경작품 개인전 12회, 그룹전 80여회를 가졌다. 저서로는 『시각예술
문화읽기』, 공저로는 『이미지가 중요하다』, 『시각이미지의 힘』, 『양방향 쌍방향의 문화』 등
이 있다. 현재, 한양대 사범대학 응용미술교육과에 재직 중이며 '문화와 사람들' 기획자로
활동 중이다.

김선미(金善美)

smkim@sunchon.ac.kr

미국 텍사스 오스틴 주립대학에서 박사학위를 취득하고 콜럼비아대학 객원학자, 한양대 연
구교수, 청소년개발원 부연구위원을 거쳐 현재 국립 순천대학교 교직과 교수로 재직 중이
다. 「교사들의 다문화교육의 실천과 실행」에 관하여 박사학위 논문을 썼으며, 공저로 『지식
의 사회, 문화의 시대』, 연구 실적으로는 미국과 한국의 교과서 분석, 다문화교육 실천 사례
연구 등 다수의 논문이 있다.

김양은(金良恩)

http://www.cyberculture.re.kr   yang@cyberculture.re.kr

중앙대에서 언론학을 공부하였으며, 동대학원에서 미디어교육 분야로 박사학위를 취득했
다. 이후 순천향대 신문방송학과 겸임교수를 거쳐, 현재 사이버문화연구소 소장으로 재임
하고 있다. 정보통신윤리위원회 청소년권장사이트 심사위원, EBS 〈미디어바로보기〉, 〈미
래의조건〉의 자문위원으로 활동 중이다. 공저로는 『미디어교육의 새로운 패러다임』, 『미디
어교육과 사귐』 등이 있다.

김영순(金永洵)

http://www.semiotics.co.kr   kimysoon@inha.ac.kr

독일 베를린자유대학교에서 기호학, 문화, 교육학을 수학하고 문화학 박사학위를 취득했
다. 이후 베를린공대 문화기호학연구소 연구원, 조선대 미대 연구교수, 교육부 학술교수를
거쳐 현재 인하대 사범대학 사회교육과 문화교육 전공 교수로 재직중이다. 저서로 『신체언
어 커뮤니케이션의 기호학』, 『광고 텍스트 읽기의 즐거움』, 공저로 『대중문화 낯설게 읽
기』, 『미디어교육과 사귐』, 『몸과 몸짓 문화의 리얼리티』, 『광고 비평의 이해』, 역서로 『몸
짓과 언어 본성』, 『화용론 이해』가 있다.

박기수(朴己洙)   http://world.hanyang.ac.kr/~being9/   being66@hanafos.com

한양대학교 대학원에서 국문학박사를 취득했으며, 현재 문학·문화평론가, 한양대학교 외래 교수로 활동 중이다. 한국문예진흥원 문학인 창작 지원 사업 선정, 동국대에서 박사후 연수과정 수행, 보호학문 지원 대상자 선정. 저서로 『애니메이션 서사구조와 전략』, 공저로는 『창조적 책읽기』, 『문화변동과 인간 그리고 문화연구』, 『대중문화 낯설게 읽기』, 『미디어교육과 사귐』, 『지식의 사회, 문화의 시대』 등이 있다.

박지선(朴池仙)   parkjiseon@yahoo.co.kr

프랑스 파리-소르본느 대학에서 문화학, 시, 문체론을 수학하고 기호문체론으로 박사학위를 취득했다. 현재 중앙대, 인하대, 한서대에서 문학, 언어학, 문화 및 미디어 교육을 강의하고 있으며 중앙대 외국어문학연구소 연구원으로 재직 중이다. 저서로 『미디어교육과 사귐』(공저), 『도시와 공간의 의미』(근간), 『Francais à l'université』, 『Café France』, 『교양프랑스어』가 있으며, 문체론 및 미디어교육과 관련한 다수의 논문이 있다.

백승국(白承國)   http://www.semio-marketing.com   semiobaik@empal.com

프랑스 리모쥬 대학교에서 기호학 박사학위를 취득했다. 2002년 프랑스 교육부 초청으로 리모쥬대 기호학연구소에서 초빙 연구원으로 재직하며 문화 콘텐츠 기획 플래너와 기호 마케팅 플래너를 양성하는 '기호-마케팅 전문가과정(DESS)' 을 수료했다. 현재 동의대 윤리문화학과 겸임교수로 있으며, 청주대, 한양대, 한국외대에서 문화기호학, 문화 콘텐츠 개발 방법론, 대중문화 분석 등을 강의하고 있다. 저서로 『한국문학에 나타난 문화 콘텐츠 분석』, 『문화 기호학과 문화 콘텐츠』, 『극장에서 퐁듀 먹기』, 공저로 『기호학으로 세상읽기』, 『대중문화 낯설게 읽기』 등이 있다.

이현지(李炫知)   http://bh.knu.ac.kr/~hyunji05   hyunji05@knu.ac.kr

계명대학교 사회학과에서 박사학위를 받고, 중국사회과학원에서 박사후 연수과정을 수행하였다. 현재 경북대 영남문화연구원 연구교수로 재직하고 있으며, 미디어 읽기와 성문화 및 가족문화 등의 주제에 관심을 가지고 있다. 저서로 『성, 가족, 문화: 다르게 읽기』, 공저로 『몸과 몸짓 문화의 리얼리티』, 『지식의 사회, 문화의 시대』, 『장자사상의 이해』, 『여성과 한민족』 등이 있으며, 성·가족·문화 및 동양사회사상 관련 논문이 다수 있다.

저자소개

저자소개

전영선(全永善)   http://cafe.naver.com/nkart.cafe   youngsun@hanyang.ac.kr

한양대학교에서 고전문학 전공, 남북한에서 다양하게 변용된 춘향전 연구로 문학박사 학위를 받았다. 이후 한국문화정책개발원 객원연구원, 신구대 겸임교수 등을 거쳐, 현재 한양대 아태지역연구센터 연구교수로 재직 중이다. 저서로 『북한을 움직이는 문학예술인들』, 『북한의 문학과 예술』, 『고전소설의 역사적 전개와 남북한의 춘향전』, 『북한의 문학예술 운영체계와 문예이론』, 공저로 『북한 문학과 문예이론』, 『실질적 통합단계에서의 남북문화예술 분야의 통합방안』, 『김정일 문예관연구』 등이 있다.

최민성(崔敏成)   http://www.corekorea.com   image@ihanyang.ac.kr

한양대학교에서 국문학을 전공하고 영상문학 분야로 문학박사 학위를 취득했다. 현재 한양대 한국미래문화연구소 연구원, 한양대·숭의여대 강사, 동국대학교 박사후 연수과정 연구원으로 재직 중이다. 공저로 『창조적 책읽기』, 『문화변동과 인간 그리고 문화연구』, 『말이 힘이다 삶이 문화다』가 있고, 「판소리 미학으로 본 대중서사의 성공전략」, 「음양론으로 본 뮤직비디오의 미적 구조」 등 다수의 영상문화 관련 논문이 있다.

최웅환(崔雄煥)   dangunida@hotmail.com

경북대학교에서 국어문법을 전공하고 문학박사 학위를 취득했다. 이후 경북대 국어교육과 조교, 중등교육연구소 전임연구원 등을 거쳐 현재 금오공대 인문사회과학부 교수로 재직 중이다. 저서로 『국어 문장의 형성 원리 연구』, 공저로 『화법의 이론과 실제』, 『한국의 언어문화』, 『몸과 몸짓 문화의 리얼리티』, 『지식의 사회 문화의 시대』, 『미디어교육과 사귐』이 있으며 국어문법, (한)국어 교육과 관련한 다수의 논문이 있다.